한번에 합격!

한국산업인력공단
새 출제기준에 따른 최신판!!

조리 기능사
필기 총정리문제
한식·양식·중식·일식·복어 통합편

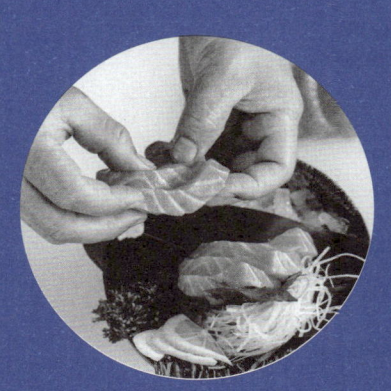

COOK CRAFTSMAN

2023년 시험과목 변경사항 안내

구분		2019년	현행	비고
시험과목	필기시험	식품위생 및 관련법규, 식품학, 조리이론 및 급식관리, 공중보건	한식, 양식, 중식, 일식, 복어 재료관리, 음식 조리 및 위생관리	국가직무능력표준(NCS)을 활용하여 연장직무중심으로 개편
	실기시험	한식, 양식, 중식, 일식, 복어 조리작업	한식, 양식, 중식, 일식, 복어 조리실무	

※ 국가법령정보센터(www.law.go.kr) → 국가기술자격법 시행규칙(고용노동부령 제222호) → 별표/서식 → 별표8 참조

※ 조리분야 기능사 5종목 필기시험은 2020년부터 기존 공통과목에서 종목별 평가로 변경됨.

출제기준(공통)

직무분야	음식서비스	중직무분야	조리	자격종목	한식, 양식, 중식, 일식, 복어 조리기능사	적용기간	2023.1.1~2025.12.31

○ **직무내용**: 한식, 양식, 중식, 일식, 복어메뉴 계획에 따라 식재료를 선정, 구매, 검수, 보관 및 저장하며 맛과 영양을 고려하여 안전하고 위생적으로 음식을 조리하고 조리기구와 시설관리를 수행하는 직무이다.

필기검정방법	객관식	문제수	60	시험시간	1시간

필기과목명	출제문제수	주요항목	세부항목	세세항목
재료관리, 음식조리 및 위생관리	60	1. 음식 위생관리	1. 개인 위생관리	1. 위생관리기준 2. 식품위생에 관련된 질병
			2. 식품 위생관리	1. 미생물의 종류와 특성 2. 식품과 기생충병 3. 살균 및 소독의 종류와 방법 4. 식품의 위생적 취급기준 5. 식품첨가물과 유해물질
			3. 작업장 위생관리	1. 작업장 위생 위해요소 2. 식품안전관리인증기준(HACCP) 3. 작업장 교차오염발생요소
			4. 식중독 관리	1. 세균성 및 바이러스성 식중독 2. 자연독 식중독 3. 화학적 식중독 4. 곰팡이 독소
			5. 식품위생 관계 법규	1. 식품위생법령 및 관계법규 2. 농수산물 원산지 표시에 관한 법령 3. 식품 등의 표시·광고에 관한 법령
			6. 공중 보건	1. 공중보건의 개념 2. 환경위생 및 환경오염 관리 3. 역학 및 질병 관리 4. 산업보건관리
		2. 음식 안전관리	1. 개인 안전관리	1. 개인 안전사고 예방 및 사후 조치 2. 작업 안전관리
			2. 장비·도구 안전작업	1. 조리장비·도구 안전관리 지침
			3. 작업환경 안전관리	1. 작업장 환경관리 2. 작업장 안전관리 3. 화재예방 및 조치방법 4. 산업안전보건법 및 관련지침
		3. 음식 재료관리	1. 식품재료의 성분	1. 수분 2. 탄수화물 3. 지질 4. 단백질 5. 무기질 6. 비타민 7. 식품의 색 8. 식품의 갈변 9. 식품의 맛과 냄새 10. 식품의 물성 11. 식품의 유독성분
			2. 효소	1. 식품과 효소
			3. 식품과 영양	1. 영양소의 기능 및 영양소 섭취기준
		4. 음식 구매관리	1. 시장조사 및 구매관리	1. 시장조사 2. 식품 구매관리 3. 식품 재고관리
			2. 검수 관리	1. 식재료의 품질 확인 및 선별 2. 조리기구 및 설비 특성과 품질 확인 3. 검수를 위한 설비 및 장비 활용 방법
			3. 원가	1. 원가의 의의 및 종류 2. 원가분석 및 계산
		5. 기초 조리실무	1. 조리 준비	1. 조리의 정의 및 기본 조리조작 2. 기본조리법 및 대량 조리기술 3. 기본 칼 기술 습득 4. 조리기구의 종류와 용도 5. 식재료 계량방법 6. 조리장의 시설 및 설비 관리
			2. 식품의 조리원리	1. 농산물의 조리 및 가공·저장 2. 축산물의 조리 및 가공·저장 3. 수산물의 조리 및 가공·저장 4. 유지 및 유지 가공품 5. 냉동식품의 조리 6. 조미료와 향신료

출제기준(한식)

필기 과목명	출제 문제수	주요항목	세부항목	세세항목
		5. 한식 기초 조리실무	3. 식생활 문화	1. 한국 음식의 문화와 배경 2. 한국 음식의 분류 3. 한국 음식의 특징 및 용어
		6. 한식 밥 조리	1. 밥 조리	1. 밥 재료 준비 2. 밥 조리 3. 밥 담기
		7. 한식 죽조리	1. 죽 조리	1. 죽 재료 준비 2. 죽 조리 3. 죽 담기
		8. 한식 국·탕 조리	1. 국·탕 조리	1. 국·탕 재료 준비 2. 국·탕 조리 3. 국·탕 담기
		9. 한식 찌개조리	1. 찌개 조리	1. 찌개 재료 준비 2. 찌개 조리 3. 찌개 담기
		10. 한식 전·적 조리	1. 전·적 조리	1. 전·적 재료 준비 2. 전·적 조리 3. 전·적 담기
		11. 한식 생채·회 조리	1. 생채·회 조리	1. 생채·회 재료 준비 2. 생채·회 조리 3. 생채·담기
		12. 한식 조림·초조리	1. 조림·초 조리	1. 조림·초 재료 준비 2. 조림·초 조리 3. 조림·초 담기
		13. 한식 구이조리	1. 구이 조리	1. 구이 재료 준비 2. 구이 조리 3. 구이 담기
		14. 한식 숙채조리	1. 숙채 조리	1. 숙채 재료 준비 2. 숙채 조리 3. 숙채 담기
		15. 한식 볶음조리	1. 볶음 조리	1. 볶음 재료 준비 2. 볶음 조리 3. 볶음 담기
		16. 김치조리	1. 김치 조리	1. 김치 재료 준비 2. 김치 조리 3. 김치 담기

출제기준(양식)

필기 과목명	출제 문제수	주요항목	세부항목	세세항목
		5. 양식 기초 조리실무	3. 식생활 문화	1. 서양 음식의 문화와 배경 2. 서양 음식의 분류 3. 서양 음식의 특징 및 용어
		6. 양식 스톡조리	1. 스톡조리	1. 스톡재료 준비 2. 스톡 조리 3. 스톡 완성
		7. 양식 전채·샐러드조리	1. 전채·샐러드조리	1. 전채·샐러드 재료 준비 2. 전채·샐러드 조리 3. 전채·샐러드 요리 완성
		8. 양식 샌드위치 조리	1. 샌드위치 조리	1. 샌드위치 재료 준비 2. 샌드위치 조리 3. 샌드위치 완성
		9. 양식 조식조리	1. 조식조리	1. 달걀 요리 조리 2. 조찬용 빵류 조리 3. 시리얼류 조리
		10. 양식 수프조리	1. 수프조리	1. 수프재료 준비 2. 수프조리 3. 수프요리 완성
		11. 양식 육류조리	1. 육류조리	1. 육류재료 준비 2. 육류조리 3. 육류요리 완성
		12. 양식 파스타 조리	1. 파스타 조리	1. 파스타재료 준비 2. 파스타조리 3. 파스타요리 완성
		13. 양식 소스조리	1. 소스조리	1. 소스재료 준비 2. 소스조리 3. 소스완성

출제기준(중식)

필기 과목명	출제 문제수	주요항목	세부항목	세세항목
		5. 중식 기초 조리실무	3. 식생활 문화	1. 중국 음식의 문화와 배경 2. 중국 음식의 분류 3. 중국 음식의 특징 및 용어
		6. 중식 절임·무침조리	1. 절임·무침조리	1. 절임·무침 준비 2. 절임류 만들기 3. 무침류 만들기 4. 절임 보관 무침 완성
		7. 중식 육수·소스조리	1. 육수·소스조리	1. 육수·소스 준비 2. 육수·소스 만들기 3. 육수·소스 완성 보관
		8. 중식 튀김조리	1. 튀김조리	1. 튀김 준비 2. 튀김 조리 3. 튀김 완성
		9. 중식 조림조리	1. 조림조리	1. 조림 준비 2. 조림 조리 3. 조림 완성

CONTENTS

PART 01 재료관리, 음식조리 및 위생관리(한식 · 양식 · 중식 · 일식 · 복어 공통)

Chapter 01 | 위생관리
- 01 개인 위생관리 · · · · · · 8
- 02 식품 위생관리 · · · · · · 9
- 03 작업장 위생관리 · · · · · · 17
- 04 식중독관리 · · · · · · 19
- 05 식품위생 관계법규 · · · · · · 22
- 06 공중보건 · · · · · · 30

Chapter 02 | 안전관리
- 01 개인 안전관리 · · · · · · 40
- 02 장비 · 도구 안전작업 · · · · · · 40
- 03 작업환경 안전관리 · · · · · · 41

Chapter 03 | 재료관리
- 01 식품 재료의 성분 · · · · · · 43
- 02 효소 · · · · · · 51
- 03 식품과 영양 · · · · · · 51

Chapter 04 | 구매관리
- 01 시장조사 및 구매관리 · · · · · · 54
- 02 검수관리 · · · · · · 55
- 03 원가 · · · · · · 56

Chapter 05 | 기초 조리실무
- 01 조리준비 · · · · · · 59
- 02 식품의 조리원리 · · · · · · 63

PART 02 재료관리, 음식조리 및 위생관리(한식 · 양식 · 중식 · 일식 · 복어)

Chapter 01 | 한식 · · · · · · 76
Chapter 02 | 양식 · · · · · · 91
Chapter 03 | 중식 · · · · · · 109
Chapter 04 | 일식 · · · · · · 119
Chapter 05 | 복어 · · · · · · 136

PART 03 통합모의고사

memo

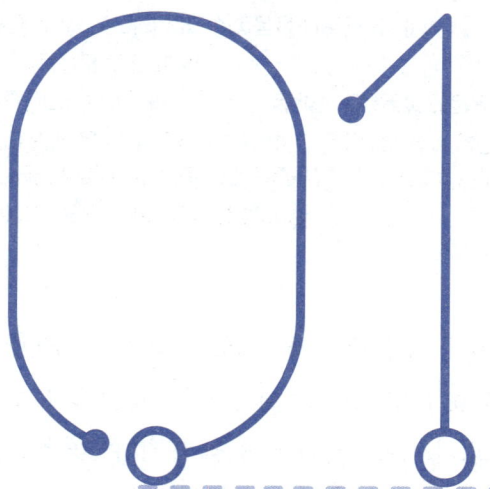

재료관리, 음식조리 및 위생관리
(공통)

Chapter 01 | 위생관리

Chapter 02 | 안전관리

Chapter 03 | 재료관리

Chapter 04 | 구매관리

Chapter 05 | 기초 조리실무

02 식품 취급자의 화농성 질환에 의해 감염되는 식중독은?

① 살모넬라 식중독　② 황색포도상구균 식중독
③ 장염비브리오 식중독　④ 병원성 대장균 식중독

해설 황색포도상구균 식중독은 화농성 질환에 감염된 포도상구균이 원인으로, 손이나 몸에 화농이 있는 사람은 식품취급을 금지하여야 한다.

03 일반적으로 식중독을 방지하는 데 기본적으로 가장 중요한 사항은?

① 취급자의 마스크 사용
② 감염자의 예방접종
③ 식품의 냉장과 냉동보관
④ 위생복의 착용

해설 식중독을 방지하는 기본적으로 가장 중요한 사항은 식품을 냉장·냉동하여 보관하는 것이다.

04 역성비누를 보통비누와 함께 사용할 때 가장 올바른 방법은?

① 보통비누로 먼저 때를 씻어낸 후 역성비누를 사용
② 보통비누와 역성비누를 섞어서 거품을 내며 사용
③ 역성비누를 먼저 사용한 후 보통비누를 사용
④ 역성비누와 보통비누의 사용 순서는 무관하게 사용

해설 역성비누는 보통비누와 동시에 사용하지만, 유기물이 존재할 때는 살균효과가 떨어진다.

2 식품 위생관리

식품 위생의 개념
① 세계보건기구(WHO) 식품위생에 대한 정의 : 식품위생이란 식품의 생육, 생산, 제조에서 최종적으로 사람에게 섭취될 때까지의 단계에 있어서 안전성, 건전성(보존성) 또는 악화 방지를 위해 취해지는 모든 수단들이다.
② 우리나라 식품위생에 대한 정의 : 식품위생은 식품, 첨가물, 기구 및 용기와 포장을 대상으로 하는 음식물에 관한 위생을 말한다(식품위생법).

식품 위생의 목적(식품위생법)
① 식품으로 인한 위생상의 위해사고 방지
② 식품영양의 질적 향상 도모
③ 국민보건의 증진에 이바지함

식품 위생 행정의 범위
① 유독·유해성 물질의 혼입 방지 또는 함유식품관리
② 식품의 부패 및 변질식품관리
③ 식중독과 감염병 등에 의한 식품의 오염방지 및 발생 시 조치관리
④ 안전한 식품첨가물 지정
⑤ 영업허가 및 식품위생의 감시
⑥ 조리사와 영양사 등 식품 관련 종사원의 건강관리 및 위생교육
⑦ HACCP 제도 및 식품회수제도관리
⑧ 식품위생의 정의와 관련된 품질·성분 등의 규격, 제조·사용표시 등의 기준 설정 등

식품 위생 행정기구

행정기구	기관	업무
중앙기구	보건복지부	• 식품위생에 관한 업무의 총괄·기획·조사 등 주관 • 지방의 위생행정기구 지휘·감독
	식품의약품안전처	식품위생행정에 관한 모든 업무 담당
	질병관리본부 국립보건연구원	식품위생행정의 조사·연구 및 검사
지방기구	지방자치기관의 복지건강국 식품안전과	식품위생에 관한 지도·감독 업무 담당
	구청 위생과	식품위생감시원을 배치하고 식품위생 행정 업무 담당
	군·구 보건소	건강진단과 강습, 식중독의 역학조사 등 담당
	지방 식품의약품안전청	지역별 식품의약품 업무 관할

예상문제

01 식품 위생 행정의 주무 담당 기관은?

① 시·도위생과　② 식품의약품안전처
③ 한국식품안전센터　④ 국민건강관리공단

해설 식품의약의 위생과 안전문제를 담당하는 곳은 식품의약품안전처이다.

02 WHO 보건헌장에 의한 건강의 정의는?

① 질병에 걸리지 않은 상태
② 육체적으로 편안하며 쾌적한 상태
③ 육체적, 정신적, 사회적 안녕의 완전한 상태
④ 허약하지 않고 심신이 쾌적하며 식욕이 왕성한 상태

해설 WHO의 건강은 육체적, 정신적, 사회적으로 모두 완전한 상태를 말한다.

(1) 미생물의 종류와 특성

1) 식품과 미생물

미생물은 식품을 부패·변질·발효시키며, 식품의 섭취로 인체에 들어와 질병을 일으킨다.

2) 미생물의 종류와 특징

① 곰팡이(Filamentous Fungi) : 진균류 중에서 균사체를 발육기관으로 하는 것으로 발효식품이나 항생물질에 이용된다.
　예 누룩, 푸른곰팡이, 털, 거미줄곰팡이
② 효모(Yeast) : 곰팡이와 세균의 중간크기(구형, 타원형, 달걀형)이며 출아법으로 증식한다.
③ 스피로헤타(Spirochaeta) : 단세포 식물과 다세포 식물의 중간으로 세균류로 분류된다.
④ 세균(Bacteria) : 구균, 간균, 나선균의 형태로 나누며 2분법으로 증식한다.

⑤ 리케차(Rickettsia) : 세균과 바이러스의 중간에 속하며 원형, 타원형으로 2분법으로 증식한다.
⑥ 바이러스(Virus) : 여과성 미생물로 크기가 가장 작다.

> **미생물의 크기**
> 곰팡이 > 효모 > 스피로헤타 > 세균 > 리케차 > 바이러스

3) 미생물에 의한 식품의 변질

① 변질의 주원인
　㉠ 식품 내 미생물의 번식, 식품 자체의 효소작용으로 발생
　㉡ 공기 중의 산화로 인한 식품의 비타민 파괴 및 지방 산패

② 변질의 유형
　㉠ 부패 : 부패는 단백질을 주성분으로 하는 식품의 혐기성 세균(공기 없는 것)의 번식에 의해 분해를 일으켜 악취를 내고 유해성 물질(암모니아, 트리메틸아민, 아민)이 생성되는 현상
　㉡ 변패 : 탄수화물이나 지방이 미생물의 작용을 받아 변질되는 현상
　㉢ 산패 : 지방(유지+산소)이 산화되어 불쾌한 냄새가 나고 식품의 빛깔이 변하는 현상
　㉣ 발효 : 식품 중 탄수화물이 미생물의 작용으로 분해된 부패 산물로, 여러 가지 유기산 또는 알코올 등 사람에게 유익한 물질로 변화되는 현상

※ 후란 : 단백질 식품이 호기성 미생물의 작용을 받아 부패된 것으로, 악취가 없음

> • 초기 부패(변질 초기)의 생균수 : 식품 1g당 일반세균수가 10^7~10^8마리 정도
> • 생균수 검사의 목적 : 식품의 신선도(초기 부패) 측정

4) 미생물관리(미생물 생육에 필요한 조건)

미생물 생육에 필요한 3대 요소 : 영양소, 수분, 온도
① 영양소 : 당질, 아미노산 및 무기질소, 무기염류, 생육소(발육소) 등의 영양소가 미생물 발육과 증식에 필요하다.
② 수분 : 40% 이상의 수분이 필요하며, 유일하게 곰팡이는 건조식품에서도 발육할 수 있다(곰팡이 생육 억제 수분량은 13% 이하이다).

> **수분량에 따른 미생물**
> 세균 > 효모 > 곰팡이

③ 온도

종류	발육가능온도	최적온도	내용
저온균	0~25℃	15~20℃	식품의 부패를 일으키는 부패균
중온균	15~55℃	25~37℃	질병을 일으키는 병원균
고온균	40~70℃	50~60℃	온천물에 서식하는 온천균

④ pH(수소이온농도)
　㉠ 곰팡이와 효모의 최적 pH는 4.0~6.0이다(산성에서 잘 자람).
　㉡ 세균의 최적 pH는 6.5~7.5이다(보통 중성 내지 약알칼리에서 잘 자람).

⑤ 산소
　㉠ 호기성균 : 산소를 필요로 하는 균
　㉡ 혐기성균 : 산소를 필요로 하지 않는 균
　　• 통성혐기성균 : 산소가 있거나 없거나 관계없는 균
　　• 편성혐기성균 : 산소를 절대적으로 기피하는 균

5) 미생물에 의한 감염과 면역

[물리적 처리에 의한 보존]

① 일광건조법
　㉠ 자건법 : 식품을 한 번 데쳐서 건조시키는 방법 예 멸치 등
　㉡ 소건법(일광건조법) : 햇빛에 건조시키는 방법 예 김, 오징어, 다시마 등
　㉢ 동건법(냉동건조법) : 겨울철 낮과 밤의 온도차를 이용하여 낮에는 해동과 건조가 일어나고 밤에는 동결하는 원리로 건조되는 방법 예 한천, 당면, 북어 등
　㉣ 염건법 : 소금을 뿌려 건조시키는 방법 예 굴비, 조기 등

② 인공건조법
　㉠ 직화건조법(배건법) : 식품을 직접 불에 닿게 하여 건조시키는 방법으로, 식품의 향을 증가시킴 예 보리차, 차잎 등
　㉡ 분무건조법 : 액체를 분무하여 열풍으로 건조시키면 가루가 되는 원리를 이용 예 분유, 녹말가루, 인스턴트커피 등
　㉢ 냉동건조법 : 식품을 냉동시켜 저온에서 건조시키는 방법 예 한천, 건조두부, 당면 등
　㉣ 열풍건조법 : 가열한 공기를 송풍하여 건조시키는 방법 예 육류, 어류 등
　㉤ 고온건조법 : 식품을 90℃ 이상의 고온에서 건조시키는 방법 예 건조떡, 건조쌀 등
　㉥ 고주파건조법 : 식품이 타지 않게 균일하게 건조시키는 방법

③ 가열살균법
　㉠ 저온살균법(LTLT) : 60~65℃에서 30분간 가열 후 급랭 예 우유, 술, 주스, 소스 등에 이용
　㉡ 고온단시간살균법(HTST) : 70~75℃에서 15~20초 내에 가열 후 급랭 예 우유, 과즙 등에 이용
　㉢ 초고온순간살균법(UHT) : 130~140℃에서 2~4초간 가열 후 급랭 예 과즙 등에 이용
　㉣ 고온장시간살균법 : 95~120℃에서 30~60분간 가열 살균 예 통조림 살균에 이용

④ 냉장·냉동법 : 미생물은 생육온도보다 낮은 온도(10℃ 이하)에서는 활동이 둔해지며, 번식이 불가능하게 된다.
- ㉠ 움저장 : 10℃ 정도에서 감자, 고구마, 채소 등을 저장하는 것
- ㉡ 냉장 : 0~4℃에서 얼지 않을 정도로 채소, 과일, 육류 등을 저장하는 것
- ㉢ 냉동 : -40℃ 이하에서 급속 냉동시켜 -18℃ 이하에서 어패류 등을 저장하는 것
- ㉣ 냉동염법 : 젓갈 제조방법 중 큰 생선이나 지방이 많은 생선을 서서히 절이고자 할 때 생선을 일단 얼렸다가 절이는 방법

> **드립현상**
> ① 냉동식품을 상온에 두면 냉동 중 파괴되었던 식품 조직에서 액이 분리되어 나오는데 이것을 드립현상이라고 한다.
> ② 과일, 채소류는 냉장과 병행하여 호흡 억제를 위한 가스저장법(CA저장법)을 실시한다(산소 제거 및 질소, 이산화탄소 등 주입).

예상문제

01 다음 중 식품위생과 관련된 미생물이 아닌 것은?
① 세균   ② 곰팡이
③ 효모   ④ 기생충

> **해설** 미생물에는 곰팡이, 효모, 세균, 리케차, 바이러스가 있다.

02 중온균(Mesophilic bacteria)의 최적온도는?
① 10~12℃   ② 25~40℃
③ 55~60℃   ④ 65~75℃

> **해설** 최적온도
> • 저온균 : 15~20℃
> • 중온균 : 25~37℃
> • 고온균 : 50~60℃

03 식품의 부패 시 생성되는 물질과 거리가 먼 것은?
① 암모니아(Ammonia)
② 트리메틸아민(Trimethylamine)
③ 글리코겐(Glycogen)
④ 아민(Amine)

> **해설** 탄수화물을 과다섭취하면 글리코겐으로 변하며, 간과 근육에 저장된다. 글리코겐은 식품의 부패생성물질과 관계없다.

(2) 식품과 기생충병

1) 감염병 발생의 3대 원인

① 감염원(병원체, 병원소) : 질병을 일으키는 원인이며 환자, 보균자, 오염식기구, 오염토양, 곤충, 생활용구 등을 말한다.

② 환경(감염경로) : 질병이 전파되는 과정이며 공기감염, 직접감염, 간접감염 등을 말한다.

③ 숙주의 감수성 : 숙주는 기생생물에게 영양이나 질병을 공급한 생물이며, 감수성이 높으면 면역성이 낮으므로 질병이 발병되기 쉽다.

※ 감수성 : 생물이 숙주에 의해 침입한 병원체에 대항하여 감염이나 발병을 저지할 수 없는 상태

> **감수성지수**
> 두창, 홍역(95%) > 백일해(60~80%) > 성홍열(40%) > 디프테리아(10%) > 소아마비(0.1%)

2) 감염병의 분류

① 경구감염병(수인성 감염병, 소화기계 감염병)
- ㉠ 환자 발생이 폭발적으로 증가 가능성이 있다.
- ㉡ 음료수 사용지역과 유행지역이 일치한다(음료수 사용을 중지하면 환자발생률이 감소 및 중단됨).
- ㉢ 치명률이 낮다.
- ㉣ 계절에 관계없이 발생한다(주로 여름).
- ㉤ 성별, 연령, 직업, 생활수준에 따른 발생빈도에 차이가 없으므로 급수는 검수를 해서 먹는다.

> **경구감염병(수인성 감염병)**
> 장티푸스, 파라티푸스, 콜레라, 세균성 이질
> ① 병원체 : 세균
> ② 파리에 의해 감염
>
> 아메바성 이질, 소아마비(급성회백수염, 폴리오), 유행성 간염
> ① 병원체 : 바이러스

② 인수공통감염병
- ㉠ 사람과 동물이 같은 병원체에 의해 발생하는 질병을 말한다.
- ㉡ 위생 해충에 의한 감염
  - 결핵 → 소(브루셀라증)
  - 탄저·비저 → 양, 말
  - 광견병(공수병) → 개
  - 페스트 → 쥐
  - 살모넬라증, 돈단독, 선모충, Q열 → 돼지
  - 야토병 → 산토끼
  - 파상열(브루셀라) → 소(유산), 사람(열병)

③ 감염병 유행의 현상
- ㉠ 장기변화(추세변화) : 10~40년 주기로 유행하는 감염병으로, 이질, 장티푸스, 디프테리아, 성홍열, 유행성 독감 등이 있다.
- ㉡ 단기변화(순환변화) : 2~5년 주기로 유행하는 감염병으로, 유행성 뇌염, 백일해, 홍역 등이 있다.

정답 01 ④ 02 ② 03 ③

02 수인성 감염병의 유행 특성에 대한 설명으로 옳지 않은 것은?

① 연령과 직업에 따른 이환율에 차이가 있다.
② 2~3일 내에 환자 발생이 폭발적이다.
③ 환자 발생은 급수지역에 한정되어 있다.
④ 계절에 직접적인 관계없이 발생한다.

해설 수인성 감염병은 환자 발생이 폭발적이며, 음료수 사용지역과 유행지역이 일치한다. 계절과 관계없이 발생하며, 성별·연령·직업·생활수준에 따른 발생빈도의 차이가 없다.

03 물로 전파되는 수인성 감염병에 속하지 않는 것은?

① 장티푸스 ② 홍역
③ 세균성 이질 ④ 콜레라

해설 홍역은 호흡기를 통해 감염되는 호흡기계 감염병이다.

04 간디스토마는 제2중간숙주인 민물고기 내에서 어떤 형태로 존재하다가 인체에 감염을 일으키는가?

① 피낭유충(Metacercaria) ② 레디아(Redia)
③ 유모유충(Miracidium) ④ 포자유충(Sporocyst)

해설 간디스토마는 제2중간숙주인 민물고기 내에서 피낭유충으로 존재한다.

05 사람과 동물이 같은 병원체에 의하여 발생하는 질병은?

① 기생충성 질병 ② 세균성 식중독
③ 법정 감염병 ④ 인수공통감염병

해설 인수공통감염병은 사람과 동물 사이에 동시에 옮겨지는 질병을 말한다.

06 다음 중 감염병을 관리하는 데 있어 가장 관리가 어려운 대상은?

① 급성 감염병환자
② 만성 감염병환자
③ 건강보균자
④ 식중독환자

해설 건강보균자는 질병의 병원체를 지니고 있으나 증상이 나타나지 않아 가장 관리하기가 어렵다.

(3) 살균 및 소독의 종류와 방법

1) 살균·소독·방부의 정의

① 살균 또는 멸균 : 병원균, 아포, 병원 미생물 등을 포함하여 모든 미생물 균을 사멸시키는 것이다.
② 소독 : 병원미생물을 죽이거나 또는 반드시 죽이지는 못하더라도 그 병원성을 약화시켜서 감염력을 없애는 것이다.
③ 방부 : 미생물의 성장, 증식을 억제하여 식품의 부패와 발효 진행을 억제시키는 것이다.

미생물에 작용하는 강도
살균 또는 멸균 > 소독 > 방부

2) 소독방법의 구분

① 물리적 소독방법

㉠ 무가열에 의한 방법

자외선조사	자외선의 살균력은 파장범위가 2500~2800Å(옴스트롱) 정도일 때 가장 강하며 공기, 물, 식품, 기구, 용기 소독에 사용한다. ※ 일광소독(실외소독), 자외선소독(실내소독)에 사용한다.
방사선조사	식품에 방사선을 방출하는 코발트 60(^{60}Co) 등을 물질에 조사시켜 균을 죽이는 방법으로, 장기 저장을 목적으로 사용한다.
세균여과법	액체식품 등을 세균여과기로 걸러서 균을 제거시키는 것으로, 바이러스는 너무 작아서 걸러지지 않는다.
초음파 멸균법	전자파를 이용한 소독방법이다.

㉡ 가열에 의한 방법

저온살균법(LTLT, Low Temperature Long Time)	• 60~65℃에서 30분간 가열 후 급랭한다. • 우유, 술, 주스, 소스 등의 살균에 사용되며, 영양 손실이 적다.
고온단시간살균법(HTST, High Temperature Short Time)	• 70~75℃에서 15~20초 내에 가열 후 급랭한다. • 우유, 과즙 등의 살균에 사용된다.
초고온순간살균법(UHT, Ultra High Temperature)	130~140℃에서 2~4초간 가열 후 급랭한다. ① 직접 살균법 : 140~150℃에서 0.5~5초간 살균 ② 간접 살균법 : 125~135℃에서 0.5~5초간 살균
고압증기멸균법	고압증기멸균솥(오토클레이브)을 이용하여 121℃(압력 15파운드)에 15~20분간 살균하는 방법으로, 멸균효과가 우수하다. 예) 통조림 살균

② 화학적 소독방법

㉠ 소독약의 구비조건

• 살균력이 강할 것
• 금속부식성이 없을 것
• 표백성이 없을 것
• 용해성이 높으며, 안정성이 있을 것
• 사용하기 간편하고 값이 저렴할 것
• 침투력이 강할 것
• 인축에 대한 독성이 적을 것

㉡ 종류 및 용도

• 염소(차아염소산나트륨) : 수돗물, 과일, 채소, 식기소독에 사용한다.

수돗물 소독 시 잔류 염소	0.2ppm
과일, 채소, 식기 소독 시 농도	50~100ppm

• 표백분(클로르칼키) : 수영장 소독 및 채소, 식기소독에 사용한다.
• 석탄산(3%) : 화장실(분뇨), 하수도 등의 오물 소독에 사용하며, 온도 상승에 다라 살균력도 비례하여 증가한다.

장점	살균력이 안정(유기물에도 살균력이 약화되지 않음)
단점	독한 냄새, 강한 독성, 강한 자극성, 금속부식성 있음

정답 02 ① 03 ② 04 ① 05 ④ 06 ③

- 역성비누(양성비누) : 과일, 채소, 식기, 조리자의 손 소독에 사용한다.
  - 보통비누와 함께 사용 시 : 보통비누로 먼저 때를 씻어낸 후 역성비누를 사용한다.
  - 실제 사용농도는 과일, 채소, 식기소독은 0.01~0.1%, 손 소독은 10%로 사용한다.

$$석탄산계수 = \frac{(다른)\ 소독약의\ 희석배수}{석탄산의\ 희석배수}\ (살균력\ 비교\ 시\ 이용)$$

- 크레졸비누(3%) : 화장실(분뇨), 하수도 등의 오물 소독에 사용하며, 석탄산보다 소독력과 냄새가 강하다.
- 과산화수소(3%) : 자극성이 약하여 피부의 상처 소독, 입안의 상처 소독에 사용된다.
- 포름알데히드(기체) : 병원, 도서관, 거실 등의 소독에 사용된다.
- 포르말린 : 포름알데히드를 물에 녹여서 만든 30~40%의 수용액으로 변소(분뇨), 하수도, 진개 등의 오물 소독에 이용된다.
- 생석회 : 저렴하기 때문에 변소(분뇨), 하수도, 진개 등의 오물 소독에 가장 우선적으로 사용한다.
- 승홍수(0.1%) : 비금속기구의 소독에 주로 이용(금속부식성)한다.
- 에틸알코올(70%) : 금속기구, 손 소독에 사용한다.
- 에틸렌 옥사이드(기체) : 식품 및 의약품 소독에 사용한다.
- 과망간산칼륨 : 분자식은 $KMnO_4$으로 산화력에 가장 강한 소독 효과가 있으며, 0.2~0.5%의 수용액을 사용한다.

식기 세척 시 중성세제의 농도 : 0.1~0.2%
화장실 소독
① 석탄산 3%
② 크레졸 3%
③ 생석회(가장 우선 사용)

예상문제

01 다음 중 음료수 소독에 가장 적합한 것은?

① 생석회 ② 알코올
③ 염소 ④ 승홍수

해설 음료수 소독에 가장 적합한 것은 염소소독이다.

02 다음 중 분변소독에 가장 적합한 것은?

① 생석회 ② 역성비누
③ 과산화수소 ④ 표백분

해설 역성비누(과일, 채소, 식기, 손), 과산화수소(피부, 상처소독), 표백분(우물, 수영장, 채소, 식기소독)

03 분자식은 $KMnO_4$이며, 강한 산화력에 의한 소독 효과가 있는 것은?

① 크레졸 ② 석탄산
③ 과망간산칼륨 ④ 알코올

해설 과망간산칼륨은 0.2~0.5%의 수용액을 사용한다.

04 다음 용어에 대한 설명 중 틀린 것은?

① 소독 : 병원성 세균을 제거하거나 감염력을 없애는 것
② 멸균 : 모든 세균을 제거하는 것
③ 방부 : 모든 세균을 완전히 제거하여 부패를 방지하는 것
④ 자외선 살균 : 살균력이 가장 큰 250~260nm의 파장을 써서 미생물을 제거하는 것

해설 방부는 미생물의 증식을 억제하는 것을 말한다.

05 원유에 오염된 병원성 미생물을 사멸시키기 위하여 130~150℃의 고온 가압하에서 우유를 0.5~5초간 살균하는 방법은?

① 저온살균법
② 고압증기멸균법
③ 고온단시간살균법
④ 초고온순간살균법

해설
- 저온살균법 : 60~65℃에서 30분간 가열 후 급랭 예 우유, 술, 주스, 소스
- 초고온순간살균법 : 130~140℃에서 2~4초간 가열 후 급랭 예 우유, 과즙
- 고온단시간살균법 : 70~75℃에서 15~20초 내에 가열 후 급랭 예 우유, 과즙

(4) 식품의 위생적 취급기준
[주방 식재료의 위생적 취급관리]

조리과정	내용
조리 전	• 유통기한 및 신선도를 확인 • 식품은 바닥에서 60cm 이상의 높이에 보관 및 조리 • 재료는 검수 후 신속하게(30분 이내) 건냉소, 냉장(0~10℃), 냉동(-50~-18℃ 이하)보관 • 식재료 전처리 과정은 25℃ 이하에서 2시간 이내 처리 • 식재료는 내부온도가 15℃ 이하로 전처리 • 손 씻기, 칼, 도마, 칼 손잡이 등 청결하게 세척하여 교차오염방지
조리 중	• 채소, 과일은 세제로 1차 세척 후 차아염소산용액 50~75ppm 농도에서 5분간 침지 후 물에 헹구기(물 4ℓ당 락스 유효염소 4%인 5~7㎖ 사용) • 해동된 식재료 재냉동 사용금지
조리 중	• 개봉한 통조림은 별도의 용기에 냉장보관(품목명, 원산지, 날짜 표시) • 식품 가열은 중심부 온도가 75℃(패류는 85℃)에서 1분 이상 조리 • 칼, 도마, 장갑 등은 용도별 구분 사용 • 채소 → 육류 → 어류 → 가금류 순서로 손질
조리 후	• 익힌 음식과 날 음식은 별도 냉장보관 또는 익힌 음식은 위칸보관으로 교차오염방지 • 보관 시 네임태그 부착(품목명, 날짜, 시간 등 표시) • 조리된 음식은 5℃ 이하 또는 60℃ 이상에서 보관 • 가열한 음식은 즉시 제공 또는 냉각하여 냉장 및 냉동보관

정답
01 ③ 02 ① 03 ③ 04 ③ 05 ④

예상문제

01 주방 식재료의 위생적 취급기준으로 틀린 것은?
① 유통기한 및 신선도를 확인한다.
② 식재료의 전처리 과정은 35℃ 이하에서 3시간 이내에 처리한다.
③ 식재료의 전처리는 내부온도를 15℃ 이하로 한다.
④ 조리된 음식은 5℃ 이하 또는 60℃ 이상에서 보관한다.

해설 식재료의 전처리 과정은 25℃ 이하에서 2시간 이내에 처리한다.

02 식품의 위생적 취급기준으로 거리가 먼 것은?
① 해동된 식재료는 재냉동 사용을 금지한다.
② 개봉한 통조림은 별도의 용기에 품목명, 원산지, 날짜 등을 표시 후 냉장 보관한다.
③ 조리된 음식은 네임태그(품목명, 날짜, 시간 등)를 표시 후 랩을 씌워 보관한다.
④ 식재료는 채소→어류→가금류→육류 순서로 손질한다.

해설 식재료는 칼, 도마, 장갑 등을 별도로 구분하여 사용 또는 채소→육류→어류→가금류 순서로 손질하고 깨끗하게 세척, 소독한다.

---

(5) 식품첨가물과 유해물질

1) 식품첨가물의 일반적인 개요

① **식품첨가물의 정의** : 식품첨가물은 식품의 제조·가공·보존할 때 필요에 따라 식품에 첨가 또는 혼합하거나 침윤하는 방법으로 식품에 사용되는 물질이다. 천연 첨가물로는 후추, 생강, 소금 등이 있고, 화학적 합성품으로 글루타민산나트륨, 사카린 등이 있다. 식품첨가물은 식품의약품안전처장이 지정한 것만 사용이 가능하다.

식품첨가물 공전
식품의약품안전처장이 지정한 식품첨가물의 종류와 규격, 기준 등이 수록된 것이다.

② **식품첨가물의 분류**

㉠ 식품의 보존성을 높이는 첨가제

- **보존료(방부제)** : 무독성으로 미량으로도 효과가 있으며, 가격이 저렴해야 한다.

데히드로초산나트륨	버터, 치즈, 마가린에 첨가
프로피온산나트륨, 프로피온산칼슘	빵, 과자류에 첨가
안식향산나트륨	과실, 채소류, 청량음료수, 간장, 식초에 첨가(미생물 발육 억제)
소르빈산나트륨, 소르빈산칼륨	육제품, 절임식품, 케첩, 된장에 첨가

포름알데히드(메탄알), 염화제이수은(승홍), 불소화합물, 붕산 등은 독성이 강하여 사용이 금지된 보존료이다.

- **살균료(소독제)** : 식품의 부패 병원균을 강력히 살균하는 것

차아염소산나트륨	소독, 살균, 탈취, 표백 목적으로 사용되며 물, 식기, 과일에 사용
표백분	표백작용
고도표백분	표백작용
에틸렌옥사이드	살균작용

- **산화방지제(항산화제)** : 식품의 산화에 의한 변질현상을 방지하기 위해 사용한다.

BHA(부틸히드록시아니졸)	식용유, 마요네즈 추잉껌 등
BHT(디부틸히드록시톨루엔)	식용유, 버터, 곡류 등(BHA와 유사 사용)
몰식자산프로필	식용유지, 버터류
에리소르빈산염(수용성)	색소 산화 방지작용으로 사용기준 없음

- **천연항산화제(천연산화방지제)** : 비타민 E(토코페롤), 비타민 C(아스코르빈산), 참기름(세사몰), 목화씨(고시풀)

㉡ 관능을 만족시키는 첨가제

- **정미료(조미료)** : 식품에 감칠맛을 부여하기 위해 사용한다.

천연정미료	글루탐산나트륨(다시마, 된장, 간장), 이노신산(가다랭이 말린 것), 호박산(조개), 구아닐산(표고버섯)
화학정미료	글리신(향료), 5-구아닐산나트륨(표고버섯의 정미), 구연산나트륨(안정제), 1-글루탐산나트륨(다시마의 정미), d-주석산나트륨

- **감미료** : 식품에 감미(단맛)을 부여하기 위해 사용한다.

사카린나트륨	설탕의 300배(허용식품과 사용량에 대한 제한이 있음) • 사용가능 : 건빵, 생과자, 청량음료수 • 사용불가 : 식빵, 이유식, 백설탕, 포도당, 물엿, 벌꿀, 알사탕류
D-솔비톨	설탕의 0.7배(당 알코올로 충치예방에 적당), 과일 통조림, 냉동품의 변성방지제
글리실리진산나트륨	간장, 된장 외에 사용금지
아스파탐(Aspartame)	설탕의 200배, 청량음료, 빵류, 과자류(0.5% 사용)

사이클라메이트(Cyclamate), 둘신(Dulcil), 에틸렌글리콜(Ethylene Glycol), 니트로아닐린(Nitroaniline) 등은 독성이 강하여 사용이 금지된 감미료이다.

- **산미료** : 식품에 산미(신맛 : 구연산, 살구, 감귤)를 부여하기 위해 사용한다.
  - 구연산, 젖산(청주, 장류), 초산(살균작용), 주석산(포도), 빙초산

- **착색료** : 식품의 가공공정에서 변질 및 변색되는 식품색을 복원하기 위해 사용한다.

천연착색료	천연색소, 식물에서 용해되어 나온 색소나 또는 식물, 동물에서 추출한 색소
합성착색료	• 타르 색소 : 식용색소, 녹색, 황색, 적색 1, 2, 3 • 비타르계 : β-카로틴(치즈, 버터, 마가린), 황산품(과채류, 저장품), 구리클로로필린나트륨 ※ 타르 색소를 사용할 수 없는 식품 : 면류, 김치류, 다류, 묵류, 젓갈류, 단무지, 성과일주스, 천연식품

정답
01 ② 02 ④

수은(Hg)	온도계, 체온계, 압력계, 화학공장 폐수, 물고기, 공해	복통, 구토, 설사, 무뇨, 피부염, 의식장애, 지각마비, 중추신경장애, 홍독성 홍분 미나마타병(메틸수은)
구리(Cu)	식품(코코아, 초콜릿), 조리기구, 상수도관	복통, 구토, 설사, 간 손상(세포의 괴사로 손상), 신부전, 호흡곤란, 사망
아연(Zn)	공장 폐수, 합금, 식기, 용기	복통, 구토, 설사, 소화기 계통 염증
비소(As)	화학공장, 방부제, 살충제, 화장품, 의약품, 우유(분유)	구토, 설사, 호흡중추의 마비, 피부염, 빈혈
주석(Sn)	통조림 식품의 통조림관(통조림 캔)	구토, 복통, 설사, 급성 위장염, 진폐증(규폐)
안티몬(Sb)	식기(법랑제품), 약제의 오용	구토, 복통, 설사
크롬(Cr)	도금, 합금, 부식	피부 및 뼈 궤양, 비중격천공

※ 납 : 최대 허용량 0.5ppm, 구리 1회 500mg 이상 섭취 시 중독

② 식품의 조리 및 가공 중에 생기는 유해물질
  ㉠ 벤조피렌 : 불에 탄 고기에서 나오는 신종 발암물질로, 고온 또는 식품첨가물질이 원인으로, 식품을 가열하게 되면 식품성분이 변화하게 되면서 발암물질이 생성된다.
  ㉡ 니트로소 화합물 : 산성조건의 아질산과 2급 아민이 식품가공 중에 발암물질로 생성된다.
  ㉢ 아크릴아미드 : 전분이 많은 감자류와 곡류 등을 높은 온도에서 가열할 때 생성되며 감자튀김, 과자, 피자 등을 만들 때 생성된다.

예상문제

01 납중독에 대한 설명으로 틀린 것은?
① 대부분 만성 중독이다.
② 뼈에 축적되거나 골수에 대해 독성을 나타내므로 혈액장애를 일으킬 수 있다.
③ 손과 발의 각화증 등을 일으킨다.
④ 잇몸의 가장자리가 흑자색으로 착색된다.

해설 납중독은 만성 중독으로 잇몸이 흑자색으로 변하거나 복통 등의 증상이 있다.

02 다음 식품첨가물 중 영양강화제는?
① 비타민류, 아미노산류
② 검류, 락톤류
③ 에테르류, 에스테르류
④ 지방산류, 페놀류

해설 영양강화에 사용되는 첨가물에는 비타민, 무기질, 아미노산 등이 있다.

03 다음 식품첨가물 중 주요 목적이 다른 것은?
① 과산화벤조일
② 과황산암모늄
③ 이산화염소
④ 아질산나트륨

해설
• 과산화벤조일, 과황산암모늄, 이산화염소 : 소맥분 개량제
• 아질산나트륨 : 발색 및 식중독을 억제하는 첨가물로, 질산나트륨을 납과 함께 녹여서 만든 무색의 결정체이다. 고기의 산화과정을 방지하고, 선홍빛을 유지시킨다.

04 다음 중 천연 산화방지제가 아닌 것은?
① 세사몰(Sesamol)
② 티아민(Thiamin)
③ 토코페롤(Tocopherol)
④ 고시폴(Gossypol)

해설 천연 항산화제
비타민 E, 세사몰, 비타민 C, 고시폴, 토코페롤 등

3 작업장 위생관리

작업장 위생 위해요소
개인 위생, 식품 위생, 시설 위생

① 조리장은 매일 1회 이상 청소하고 청결을 유지한다.
② 식품은 항상 보관시설과 냉장시설에 위생적으로 보관한다.
③ 조리기기와 기구는 사용 후에 깨끗이 세척하여 소독한 후 정돈하여 보관한다.
④ 쓰레기는 발생 즉시 분리수거 후 폐기물 용기에 담아 위생적으로 처리한다.
⑤ 급수는 수돗물 또는 공공 시험기관에서 음용에 적합하다고 인정한 것만 사용한다.
⑥ 매주 1회 이상은 소독제로 소독한다.
⑦ 환기를 자주 실시하여 공기를 순환시킨다.

(1) 작업장 위생 위해요소

주방기구	위해요소관리
조리시설, 조리기구	• 살균소독제로 세척, 소독 후 사용 • 열탕 소독 또는 염소소독으로 세척 및 소독
기계 및 설비	설비 본체 부품 분해 → 부품은 깨끗한 장소로 이동 → 뜨거운 물로 1차 세척 → 스펀지에 세제를 묻혀 이물질 제거 후 씻어내기 ※ 설비부품은 뜨거운 물 또는 200ppm의 차아염소산나트륨 용액에 5분간 담근 후에 세척
싱크대	약알칼리성 세제로 씻고, 70% 알코올을 분무소독
도마, 칼	뜨거운 물로 1차 세척 → 스펀지에 세제를 묻혀 이물질 제거 후 씻어내기 → 뜨거운 물(80℃) 또는 200ppm의 차아염소산나트륨 용액에 5분간 담근 후에 세척
칼, 행주	끓는 물에서 30초 이상 열탕 소독
기타	• 바닥의 균열 및 파손 시 즉시 보수하여 오물이 끼지 않도록 관리 • 출입문, 창문 등에는 방충시설을 설치 • 방충·방서용 금속망의 굵기는 30메시(mesh)가 적당

※ 조리대는 중성세제 또는 염소소독제로 200배 희석하여 소독
  - 염소소독제(4%) 200배 희석방법(1,000㎖ 제조 시)
    : 물 995㎖ + 염소소독제 5㎖

예상문제

01 주방의 바닥조건으로 맞는 것은?
① 산이나 알칼리에 약하고, 습기와 열에 강해야 한다.
② 바닥 전체의 물매는 1/20이 적당하다.
③ 조리작업을 드라이시스템화 할 경우의 물매는 1/100 정도가 적당하다.
④ 고무타일, 합성수지타일 등이 잘 미끄러지지 않으므로 적합하다.

 주방의 바닥 구비조건에 적합한 재질로는 고무타일, 합성수지타일 등 잘 미끄러지지 않는 재질을 사용해야 한다.

02 식품 등의 위생적 취급에 관한 기준이 아닌 것은?
① 식품 등을 취급하는 원료 보관실, 제조가공실, 포장실 등의 내부를 항상 청결하게 관리한다.
② 식품 등의 원료 및 제품 중 부패, 변질되기 쉬운 것은 냉동·냉장시설에 보관·관리된다.
③ 유통기한이 경과된 식품 등은 판매하거나 판매의 목적으로 진열·보관하여서는 아니 된다.
④ 모든 식품 및 원료는 냉장 및 냉동시설에 보관·관리한다.

 모든 식품 및 원료가 냉장·냉동시설을 필요로 하는 것은 아니다.

(2) 식품안전관리인증기준(HACCP)

1) HACCP(Hazard Analysis and Critical Control Point ; 식품안전관리인증기준)

① HACCP은 위해분석(HA ; Hazard Analysis)과 중요관리점(CCP ; Critical Control Point)으로 구성되는데 HA는 위해 가능성이 있는 요소를 전체적인 공정 과정의 흐름에 따라 분석·평가하는 것이며, CCP는 확인된 위해한 요소 중에서 중점적으로 다루어야 하는 위해요소를 뜻한다. 식품안전관리인증기준의 목적은 사전에 위해한 요소들을 예방하며 식품의 안전성을 확보하는 것이다.

② 우리나라는 1995년 12월 29일에 도입하였으며, 식품의 안전성(Safety) 확보와 건전성 및 품질을 확보함은 물론 식품업체의 자율적이고 과학적 위생관리방식의 정착과 국제기준 및 규격과의 조화를 도모하고자 신설하였다.

HACCP 제도의 수행 7단계
원칙1 : 위해요소 분석 → 원칙2 : 중요관리점(CCP) 결정 → 원칙3 : 한계기준 설정 → 원칙4 : 모니터링 체계확립, 감시 → 원칙5 : 한계기준 이탈 시 개선조치 절차 수립 → 원칙6 : 검증 절차 수립 → 원칙7 : 기록유지 및 문서화 절차 확립

2) 식품안전관리인증기준 준수대상 영업
냉동수산식품 중 어류·연체류·조미가공품, 어묵류, 냉동식품 중 피자·만두·면류, 빙과류, 비가열음료, 레토르트식품, 김치류 중 배추김치

식품회수제도(Recall) : 식품의 사후관리방안의 일환으로 식품이 유통되는 과정에서 위해식품으로 판정되었을 경우 생산자 등이 위해식품을 자발적으로 회수·폐기하여 소비자를 위해식품으로부터 사전에 보호하기 위한 제도

HACCP 관리 5단계
① 주도적으로 담당할 HACCP팀 구성(업소 내 핵심요원 포함) → ② 제품 설명서 작성 → ③ 해당 식품의 의도된 사용방법 및 소비자 파악 → ④ 공정단계 파악 후 공정흐름도 작성 → ⑤ 작성된 공정흐름도와 평면도가 현장과 일치하는지 검증

예상문제

01 다음 중 식품안전관리인증기준(HACCP)을 수행하는 단계에 있어서 가장 먼저 실시하는 것은?
① 중요관리점 규명   ② 관리기준의 설정
③ 기록유지방법의 설정   ④ 식품의 위해요소 분석

 HACCP 관리의 수행 7단계
식품의 위해요소 분석 → 중요관리점 결정 → 한계기준 설정 → 모니터링 체계 확립 → 개선조치방법 수립 → 검증절차 및 방법 수립 → 문서화 및 기록유지

02 기존 위생관리방법과 비교하여 HACCP의 특징에 대한 설명으로 옳은 것은?
① 주로 완제품 위주의 관리이다.
② 위생상의 문제 발생 후 조치하는 사후적 관리이다.
③ 시험분석방법에 장시간이 소요된다.
④ 가능성 있는 모든 위해요소를 예측하고 대응할 수 있도록 한다.

 HACCP은 식품의 생산, 유통, 소비의 전 과정을 지속적으로 관리하여 식품의 안전성을 확보하고 보증하는 것이다.

(3) 작업장 교차오염 발생요소

교차오염 발생요소	발생 원인	방안
식재료 입고, 전처리 과정	많은 양의 식재료를 원재료 상태로 들여와 준비하는 과정 (교차오염 발생 가능성 높음)	원 식재료의 전처리 과정에서 더욱 세심한 청결상태 유지와 식재료의 관리 필요
채소·과일 준비코너, 생선취급코너	칼, 도마, 장갑 등에서 교차오염 발생	칼, 도마, 장갑 등 용도별 구분 사용 필요
행주, 나무도마 등	행주, 나무도마 등에서 교차오염 발생	집중적인 위생관리 및 교체, 세척, 살균 요함
주방바닥, 트렌치 등	주방바닥, 트렌치 등에서 교차오염 발생	집중적인 위생관리 및 세척, 살균, 건조 요함

※ 작업 종료 후 지정한 인원은 매일 작업 시작 전에 작업장의 모든 장비, 용기, 바닥을 물로 청소하고, 식품 접촉표면은 염소계 소독제 200ppm을 사용하여 살균한 후 습기를 제거한다.

> **참고**
>
> **주방 내에서 교차오염방지를 위하여 구역을 구분하여 사용**
> - 일반작업구역 : 식재료 검수구역, 식재료 저장구역, 식재료 전처리구역, 식기세정구역
> - 청결작업구역 : 조리구역, 배선구역, 식기보관구역
> ※ 도마와 칼은 용도별로 구분하여 사용하고 달걀, 육류 등 조리 전 식재료는 냉장고에 분리하여 저장 또는 하단에 보관한다.

예상문제

01 주방 내에서 교차오염방지를 위하여 청결작업구역으로 틀린 것은?

① 조리구역
② 배선구역
③ 식기세정구역
④ 식기보관구역

해설
- 일반작업구역 : 식재료 검수구역, 식재료 저장구역, 식재료 전처리구역, 식기세정구역
- 청결작업구역 : 조리구역, 배선구역, 식기보관구역

02 주방 내에서 교차오염의 발생요소 및 원인으로 틀린 것은?

① 식재료 입고, 전처리 과정
② 채소·과일준비코너, 생선취급코너
③ 행주, 나무도마, 주방바닥, 트렌치
④ 조리구역, 배선구역, 식기보관구역

해설
- 교차오염의 발생원인 : 많은 양의 식품이 원재료 상태로 들어와 준비하는 과정과 칼, 도마, 장갑, 행주, 나무도마, 바닥 등에서의 발생
- 방안 : 식재료의 전처리 과정에서 더욱 세심한 청결상태 유지와 식재료의 관리가 필요하다.
※ 칼, 도마, 장갑 등의 용도별 구분 사용과 집중적인 위생관리 및 세척과 살균을 필요로 한다.

4 식중독관리

(1) 세균성 및 바이러스성 식중독

식중독(Food poisoning)은 유독·유해한 물질이 음식물과 함께 입을 통해 섭취되어 생리적인 이상을 일으키는 것을 말하며, 6~9월에 주로 발생한다.

1) 감염형 식중독

식품 내에 병원체가 증식하여 인체에 식품 섭취로 들어와 일으키는 식중독이다.

① 살모넬라 식중독
  ㉠ 특징 : 쥐, 파리, 바퀴에 의해 식품을 오염시키는 균이다.
  ㉡ 원인균 : 살모넬라균
  ㉢ 증상 : 두통, 심한 위장 증상, 38~40℃의 급격한 발열
  ㉣ 원인식품 : 육류 및 어패류 및 가공품, 우유 및 유제품, 채소샐러드 등
  ㉤ 잠복기 : 12~24시간
  ㉥ 예방대책 : 열에 약하여 60℃에서 30분이면 사멸된다.

② 장염비브리오 식중독
  ㉠ 특징 : 해안지방에 가까운 바닷물(3~4% 식염농도) 등에 사는 호염성 세균으로 그람음성간균이다.
  ㉡ 원인균 : 비브리오균
  ㉢ 증상 : 위장의 통증과 설사(혈변), 구토, 약간의 발열
  ㉣ 원인식품 : 어패류(생것으로 먹을 때나 칼, 도마, 식기에 의해 2차적으로 오염)
  ㉤ 잠복기 : 10~18시간
  ㉥ 예방대책 : 5℃ 이하에서 음식을 보존하고, 60℃에서 5분간 가열하면 균이 사멸된다. 조리할 때 청결하게 하고 2차오염을 막기 위해 칼, 도마, 식기, 용기 등의 소독을 철저히 한다.

③ 병원성 대장균 식중독
  ㉠ 사람이나 동물의 장 관내에 살고 있는 균으로 물이나 흙 속에 존재하며 식품과 함께 입을 통해 체내에 들어오면 장염을 일으키는 식중독이다.
  ㉡ 원인균 : 병원성 대장균
  ㉢ 증상 : 급성 대장염
  ㉣ 원인식품 : 우유가 주원인, 가정에서 만든 마요네즈
  ㉤ 잠복기 : 13시간 정도
  ㉥ 예방대책 : 동물의 분변오염방지

④ 웰치균 식중독
  ㉠ 특징 : 웰치균은 편성혐기성균으로 아포(내열성균으로 열에 강함)를 형성하며, 조리 중에 잘 죽지 않는다.
  ㉡ 원인균 : 웰치균(식중독의 원인균은 A형)
  ㉢ 증상 : 설사, 복통
  ㉣ 원인식품 : 육류 및 어패류의 가공품
  ㉤ 잠복기 : 8~22시간
  ㉥ 예방대책 : 분변오염방지, 조리 후 식품을 급히 냉각시킨 다음 저온(10℃ 이하)에서 보존하거나 60℃ 이상으로 보존한다.

2) 독소형 식중독

식품 내에 병원체의 증식으로 생성된 독소에 의한 식중독으로 잠복기가 가장 짧은 것이 특징이다.

① 포도상구균 식중독
  ㉠ 특징 : 화농성질환자에 의해 감염되며, 120℃에서 20분간 열을 가해도 균이 사멸되지 않는다.
  ㉡ 원인균 : 포도상구균
  ㉢ 원인독소 : 엔테로톡신(Enterotoxin, 장독소)은 열에 강하여 가열하여도 파괴되지 않으며, 균이 사멸되어도 독소는 남는다.
  ㉣ 증상 : 구토, 복통, 설사
  ㉤ 원인식품 : 우유, 유제품, 떡, 도시락, 김밥
  ㉥ 잠복기 : 잠복기가 가장 짧은 식후 3시간

정답 01 ③ 02 ④

ⓒ 대두 : 사포닌(Saponins)

ⓞ 두류 : 파세오루나틴(Phaseolunatin)

>
> 복숭아씨, 은행의 종자 등에는 아미그달린(Amygdalin)이라는 청산배당체가 함유되어 있고 이것은 아미그달라제(Amygdalase)에 의해 분해되어 청산을 생산해 중독을 일으킨다. 중독의 원인인 청산은 치명률이 높아 순식간에 사망에 이르게 한다.

(3) 화학적 식중독

1) 농약에 의한 식중독

① 유기인제(신경독)

ⓐ 증상 : 신경장애, 혈압상승, 근력감퇴, 정신경련

ⓑ 종류 : 파라티온, 말라티온, 다이아지논, 테프(TEPP)

ⓒ 예방 : 농약 살포 시 흡입주의, 수확 15일 전 살포 금지, 과채류의 산성액 세척 등

② 유기염소제

ⓐ 증상 : 복통, 설사, 두통, 구토, 전신권태, 신경계 독성

ⓑ 종류 : DDT, BHC

ⓒ 예방 : 농약 살포 시 흡입주의, 수확 15일 전 살포 금지 등

③ 유기수은제

ⓐ 증상 : 시야 축소, 언어장애, 정신착란

ⓑ 종류 : 메틸염화수은, 메틸요오드화수은, EMP, PMA

④ 비소화합물

ⓐ 증상 : 목구멍과 식도의 수축현상, 위통, 설사, 혈변, 소변량 감소

ⓑ 종류 : 비산칼슘

ⓒ 예방 : 농약 살포 시 흡입주의, 수확 15일 전 살포 금지 등

> **메탄올(메틸알코올)**
> - 주류의 메탄올 함유 허용량은 0.5mg/㎖ 이하(예외 : 과실주, 포도주 1.0mg/㎖ 이하)
> - 중독량은 5~10㎖, 치사량 30~100㎖
> - 증상 : 두통, 구토, 설사, 실명, 심할 경우 호흡곤란으로 사망
>
> **통조림 식품의 유해성 금속물질**
> 납, 주석(허용치는 150ppm 이하이고, 산성 통조림 식품에 한하여 250ppm 이하)
>
> **PCB물질(중독)에 대한 대책**
> PCB 중독은 미강유 정제과정 중 유입되는 중독으로 PCB의 공업적 사용 자제

(4) 곰팡이 식중독(독소)

① 아플라톡신 중독

ⓐ 원인곰팡이 : 아스퍼질러스 플라브스

ⓑ 원인식품 : 재래식 된장, 곶감, 땅콩, 곡류

ⓒ 독소 : 아플라톡신(Aflatoxin, 간장독)

※ 아플라톡신은 열에 강하여 가열 후에도 식품에 존재할 수 있다.

>
> 아플라톡신은 간을 타깃으로 하여 작용하며, 초기 증상으로는 발열, 무기력증, 신경성식욕부진증 등을 일으키며, 복통과 구토, 간염을 유발한다. 만성적인 독성은 면역력 저하와 암을 발생시키게 된다.

② 맥각 중독

ⓐ 원인균 : 맥각균

ⓑ 원인식품 : 보리, 밀, 호밀

ⓒ 독소 : 에르고톡신(Ergotoxine) – 간장독, 에르고타민(Ergotamine)

③ 황변미 중독

ⓐ 원인곰팡이 : 푸른곰팡이(페니실리움)

ⓑ 원인식품 : 저장미

ⓒ 독소 : 시트리닌(신장독), 시트리오비리딘(신경독), 아이슬랜디톡신(간장독)

> 14~15% 이상의 수분을 함유하는 저장미에서 푸른곰팡이가 번식하여 적홍색 또는 황색으로 되는 현상으로 동남아시아 지역에서 곡류 저장 시 문제가 많은 편이다.

④ 알레르기성 식중독(부패성 식중독)

ⓐ 원인균 : 프로테우스 모르가니(Proteus morganii)균

ⓑ 원인식품 : 꽁치나 고등어 등 붉은 색 생선의 가공품을 섭취했을 때 발생

ⓒ 원인물질 : 히스타민(Histamine)

예상문제

01 세균성 식중독 중 감염형이 아닌 것은?

① 살모넬라 식중독

② 황색포도상구균 식중독

③ 장염비브리오 식중독

④ 병원성 대장균 식중독

해설 황색포도상구균 식중독은 독소형 식중독이다. 감염형 세균성 식중독에는 웰치균 식중독이 있다.

02 일반 가열 조리법으로 예방하기에 가장 어려운 식중독은?

① 살모넬라에 의한 식중독

② 웰치균에 의한 식중독

③ 포도상구균에 의한 식중독

④ 병원성 대장균에 의한 식중독

해설 포도상구균 식중독의 독소인 엔테로톡신은 내열성이며, 120℃에서 20분간 가열하여도 파괴되지 않는다.

정답 01 ② 02 ③

03 세균성 식중독과 병원성 소화기계 감염병을 비교한 것으로 틀린 것은?

번호	세균성 식중독	병원성 소화기계 감염병
①	식품은 원인물질 축적체	식품은 병원균 운반체
②	2차 감염이 빈번	2차 감염이 없음
③	식품위생법으로 관리	감염병예방법으로 관리
④	비교적 짧은 잠복기	비교적 긴 잠복기

해설 소화기계 감염병은 2차 감염이 발생된다.

04 다음 중 식품과 자연독의 연결이 잘못된 것은?

① 독버섯 – 무스카린(Muscarine)
② 감자 – 솔라닌(Solanine)
③ 살구씨 – 파세오루나틴(Phaseolunatin)
④ 목화씨 – 고시폴(Gossypol)

해설 파세오루나틴은 두류에 들어 있는 유독성분이며, 살구씨의 경우에는 아미그달린이 들어 있다.

05 다음 중 식중독을 일으키는 버섯의 독성분은?

① 아마니타톡신(Amanitatoxin)
② 엔테로톡신(Enterotoxin)
③ 솔라닌(Solanine)
④ 아트로핀(Atropine)

해설 엔테로톡신(포도상구균), 솔라닌(감자의 독성분), 아트로핀(미치광이풀의 독성분)

06 다음 진균독소 중 간암을 일으키는 것은?

① 시트리닌(Citrinin)
② 아플라톡신(Aflatoxin)
③ 스포리데스민(Sporidesmin)
④ 에르고톡신(Ergotoxin)

해설 아플라톡신은 곰팡이독으로 쌀, 보리 등에 침입하여 인체에 간암을 일으킨다.

※ **아플라톡신(Aflatoxin)**
- 쌀, 보리, 땅콩을 비롯한 탄수화물이 풍부한 농산물이나 곡류에서 잘 번식한다.
- 미생물 독성대사물질로서 곰팡이류가 만들어 내는 진균독(mycotoxin)의 한 종류로 누룩균에서 생산되며, 메주에서 검출되는 경우도 있다.
- 아플라톡신의 간 독성 및 암 발생은 지질의 과산화와 DNA에 일으키는 산화 스트레스로 인한 손상과 신장에 암을 유발시키는 것으로 알려져 있다.

5 식품위생 관계법규

(1) 식품위생법

1) 식품위생법의 목적

① 위생상의 위해 방지
② 식품영양의 질적 향상 도모
③ 국민보건의 증진에 이바지

2) 식품위생 관련 용어의 정의

① 식품 : 모든 음식물을 포함(의약으로 섭취하는 것은 제외)
② 식품첨가물 : 식품을 제조·가공·조리 또는 보존하는 과정에서 감미(甘味), 착색(着色), 표백(漂白) 또는 산화방지 등을 목적으로 식품에 사용되는 물질[기구(器具)·용기·포장을 살균·소독하는 데에 사용되어 간접적으로 식품으로 옮아갈 수 있는 물질을 포함]
③ 화학적 합성품 : 화학적 수단으로 원소 또는 화합물에 분해 반응 외의 화학 반응을 일으켜 얻은 물질
④ 기구 : 식품 또는 식품첨가물에 직접 닿는 기계·기구나 그 밖의 물건으로 음식을 먹을 때 사용하거나 담는 것과 식품 또는 식품첨가물의 채취·제조·가공·조리·저장·소분·운반·진열할 때 사용하는 것(농업 및 수산업에서 식품의 채취에 사용되는 기계는 제외, 탈곡기, 호미 등)
⑤ 용기·포장 : 식품 또는 식품첨가물을 넣거나 싸는 것으로, 식품 또는 식품첨가물을 주고받을 때 함께 건네는 물품
⑥ 위해 : 식품, 식품첨가물, 기구 또는 용기·포장에 존재하는 위험요소로, 인체의 건강을 해치거나 해칠 우려가 있는 것
⑦ 영업 : 식품 또는 식품첨가물을 채취·제조·가공·조리·저장·소분·운반 또는 판매하거나 기구 또는 용기·포장을 제조·운반·판매하는 업(농업과 수산업에 속하는 식품 채취업은 제외)
⑧ 영업자 : 영업허가를 받은 자나 영업신고를 한 자 또는 영업등록을 한 자
⑨ 식품위생 : 식품, 식품첨가물, 기구 또는 용기·포장을 대상으로 하는 음식에 관한 위생
⑩ 집단급식소 : 영리를 목적으로 하지 아니하면서 특정 다수인에게 계속하여 음식물을 공급하는 기숙사·학교·병원·사회복지시설·산업체·국가·지방자치단체 및 공공기관·그 밖의 후생기관 등의 어느 하나에 해당되는 곳의 급식시설로서 대통령령으로 정하는 시설
⑪ 식품이력추적관리 : 식품을 제조·가공단계부터 판매단계까지 각 단계별로 정보를 기록·관리하여 그 식품의 안전성 등에 문제가 발생할 경우 그 식품을 추적하여 원인을 규명하고 필요한 조치를 할 수 있도록 관리하는 것
⑫ 식중독 : 식품 섭취로 인하여 인체에 유해한 미생물 또는 유독물질에 의하여 발생하였거나 발생한 것으로 판단되는 감염성 질환 또는 독소형 질환
⑬ 집단급식소에서의 식단 : 급식대상 집단의 영양섭취기준에 따라 음식명, 식재료, 영양성분, 조리방법, 조리인력 등을 고려하여 작성한 급식계획서

※ **식품 등의 취급 :** 누구든지 판매를 목적으로 식품 또는 식품첨가물을 채취·제조·가공·사용·조리·저장·소분·운반 또는 진열을 할 때에는 깨끗하고 위생적으로 하여야 하며, 영업에 사용하는 기구 및 용기·포장은 깨끗하고 위생적으로 다루어야 하고, 식품, 식품첨가물, 기구 또는 용기·포장(식품 등)의 위생적인 취급에 관한 기준은 총리령으로 정한다.

정답 03 ② 04 ③ 05 ① 06 ②

3) 식품 및 식품첨가물

① 위해식품 등의 판매 등 금지

㉠ 썩거나 상하거나 설익어서 인체의 건강을 해칠 우려가 있는 것

㉡ 유독·유해물질이 들어 있거나 묻어 있는 것 또는 그러할 염려가 있는 것으로, 식품의약품안전처장이 인체의 건강을 해칠 우려가 없다고 인정하는 것은 제외

㉢ 병을 일으키는 미생물에 오염되었거나 그러할 염려가 있어 인체의 건강을 해칠 우려가 있는 것

㉣ 불결하거나 다른 물질이 섞이거나 첨가된 것 또는 그 밖의 사유로 인체의 건강을 해칠 우려가 있는 것

㉤ 안전성 심사 대상인 농·축·수산물 등 가운데 안전성 심사를 받지 아니하였거나 안전성 심사에서 식용으로 부적합하다고 인정된 것

㉥ 수입이 금지된 것 또는 수입신고를 하지 아니하고 수입한 것

㉦ 영업자가 아닌 자가 제조·가공·소분한 것

② 병든 동물 고기 등의 판매 등 금지

총리령으로 정하는 질병에 걸렸거나 걸렸을 염려가 있는 동물이나 그 질병에 걸려 죽은 동물의 고기·뼈·젖·장기 또는 혈액을 식품으로 판매하거나 판매할 목적으로 채취·수입·가공·사용·조리·저장·소분 또는 운반하거나 진열하여서는 안 된다.

※ **총리령으로 정하는 질병 : 축산물가공처리법 규정에 도축이 금지되는 가축감염병, 리스테리아병, 살모넬라병, 파스튜렐라병, 선모충증**

③ 기준·규격이 정하여지지 아니한 화학적 합성품과 이를 함유한 물질을 판매하거나 판매할 목적으로 제조·수입·가공·사용·조리·저장·소분·운반 또는 진열하는 행위를 해서는 안 된다.

※ **다만, 식품의약품안전처장이 식품위생심의위원회의 심의를 거쳐 인체의 건강을 해칠 우려가 없다고 인정하는 경우에는 그러하지 아니하다.**

④ 식품 또는 식품첨가물에 관한 기준 및 규격 : 식품의약품안전처장 고시

㉠ 식품첨가물 중 기구 및 용기·포장을 살균·소독하는 데에 쓰여 간접적으로 식품으로 옮아갈 수 있는 물질은 그 성분 명만을 고시할 수 있다.

㉡ 기준과 규격을 인정받으려는 자에게 식품의약품안전처장이 지정한 식품전문 시험·검사기관 또는 총리령으로 정하는 시험·검사기관의 검토를 거쳐 고시될 때까지 그 식품 또는 식품첨가물의 기준과 규격으로 인정할 수 있다.

㉢ 수출할 식품 또는 식품첨가물은 수입자가 요구하는 기준과 규격을 따를 수 있다.

㉣ 기준과 규격에 맞지 아니하는 식품 또는 식품첨가물은 판매하거나 판매할 목적으로 제조·수입·가공·사용·조리·저장·소분·운반·보존 또는 진열하여서는 아니 된다.

⑤ 권장규격 예시 등(식품의약품안전처장)

㉠ 설정될 때까지 위해 우려가 있는 성분 등의 안전관리를 권장하기 위한 규격을 예시할 수 있다.

㉡ 국제식품규격위원회 및 외국의 규격 또는 다른 식품 등에 이미 규격이 신설되어 있는 유사한 성분 등을 고려하여야 하고 심의위원회의 심의를 거쳐야 한다.

㉢ 영업자가 권장규격을 준수하도록 요청할 수 있으며 이행하지 아니한 경우 그 사실을 공개할 수 있다.

4) 기구와 용기·포장

① 유독기구 및 용기·포장 등의 판매·사용(제조·수입·저장·운반·진열이나 영업)금지

② 기구·용기·포장의 기준과 규격

㉠ 식품의약품안전처장이 정하여 고시
- 제조 방법에 관한 기준
- 기구 및 용기·포장과 그 원재료에 관한 규격

㉡ 기준과 규격이 고시되지 아니한 사항은 제출하게 하여 식품의약품안전처장이 지정한 식품전문 시험·검사기관의 검토를 거쳐 인정할 수 있다.

㉢ 수출할 기구 및 용기·포장과 그 원재료에 관한 기준과 규격은 수입자가 요구하는 기준과 규격을 따를 수 있다.

㉣ 그 기준과 규격에 맞지 아니한 기구 및 용기·포장은 판매하거나 판매할 목적으로 제조·수입·저장·운반·진열하거나 영업에 사용하여서는 안 된다.

5) 유전자변형식품 등의 표시

① 다음의 어느 하나에 해당하는 생명공학기술을 활용하여 재배·육성된 농산물·축산물·수산물 등을 원재료로 하여 제조·가공한 식품 또는 식품첨가물은 유전자변형식품임을 표시하여야 한다. 다만, 제조·가공 후에 유전자변형 디엔에이(DNA, Deoxyribonucleic acid) 또는 유전자변형 단백질이 남아 있는 유전자변형식품 등에 한정한다.

㉠ 인위적으로 유전자를 재조합하거나 유전자를 구성하는 핵산을 세포 또는 세포 내 소기관으로 직접 주입하는 기술

㉡ 분류학에 따른 과(科)의 범위를 넘는 세포융합기술

② 표시가 없으면 판매하거나 수입·진열·운반하거나 영업에 사용하여서는 안 된다.

③ 표시의무자, 표시대상 및 표시방법 등에 필요한 사항은 식품의약품안전처장이 정한다.

6) 식품 등의 공전(식품의약품안전처장은 작성·보급)

㉠ 식품 또는 식품첨가물의 기준과 규격
㉡ 기구 및 용기·포장의 기준과 규격의 공전

7) 검사 등

① 위해평가

㉠ 식품의약품안전처장은 위해요소를 신속히 평가하여 위해식품인지를 결정하여야 한다.

ⓒ 피부병 또는 그 밖의 화농성질환
ⓔ 후천성 면역결핍증(성병에 관한 건강진단을 받아야 하는 영업에 종사하는 자에 한함)

⑦ 식품위생교육
ⓐ 식품접객업 영업자의 종업원 : 매년
ⓑ 영업을 하려는 자 : 미리(부득이한 경우는 영업을 시작한 후 받을 수 있음)
ⓒ 영업에 직접 종사하지 아니하거나 두 곳 이상의 장소에서 영업을 하는 경우에는 종업원 중 식품위생에 관한 책임자를 지정하여 영업자 대신 교육을 받게 할 수 있다. 다만, 집단급식소에 종사하는 조리사 및 영양사가 식품위생에 관한 책임자로 지정되어 교육을 받은 경우에는 해당 연도의 식품위생교육을 받은 것으로 본다.
ⓓ 조리사 또는 영양사, 위생사의 면허를 받은 자가 식품접객업을 하려는 경우에는 식품위생교육을 받지 않아도 된다.
ⓔ 영업자는 특별한 사유가 없는 한 식품위생교육을 받지 아니한 자를 그 영업에 종사하게 하여서는 안 된다.
ⓕ 교육의 내용, 교육비 및 교육 실시기관 등 필요한 사항 : 총리령

⑧ 위생교육시간
ⓐ 영업자(식품자동판매기영업자는 제외) : 3시간
ⓑ 유흥주점영업의 유흥종사자 : 2시간
ⓒ 집단급식소를 설치·운영하는 자 : 3시간
ⓓ 식품제조·가공업, 즉석판매제조·가공업, 식품첨가물제조업 : 8시간
ⓔ 식품운반업, 식품소분·판매업, 식품보존업, 용기·포장류제조업에 해당하는 영업을 하려는 자, 해당하는 영업을 하려는 자 : 4시간
ⓕ 식품접객업영업을 하려는 자 : 6시간
ⓖ 집단급식소를 설치·운영하려는 자 : 6시간

⑨ 우수업소 및 모범업소의 지정
ⓐ 식품제조·가공업 및 식품첨가물제조업 : 우수업소와 일반업소로 구분
ⓑ 집단급식소 및 일반음식점영업 : 모범업소와 일반업소로 구분
ⓒ 우수업소의 지정권자 : 식품의약품안전처장 또는 특별자치시장·특별자치도지사, 시장·군수·구청장
ⓓ 모범업소의 지정권자 : 특별자치시장·특별자치도지사, 시장·군수·구청장

10) 조리사 및 영양사
① 조리사를 두어야 하는 영업 등
ⓐ 식품접객업 중 복어를 조리·판매하는 영업을 하는 자
ⓑ 다음의 집단급식소 운영자
- 국가 및 지방자치단체
- 학교, 병원 및 사회복지시설
- 공기업 중 보건복지부장관이 지정하여 고시하는 기관
- 지방공사 및 지방공단
- 특별법에 따라 설립된 법인

> 영업자·운영자 자신이 조리사로 직접 음식물을 조리하는 경우와 영양사가 조리사 면허를 받은 자인 경우에는 따로 두지 않아도 된다.
> - 복어를 조리·판매하는 영업자
> - 영양사를 두어야 하는 집단급식소를 설치·운영하는 자

② 영양사를 두어야 하는 영업 : 상시 1회 50인 이상에게 식사를 제공하는 집단급식소

※ 운영자 자신이 영양사로서 직접 영양지도를 하는 경우에는 따로 두지 않아도 된다.

③ 영양사의 직무
ⓐ 식단 작성, 검식 및 배식관리
ⓑ 구매식품의 검수 및 관리
ⓒ 급식시설의 위생관리
ⓓ 집단급식소의 운영일지 작성
ⓔ 종업원에 대한 영양지도 및 식품위생교육

④ 조리사 및 영양사의 면허
ⓐ 조리사의 면허신청 : 특별자치시장·특별자치도지사, 시장·군수·구청장
ⓑ 영양사의 면허신청 : 보건복지부장관

⑤ 조리사 또는 영양사 면허의 결격사유
ⓐ 정신질환자(정신병, 인격장애, 알코올 및 약물중독 기타 비정신병적 정신장애 등) 다만, 전문의가 조리사로서 적합하다고 인정하는 자는 제외
ⓑ 감염병환자(B형간염환자 제외)
ⓒ 마약이나 그 밖의 약물중독자
ⓓ 조리사 면허의 취소처분을 받고 취소된 날로부터 1년이 지나지 아니한 자

⑥ 면허취소 : 식품의약품안전처장 또는 특별자치시장·특별자치도지사 및 시장·군수·구청장은 조리사가 다음의 어느 하나에 해당하면 그 면허를 취소하거나 6개월 이내의 기간을 정하여 업무정지를 명할 수 있다. 다만, 조리사가 ⓐ 또는 ⓔ에 해당할 경우 면허를 취소하여야 한다.
ⓐ 결격사유(정신질환자, 감염병환자, 마약이나 그 밖의 약물중독자, 조리사 면허의 취소처분을 받고 그 취소된 날부터 1년이 지나지 아니한 자) 중 하나에 해당하게 된 경우
ⓑ 식품위생 수준 및 자질향상에 따른 교육을 받지 아니한 경우
ⓒ 식중독이나 그 밖에 위생과 관련한 중대한 사고 발생에 직무상의 책임이 있는 경우
ⓓ 면허를 타인에게 대여하여 사용하게 한 경우
ⓔ 업무정지기간 중에 조리사 또는 영양사 업무를 한 경우

11) 시정명령·허가취소 등 행정제재

① 시정명령
- ㉠ 식품의약품안전처장과 시·도지사 또는 시장·군수·구청장은 기준에 맞지 아니하게 영업하는 자와 이 법을 지키지 아니하는 자에게는 필요한 시정을 명하여야 한다.
- ㉡ 그 영업을 관할하는 관서의 장에게 통보하여 시정명령이 이행되도록 협조를 요청할 수 있다.
- ㉢ 요청을 받은 관계 기관의 장은 정당한 사유가 없으면 이에 응해야 하며, 그 조치결과를 지체 없이 요청한 기관의 장에게 통보하여야 한다.

② 허가취소 등
- ㉠ 식품과 식품첨가물 판매 금지 규정, 정해진 기준·규격에 맞지 않는 식품 및 식품첨가물의 판매 등 금지 규정, 유독기구 등 판매 금지 규정, 정해진 규격에 맞지 않는 기구 및 용기·포장의 판매 등 사용금지 규정 등을 위반한 경우
- ㉡ 육류, 쌀, 김치류의 원산지 등 표시의무 규정, 허위표시(허위표시, 과대광고, 과대포장) 등의 금지 규정을 위반한 경우
- ㉢ 위해식품 등의 제조·판매 금지 규정을 위반한 경우
- ㉣ 자가품질검사 의무 규정을 위반한 경우
- ㉤ 영업장 등 시설기준을 위반한 경우
- ㉥ 영업의 허가·신고의무, 허가·신고 받은 사항 또는 경미한 사항의 변경 시 허가·신고의무 등을 위반한 경우
- ㉦ 피성년후견인이거나 파산선고를 받고 복권되지 아니한 자의 영업인 경우

③ 조리사의 면허취소 등의 행정 처분

위반사항	행정처분		
	1차 위반	2차 위반	3차 위반
조리사의 결격사유 중 하나에 해당하게 된 경우	면허취소	-	-
교육을 받지 아니한 경우	시정명령	업무정지 15일	업무정지 1개월
식중독이나 그밖에 위생과 관련된 중대한 사고 발생에 직무상 책임이 있는 경우	업무정지 1개월	업무정지 2개월	면허취소
면허를 타인에게 대여하여 사용하게 한 경우	업무정지 2개월	업무정지 3개월	면허취소
업무정지기간 중에 조리사의 업무를 한 경우	면허취소	-	-

12) 보칙

① 식중독에 관한 조사 보고
- ㉠ 식중독 환자나 식중독이 의심되는 자를 진단하였거나 그 사체를 검안(檢案)한 의사 또는 한의사나 집단급식소에서 식중독 환자나 식중독으로 의심되는 자를 발견한 집단급식소의 설치·운영자는 지체 없이 관할 특별자치시장·시장·군수·구청장에게 보고하여야 한다. 의사나 한의사는 혈액 또는 배설물 보관하는 조치를 해야 한다.
- ㉡ 보고를 받은 때에는 식품의약품안전처장 및 시·도지사(특별자치시장은 제외)에게 보고하고, 대통령령에 따라 원인을 조사하여 그 결과를 보고하여야 한다.
- ㉢ 식품의약품안전처장은 국민보건상 중대하다고 인정하는 경우에는 해당 시·도지사 또는 시장·군수·구청장과 합동으로 원인을 조사할 수 있으며, 식중독 의심환자가 발생한 원인시설 등에 대한 조사절차와 시험·검사 등에 필요 사항을 정할 수 있다.

② 집단급식소
- ㉠ 집단급식소(1회 50명 이상에게 식사를 제공하는 급식소)를 설치·운영하려는 자는 총리령에 따라 특별자치시장·특별자치도지사·시장·군수·구청장에게 신고하여야 한다.
- ㉡ 다음의 사항을 지켜야 한다.
  - 위생관리를 철저히 할 것
  - 조리·제공한 매회 1인분 분량을 144시간 이상 보관(총리령)
  - 영양사를 두고 있는 경우 그 업무를 방해하지 아니할 것
  - 영양사가 집단급식소의 위생관리를 위하여 요청하는 사항에 대하여는 정당한 사유가 없으면 따를 것
  - 총리령으로 정하는 사항을 지킬 것

13) 벌칙

① 소해면상뇌증(광우병), 탄저병, 가금 인플루엔자에 걸린 동물을 사용하여 제조·가공·수입 또는 조리한 자 : 3년 이상의 징역

② 다음 원료 또는 성분 등을 사용하여 제조·가공·수입 또는 조리한 자 : 1년 이상의 징역
- ㉠ 마황(麻黃)
- ㉡ 부자(附子)
- ㉢ 천오(川烏)
- ㉣ 초오(草烏)
- ㉤ 백부자(白附子)
- ㉥ 섬수
- ㉦ 백선피(白鮮皮)
- ㉧ 사리풀

③ 제조·가공·수입·조리한 식품 또는 식품첨가물을 판매 : 판매금액의 2배 이상 5배 이하에 해당하는 벌금을 병과

④ 다음에 해당하는 자는 10년 이하의 징역 또는 1억원 이하의 벌금을 병과
- ㉠ 썩거나 상한 것, 병을 일으키는 미생물에 오염되거나 건강을 해칠 물질이 첨가된 것, 식용으로 부적합한 것, 수입이 금지된 것 또는 수입신고를 하지 아니하고 수입한 것, 영업자가 아닌 자가 제조·가공·소분한 것, 병든 동물 고기의 판매 등, 위해식품 등의 판매 등 금지 위반한 자
- ㉡ 유독·유해물질이 들어 있거나 묻어 있는 기구 및 용기·포장을 제조·수입·저장·운반·진열하거나 영업에 사용한 자
- ㉢ 영업 종류별 또는 영업소별 허위신고를 하거나, 영업의 등록·변경등록 또는 변경신고를 위반한 자
- ㉣ ㉠의 죄로 금고 이상의 형을 선고받고 그 형이 확정된 후 5년 이내에 다시 ㉠의 죄를 범한 자는 1년 이상 10년 이하의 징역

ⓑ ⓛ의 경우 그 해당 식품 또는 식품첨가물을 판매한 때에는 그 판매금액의 4배 이상 10배 이하에 해당하는 벌금을 병과

⑤ 5년 이하의 징역 또는 5천만원 이하의 벌금에 처하거나 이를 병과
  ㉠ 기준과 규격에 맞지 아니하는 식품 또는 식품첨가물을 판매하거나 판매할 목적으로 제조·수입·가공·사용·조리·저장·소분·운반·보존 또는 진열한 자
  ㉡ 기준과 규격에 맞지 아니한 기구 및 용기·포장을 판매하거나 판매할 목적으로 제조·수입·저장·운반·진열하거나 영업에 사용한 자
  ㉢ 거짓이나 부정한 방법으로 식품위생검사기관 지정을 받은 경우, 고의 또는 중대한 과실로 거짓의 식품위생검사에 관한 성적서를 발급한 경우, 식품위생검사 업무정지 처분기간 중에 식품위생검사업무를 행하는 경우 해당하는 위반행위를 한 자
  ㉣ 영업시간 및 영업행위의 제한 준수를 위반한 자
  ㉤ 관계 공무원의 압류·폐기처분 명령 및 위해식품 등의 회수·폐기명령, 위해식품 등의 공표명령을 위반한 자
  ㉥ 영업정지 명령을 위반하고 영업을 계속한 자

⑥ 3년 이하의 징역 또는 3천만원 이하의 벌금을 병과
  ㉠ 조리사를 두지 않은 식품접객영업자와 집단급식소의 운영자
  ㉡ 영양사를 두지 않은 집단급식소의 운영자

⑦ 3년 이하의 징역 또는 3천만원 이하의 벌금
  ㉠ 표시기준에 맞지 않는 식품 등을 판매하거나 판매할 목적으로 수입·진열·운반하거나 영업에 사용한 경우
  ㉡ 허위표시, 과대광고, 과대포장 등의 금지 관련 조항을 위반한 자
  ㉢ 위해식품 등에 대한 긴급대응 조치에 따라 제조·판매가 금지된 식품을 제조·판매한 자
  ㉣ 휴업·재개업·폐업 또는 경미한 사항 변경 시 신고의무를 이행하지 아니한 자
  ㉤ 조리사 또는 영양사가 아닌 자가 이 명칭을 사용한 자
  ㉥ 수입 식품 등의 통관 전 검사의무를 위반한 자
  ㉦ 영업자가 지켜야 할 사항을 지키지 않은 자
  ㉧ 영업정지 명령, 영업소 폐쇄명령, 제조정지 명령을 위반하여 계속 영업하거나 제조한 자
  ㉨ 관계 공무원이 부착한 봉인 또는 게시문 등을 함부로 제거하거나 손상시킨 자

⑧ 1년 이하의 징역 또는 1천만원 이하의 벌금
  ㉠ 손님과 함께 술을 마시거나 노래 또는 춤으로 손님의 유흥을 돋우는 접객행위를 하거나 다른 사람에게 그 행위를 알선한 자
  ㉡ 소비자로부터 이물 발견의 신고를 접수하고 이를 거짓으로 보고한 자
  ㉢ 이물의 발견을 거짓으로 신고한 자

⑨ 500만원 이하의 과태료
  ㉠ 건강진단과 위생교육을 받지 않은 경우
  ㉡ 식중독 환자나 그 의심이 있는 자를 진단하였거나 사체를 검안한 의사가 보고를 하지 않은 경우
  ㉢ 식품위생관리인을 선임 또는 해임신고를 하지 않았거나 허위보고를 한 경우
  ㉣ 식품 및 식품첨가물의 생산실적 등을 보고하지 아니하거나 허위보고를 한 경우
  ㉤ 시설의 개수명령을 위반한 경우
  ㉥ 집단급식소를 설치·운영하고자 하는 자가 신고를 하지 않았거나 허위신고를 한 경우
  ㉦ 조리사 및 영양사 보수교육의 의무를 위반한 경우

⑩ 300만원 이하의 과태료
  ㉠ 식품접객업자가 영업신고증, 영업허가증 또는 조리하면허증 보관의무를 준수하지 아니한 경우나 유흥주점영업자가 종업원 명부 비치·기록 및 관리 의무를 준수하지 아니한 자
  ㉡ 소비자로부터 이물 발견신고를 받고 보고하지 아니한 자
  ㉢ 식품이력추적관리 등록사항이 변경된 경우 변경사유가 발생한 날부터 1개월 이내에 신고하지 아니한 자
  ㉣ 식품이력추적관리정보를 목적 외에 사용한 자

(2) 제조물책임법

제품의 결함으로 인해 발생한 인적, 물적, 정신적 피해까지 공급자가 부담하는 차원 높은 손해배상제도로 2002년 1월 12일 법률 6109호로 제정하였다.

(3) 농수산물의 원산지 표시에 관한 법규(약칭 : 원산지표시법)

1) 법규의 목적(제1조)
소비자의 알권리를 보장하고, 공정한 거래를 유도함으로써 생산자와 소비자를 보호하는 것

2) 용어 정의(제2조)
① 농수산물 : 농산물과 수산물을 말함
② 원산지 : 농산물이나 수산물이 생산·채취·포획된 국가·지역이나 해역을 말함

3) 다른 법률과의 관계(제3조)
다른 법률에 우선하여 적용함

4) 농수산물의 원산지 표시의 심의(제4조)
농수산물품질관리심의회(이하 '심의회'라 함)

5) 원산지 표시(제5조)
① 대통령령으로 정하는 농수산물 또는 그 가공품을 수입하는 자, 생산·가공하여 출하하거나 판매(통신판매를 포함)하는 자 또는 판매할 목적으로 보관·진열하는 자는 다음 각 호에 대하여 원산지를 표시하여야 함

㉠ 제5조 ①에 따라 원산지의 표시를 하도록 한 농수산물이나 그 가공품을 생산·가공하여 출하하거나 판매 또는 판매할 목적으로 가공하는 자

㉡ 제5조 ③에 따라 음식물을 조리하여 판매·제공하는 자

③ ②에 따라 공표를 하여야 하는 사항은 다음 각 호와 같다.

㉠ ①에 따른 처분 내용

㉡ 해당 영업소의 명칭

㉢ 농수산물의 명칭

㉣ ①에 따른 처분을 받은 자가 입점하여 판매한 「방송법」에 따른 방송채널사용사업자 또는 「전자상거래 등에서의 소비자보호에 관한 법률」에 따른 통신판매중개업자의 명칭

㉤ 그 밖에 처분과 관련된 사항으로서 대통령령으로 정하는 사항

④ ②의 공표는 다음 각 호의 자의 홈페이지에 공표한다.

㉠ 농림축산식품부

㉡ 해양수산부

㉡의2. 관세청

㉢ 국립농산물품질관리원

㉣ 대통령령으로 정하는 국가검역·검사기관

㉤ 특별시·광역시·특별자치시·도·특별자치도, 시·군·구(자치구를 말함)

㉥ 한국소비자원

㉦ 그 밖에 대통령령으로 정하는 주요 인터넷 정보제공 사업자

⑤ ①에 따른 처분과 ②에 따른 공표의 기준·방법 등에 관하여 필요한 사항은 대통령령으로 정함

11) 원산지 표시 위반에 대한 교육(제9조의2)

① 농림축산식품부장관, 해양수산부장관, 관세청장 또는 시·도지사는 제9조 ②의 자가 제5조 또는 제6조를 위반하여 제9조 ①에 따른 처분이 확정된 경우에는 농수산물 원산지 표시제도 교육을 이수하도록 명하여야 한다.

② ①에 따른 이수명령의 이행기간은 교육 이수명령을 통지받은 날부터 최대 3개월 이내로 정한다.

③ 농림축산식품부장관과 해양수산부장관은 ① 및 ②에 따른 농수산물 원산지 표시제도 교육을 위하여 교육시행지침을 마련하여 시행하여야 한다.

④ ①부터 ③까지의 규정에 따라 교육내용, 교육대상, 교육기관, 교육기관 및 교육시행지침 등 필요한 사항은 대통령령으로 정한다.

12) 농수산물의 원산지 표시에 관한 정보제공(제10조)

① 림축산부장관 또는 해양수산부장관은 농수산물의 원산지 표시와 관련된 정보 중 방사성 물질이 유출된 국가 또는 지역 등 국민이 알아야 할 필요가 있다고 인정되는 정보에 대하여는 「공공기관의 정보공개에 관한 법률」에서 허용하는 범위에서 이를 국민에게 제공하도록 노력하여야 한다.

② 정보를 제공하는 경우 심의회의 심의를 거칠 수 있다.

③ 농림축산식품부장관 또는 해양수산부장관은 ①에 따라 국민에게 정보를 제공하고자 하는 경우 「농수산물 품질관리법」의 농수산물안전정보시스템을 이용할 수 있다.

13) 보칙

① 명예감시원(제11조)

농림축산식품부장관, 해양수산부장관 또는 시·도지사는 명예감시원에게 농수산물이나 그 가공품의 원산지 표시를 지도·홍보·계몽과 위반사항의 신고를 하게 할 수 있으며 활동에 필요한 경비를 지급할 수 있다.

② 포상금 지급 등(제12조)

㉠ 농림축산식품부장관, 해양수산부장관, 관세청장 또는 시·도지사는 신고하거나 고발한 자에 대하여 대통령령으로 정하는 바에 따라 예산의 범위에서 포상금을 지급할 수 있다.

㉡ 농림축산식품부장관 또는 해양수산부장관은 농수산물 원산지 표시의 활성화를 도범적으로 시행하고 있는 지방자치단체, 개인, 기업 또는 단체에 대하여 우수사례로 발굴하거나 시상할 수 있다.

㉢ 시상의 내용 및 방법 등에 필요한 사항은 농림축산식품부와 해양수산부의 공동 부령으로 정한다.

③ 권한의 위임 및 위탁(제13조)

농림축산식품부장관, 해양수산부장관, 관세청장 또는 시·도지사의 권한은 그 일부를 대통령령으로 종하는 바에 따라 소속 기관의 장, 관계 행정기관의 장 또는 시장·군수·구청장(자치구의 구청장을 말함)에게 위임 또는 위탁할 수 있다.

④ 행정기관 등의 업무협조(제13조의2)

㉠ 국가 또는 지방자치단체, 그 밖에 법령 또는 조례에 따라 행정권한을 가지고 있거나 위임 또는 위탁받은 공공단체나 그 기관 또는 사인은 원산지 표시제의 효율적인 운영을 위하여 서로 협조하여야 한다.

㉡ 농림축산식품부장관, 해양수산부장관 또는 관세청장은 원산지 표시제의 효율적인 운영을 위하여 필요한 경우 국가 또는 지방자치단체의 전자정보처리 체계의 정보 이용 등에 대한 협조를 관계 중앙행정기관의 장, 시·도지사 또는 시장·군수·구청장에게 요청할 수 있다. 이 경우 협조를 요청받은 관계 중앙행정기관의 장, 시·도지사 또는 시장·군수·구청장은 특별한 사유가 없으면 이에 따라야 한다.

㉢ 협조의 절차 등은 대통령령으로 정한다.

⑤ 벌칙(제14조)

㉠ 제6조 ① 또는 ②를 위반한 자는 7년 이하의 징역이나 1억원 이하의 벌금에 처하거나 이를 병과(倂科)할 수 있다.

㉡ ①의 죄로 형을 선고받고 그 형이 확정된 후 5년 이내에 다시 제6조 ① 또는 ②를 위반한 자는 1년 이상 10년 이하의

징역 또는 500만원 이상 1억5천만원 이하의 벌금에 처하거나 이를 병과할 수 있다.

ⓒ 제9조 ①에 따른 처분을 이행하지 아니한 자는 1년 이하의 징역이나 1천만원 이하의 벌금에 처한다.

⑥ 양벌규정(제17조)

법인의 대표자나 법인 또는 개인의 대리인, 사용인, 그 밖의 종업원이 그 법인 또는 개인의 업무에 관하여 제14조부터 제16조까지의 어느 하나에 해당하는 위반행위를 하면 그 행위자를 벌하는 외에 그 법인이나 개인에게도 해당 조문의 벌금형을 과(科)한다. 다만, 해당 업무에 관하여 상당한 주의와 감독을 게을리 하지 아니한 경우에는 그러하지 아니하다.

⑦ 과태료(제18조)

대통령령으로 정하며, 농림축산식품부장관·해양수산부장관·관세청장 또는 시·도지사가 부과·징수

㉠ 1천만원 이하의 과태료
1. 원산지 표시를 하지 아니한 자
2. 표시방법을 위반한 자
3. 임대점포의 임차인 등 운영자가 위반한 행위를 하는 것을 알았거나 알 수 있었음에도 방치한 자나 해당 방송채널 등에 물건 판매중개를 의뢰한 자가 위반 행위를 하는 것을 알았거나 알 수 있었음에도 방치한 자
4. 수거·조사·열람을 거부·방해하거나 기피한 자
5. 영수증이나 거래명세서 등을 비치·보관하지 아니한 자

㉡ 교육을 이수하지 아니한 자 : 500만원 이하의 과태료

예상문제

01 식품위생행정을 과학적으로 뒷받침하는 중앙기구로 시험·연구업무를 수행하는 기관은?

① 시·도 위생과
② 국립의료원
③ 식품의약품안전처
④ 경찰청

해설 식품의약품안전처는 식품위생행정을 담당하는 중앙기구이다.

02 식품위생법으로 정의한 "기구"에 해당하는 것은?

① 식품의 보존을 위해 첨가하는 물질
② 식품의 조리 등에 사용하는 물건
③ 농업의 농기구
④ 수산업의 어구

해설 농업과 수산업에서 식품을 채취하는 데에 쓰는 기계나 기구는 식품위생법으로 정의한 '기구'에 포함되지 않는다.

03 판매를 목적으로 하는 식품에 사용하는 기구, 용기, 포장의 기준과 규격을 정하는 기관은?

① 농림축산식품부
② 산업통상지원부
③ 보건소
④ 식품의약품안전처

해설 식품에 사용하는 기구, 용기, 포장의 기준과 규격은 식품의약품안전처장이 정한다.

04 식품위생법령상 조리사를 두어야 하는 영업자 및 운영자가 아닌 것은?

① 국가 및 지방자치단체의 집단급식소 운영자
② 면적 100m² 이상의 일반음식점 영업자
③ 학교, 병원 및 사회복지시설의 집단급식소 운영자
④ 복어를 조리·판매하는 영업자

해설 조리사를 두어야 할 영업에는 복어 조리·판매하는 영업, 국가나 지방자치단체, 학교·병원·사회복지시설 등의 집단급식소가 있다.

05 조리사가 타인에게 면허를 대여하여 사용하게 한 때 1차 위반 시 행정처분기준은?

① 업무정지 1월
② 업무정지 2월
③ 업무정지 3월
④ 면허취소

해설 조리사가 타인에게 면허를 대여하게 되면 1차 위반 시 업무정지 2월, 2차 위반 시 업무정지 3월, 3차 위반 시 면허가 취소된다.

6 공중보건

(1) 공중보건의 개념

1) 공중보건의 정의

① 세계보건기구(WHO)에서 정의한 공중보건 : 질병을 예방하고 건강을 유지·증진시킴으로써 육체적·정신인인 능력을 발휘할 수 있게 하기 위한 과학적 지식을 사회의 조직적 노력으로 사람들에게 적용하는 기술이다(질병 치료는 해당되지 않음).

② 윈슬로(C.E.A Winslow)가 정의한 공중보건 : 지역사회가 조직적인 공동 노력을 통해 질병을 예방하고 생명을 연장시키며 신체적·정신적 효율을 증진시키는 기술과 과학이다.

2) 건강의 정의

WHO에서 "건강은 단순한 질병이나 허약의 부재 상태만이 아니라 육체적·정신적·사회적 안녕의 완전한 상태"라고 정의한다(건강의 3요소 – 유전, 환경, 개인의 행동·습관).

> **참고**
>
> **세계보건기구(WHO, World Health Organization)**
> ① 창설시기 : 1948년 4월
> ② 우리나라 가입시기 : 1949년 6월
> ③ 본부 위치 : 스위스 제네바
> ④ 주요기능
>   • 국제적인 보건사업의 지휘 및 조정
>   • 회원국에 대한 기술지원 및 자료공급
>   • 전문가 파견에 의한 기술자문 활동

3) 공중보건의 대상

개인이 아닌 지역사회의 전 주민이며 더 나아가서 국민 전체를 대상으로 한다.

정답
01 ③ 02 ② 03 ④ 04 ② 05 ②

4) 공중보건의 범위

감염병 예방학, 환경위생학, 식품위생학, 산업보건학, 모자보건학, 정신보건학, 학교보건학, 보건통계학 등을 다룬다.

5) 보건수준의 평가지표

① 한 지역이나 국가의 보건수준을 나타내는 지표 : 영아사망률(대표적 지표), 보통(조)사망률, 질병이환율

> **참고**
> - 영아사망률 = $\dfrac{\text{연간 영아사망자 수}}{\text{연간 출생아 수}} \times 1{,}000$
> - 영아의 정의 : 생후 12개월 미만의 아이로, 영아는 환경 악화나 비위생적인 환경에 가장 예민한 시기이므로 영아사망률은 국가의 보건수준을 파악하는 중요한 지표가 된다.
> - 신생아의 정의 : 생후 28일(4주) 미만의 아기

② 한 나라의 보건수준을 표시하여 다른 나라와 비교할 수 있도록 하는 건강지표 : 평균수명, 보통(조)사망률, 비례사망지수

예상문제

01 다음 공중보건에 대한 설명으로 틀린 것은?

① 목적은 질병예방, 수명연장, 정신적·신체적 효율의 증진이다.
② 공중보건의 최소단위는 지역사회이다.
③ 환경위생향상, 감염병관리등이 포함된다.
④ 주요 사업대상은 개인의 질병치료이다.

해설 공중보건의 대상인 국민 전체의 질병예방과 수명연장 등을 공중보건의 목적으로 하며, 개인의 질병치료와 공중보건은 무관하다.

02 WHO가 규정한 건강의 정의로 가장 맞는 것은?

① 질병이 없고, 육체적으로 완전한 상태
② 육체적·정신적으로 완전한 상태
③ 육체적 완전과 사회적 안녕이 유지되는 상태
④ 육체적·정신적·사회적 안녕의 완전한 상태

해설 건강이란 육체적·정신적·사회적으로 모두 완전한 상태를 말한다.

03 세계보건기구(WHO)에 따른 식품위생의 정의 중 식품의 안전성 및 건전성이 요구되는 단계는?

① 식품의 재료채취에서 가공까지
② 식품의 생육, 생산에서 최종 섭취까지
③ 식품의 재료구입에서 섭취 전의 조리까지
④ 식품의 조리에서 섭취 및 폐기까지

해설 식품위생이란 식품의 생육, 생산, 제조에서 최종적으로 사람에게 섭취될 때까지의 단계에 있어서 안전성, 건전성(보존성) 또는 악화방지의 모든 수단들을 말한다.

---

(2) 환경위생 및 환경오염관리

1) 환경의 구분

① 자연 환경 : 기온, 기습, 기류, 일광, 기압, 공기, 물 등
② 사회 환경
  ㉠ 인위적 환경 : 조명, 환기, 냉·난방, 상·하수도, 오물처리, 공해, 곤충의 구제 등
  ㉡ 사회적(문화) 환경 : 종교, 정치, 경제 등

2) 환경보건의 목적

인간의 신체·발육·건강 및 생존에 영향을 미치는 생활 환경(토양, 소음, 수질, 대기 등)을 개선·조정하여 쾌적하고 건강한 생활을 영위할 수 있게 한다.

3) 환경위생 및 환경오염

① 일광(日光)
  ㉠ 자외선(태양광선의 약 5%)
    • 자외선은 일광의 3분류 중 파장이 가장 짧으며, 2,500~2,800Å(옹스트롬)일 때 살균력이 가장 강하여 소독에 이용한다.
    • 도르노선(Dorno선, 250~280nm, 건강선)은 생명선이라고도 하며, 자외선 파장의 범위가 2,900~3,200Å(290~320nm)일 때 인체에 유익하다.
    • 비타민 D를 형성으로 구루병 예방과 관절염 치료 효과가 있다.
    • 결핵균, 디프테리아균, 기생충 사멸에 효과적이다.
    • 신진대사 촉진, 적혈구 생성을 촉진한다.
    • 피부암을 유발할 수 있으며, 결막 및 각막에 손상을 줄 수 있다.
  ㉡ 가시광선(태양광선의 약 34%) : 4,000~7,000Å(400~700nm)이며, 사람에게 색채를 부여하고 밝기나 명암을 구분하는 파장이다. 눈에 적당한 조도는 100~1,000Lux이다.
  ㉢ 적외선(열선, 태양광선의 약 52%) : 파장범위는 7,800~30,000Å(780~3,000nm)으로 일광 3분류 중 파장이 가장 길며 지구상에 열을 주어 온도를 높여주는 것으로 피부에 닿으면 열이 생기므로 심하게 쬐이면 일사병과 백내장, 홍반을 유발할 수 있다.

> **참고**
> - 파장의 단파순 : 자외선 → 가시광선 → 적외선
> - 자외선은 구루병 유발에 관여하고, 적외선은 일사병, 백내장에 관여한다.
> - 조도측정단위(Lux) : 조명이 밝은 정도를 말하는 조명도에 대한 실용단위

② 온열인자 : 온열인자는 기온, 기습, 기류, 복사열로 나뉜다.
  ㉠ 감각온도(온열인자)의 3요소 : 기온, 기습, 기류

  ※ 4요소일 때는 복사열을 포함함

정답
01 ④ 02 ④ 03 ②

정수과정
① 취수 : 강, 호수의 물을 침사지로 보냄
② 침전
  • 보통침전 : 유속을 조정하여 부유물을 침전시키는 방법
  • 약품침전 : 황산알루미늄, 염화 제1철, 염화 제2철(응집제) 등 응집제를 주입하여 침전하는 방법
③ 여과
  • 완속여과 : 보통침전 시(사면대치법)
  • 급속여과 : 약품침전 시(역류세척법)
④ 소독 : 일반적으로 염소 소독을 사용하며, 잔류염소량은 0.2ppm을 유지해야 함(단, 제빙용수, 수영장, 감염병이 발생할 때는 0.4ppm 유지해야 함)
⑤ 급수 : 배수지에서 필요한 곳으로 살균·소독된 물이 용수로를 통해 공급됨
  취수 → 침전 → 여과 → 소독 → 급수

염소소독
• 장점 : 강한 소독력, 우수 잔류 효과, 조작의 간편, 적은 소독 비용
• 단점 : 강한 냄새, THM(트리할로메탄) 생성에 의해 독성이 생김

② 하수도 : 합류식, 분류식 및 혼합식 등의 종류가 있다.
  ㉠ 합류식 : 가정하수, 산업폐수와 천수(비, 눈)를 모두 함께 처리하는 방법으로, 우리나라에서 많이 이용하는 방법

장점	시설비가 적고, 하수관이 자연 청소되며, 수리와 청소가 용이
단점	악취 발생, 천수의 별도 이용불가, 범람 우려

  ㉡ 분류식 : 생활하수와 천수를 따로 처리하는 방법
  ㉢ 혼합식 : 생활하수와 천수의 일부를 같이 처리하는 방법

하수처리과정
예비처리 → 본처리 → 오니처리
① 예비처리 : 침전과정으로, 보통침전과 약품침전(황산알루미늄, 염화 제1, 2철+소석회)을 이용한다.
② 본처리
  • 혐기성 처리 : 부패조처리법, 임호프탱크법, 혐기성소화(메탄발효법)
  • 호기성 처리 : 활성오니법(활성슬러지법, 가장 진보된 방법), 살수여과법, 산화지법, 회전원판법
③ 오니처리 : 소화법, 소각법, 퇴비법, 사상건조법 등이 이용

③ 하수의 위생검사
  ㉠ BOD(생화학적 산소요구량)의 측정 : BOD는 하수의 오염도를 나타내며, BOD가 높다는 것은 하수 오염도가 높다는 의미로 BOD는 20ppm 이하여야 한다. **예** 20℃에서 5일간 숙성
  ㉡ DO(용존산소량의 측정) : DO는 수중에 용해되어 있는 산소량으로, DO의 수치가 낮으면 오염도가 높음을 나타내며, DO는 4~5ppm 이상이어야 한다.

하수	수치가 높은 경우	수치가 낮은 경우
BOD	오염된 물	깨끗한 물
DO	깨끗한 물	오염된 물

※ BOD와 DO의 관계 : BOD↑, DO↓ (상반관계)

  ㉢ COD(화학적 산소요구량) 측정 : COD는 화학적으로 분해 가능한 유기물을 산화시키기 위해 필요한 산소의 양으로 COD가 클수록 물의 오염도가 심하며, 상수원수 1급수는 1ppm 이하, 상수원수 2급수에는 3ppm 이하이어야 한다.

일반적으로 공장폐수는 무기물을 함유하고 있어 BOD(생화학적 산소요구량) 측정보다는 COD(화학적 산소요구량)를 측정한다. BOD에 비해 측정기간도 짧다.

7) 오물처리
① 진개처리 : 진개는 가정에서 나오는 주개 및 잡개 외 공장 및 공공건물의 진개 등이 있다.
  ㉠ 매립법 : 쓰레기를 땅속(저지대, 산골짜기, 웅덩이)에 묻고 흙으로 덮는 방법으로 진개의 두께는 2m를 초과하지 않아야 한다(복토의 두께는 0.6~1m가 가장 적당함).
  ㉡ 비료화법(고속 퇴비화) : 쓰레기를 발효시켜 비료로 이용한다.
  ㉢ 소각법 : 가장 위생적인 방법이나 대기오염의 원인 우려가 있다.

• 쓰레기 처리 비용 중 가장 많이 드는 비용 : 수거 비용
• 음식물을 태울 때 발열량은 낮아진다.
• 주방 폐기물 매립 시 암모니아 가스를 많이 발생한다.

8) 수질오염
① 수은(Hg) 중독 : 공장폐수에 함유된 유기수은에 오염된 어패류를 사람이 섭취함으로써 발생한다. 수은 중독으로 미나마타병(증상 : 손의 지각이상, 언어장애, 시력약화 등)에 걸린다.
② 카드뮴(Cd) 중독 : 아연, 연(납)광산에서 배출된 폐수를 벼농사에 사용하여 카드뮴의 중독에 의해 오염된 농작물을 섭취함으로써 발생한다. 카드뮴 중독으로 이타이이타이병(증상 : 골연화증, 신장기능 장애, 단백뇨 등)이 발생한다.
③ PCB 중독(쌀겨유 중독) : 미강유 제조 시 가열매체로 사용하는 PCB가 기름에 혼입되어 중독되는 것으로 가네미유증이라고도 하며, 미강유 중독에 의해 발생한다. 증상은 식욕부진, 구토, 체중감소, 흑피증 등이 있다.

9) 물(H_2O)
① 물의 필요량 : 인체의 2/3(60~70%)를 차지하며, 1일 필요량 2~3ℓ이다.
  ㉠ 인체 내 물의 10% 상실 : 신체기능 이상
  ㉡ 인체 내 물의 20% 상실 : 생명 위험

② 물의 종류

경수(센물)	연수(단물)
칼슘염과 마그네슘염 다량 함유	칼슘염과 마그네슘염 거의 없음
거품이 잘 일어나지 않음	거품이 잘 일어남
끈끈함	미끄러움

※ 경수를 연수로 바꾸는 방법 : 끓이기(염의 침전), 약품처리(소석회)

③ 음료수 수원 : 천수(눈, 비), 지하수, 지표수(하천수, 호수), 복류수(우물보다 깊이 땅을 파서 얻는 물)

④ 지하수(우물) 오염방지
  ㉠ 우물은 내벽 3m까지 물이 새어들지 않게 방수처리한다.
  ㉡ 화장실과의 거리는 20m 이상으로 한다.

⑤ 물로 인한 질병
  ㉠ 우치, 충치 : 불소가 없거나 적은 물을 장기 음용 시 발생
  ㉡ 반상치 : 불소가 과다하게 함유된 물을 장기 음용 시 발생
  ㉢ 청색아(Blue baby) : 질산염 많은 물을 장기 음용 시 소아가 청색증에 걸려 사망할 수 있음
  ㉣ 설사 : 황산마그네슘($MgSO_4$)이 많이 함유된 물을 음용하면 설사를 일으킬 수 있음

⑥ 음용수의 수질기준
  ㉠ 일반세균 : 1㎖ 중 100CFU(Colonly Forming Unit)를 넘지 아니할 것
  ㉡ 대장균 : 50㎖에서 검출되지 아니할 것
    • 수질·분변오염의 지표, 위생지표세균으로 사용한다.
    • 상수도 기준 시 대장균이 조금만 검출되어도 안 된다.
    • 수질검사 시 오염의 지표로 사용한다.
    • 다른 세균의 오염여부를 간접적으로 알 수 있다.

물의 소독법
① 물리적 소독 : 자비(끓이는 것), 자외선, 오존(O_3)
② 화학적 소독 : 일반물 소독 – 표백분(클로르칼키)

음료수의 잔류염소량 : 0.2ppm

물의 자정작용(지표수가 자연히 정화되는 작용)
① 물리학적 작용 : 희석(유해물의 농도를 낮춤), 분쇄·침전(빠른 물결은 부유물을 분쇄하고, 느린 물결은 부유 물질을 침하시킴)
② 화학적 작용 : 공기와 접촉으로 악취를 제거시키며, 암모니아를 방산시켜 용존산소를 증가시키고, 호기성세균과 미생물에 대하여 양분을 주며, 병원균을 억제한다. 철화합물이 산화해서 침전되고, 자외선은 수심 1~5m까지 살균작용을 한다.
③ 생물학적 작용 : 수생균(水生菌)은 병원균의 발육을 억지한다.

부영양화(Eutrophication)
① 강, 호수, 바다에 생활하수나 가축분뇨 등의 유기물과 영양소가 들어와 질소(N)와 인(P)과 같은 영양염류가 풍부해지는 것으로, 녹조나 적조 등과 같은 수질 저하를 시킨다.
② 회복시키는 방법으로는 유입되는 영양소 특히 질소(N)와 인(P)의 양을 줄이는 것이다.
③ 질산염(NO_3)은 유기물 속의 유기질소화합물이 산화·분해되는 최종 산물이다.

⑦ 음용수의 판정기준
  ㉠ 물은 무색투명하고, 색도는 5도, 탁도는 2도 이하일 것
  ㉡ 소독으로 인한 냄새와 맛 이외의 냄새와 맛이 없을 것
  ㉢ 수소이온 농도 : pH 5.5 ~ pH 8.5이어야 할 것
  ㉣ 시안 : 0.01㎖/ℓ를 넘지 않을 것
  ㉤ 암모니아성 질소 : 0.5㎖/ℓ를 넘지 않을 것
  ㉥ 질산성 질소 : 10㎖/ℓ를 넘지 않을 것(유기물의 오염지표)
  ㉦ 과망간산칼륨 소비량 : 10㎖/ℓ를 넘지 않을 것(유기물 양의 간접적 지표)
  ㉧ 수은 : 0.001㎖/ℓ를 넘지 않을 것
  ㉨ 염소이온 : 250㎖/ℓ를 넘지 않을 것
  ㉩ 증발 잔유물 : 500㎖/ℓ를 넘지 않을 것
  ㉪ 불소 : 1.5㎖/ℓ를 넘지 않을 것
  ㉫ 비소 : 0.05㎖/ℓ를 넘지 않을 것
  ㉬ 카드뮴 : 0.01㎖/ℓ를 넘지 않을 것
  ㉭ 세제(음이온 계면활성제) : 0.5㎖/ℓ를 넘지 않을 것

각 지표별 측정기준
• 공중보건의 수준지표 : 영아사망률
• 실외공기오염지표 : 아황산가스
• 실내공기오염지표 : 이산화탄소
• 냉동식품의 오염지표군 : 장구균
• 분변·수질오염의 지표 : 대장균수
• 식품공업 폐수의 오염지표 : BOD, DO, COD
• 소독약의 살균력 측정지표 : 석탄산

10) 소음 및 진동

① 소음(Noise) : 소음은 듣기 싫은 소리이며 불쾌감을 주는 음으로 원치 않는 소리이다. 소음의 음압을 데시벨(dB)로 측정한다.
② 소음에 의한 장애 : 청력장애(난청), 신경과민, 불면, 작업방해, 소화불량, 불안과 두통, 작업능률저하 등의 장애가 발생한다.
③ 소음에 의한 장애 : 수면방해, 두통, 불안증, 작업방해, 불필요한 긴장, 정신적 불안정 등을 일으킨다.

※ 직업성 난청 : 소음이 심한 곳에서 근무하는 사람들에게 나타나는 직업병으로 4,000Hz에서 조기 발견할 수 있다.

dB(데시벨, Decibel)은 사람이 들을 수 있는 음압의 범위와 강도 범위를 상용대수를 사용하여 만든 음의 강도 단위로 음압 밀도가 높은 부분과 낮은 부분의 변화를 말한다.
• 인간이 불쾌함을 느끼는 소음을 측정할 때 단순히 dB 단위를 사용해서는 정확히 그 크기를 반영할 수 없다. 때문에 소음을 측정할 때는 인간이 주로 들을 수 있는 주파수 특성을 보완한 단위인 dB(A)를 사용한다.
• 일반적으로 50dB(A) 정도 이상의 음이 발생하면 소음으로 간주한다[1일 8시간 기준 소음허용 기준은 90dB(A) 이하이다].
• 직업적인 소음으로 난청이 생기면 작업능률이 저하되기 때문에 작업방법 개선, 음벽 설치, 귀마개 사용 등이 필요하다.

④ 진동
  ㉠ 일정한 점을 중심으로 하여 양쪽으로 흔들려 움직이는 운동(물체의 위치나 전류의 세기, 전기장, 자기장 등)을 진동이라 하며, 신체의 전체나 일부가 떨림을 받을 때 피해가 나타난다.
  ㉡ 진동에 의한 질병으로는 레이노이드병이 대표적인 질병이다.

11) 구충·구서

① 구충·구서의 일반적 원칙
  ㉠ 가장 근본적인 대책 : 발생원인 및 서식처를 제거한다.
  ㉡ 광범위하게 동시에 실시해야 한다.
  ㉢ 생태, 습성에 따라 행한다.
  ㉣ 발생 초기에 구충·구서를 실시한다.

② 위생해충의 피해
  ㉠ 모기, 벼룩 등에 물렸을 때 병원체가 운반되어 피부를 통해 질병을 전파한다.
  ㉡ 흡혈, 영양분의 탈취, 체내의 기생 등으로 인한 질병을 유발한다.
  ㉢ 알레르기 현상, 피부염, 수면방해 등이 있다.

예상문제

01 자외선에 대한 설명으로 틀린 것은?
① 가시광선보다 짧은 파장이다.
② 피부의 홍반 및 색소 침착을 일으킨다.
③ 인체 내 비타민 D를 형성하게 하여 구루병을 예방한다.
④ 고열물체의 복사열을 운반하므로 열선이라고도 하며, 피부온도의 상승을 일으킨다.

[해설] 열선이라 불리며, 피부온도를 상승시키는 것은 적외선이다.

02 일광 중 가장 강한 살균력을 가지고 있는 자외선 파장은?
① 1,000~1,800 Å   ② 1,800~2,300 Å
③ 2,300~2,600 Å   ④ 2,600~2,800 Å

[해설] 자외선은 2,500Å~2,800Å(250~280nm)일 때 살균력이 가장 크다.

03 다음 중 감각온도(체감온도)의 3요소에 속하지 않는 것은?
① 기온   ② 기습
③ 기압   ④ 기류

[해설] 감각온도의 3요소 : 기온, 기습, 기류

04 대기오염 물질로 산성비의 원인이 되며 달걀이 썩는 자극성 냄새가 나는 기체는?
① 일산화탄소(CO)   ② 이산화황(SO_2)
③ 이산화질소(NO_2)   ④ 이산화탄소(CO_2)

[해설] 산성비의 원인물질은 자동차에서 배출한 질소산화물과 공장이나 가정에서 사용하는 연료가 연소되면서 발생되는 황산화물이다.

05 질산염이나 인 물질 등이 증가해서 생기는 수질오염 현상은?
① 수온 상승현상
② 수인성 병원체 증가현상
③ 부영양화 현상
④ 난분해물 축적현상

[해설] 부영양화(Eutrophication)
- 강, 호수, 바다에 생활하수나 가축분뇨 등의 유기물과 영양소가 들어와 질소(N)와 인(P)과 같은 영양염류가 풍부해지는 것으로 녹조나 적조 등과 같은 수질 저하를 시킨다.
- 회복 방법으로는 유입되는 영양소 특히 질소(N)와 인(P)의 양을 줄이는 것이다.
- 질산염(NO_3)은 유기물 속의 유기질소화합물이 산화·분해되는 최종 산물이다.

06 다음의 상수처리과정에서 가장 마지막 단계는?
① 급수   ② 취수
③ 정수   ④ 도수

[해설] 상수처리과정 : 침수 → 침전 → 여과 → 소득 → 급수

(3) 역학 및 감염병관리

1) 역학의 정의

인간 집단에 발생하는 모든 질병(유행병)을 집단현상으로 의학적·생태학으로서 보건학적 진단학을 연구하는 학문을 말한다.

2) 역학의 시간적 특성

종류	내용
추세변화 (장기변화)	수십 년(10~40년)에 걸쳐서 주기적으로 반복하여 유행하는 현상 예 장티푸스(30~40년), 유행성 독감(Influenza, 약 30년), 성홍열(약 30년), 디프테리아(약 20년)
순환변화 (단기변화)	수년(2~5년)의 단기간을 주기로 하여 순환적으로 반복하여 유행하는 현상 예 홍역(2~3년), 백일해(2~4년), 유행성 뇌염(3~4년)
계절변화	1년을 주기로 계절적으로 반복되는 변화 예 소화기계 감염병(여름철), 호흡기계 감염병(겨울철)
불규칙변화 (돌연유행)	• 감염병이 발생할 때 돌발적 유행으로 불시 침입하는 수계 유행 예 콜레라(Cholera), 장티푸스(Typhoid Fever), 이질(Shigellcsis) • 외래 감염병이 국내에 발생할 때 돌발적 유행으로 불시 침입하는 현상 예 조류인플루엔자(Avian Influenza), 중증급성호흡기증후군(사스, Severe Acute Respiratory Syndrome), 신종코로나바이러스(2019-nCoV, 중국우한폐렴의 원인 바이러스)

※ 인종별 특징 : 결핵(백인에 비하여 흑인이 많이 발생함), 성홍열(유색인종보다 백인에게 많이 발생함)

참고
① 급성감염병 : 장티푸스, 콜레라, 성홍열, 이질
② 만성감염병 : 결핵, 한센병, 성병-매독, 임질, 에이즈(AIDS)

3) 역학의 3대 요인
① 병인적 인자 : 감염원으로서 병원체가 충분하게 존재해야 한다.
② 환경적 인자 : 감염원에 접촉기회나 감염경로가 있어야 한다.
③ 숙주적 인자 : 성별, 연령, 종족, 직업, 결혼상태, 식습관 등이 있다.

※ 감염병의 3대 요인 : 감염원(병원체, 병원소), 환경(감염경로), 숙주의 감수성

정답
01 ④ 02 ④ 03 ③ 04 ② 05 ③ 06 ①

④ 감염경로에 따른 감염병의 분류

감염경로		감염병 종류
직접 접촉감염(성매개 감염)		매독, 임질, AIDS(에이즈), 피부병
간접 접촉감염	비말감염 (기침, 재채기)	디프테리아, 인플루엔자, 성홍열
	진애감염(먼지)	결핵, 천연두, 디프테리아
개달물 감염(물, 음식, 공기를 제외한 완구, 식기, 의복, 수건)		결핵, 트라코마, 천연두
수인성 감염병		이질, 콜레라, 파라티푸스, 장티푸스
음식물 감염병		이질, 콜레라, 파라티푸스, 장티푸스, 소아마비, 유행성 간염
절족동물 매개 감염병	모기	말라리아(학질모기), 일본뇌염(작은빨간집모기), 황열, 뎅기열, 사상충증(토고숲모기)
	이	발진티푸스, 재귀열
	벼룩	페스트, 발진열, 재귀열
	빈대	재귀열
	바퀴	이질, 콜레라, 장티푸스, 소아마비
	파리	장티푸스, 파라티푸스, 이질, 콜레라, 결핵, 디프테리아
절족동물 매개 감염병	진드기	쯔쯔가무시증, 양충병, 재귀열, 유행성 출혈열, 옴
	개	광견병(공수병)
	쥐	페스트, 서교증, 재귀열, 와일씨병, 발진열, 유행성 출혈열, 쯔쯔가무시증
토양 감염병		파상풍, 보툴리즘, 구충증
경태반 감염병	태반을 거쳐 태아에게 감염되는 것	매독, 두창, 풍진
만성 감염병	결핵	환자 발견 시 격리 및 치료, 예방접종
	한센병	환자 발견 시 격리 및 치료, 접촉자의 관리, 소독 실시, 예방 접종
	성병	매독, 임질, 에이즈(AIDS) 등이 있으며, 면역성이 없음

※ 재귀열 : 이, 쥐, 빈대, 진드기, 벼룩에 의해 감염

⑤ 인체 침입구에 따른 감염병의 분류
  ㉠ 호흡기계 침입
    • 세균 병원체 : 디프테리아, 성홍열
    • 바이러스 병원체 : 백일해, 홍역, 유행성 이하선염(볼거리), 풍진
  ㉡ 소화기계 침입
    • 세균 병원체 : 장티푸스, 파라티푸스, 콜레라, 세균성 이질
    • 바이러스 병원체 : 소아마비, 유행성 간염

8) 우리나라의 검역 감염병의 종류와 시간

감시기간은 다음의 시간을 초과할 수 없다.
① 콜레라 : 120시간
② 페스트 : 144시간
③ 황열 : 144시간

※ 검역 : 감염병이 유행하는 지역에서 입국하는 사람·동물·식품을 대상으로 실시

> **우리나라 법정 감염병의 종류**
>
> ① 제1급감염병
> • 생물테러감염병 또는 치명률이 높거나 집단 발생의 우려가 커서 발생 또는 유행 즉시 신고하여야 하고, 음압격리와 같은 높은 수준의 격리가 필요한 감염병
> • 에볼라바이러스병, 마버그열, 라싸열, 크리미안콩고출혈열, 남아메리카출혈열, 리프트밸리열, 두창, 페스트, 탄저, 보툴리눔독소증, 야토병, 신종감염병증후군, 중증급성호흡기증후군(SARS), 중동호흡기증후군(MERS), 동물인플루엔자 인체감염증, 신종인플루엔자, 디프테리아
>
> ② 제2급감염병
> • 전파가능성을 고려하여 발생 또는 유행 시 24시간 이내에 신고하여야 하고, 격리가 필요한 감염병
> • 결핵(結核), 수두(水痘), 홍역(紅疫), 콜레라, 장티푸스, 파라티푸스, 세균성이질, 장출혈성대장균감염증, A형간염, 백일해(百日咳), 유행성이하선염(流行性耳下腺炎), 풍진(風疹), 폴리오, 수막구균 감염증, b형헤모필루스인플루엔자, 폐렴구균 감염증, 한센병, 성홍열, 반코마이신내성황색포도알균(VRSA)감염증, 카바페넴내성장내세균속균종(CRE) 감염증
>
> ③ 제3급감염병
> • 그 발생을 계속 감시할 필요가 있어 발생 또는 유행 시 24시간 이내에 신고하여야 하는 감염병
> • 파상풍(破傷風), B형간염, 일본뇌염, C형간염, 말라리아, 레지오넬라증, 비브리오패혈증, 발진티푸스, 발진열(發疹熱), 쯔쯔가무시증, 렙토스피라증, 브루셀라증, 공수병(恐水病), 신증후군출혈열(腎症侯群出血熱), 후천성면역결핍증(AIDS), 크로이츠펠트-야콥병(CJD) 및 변종크로이츠펠트-야콥병(vCJD), 황열, 뎅기열, 큐열(Q熱), 웨스트나일열, 라임병, 진드기매개뇌염, 유비저(類鼻疽), 치쿤구니야증, 중증열성혈소판감소증후군(SFTS), 지카바이러스 감염증
>
> ④ 제4급감염병
> • 제1급감염병부터 제3급감염병까지의 감염병 외에 유행 여부를 조사하기 위하여 표본감시 활동이 필요한 감염병
> • 인플루엔자, 매독(梅毒), 회충증, 편충증, 요충증, 간흡충증, 폐흡충증, 장흡충증, 수족구병, 임질, 클라미디아감염증, 연성하감, 성기단순포진, 첨규콘딜롬, 반코마이신내성장알균(VRE) 감염증, 메티실린내성황색포도알균(MRSA) 감염증, 다제내성녹농균(MRPA) 감염증, 다제내성아시네토박터바우마니균(MRAB) 감염증, 장관감염증, 급성호흡기감염증, 해외유입기생충감염증, 엔테로바이러스감염증, 사람유두종바이러스 감염증

9) 감염병의 전파예방 대책
① 감염병 보고순서 : 의료기관의 장 → 보건지소장 → 시장·군수 → 시·도지사 → 보건복지부장관
② 보균자의 검색
③ 역학조사

> **산업보건관리**
>
> 1) 산업보건의 개념
>   ① 국제노동기구(ILO)와 세계보건기구(WHO)의 산업보건 정의
>   ㉠ 모든 산업장에서 일하는 근로자들의 신체적·정신적·사회적 건강상태를 최고도로 유지 증진
>   ㉡ 작업조건으로 인한 질병을 예방하며 건강에 유해한 취업을 방지
>   ㉢ 근로자들을 생리적으로나 심리적으로 적합한 작업환경에 배치하여 일하도록 하는 것
>
> 2) 직업병관리
>   ① 정의 : 근로자들이 작업환경 중에 노출되어 일어나는 특정 질병
>   ② 원인별 직업병의 구분

원인		직업병
물리적 요인	고열환경 (이상고온)	열중증(열피로, 열경련, 열허탈증, 열쇠약증, 열사병)
	저온환경 (이상저온)	동상, 참호족염, 동창
	고압환경 (이상고기압)	잠함병(잠수병) – 물에서 발생되며 주로 잠수부, 해녀에게 발생
	저압환경 (이상저기압)	항공병, 고산병 – 산에서 발생
	소음	직업성 난청, 청력장애
	분진	진폐증(먼지), 석면폐증(석면), 규폐증(유리규산), 활석폐증(활석)
	방사선	조혈기능 장애, 피부점막의 궤양과 암생성, 백내장, 생식기 장애
	자외선 및 적외선	피부 및 눈의 장애
화학적 요인 (공업중독)	납(Pb) 중독	연중독, 소변 중에 코프로포피린 검출, 체중감소, 염기성 과입적 혈구의 수 증가, 요독증 증세
	수은(Hg) 중독	구내염, 미나마타병의 원인물질, 언어장애, 지각이상
	크롬(Cr) 중독	비염, 기관지염, 피부점막궤양
	카드뮴(Cd) 중독	이타이이타이병의 원인물질, 단백뇨, 골연화증, 폐기증, 신장기능장해

※ **보건관리**

1) 보건행정
지역주민의 질병예방·생명연장과 육체적·정신적 안녕과 효율적인 건강을 증진시키기 위하여 행하여지는 행정을 말한다.

2) 보건행정의 종류
① 일반보건행정
  ㉠ 보건소의 설치 목적 : 보건행정을 합리적으로 운영하고 국민보건의 질을 향상하기 위한 것으로, 보건소는 시·군·구 단위로 하나씩 두도록 되어 있다.
  ㉡ 보건소의 업무내용
    • 지역보건의료정책의 기획, 조사·연구 및 평가 사항
      – 지역보건의료계획 등 보건의료 및 건강증진에 관한 중장기 계획 및 실행계획의 수립·시행 및 평가에 관한 사항
      – 지역사회 건강실태조사 등 보건의료 및 건강증진에 관한 조사·연구에 관한 사항
      – 보건에 관한 실험 또는 검사에 관한 사항
    • 보건의료기관 등에 대한 지도·관리·육성과 국민보건 향상을 위한 지도·관리 사항
      – 의료인 및 의료기관에 대한 지도 등에 관한 사항
      – 의료기사·보건의료정보관리사 및 안경사에 대한 지도 등에 관한 사항
      – 응급의료에 관한 사항
      – 「농어촌 등 보건의료를 위한 특별조치법」에 따른 공중보건의사, 보건진료 전담공무원 및 보건진료소에 대한 지도 등에 관한 사항
      – 약사에 관한 사항과 마약·향정신성의약품의 관리에 관한 사항
      – 공중위생 및 식품위생에 관한 사항
② 산업보건행정(근로보건) : 산업체에서 근무하는 근로자를 대상으로 작업환경의 질적개선, 산업재해 예방 및 근로자의 복지시설 관리와 안전교육 등의 문제를 담당하며 관할 부처는 노동부의 근로기준국 산업안전과에서 관할한다.

③ 학교보건행정 : 학생과 교직원을 대상으로 학교보건사업으로, 학교급식을 통한 영양교육, 건강교육 등을 담당하며, 관할 부처는 교육부의 의무교육과에서 관할한다.

※ **공중보건의 3대 요건** : 보건행정, 보건법, 보건교육

> **지방행정의 최고 말단 기구**
> 보건소

3) 인구와 보건
인구는 한 나라 또는 일정한 지역에 거주하고 있는 사람의 수(집단)를 말하는데 일반적으로 기준에 있어서는 14세 이하와 65세 이상의 인구 비율을 참고로 하며, 인구의 크기는 자연 증가(출생과 사망의 차이)와 사회 증가(유입과 유출의 차이)로 결정된다.

4) 모자보건, 성인 및 노인보건
① 모자보건
  ㉠ 모자보건의 목적 : 모체와 영유아에게 전문적인 보건의료서비스를 제공하여 모성과 영유아의 사망률을 저하시키며, 신체적·정신적 건강과 정서발달을 유지·증진시키고 유전적 잠재력을 최대한 발휘할 수 있게 하는데 있다.
  ㉡ 모자보건의 대상
    • 모성보건 : 임신(산전관리)과 분만(분만관리), 수유하는 기간에 있는 여성(산후관리)
    • 모성사망 : 임신과 분만, 산욕에 관계되는 합병증 등의 이상으로 발생한 사망

    > • 모성사망의 주요 원인 : 임신중독증, 출혈(출산 전후), 감염증(패혈증, 산욕열), 자궁 외 임신, 유산 등
    > • 임신중독증의 원인 : 단백질과 티아민(Thiamin) 부족으로 인한 빈혈과 고혈압, 단백뇨, 부종(3대 증상)의 증상

② 성인병
  ㉠ 성인병의 의미 : 성인에게 발생하는 질병으로 현대병이라고도 하며, 중년기에 발병하여 사망률이 높으며, 기능장애가 심하여 사회활동에 지장을 준다.
  ㉡ 한국인의 10대 사망원인
    • 암
    • 뇌혈관질환(뇌졸중 등)
    • 심장질환(심근경색, 허혈성 심장질환)
    • 당뇨병
    • 자살
    • 간질환(간경화 등)
    • 교통사고
    • 만성하기도 질환(만성기관지염, 호흡기질환)
    • 고혈압성 질환
    • 폐렴
③ 노인보건

구분	종류
순환기 계통	고혈압, 심근경색증, 동맥경화증, 협심증 등
소화기 계통	만성 위염, 십이지장궤양, 위궤양
비뇨기 계통	만성 방광염, 전립선 비대증 등
호흡기 계통	기관지염, 폐렴 등
뇌순환기 계통	뇌경색, 뇌혈전, 뇌출혈 등
뇌신경 계통	노인성 치매증, 뇌혈관성 치매증 등
근·골격 계통	골다공증, 요통, 관절염, 변형성 척추증 등
기 타	백내장, 시력장애, 난청, 피부질환, 치아질환 등

5) 학교보건
① 학교보건의 목적 : 학교의 보건관리에 필요한 사항을 규정하여 학생과 교직원의 건강을 보호·증진함을 목적으로 한다.

※ 건강검사 : 신체의 발달상황 및 능력, 정신건강 상태, 생활습관, 질병의 유무 등에 대하여 조사하거나 검사하는 것

② 학교보건의 중요성
  ㉠ 학교는 여러 가지 측면에서 지역사회의 중심역할을 한다.
  ㉡ 학생들은 그 인구가 많아 보건교육대상자로 가장 효과적이다.
  ㉢ 교직원의 보건에 관한 지식은 큰 효과를 발생한다.
  ㉣ 학생은 가장 왕성한 성장시기이다.
③ 보건시설 등 : 학교의 설립자·경영자는 대통령령으로 정하는 바에 따라 보건실을 설치하고 학교보건에 필요한 시설과 기구(器具) 및 용품을 갖추어야 한다.

학교급식의 목적
학생들에게 올바른 영양을 보급하여 신체적·정신적 성장발달을 돕고, 좋은 식습관을 형성하여 적응하는 데 목적이 있다.
① 건강면의 목적   ② 교육적 목적
③ 경제적 목적   ④ 사회적 목적

예상문제

01 감염병 발생의 3대 요소가 아닌 것은?
① 숙주   ② 병인
③ 물리적 요인   ④ 환경

해설 감염병 발생의 3대 요소는 병인, 환경, 숙주이다.

02 다음 중 감수성지수(접촉감염지수)가 가장 낮은 것은?
① 폴리오   ② 디프테리아
③ 성홍열   ④ 홍역

해설 폴리오·소아마비(0.1%) < 디프테리아(10%) < 홍열(40%) < 홍역(95%)

03 D.P.T 예방접종과 관계없는 감염병은?
① 파상풍   ② 백일해
③ 페스트   ④ 디프테리아

해설
• 디피티(DPT)는 디프테리아(Diphtheria), 백일해(Pertussis), 파상풍(Tetanus)을 예방하기 위한 백신이다.
• 기본예방접종으로 생후 2, 4, 6개월에 한 번씩 3회 실시한 후 18개월과 4~6세 때 추가 접종을 실시하는데, 경구용 소아마비 백신과 같은 시기에 접종한다. 그 후 11~13세에 파상풍(Tetanus)과 디프테리아(Diphtheria) 독소가 혼합된 티디(Td)를 접종한다.

04 분뇨의 적절한 위생적 처리로 수인성 감염병의 발생을 가장 많이 감소시킬 수 있는 질병은?
① 발진티푸스   ② 발진열
③ 장티푸스   ④ 요도염

해설 수인성 감염병에는 이질, 콜레라, 장티푸스, 파라티푸스가 있다.

05 쥐와 관계가 가장 적은 감염병은?
① 발진티푸스
② 와일병(와일씨병)
③ 발진열
④ 쯔쯔가무시증

해설 발진티푸스는 이가 매개하는 감염병이다.

정답
01 ③　02 ①　03 ③　04 ③　05 ①

ⓐ 정기점검(년 1회 이상), 일상점검, 긴급(손상, 특별안전)점검을 한다.

② 조리도구

종류	준비도구	사용설명
준비도구	앞치마, 머릿수건(위생모), 채소바구니, 가위 등	재료손질과 조리준비에 필요
조리기구	솥, 냄비, 팬 등	준비된 재료를 조리하는 과정에 필요
보조도구	주걱, 국자, 뒤지개, 집게 등	준비된 재료를 조리하는 과정에 필요

3 작업환경 안전관리

(1) 작업장 환경관리

① 조리작업장의 권장 조도는 220Lux 이상으로 하여 조리 시 섬세하고 철저한 위생관리를 한다.

② 작업장 온도는 여름철에는 20~23℃ 정도, 겨울철에는 18℃~21℃ 정도를 유지하며 적정습도는 40~60% 정도를 유지한다. 특히 낮은 습도는 피부, 코 등의 건조를 일으키지만 높은 습도는 정신이상을 일으킬 수 있다.

③ 작업장 내 적정한 수준의 조명유지, 온도, 습도, 바닥의 물기 제거, 미끄럼 및 오염이 발생되지 않도록 한다.

> **참고**
> - 산업안전보건법에서 표준조도는 초정밀작업(750Lux), 정밀작업(300Lux), 보통작업(150Lux) 및 그 밖의 작업(75Lux)으로 기준을 정하고 있다.
> - 조리장의 조도는 급식실의 조도를 기준(검수대 기준 540Lux, 조리장 220Lux 이상)해 식재료 검수와 조리 시 섬세하고 철저한 위생관리를 하여야 한다.
> ※ NCS 안전관리 학습모듈에서는 조리작업장의 권장 조도는 161~143Lux이다.

(2) 작업장 안전관리

① 작업장 안전관리는 주방에서 조리작업을 수행하는 데 있어서 작업자와 시설의 안전기준을 확인하고, 안전수칙을 준수, 예방활동을 수행하는 데 있다.

② 안전관리시설 및 안전용품을 관리한다.

③ 작업장 주변의 정리정돈을 점검한다.

④ 작업장 안전관리 지침서를 작성한다.

⑤ 유해, 위험, 화학물질을 처리기준에 따라 관리한다.

⑥ 안전관리 책임자는 법정 안전교육을 실시한다.

⑦ 관리감독자의 지위에 있는 사람은 반기마다 8시간 이상 또는 연간 16시간 이상의 정기교육을 필한다.

(3) 화재예방 및 조치방법

① 화재의 원인이 될 수 있는 곳을 사전에 점검하고 화재진압기를 배치, 사용한다.

② 인화성물질 적정보관 여부를 점검한다.

③ 소화기구의 화재안전기준에 따른 소화기 비치 및 관리, 소화전함 관리 상태 등을 점검한다.

⑤ 비상조명의 예비전원 작동상태를 점검한다.

⑥ 비상구, 비상통로 확보 상태를 확인한다.

⑦ 출입구, 복도, 통로 등의 적재물 비치 여부를 점검한다.

⑧ 자동확산 소화용구 설치의 적합성 등에 대하여 점검한다.

> **참고**
> **화재대비 소화기 구별법**
> ① 일반(A급)화재용 : 가연성 고체, 연소 후 재를 남기는 종류의 화재(목재, 종이, 섬유 등)
>   예 흰색 바탕에 A 표시
> ② 유류(B급)화재용 : 인화성 액체, 연소 후 아무 것도 남기지 않은 종류의 화재(식용유, 석유, 가스 등)
>   예 노란색 바탕에 B 표시
> ③ 전기(C급)화재용 : 전기적 원인, 전기기계 및 기구로 인한 화재(누전, 과열, 전기불꽃 등)
>   예 청색 바탕에 C 표시
> ④ 금속(D급)화재용 : 마그네슘과 같은 금속화재
> ※ A, B, C 화재에 모두 사용 가능한 소화기를 ABC소화기라 한다.

예상문제

01 안전사고 예방 과정으로 틀린 것은?

① 위험요인을 제거한다.
② 위험요인을 차단한다.
③ 위험사건 오류를 예방 및 교정한다.
④ 위험사건 발생 이후 개선조치보다는 대응을 한다.

해설 안전사고 예방 과정
- 위험요인 제거 : 위험요인의 원인을 제거한다.
- 위험요인 차단 : 안전방벽을 설치하여 위험요인을 차단한다.
- 예방(오류) : 초래할 수 있는 위험사건의 인적·기술적·조직적 오류 예방
- 교정(오류) : 초래할 수 있는 위험사건의 인적·기술적·조직적 오류 교정
- 제한(심각도) : 재발방지를 위하여 위험사건 발생 이후 대응 및 개선 조치를 한다.

02 주방 내 작업장 환경관리에 대한 설명으로 틀린 것은?

① 여름철 작업장 온도는 20.6~22.8℃가 적당하다.
② 겨울철 작업장 온도는 18.3℃~21.1℃가 적당하다.
③ 소음허용 기준은 90dB(A) 이하가 적당하다.
④ 적정한 상대습도는 40~60%가 적당하다.

해설
- 작업장 온도는 여름철에는 20~23℃, 겨울철에는 18~21℃ 정도가 적당하다.
- 상대습도는 40~60% 정도가 적당하며, 소음은 일반적으로 50dB(A) 정도 그 이상의 음이 발생하면 소음으로 간주하기 때문에 주방의 소음은 50dB(A) 이하가 적당하다.
- 조리장의 조도는 급식실의 조도를 기준으로 검수대 기준 540Lux, 조리장 220Lux 이상으로 하여 식재료 검수와 조리 시 섬세하고 철저한 위생관리를 하여야 한다.

정답 01 ④ 02 ③

03 집단급식소에서 효율적인 조리작업을 위한 조리기기의 조건으로 잘못된 것은?

① 복잡한 기계는 유지관리를 위하여 쉽게 분해되지 않아야 한다.
② 가능하면 용도가 다양하여야 한다.
③ 가격과 유지관리비가 경제적이어야 한다.
④ 기기는 디자인이 단순하고 사용하기에 편리하여야 한다.

해설 복잡한 조리기기는 쉽게 분리되어야 다루기가 용이하다.

04 조리장의 설비 및 관리에 대한 설명 중 틀린 것은?

① 조리장 내에는 배수시설이 잘 되어야 한다.
② 하수구에는 덮개를 설치한다.
③ 폐기물 용기는 목재 재질을 사용한다.
④ 폐기물 용기는 덮개가 있어야 한다.

해설 폐기물 용기는 뚜껑이 있고, 내수성 재질로 된 것을 사용하는 것이 좋다.

CHAPTER 03 재료관리

반드시 알아야 할 핵심개념
식품재료의 성분, 자유수와 결합수, 식품의 색, 식품의 갈변, 식품의 유독성분

재료관리는 조리작업 수행에 필요한 재료의 특성을 고려하여 저장, 재고관리, 선입선출하여 재료를 효율적으로 관리하는 것이다.

저장 및 재료관리 요령

구분	내용
저장관리	• 식재료 원산지 표기, 식재료 위생법규 준수, 식재료 사용방법 준수 • 재료의 유통기한 준수 및 관리 • 재료의 신선도와 숙성상태 관리 • 제조일자, 시간에 따라 품목명과 네임텍 작성 관리 • 냉장고 용량의 70~80%만 재료를 보관 및 적정온도 유지 • 보관창고(15~21℃, 습도 50~60%), 냉장고(0~10℃), 냉동고(-18℃ 이하), 급냉동고(-50℃ 정도) • 적정온도는 1일 3회 이상 확인 및 관리 • 조리된 음식은 상단에 생 재료, 달걀은 하단에 저장관리(교차오염방지) • 시장에서 들어온 비닐은 벗겨내고 투명한 비닐이나 규격 그릇에 보관 • 필요에 따라서 사용하기 편리하게 재료를 소분하여 저장관리 • 재료의 유실방지 및 보안관리
재고관리	• 큰 그릇의 남은 음식은 작은 그릇으로 옮기고, 반드시 뚜껑을 덮는다. • 공산품은 유통기한을 충분히 고려하여 구매하고 고춧가루, 통깨 등은 오래 보관 하지 않고 필요에 따라 소분하여 냉장, 냉동실에 보관하는 것이 좋다. • 선입선출(First-In, First-Out : FIFO method)에 의한 출고 : 재고 물품의 손실, 신선도 유지를 위해 먼저 입고된 재료는 먼저 출고하여 사용하고 보관 시에는 나중에 입고된 것은 먼저 입고된 물품 뒤쪽에 보관한다. • 흐르는 물에 냉동품 해동 및 육수를 식히거나 고기의 핏물을 제거하기 위하여 물을 흘려 놓을 때에는 표시 또는 담당자에게 사전에 알린다. • 저장 시에는 품목별로 위치를 정해 입고관리하면 재고 조사가 용이하다.
냉장·냉동관리	• 큰 그릇의 남은 음식은 작은 그릇으로 옮기고, 반드시 뚜껑을 덮는다. • 공산품은 유통기한을 충분히 고려하여 구매하고 고춧가루, 통깨 등은 오래 보관 하지 않고 필요에 따라 소분하여 냉장, 냉동실에 보관하는 것이 좋다. • 선입선출(First-In, First-Out : FIFO method)에 의한 출고 : 재고 물품의 손실, 신선도 유지를 위해 먼저 입고된 재료는 먼저 출고하여 사용하고 보관 시에는 나중에 입고된 것은 먼저 입고된 물품 뒤쪽에 보관한다. • 흐르는 물에 냉동품 해동 및 육수를 식히거나 고기의 핏물을 제거하기 위하여 물을 흘려 놓을 때에는 표시 또는 담당자에게 사전에 알린다. • 저장 시에는 품목별로 위치를 정해 입고관리하면 재고 조사가 용이하다.

1 식품 재료의 성분

식품의 일반성분에는 식품의 영양적 가치가 있는 탄수화물, 단백질, 지방, 무기질, 비타민, 섬유소 등이 속하며, 식품의 특수성분에는 식품의 기호적 가치라 할 수 있는 식품의 색성분, 맛성분, 냄새, 효소, 유독성분 등이 포함된다.

식품 중에 함유된 영양소
① 몸의 활동에 필요한 에너지 공급(열량소) : 탄수화물(당질), 지방, 단백질
② 몸의 발육을 위하여 몸의 조직을 만드는 성분 공급(구성소) : 단백질, 무기질, 지방
③ 체내의 각 기관이 순조롭게 활동하고 섭취된 것이 몸에 유효하게 사용되기 위해 보조적인 작용(조절소) : 무기질, 비타민, 물

(1) 수분

① 건강한 사람은 대개 1일 2~3ℓ 정도의 물이 배출되기 때문에 2~4ℓ의 권장섭취량이 꼭 보충이 필요하며, 체중 비율로 보아 성인들보다 아이들이 보다 많은 수분을 필요로 한다.
② 기능 : 영양소 운반, 장기보호, 노폐물 방출, 소화액 구성요소, 체온조절, 윤활작용 등
③ 수분 부족 증상 : 체내의 정상적인 수분 양보다 10% 이상 줄어들면 열, 경련, 혈액순환장애 증상이 발생하며, 수분이 20% 이상 손실되면 사망에 이르게 된다.
④ 생물체나 식물체에 들어 있는 물은 유리수와 결합수 형태로 존재한다.

유리수(자유수, 일반적인 보통 물의 성분)	결합수
용질에 대해 용매로 작용	용매로 작용하지 않음
건조에 의해서 쉽게 제거 가능	압력을 가해도 쉽게 제거되지 않음
0℃ 이하에서 쉽게 동결	0℃ 이하의 낮은 온도(-30~-20℃)에서도 얼지 않음
미생물의 생육번식에 이용	미생물의 번식에 이용하지 못함
융점이 높고, 표면장력과 점성이 큼	유리수보다 밀도가 큼

㉠ 유리수(자유수, Free Water) : 식품 중에 유리상태로 존재하고 있는 물
㉡ 결합수(Bound Water) : 식품 중에 탄수화물이나 단백질 분자의 일부분을 형성하는 물

⑤ 수분활성도(Water Activity, Aw) : 어떤 임의의 온도에서 식품이 나타내는 수증기압(P)을 그 온도의 순수한 물의 최대 수증기압으로 나눈 것이다.

(3) 지질

① 지질의 특성

구성요소	C(탄소), H(수소), O(산소)
1g당 열량	9kcal
1일 총 섭취 열량/소화율	20%/95%
최종분해산물	지방산과 글리세롤
소화효소	리파아제, 스테압신

② 지방산의 분류

㉠ 포화지방산 : 융점이 높아 상온에서 고체로 존재하며 이중결합이 없는 지방산을 말하며, 동물성 지방에 많이 함유되어 있고 팔미트산, 스테아르산이 있다.

㉡ 불포화지방산 : 융점이 낮아 상온에서 액체로 존재하며 이중결합이 있는 지방산을 말하며, 식물성 지방에 많이 함유되어 있고 올레산, 리놀레산, 리놀렌산, 아라키돈산 등이 있다.

㉢ 필수지방산 : 정상적인 건강을 유지하기 위해서 반드시 필요한 것으로 체내에서 합성되지 않으므로 식사를 통해 공급되어야 한다. 불포화지방산의 리놀레산, 리놀렌산, 아라키돈산으로 비타민 F라고 부르고 대두유, 옥수수유 등 식물성 기름에 다량 함유되어 있다.

요오드가(Iodine Value)
식품의 유지 중에 불포화지방산의 양을 비교하는 값으로 유지 100g이 흡수하는 요오드의 g수

건조피막의 정도에 따른 분류

건성유(요오드가 130 이상)	들깨기름, 아마인유, 호두기름, 잣기름
반건성유(요오드가 100~130 이상)	대두유, 면실유, 채종유, 해바라기씨유, 참기름
불건성유(요오드가 100 이하)	땅콩기름, 동백기름, 올리브유

③ 지질의 종류

㉠ 단순지질 : 지방산과 글리세롤의 에스테르로써 중성지방이라고 하며, 지질 중에서 양이 제일 많다.

㉡ 복합지질 : 지방산과 글리세롤의 에스테르에 다른 화합물이 더 결합된 지질이다.

- 인지질=인+단순지질
- 당지질=당+단순지질

㉢ 유도지질 : 단순지질, 복합지질의 가수분해로 얻어지는 지용성 물질

스테로이드, 콜레스테롤, 에르고스테롤, 스쿠알렌, 지방산, 각종 알코올, 스테롤 등

④ 지방의 영양 효과

㉠ 지용성 비타민의 흡수를 돕는다(지용성 비타민 : 비타민 A, D, E, K, F).

㉡ 발생하는 열량이 높다(1g당 에너지원 : 9kcal).

㉢ 고온 단시간 조리할 수 있으므로 영양분의 손실이 적다.

㉣ 콜레스테롤(세포막의 주성분)에 대한 효과가 있다.

㉤ 당질과 마찬가지로 활동력이나 체온을 발생하게 하는 에너지원이다.

⑤ 지방의 과잉증과 결핍증

㉠ 과잉증 : 비만증, 심장기능 약화, 동맥경화

㉡ 결핍증 : 신체쇠약, 성장부진

⑥ 지방의 산패 방지

㉠ 저온 저장하고 자외선을 피하고 산화방지제를 첨가한다.

㉡ 산소의 접촉을 막고 금속이나 금속화합물을 제거한다.

㉢ 저장온도를 너무 낮지 않게 한다(자동산화가 되어 산패가 발생함).

검화가(비누화가)
지방이 수산화나트륨(NaOH)에 의하여 가수분해되어 지방산의 Na염(비누)을 생성하는 현상(즉, 지방이 알칼리에 의해서 가수분해됨)

중합반응
가열에 의한 변화로 비중과 점성이 증가하고 색깔과 향, 소화율이 낮아지는 현상

(4) 단백질

① 단백질의 특성

구성요소	C(탄소), H(수소), O(산소), N(질소)
1g당 열량	4kcal
1일 총 섭취 열량/소화율	15%/92%
최종분해산물	아미노산
소화효소	펩신, 트립신, 에렙신

② 아미노산의 종류

㉠ 필수 아미노산 : 체내에서 생성할 수 없어 음식물로 섭취해야 하는 아미노산

- 종류(8가지) : 발린, 루신, 이소루신, 트레오닌, 페닐알라닌, 트립토판, 메티오닌(황 함유), 리신
- 필수 아미노산(8가지)+성장기의 어린이는 아르기닌, 히스티딘이 추가해서 10가지

㉡ 불필수 아미노산 : 체내에서도 합성이 되는 아미노산

③ 백질의 분류

㉠ 화학적 분류

단순단백질	아미노산으로 구성(알부민, 글로불린, 글루테닌, 프롤라민 등)
복합단백질	아미노산에 인, 당, 색소 등이 결합되어 구성(인단백질, 당단백질, 색소단백질, 지단백질)
유도단백질	변성단백질(젤라틴, 응고단백질), 분해단백질(펩톤)

ⓒ 영양학적 분류

완전단백질	동물의 성장과 생명유지에 필요한 모든 필수 아미노산 8가지를 가지고 있는 단백질(우유의 카제인, 달걀의 알부민, 글로불린)
부분적 불완전단백질	필수 아미노산을 모두 가지고는 있으나 그 양이 충분치 않거나 각 필수 아미노산들이 균형 있게 들어있지 않은 단백질로, 생명유지는 되지만, 성장은 되지 않는 아미노산(곡류의 리신)
불완전단백질	생명을 유지하거나 어린이들이 성장하기에 충분한 양의 필수 아미노산을 갖고 있지 못한 단백질로 불완전 단백질만 섭취해서는 동물의 성장과 유지가 어려움[옥수수(제인) → 트립토판 부족]

④ 단백질의 기능

㉠ 몸의 근육이나 혈액 생성의 주성분이다.

㉡ 성장 및 체조직의 구성에 관여한다. 예 피부, 효소, 항체, 호르몬 구성, 저항력, 열량 유지 등

단백질의 아미노산 보강
식품에서 부족한 아미노산을 다른 식품을 통해 보강함으로써 완전단백질로 영양가를 높이는 것
예 쌀(리신 부족)+콩(리신 풍부)=콩밥(완전한 단백질 공급)

⑤ 단백질 결핍증

㉠ 콰시오커(Kwashiorkor)증 : 어린이가 단백질이 장기간 부족되면 발생하는 병으로 성장지연, 부종, 피부염 등의 증상이 발생한다.

기초대사량
무의식적 활동(호흡, 심장박동, 혈액운반, 소화 등)에 필요한 열량을 기초대사량이라 하며, 수면 시에는 평상시보다 10% 정도 감소한다(성인남자의 기초대사량은 1,400~1,800kcal, 성인여자의 기초대사량은 1,200~1,400kcal).
- 기온이 낮으면 소요 열량이 큼
- 체표면적이 클수록 소요 열량이 큼
- 근육질인 사람이 지방질인 사람에 비해 소요 열량이 큼
- 남자가 여자보다 소요 열량이 큼

작업대사량
기초대사량 외에 활동하거나 식품을 소화·흡수하는 데 필요한 열량

(5) 무기질

① 무기질의 기능

㉠ 산과 염기의 평형 유지

㉡ 필수적 신체 구성성분

㉢ 신경의 자극 전달

㉣ 체조직의 성장

㉤ 생리적 반응을 위한 촉매

㉥ 수분의 평형 유지

㉦ 근육 수축성의 조절

② 무기질의 종류와 특성

칼슘(Ca)	• 기능 : 무기질 중 가장 많고 골격과 치아를 구성, 비타민 K와 함께 혈액응고에 관여 • 급원식품 : 멸치, 우유 및 유제품, 뼈와 함께 먹는 생선 • 결핍증 : 골다공증, 골격과 치아의 발육 불량 • 비타민 D와 함께 섭취 시 칼슘의 흡수 촉진 • 수산은 칼슘 흡수를 방해하는 인자로 칼슘과 결합하여 결석 형성
인(P)	• 기능 : 인의 80%가 골격과 치아에 함유 • 급원식품 : 곡류 • 결핍증 : 골격과 치아의 발육 불량
철분(Fe)	• 기능 : 헤모글로빈(혈색소)을 구성하는 성분, 혈액 생성 시 중요 영양소 • 급원식품 : 간, 난황, 육류, 녹황색 채소류 • 결핍증 : 철분 결핍성 빈혈(영양 결핍성 빈혈)
구리(Cu)	• 기능 : 철분 흡수에 관여 • 성인남자 1일 2mg, 성인여자 18mg, 임산부 20mg • 결핍증 : 빈혈
마그네슘(Mg)	• 기능 : 신경의 자극 전달, 효소작용의 촉매 • 급원식품 : 견과류, 코코아, 대두, 통밀 • 결핍증 : 떨림증, 신경불안정, 근육의 수축
나트륨(Na)	• 기능 : 근육수축에 관여, 수분균형 유지 및 삼투압 조절, 산·염기 평형유지 • 급원식품 : 소금, 식품첨가물의 나트륨(Na) • 과잉증 : 고혈압, 심장병 유발(우리나라는 나트륨 과잉증이 문제)
칼륨(K)	• 기능 : 근육수축, 삼투압 조절과 신경의 자극전달에 작용, 세포내 액에 존재 • 급원식품 : 채소류 예 감자, 토마토류 • 결핍증 : 근육의 긴장 저하, 식욕 부진
코발트(Co)	• 비타민 B$_{12}$의 구성요소 • 급원식품 : 채소, 간, 어류 • 결핍증 : 악성빈혈
불소(F)	• 기능 : 골격과 치아를 단단하게 함 • 급원식품 : 해조류 • 부족증은 충치(우치), 과잉증은 반상치 • 음용수에 1ppm 정도 불소가 있으면 충치예방
요오드(I)	• 기능 : 갑상선 호르몬을 구성, 유즙 분비 촉진 • 급원식품 : 해조류 예 미역·감조류), 어육 • 결핍증 : 갑상선종, 발육정지 • 과잉증 : 갑상선 기능항진증
아연(Zn)	• 기능 : 적혈구와 인슐린(부족 시 당뇨병)의 구성성분 • 급원식품 : 해산물, 달걀, 두류

무기질의 종류에 따른 산성 식품과 알칼리성 식품
① 산성 식품 : 무기질 중 인(P), 황(S), 염소(Cl) 등은 체내에서 분해되어 산성이 되므로 이들 무기질을 많이 함유한 식품(곡류, 어류, 육류)
② 알칼리성 식품 : 무기질 중 칼슘(Ca), 나트륨(Na), 칼륨(K), 마그네슘(Mg), 철(Fe), 구리(Cu), 망간(Mn) 등은 체내에서 분해되어 알칼리성이 되므로 이들 무기질을 함유한 식품(과일, 채소, 해조류)

우유 : 동물성 식품이지만, Ca(칼슘)이 다량 함유되어 있어 알칼리성 식품에 분류된다.

(6) 비타민

① 비타민의 기능과 특성

㉠ 유기물질로 되어 있음

ⓒ 필수물질이 있으며, 인체에 미량이 필요함
ⓓ 에너지나 신체구성 물질로 사용하지 않음
ⓔ 대사작용 조절물질(보조효소의 역할)
ⓕ 여러 가지 비타민 결핍증을 예방 또는 방지
ⓖ 대부분 체내에서 합성되지 않으므로 음식물을 통해서 섭취

② 비타민의 분류
ⓐ 지용성 비타민(비타민 A, D, E, F, K)
- 기름과 유지용매에 용해되는 비타민
- 섭취량이 필요량 이상이 되면 체내에 저장
- 섭취 시 배설되지 않음
- 결핍증세가 천천히 나타남
- 매일 식사에서 공급되지 않아도 됨

구분	특징	급원식품	결핍증
비타민 A (레티놀)	• 상피세포 보호 • 눈의 작용을 좋게 함.	간, 난황, 버터, 당근, 시금치	야맹증, 안구건조증, 안염, 각막연화증, 결막염
비타민 D (칼시페롤)	• 칼슘의 흡수를 촉진 • 자외선에 의해 인체 내에서 합성	건조식품 (말린 생선류, 버섯류)	구루병, 골연화증, 유아 발육 부족
비타민 E (토코페롤)	• 항산화성 · 항불임성 비타민 • 생식세포의 정상작용 유지	곡물의 배아, 푸른잎 채소, 식물성 기름, 상추	노화 촉진, 불임증, 근육 위축증
비타민 F	신체성장, 발육	식물성 기름	피부병, 피부건조, 성장 지연
비타민 K (필로퀴논)	• 혈액응고에 관여(지혈작용) • 장내세균에 의해 인체 내에서 합성	녹색채소, 콩, 달걀	혈액응고지연 (혈우병)

ⓑ 수용성 비타민
- 물에 용해되는 비타민
- 필요량만 체내에 보유
- 필요한 부분의 여분은 뇨로 배설됨
- 결핍증세가 빠르게 나타남
- 매일 식사에서 공급되어야 함

구분	특징	급원식품	결핍증
비타민 B₁ (티아민)	• 탄수화물 대사에 필요 • 마늘의 알리신의 흡수율을 높인다.	돼지고기, 곡물의 배아	각기병, 식욕부진
비타민 B₂ (리보플라빈)	성장촉진, 피부점막 보호	우유, 간, 고기, 달걀	구순구각염, 설염, 백내장
비타민 B₆ (피리독신)	• 항피부염인자 • 장내세균에 의해 합성	간, 효모, 배아	피부병
비타민 B₁₂ (시아노코발라민)	성장촉진, 조혈작용	쇠고기, 선지, 고등어	악성빈혈
비타민 C (아스코르브산)	• 체내 산화, 환원작용 • 알칼리에 약하고, 산화, 열에 불안정	신선한 과일, 채소	괴혈병
나이아신 (니코틴산)	탄수화물의 대사촉진	닭고기, 생선, 땅콩, 쌀겨	펠라그라 피부병

 참고

비타민이 열에 강한 순서
비타민 E > 비타민 D > 비타민 A > 비타민 B > 비타민 C

비타민 C 파괴효소 – 아스코르비나제
당근과 호박 오이 등에 비타민 C를 파괴하는 아스코르비나제라는 효소가 함유되어 있다. 당근에는 아스코르비나제가 많이 들어 있어서 두와 같이 섞어 방치하면 비타민 C를 파괴한다.

(7) 식품의 색

식품의 색은 크게 동물성 색소와 식물성 색소로 나뉜다.

식물성 색소	클로로필 색소	• 일반 녹색채소의 색, 마그네슘(Mg)을 함유하고 있다. • 열과 산(식촛물 : 녹갈색)에 불안정하며, 알칼리(소다 첨가 : 진한녹색)에 안정하다. 예 쑥을 데친 후 즉시 찬물에 담근다. 오이를 볶은 후 즉시 펼쳐 놓는다. 시금치 데칠 때 뚜껑을 열고 데친다.
	안토시안 색소	• 꽃, 과일 등의 적색, 자색 등의 색소이다. (사과, 딸기, 포도, 가지) • 산성(촛물)일 때 → 적색 • 알칼리(소다 첨가)일 때 → 청색 • 중성일 때 → 보라색 • 수용성 색소로 가공 중에 쉽게 변색된다.
	플라보노이드 색소	• 색이 엷은 채소의 색소 예 무, 옥수수, 연근, 감자, 밀가루 • 산에 대해서는 안정하나 알칼리에 대해서는 불안정하다. • 산 : 흰색, 알칼리 : 진한 황색
	카로티노이드 색소	• 식물계에 널리 분포하며, 동물성 식품에도 일부 존재한다. • 황색, 적색, 주황색의 채소 예 당근, 늙은 호박, 토마토에 함유되어 있는 색소 • 비타민 A의 기능도 있다. • 산이나 알칼리에 의하여 변화를 받지 않으나 광선에 민감하다.
동물성 색소	미오글로빈(육색소)	육류의 근육 속에 함유되어 있는 적자색, 철(Fe) 함유
	헤모글로빈(혈색소)	육류의 혈액 속에 함유되어 있는 적색
	일부 카로티노이드	연어나 송어살의 분홍색
	아스타산틴 (카로티노이드계)	새우, 가재, 게에 포함되어 있는 색소이다.
	헤모시아닌	연체동물에 포함되어 있는 색소로 익혔을 때 적자색으로 변함 예 문어, 오징어를 삶으면 적자색으로 변한다.

(8) 식품의 갈변

① 효소적 갈변(페놀 화합물 → 멜라닌으로 전환) : 효소에 의해 식품이 갈변하는 것
  예 사과(폴리페놀 산화효소, Polyphenol oxidase), 감자(티로시나아제, Tyrosinase) 절단면의 갈변

- ㉣ 후추의 매운맛 : 차비신, 피페린
- ㉤ 와사비의 매운맛 : 아릴이소티오시아네이트
- ㉥ 마늘의 매운맛 : 알리신
- ㉦ 생강의 매운맛 : 진저론, 쇼가올
- ㉧ 겨자의 매운맛 : 시니그린

③ 식품의 냄새(향)

식물성 식품의 냄새	알코올 및 알데히드류	주류, 감자, 복숭아, 오이, 계피
	에스테르	주로 과일류
	황화합물	마늘, 양파, 파, 무, 고추, 부추
	테르펜류	녹차, 찻잎, 레몬, 오렌지

※ 미르신 : 미나리 / 멘톨 : 박하 / 푸르푸릴알코올 : 커피향 성분 / 디아세틸 : 버터의 향미성분

동물성 식품의 냄새	트리메틸아민	생선 비린내
	암모니아	홍어, 상어
	피페리딘	어류
	아민류, 인돌	아민류, 인돌식육

(10) 식품의 물성

① 식품의 물성이란 식품의 조리 및 가공으로 외부에서 힘이 가해졌을 때 물질이 반응하는 성질이다.
② 식품의 기호에 영향을 미치는 요인으로 냄새, 색감, 맛 이외에도 입안에서 느껴지는 청각, 촉감이 중요한데, 이것이 식품의 물리적 성질이다.
③ 식품과 관계된 물성은 교질성과 텍스처이다.
④ 교질의 종류

분산매	분산질(분산상)	분산계(교질상)	식품의 예
고체	고체	고체 졸	사탕
	액체	겔(Gel)	밥, 두부, 양갱, 젤리, 치즈
	기체	거품(포말질)	빵, 과자, 케이크
액체	고체	졸(Sol)	된장국, 달걀흰자, 수프, 전분액
	액체	유화액(에멀전)	우유, 마요네즈, 버터, 마가린, 크림
	기체	거품(포말질)	난백의 기포, 맥주

⑤ 교질의 특성

종류	특성
졸(Sol)	• 졸은 분산매가 액체이고 분산질이 고체이거나 액체로 전체적인 분산계가 액체 상태일 때를 졸(Sol)이라고 한다. 즉, 액체 중에 콜로이드 입자가 분산하고 유동성을 가지고 있는 계를 말한다. • 대표적인 졸(Sol) 상태의 식품에는 된장국, 달걀흰자, 수프 등이 있다.
겔(Gel)	• 졸(Sol)이 냉각하여 응고되거나 물의 증발로 분산매가 줄어 반고체 상태로 굳어지는 것을 겔(Gel)이라고 한다. 즉, 콜로이드 분산계가 유동성을 잃고 고화된 상태이다. • 대표적인 겔(Gel) 상태의 식품에는 밥, 두부, 묵, 어묵, 삶은 달걀 등이 있다.
유화(Emulsion)	유화는 분산질인 액체가 분산매인 다른 액체에 녹지 않고 미세하게 균형을 이루며, 잘 섞여있는 상태를 의미한다. • 유중수적형 : 버터, 마가린 등 • 수중유적형 : 우유, 아이스크림, 마요네즈 등

거품(Foam)	분산매인 액체에 기체가 분산되어 있는 교질 상태이다. 거품은 기체의 특성상 액체 속에서 위로 떠오르기 때문에 기포제와 흡착되어야 안정화가 된다. 대표적인 거품의 상태의 식품에는 난백의 기포가 있다.

⑥ 리올로지(Rheology)
㉠ 흐름, 물질의 변형에 관한 학문으로 외부의 힘에 의한 물질의 변형 및 흐름의 특성을 규명하고, 그 정도를 정량으로 표현하는 학문이다.
㉡ 식품의 물리학적 미각을 연구하는 학문을 리올로지라 한다.

⑦ 리올로지의 특성

종류	리올로지의 특성
탄성 (Elasticity)	• 외부에서 힘을 받으면 모습이 변형되고, 외부에서 받은 힘이 사라지면 원래의 모습으로 되돌아가는 성질이다. • 탄성을 지닌 식품은 묵, 양갱, 어묵, 두부, 곤약 등이 있다.
소성 (Plasticity)	• 외부에서 힘을 가하면 모양은 변하지만, 힘이 사라져도 원상복구가 불가능한 것을 의미한다. • 소성을 지닌 식품은 생크림, 버터, 마가린, 쇼트닝 등이 있다.
점성 (Viscosity)	• 보통 액상음식을 저을 때 느껴지는 저항감을 점성이라고 한다. • 액체의 경우는 온도가 높아지면 점성이 감소하고, 압력이 늘어나면 점성이 상승한다. • 점성을 지닌 식품은 토마토퓨레, 수프, 꿀, 물엿 등이 있다.
점탄성 (Viscoelasticity)	• 점탄성은 점성과 탄성의 성질을 모두 가지고 있고 동시에 점성과 탄성의 성질이 같이 나타나는 것을 의미한다. 대체적으로 음식에 점탄성 성질에 관한 예시가 많지만 점탄성을 측정하는 것은 어렵다. • 점탄성 지닌 식품은 인절미, 밀가루 반죽, 껌 등이 있다.

⑧ 텍스처(Texture) : 식품의 텍스처는 식품을 입어 넣었을 때 식품의 질감이 물리적 자극에 대한 촉각의 반응으로 느껴지는 식품의 물리적 성질을 의미한다.

(11) 식품의 유독성분

	① 식물성 식품의 독성물질
자연식품의 독성물질	• 프로테아제(Protease) 저해물질(원인물질 : 대두) : 대두에 함유된 트립신 저해제(Trypsin Inhibitor)가 있지만, 이 물질은 가열처리로 무독화 가능 • 청산 배당체(원인물질 : 덜 익은 청매실, 살구씨, 복숭아씨) : 아미그달린(Amygdalin)이 있으며, 효소에 의해 가수분해되면 시안산(청산, HCN)을 생성하여 독작용을 나타내기 때문에 미리 가열 처리해서 불활성화하는 것이 좋다. • 헤마글루티닌(Hemmaglutinin, 원인물질 : 콩과 식물) : 두류에 함유된 유해 단백질이며, 적혈구를 응집시키는 독작용이 있지만 가열에 의해서 무독화 가능 • 솔라닌(Solanine, 원인물질 : 감자의 순) : 감자의 속보다는 껍질 쪽에 많으며, 특히 싹이 튼 감자나 햇빛을 받아서 녹색을 띠는 감자 등에 함량이 많다. 예방대책으로 감자의 순 제거와 서늘한 곳에 보관이 있다.

자연식품의 독성물질	• 고시폴(Gossypol, 원인물질 : 목화씨) : 목화씨(Cotton Seed) 중에 존재하는 독성물질 이며, 유지의 산패를 억제하는 항산화 작용이 있으나 독작용으로 인하여 정제 과정에서 제거된다. • 시쿠톡신(Cicutoxin, 원인물질 : 독미나리) : 독미나리는 식용미나리와 비슷하여 잘못 섭취하여 독작용이 일어날 수 있다. 주로 지하경(地下莖)에 들어 있으며, 예방대책으로 가열처리 후 조리한다. ② 동물성 식품의 독성물질 • 테트로도톡신(Tetrodotoxin, 원인물질 : 복어 내장의 난소, 간장, 피 등) : 복어의 독성분 으로 테트로도톡신은 5~6월의 산란기에 함량이 많아져 복어 내장의 난소, 간장, 피 등에 강한 독성을 가지게 된다. 숙련된 복어자격증 취득 전문가만이 손질을 해야 한다. • 조개류의 독성물질 : 모시조개의 독성물질 베네루핀(Venerupin)은 가열하면 파괴되고, 대합조개의 독성물질인 삭시톡신(Saxitoxin)은 마비성 조개중독으로 중독되면 입술, 혀, 얼굴 등이 마비되고 곧 전신마비로 사망한다.
가공 처리 중 생성된 독성물질	① 유지의 산패 생성 : 체내 지방의 산화를 촉진하며, 또 일부의 산화·분해 생성물은 동물의 성장을 억제하는 독성을 나타낸다. ② 발색제 아질산과의 반응 생성물 : 아질산은 식품 중의 아민과 반응해서 발암물질인 니트로소아민을 생성하여 독작용을 일으킨다.
미생물에 의한 독성물질	① 곰팡이에 의한 독성물질 미코톡신(Mycotoxin) • 맥각독 : 맥류에 존재하는 곰팡이의 균핵(Sclerotium)을 맥각(麥角, Ergot)이라고 한다. 맥각은 의약품으로 사용되기도 하지만, 사용량이 많으면 독성을 일으킨다. 이 맥각에 의한 중독을 맥각병(Ergotism)이라고 하며, 맥각의 독성분 중 주성분은 알칼로이드에 속하므로 맥각 알칼로이드라고 부른다. • 아플라톡신(Aflatoxin) : 곡류와 두류에 번식한 Aspergillus Oryzae가 생산한 독성 대사산물로 강력한 발암물질이며, 특히 간암을 유발한다. 이 곰팡이는 토양균이어서 널리 분포되어 있고 약 13종의 아플라톡신이 알려져 있으며, 모두 발암성이 강하다. • 황변미독(黃變米毒) : 저장 중의 쌀에 곰팡이가 기생하여 발생하며, 독성물질은 신경세포 기능 억제를 일으킨다. ② 식중독 세균의 독소 • 포도상구균 : 이 식중독의 원인식품은 대부분이 살균처리된 우유이며, 식품 중에 증식 하여 독소(Enterotoxin)를 생성하여 식중독을 일으킨다. 120℃에서 20분간 가열하여도 완전히 파괴되지 않는 독소이다. • 보툴리누스균(Botulinus) : 혐기성 세균이고 내열성이며, 맹독성의 독소를 생산한다. 주로 햄, 소시지, 과일의 병조림, 생선 가공식품 등에 발생한다.
환경 오염물에 의한 독성물질	① 중금속 : 중금속들이 식품에 오염되는 것은 산업폐수, 대기오염, 농약 살포로 인한 토양오염 등의 환경오염이 원인이다. 무기염의 형태로 존재할 때는 수용성이어서 체외로 배설되기 쉬우나 유기염의 형태일 때는 지용성이기 때문에 체내의 중요 지방조직에 축적되어 강한 독성을 나타낸다. • 유기수은(CH_3Hg) : 미나마타(Minamata)병은 바로 유기수은(Methyl Mecury) 중독으로, 공장폐수에서 흘러나온 무기수은이 물고기의 체내에서 유기수은으로 변하여 축적되고 이 물고기를 먹은 사람에게 발생한다. • 카드뮴(Cd) : 카드뮴은 광산의 폐수, 토양에 의해 농산물과 축산물에 유입된다. 축적성이 매우 큰 독성물질로 중독증상은 골다공증, 골연화증, 빈혈, 발암 등이다. • 납(Pb) : 자동차 배기가스, 공장폐수로 인해서 과일, 채소, 음용수 등이 오염되어 사람에게 중독을 일으킨다. 성인은 흡수율은 10%이지만, 어린이는 50%까지 흡수되어 어린이 피해가 크고 성인의 경우 불면증, 빈혈, 경련, 혼수, 사망까지 일으킨다.

예상문제

01 다음 중 결합수의 특성이 아닌 것은?

① 수증기압이 유리수보다 낮다.
② 압력을 가해도 제거하기 어렵다.
③ 0℃에서 매우 잘 언다.
④ 용질에 대해서 용매로서 작용하지 않는다.

해설 결합수는 0℃에서 얼지 않는다.

02 다음 중 단당류에 해당하는 것은?

① 포도당　　② 유당
③ 맥아당　　④ 전분

해설 단당류에는 포도당, 과당, 갈락토오스가 있다.

03 다음 중 필수지방산이 아닌 것은?

① 리놀레산(Linoleic Acid)
② 스테아르산(Stearic Acid)
③ 리놀렌산(Linolenic Acid)
④ 아라키돈산(Arachidonic Acid)

해설 필수지방산에는 리놀레산, 리놀렌산, 아라키돈산이 있다.

04 요오드값(Iodine Value)에 의한 식물성유의 분류로 맞는 것은?

① 건성유 – 올리브유, 우유 유지, 땅콩기름
② 반건성유 – 참기름, 채종유, 면실유
③ 불건성유 – 아마인유, 해바라기유, 동유
④ 경화유 – 미강유, 야자유, 옥수수유

해설
• 건성유 : 들깨, 아마인유, 호두기름 등
• 반건성유 : 대두유, 면실유, 유채기름, 해바라기씨기름, 참기름 등
• 불건성유 : 낙화생유, 동백기름, 올리브유 등
• 경화유 : 마가린, 쇼트닝 등

05 다음 중 성인의 필수아미노산이 아닌 것은?

① 트립토판(Tryptophan)
② 리신(Lysine)
③ 메티오닌(Methionine)
④ 티로신(Tyrosine)

해설 성인에게 필요한 8가지 필수아미노산에는 이소루신, 루신, 트레오닌, 리신, 발린, 트립토판, 페닐알라닌, 메티오닌이 있다.

06 지용성 비타민의 결핍증이 틀린 것은?

① 비타민 A – 안구 건조증, 안염, 각막연화증
② 비타민 D – 골연화증, 유아발육 부족
③ 비타민 K – 불임증, 근육 위축증
④ 비타민 F – 피부염, 성장 정지

해설 비타민 K의 결핍증은 혈액응고지연(혈우병)이다.

정답
01 ③　02 ①　03 ②　04 ②　05 ④　06 ③

2 효소

(1) 식품과 효소

1) 소화
체내로 흡수되기 쉬운 상태로 음식물을 분해하는 과정

① 입에서의 소화효소 : 프티알린(아밀라아제) →전분 맥아당

② 위에서의 소화효소
  ㉠ 말타아제 : 맥아당 → 포도당
  ㉡ 레닌 : 우유단백질(카제인) → 응고
  ㉢ 리파아제 : 지방 → 지방산+글리세롤
  ㉣ 펩신 : 단백질 → 펩톤

③ 췌장에서 분비되는 소화효소
  ㉠ 트립신 : 단백질과 펩톤 → 아미노산
  ㉡ 스테압신 : 지방 → 지방산+글리세롤

④ 장에서의 소화효소
  ㉠ 수크라아제 : 서당 → 포도당+과당
  ㉡ 말타아제 : 엿당 → 포도당+포도당
  ㉢ 락타아제 : 젖당 → 포도당+갈락토오스
  ㉣ 리파아제 : 지방 → 지방산+글리세롤

2) 흡수
소화된 영양소들은 작은창자(소장)에서 인체 내로 흡수되고, 큰창자(대장)에서는 물 흡수가 일어난다.

① 탄수화물 : 단당류로 분해되어 흡수
② 지방 : 지방산과 글리세롤로 분해되어 위와 장에서 흡수
③ 단백질 : 아미노산으로 분해되어 장에서 흡수
④ 지용성 영양소 : 림프관으로 흡수
⑤ 수용성 영양소 : 소장벽 융털의 모세혈관으로 흡수(물은 대장에서 흡수)

> 참고
> 담즙(쓸개즙)은 지방을 소화되기 쉬운 형태로 유화시켜 준다.

※ 효소 반응에 온도(30~40℃ 정도), pH(4.5~8.0 정도)가 영향을 준다.

예상문제

01 소화효소의 주요 구성 성분은?
① 알칼로이드 ② 단백질
③ 복합지방 ④ 당질

해설 소화효소는 단백질로 만들어진다

02 영양소의 소화효소가 바르게 연결된 것은?
① 단백질 – 리파아제
② 탄수화물 – 아밀라아제
③ 지방 – 펩신
④ 유당 – 트립신

해설
• 지방 : 리파아제
• 단백질 : 펩신과 트립신

3 식품과 영양

> 참고

※ 기초식품
① 식품의 정의 : 사람에게 필요한 영양소를 한 가지 또는 그 이상 함유하고, 유해한 물질을 함유하지 않는 천연물 또는 가공품을 말한다.
  ※ 식품위생법상의 식품 : 모든 음식물을 말한다(다만, 의약으로 섭취하는 것은 제외).
② 영양 : 생물체가 필요한 물질을 오부로부터 섭취해서 건강을 유지하는 모든 현상을 말한다.
③ 영양소 : 영양을 유지하기 위하여 외부로부터 섭취하는 물질을 말한다.
  ㉠ 3대 영양소 : 탄수화물(당질), 단백질, 지방(지질)
  ㉡ 5대 영양소 : 탄수화물, 단백질, 지방, 무기질, 비타민
  ㉢ 6대 영양소 : 탄수화물, 단백질, 지방, 무기질, 비타민, 물(수분)
④ 식품의 구비조건
  ㉠ 영양적 가치 : 식품을 섭취하는 목적은 영양을 공급하는 데 있다.
  ㉡ 위생적 가치 : 인체에 위해가 되지 않도록 안전하게 공급되어야 한다.
  ㉢ 기호적 가치 : 식욕을 증진시켜 소화율을 높일 수 있어야 한다.
  ㉣ 경제적 가치 : 영양이 우수한 식품을 저렴하게 구입할 수 있어야 한다.
⑤ 기초식품군 : 식생활에서 균형 잡힌 식생활을 위하여 먹어야 하는 식품들을 구분하여 식품에 들어 있는 영양소의 종류를 중심으로 6가지 기초식품군을 정하고 있다.
  ㉠ 곡류 및 전분류
  ㉡ 고기, 생선, 달걀, 콩류
  ㉢ 채소류
  ㉣ 과일류
  ㉤ 우유 및 유제품
  ㉥ 유지, 견과 및 당류

※ 식품의 분류
① 식물성 식품
  ㉠ 곡류 및 그 제품 : 탄수화물의 함량이 많고 수분, 단백질 함량은 적으며 쌀, 보리, 잡곡, 밀가루, 빵, 국수류 등이 있다.
  ㉡ 감자류 : 전분이 많은 열량 공급원이며, 곡류나 두류에 비해 수분이 많으므로 저장이 어렵다.
  ㉢ 채소류 : 녹황색 채소(당근, 시금치, 토마토 등)와 담색 채소(무, 양파, 파, 오이, 양배추, 콩나물, 숙주나물)로 구분된다.
  ㉣ 두류 : 단백질이 많은 두류(콩) 지방이 많은 두류(땅콩) 탄수화물이 많은 두류(팥, 녹두, 동부)로 나뉜다.
  ㉤ 과실류 : 사과, 복숭아, 배, 딸기, 포도, 감귤류 등이 있으며 비타민 C가 풍부하고 사과산, 구연산, 주석산 같은 유기산이 많다.
  ㉥ 버섯류 : 섬유소가 많이 함유되어 있고 단백질과 지방이 적고, 표고버섯, 송이버섯, 싸리버섯, 느타리버섯 등이 있다.

- 음식수 및 요리명 결정 : 식단에 사용할 음식수를 정하고 섭취 식품량이 다 포함되도록 고려하여 요리명을 결정한다.
- 식단 작성 주기 결정 : 1개월, 10일분, 1주일분, 5일분(학교급식) 등으로 식단작성 주기를 결정하고, 그 주 내의 식사횟수를 결정한다.
- 식량배분 계획 : 성인남자(20~49세) 1인 1일분의 식량 구성량에 평균 성인 환산치와 날짜를 곱해서 식품량을 계산한다.
- 식단표 작성 : 식단표에 요리명, 식품명, 중량, 대치식품, 단가를 기재한 식단표를 작성한다.

ⓔ 대치식품 : 주된 영양소가 공통으로 함유된 것을 의미한다.
예 버터 ↔ 마가린, 쇠고기 ↔ 돼지고기, 우유 ↔ 아이스크림, 우유 ↔ 치즈, 우유 ↔ 멸치

$$대치식품량 = \frac{원래식품함량}{대치식품함량} \times 원래식품량$$

④ 한국의 전통적인 상차림

㉠ 반상 : 우리나라의 전통적인 상차림으로 밥을 주식으로 한 정식 상차림이다. 반찬의 수에 따라 3, 5, 7, 9, 12첩의 식사상으로 나뉜다. 이 중 5첩 이상의 반상을 품상이라고 하여 손님접대용 요리상으로 하며, 7첩 이상의 반상에는 곁상과 반주, 반과 등이 나오며, 12첩 반상은 수라상으로 이용된다.
- 기본음식 : 밥, 국, 김치, 전골, 찜(선), 찌개(조치), 장류
- 찬품 : 숙채, 생채, 조림, 구이, 장아찌, 마른 찬, 회, 전, 편육

㉡ 면상 : 국수를 주식으로 준비하며 흔히 점심에 많이 사용하며 깍두기, 장아찌, 밑반찬, 젓갈 등은 사용하지 않는다.

㉢ 교자상 : 손님에게 내는 상으로 5첩 이상의 반상을 말하며 품교자상이라고 하여 연회식으로 사용한다.

㉣ 주안상 : 술을 접대할 때 차리는 상을 말하며 주안상이라고도 한다. 술안주로는 육포, 어포 등의 마른안주를 사용하며 찜, 신선로, 찌개 등의 진안주도 사용한다.

⑤ 특수인의 식단

노인 식단	㉠ 노인의 특성상 영양요구량과 함께 소화기능 저하와 소화액의 분비가 감소됨을 고려 한다. ㉡ 양질의 단백질, 섬유질과 비타민이 많은 식품으로 선택하고, 지방은 식물성 식단으로 하며, 식품에서 칼슘식품은 우유와 유제품에서 섭취하도록 한다. ㉢ 가급적 소화되기 쉬운 조리법을 선택한다.
소아 식단	㉠ 어린이는 성장발육이 왕성한 시기이므로 충분한 영양이 필요하다. ㉡ 양질의 동물성 단백질과 발육에 필요한 칼슘을 충분히 공급하도록 한다. ㉢ 여아는 생리관계로 특히 철분을 많이 섭취해야 한다. ㉣ 발육·성장에 관여하는 비타민 A, A₁, B₂, D를 섭취할 수 있도록 구성된다.
임산부 식단	양질의 단백질과 칼슘, 철분 등의 충분한 영양을 섭취하도록 구성한다.

㉠ 식이요법
- 당뇨병 : 당질 및 열량을 제한한다.
- 신장병 : 단백질, 염분, 수분을 제한하며, 자극성 있는 향신료는 금지한다.
- 심장병 : 지방, 염분, 알코올을 제한하며, 충분한 영양을 공급한다.
- 고혈압 : 동물성 지방, 높은 열량 음식, 염분 섭취는 제한한다.
- 간질환 : 지방과 알코올 섭취는 제한한다.
- 폐결핵 : 영양을 충분히 공급한다.
- 비만 : 탄수화물, 지방 등의 열량을 제한한다.
- 위궤양 : 자극성이 있는 음식 등을 제한한다.

예상문제

01 식품과 함유된 주요 영양소가 바르게 짝지어진 것은?
① 뱅어포 - 당질, 비타민 B₁
② 밀가루 - 지방, 지용성 비타민
③ 사골 - 칼슘, 비타민 B₂
④ 두부 - 지방, 철분

해설
- 뱅어포 - 단백질, 칼슘
- 밀가루 - 탄수화물
- 두부 - 단백질

02 다음 식품의 분류 중 곡류에 속하지 않는 것은?
① 보리   ② 조
③ 완두   ④ 수수

해설 완두는 두류에 속한다.

03 인체에 필요한 직접 영양소는 아니지만 식품에 색, 냄새, 맛 등을 부여하여 식욕을 증진시킨 것은?
① 단백질식품
② 인스턴트식품
③ 기호식품
④ 건강식품

해설 기호식품의 종류에는 차, 커피, 코코아, 알코올음료, 청량음료 등이 있다.

04 다음의 식단 구성 중 편중되어 있는 영양가의 식품군은?

> 완두콩밥, 된장국, 장조림, 명란알 찜, 두부조림, 생선구이

① 탄수화물군   ② 단백질군
③ 지방군   ④ 비타민·무기질군

해설 된장국, 장조림, 명란알찜, 두부조림, 생선구이는 단백질 식품에 속한다.

정답
01 ③ 02 ③ 03 ③ 04 ②

CHAPTER 04 구매관리

반드시 알아야 할 핵심개념
시장조사, 구매관리, 원가의 3요소, 원가의 종류, 원가의 계산법

구매관리는 조리에 필요한 고품질의 조리기구, 장비, 식재료를 적절한 시기에 공급하고 최소한의 비용으로 효율적으로 구입하는 것이다.

> **구매관리의 업무**
> - 시장가격을 기초로 구매예정가격의 결정 가능
> - 재료의 구매, 검수, 저장, 출고, 원가관리 등 전반적인 업무
> - 원가관리를 위한 기초단계부터 사업의 계획, 통제, 관리 업무
> - 업장에서 필요로 하는 식재료, 소모품, 도구 및 기물 등의 구매업무와 검수
> - 식재료의 구매 시 계절적 요인, 물가 변동 등 외부환경 고려
> - 유통절차, 식품의 특성과 영양성분, 보존기간 및 변질 등 고려
> - 식재료의 사용 용도를 파악하고 식재료 손질, 조리과정에 맞는 시스템관리 필요
> - 시장조사와 구매품목에 대한 특성을 고려하여 식재료와 조리도구의 효율적인 구매
> - 식재료의 품질, 식재료의 영양, 식품위생법규, HACCP, 원산지 등 고려

1 시장조사 및 구매관리

(1) 시장조사

① 구매활동에 필요한 자료를 수집하고 품목의 공급선 파악, 재료의 종류와 품질, 수량 산정 가능
② 재료수급이나 가격변동에 의한 신자재 개발 및 공급처 대체 가능
③ 구매방침결정, 비용절감, 이익증대 도모 가능

> **시장조사의 원칙**
> 조사 계획성의 원칙, 비용 경제성의 원칙, 조사 적시성의 원칙, 조사 탄력성의 원칙, 조사 정확성의 원칙

> **시장조사의 목적**
> - 시장가격을 기초로 구매예정가격의 결정 가능
> - 합리적인 구매계획의 수립 가능
> - 신제품의 설계 가능
> - 제품개량 가능
>
> **시장조사의 내용**
> 품목, 품질, 가격, 수량, 시기, 구매조건, 구매거래처

(2) 식품구매관리

1) 식품 구입 시 고려할 점

① 예정된 재료를 경제적인 가격으로 구입 예 대량구입, 공동구입
② 가식부(식용이 가능 한 부분)가 많고 연하며, 맛이 좋은 식품으로 선택
③ 지방별 특산물을 활용하고, 구입이 용이한 것으로 선택
④ 우량식품군표와 대치식품군표 활용
⑤ 재고량을 확인하고 필요량 구입
⑥ 계량과 규격에 유의하고, 가공식품은 제조일과 유통기한 확인
⑦ 상품에 대한 지식 및 식품 생산과 유통정보 수집

2) 식품 구입 시 유의할 점

① 식품 구입을 계획할 때 특히 고려해야 할 점 : 식품의 가격과 출회표
② 소고기(육류) 구입 시 유의할 점 : 중량과 부위, 육색이 선명하고 탄력과 윤기가 있는 것 구입
③ 곡류, 건어물 등 부패성이 적은 식품 : 일정 한도 내 일시 구입을 원칙으로 1개월분을 한꺼번에 구입
④ 생선, 과채류 등은 필요에 따라 수시로 구입
⑤ 소고기는 냉장시설이 갖추어져 있으면 1주일분을 한꺼번에 구입

> ※ 식품 단가는 1개월에 2회 점검한다.
>
> **식품구매 담당자의 업무**
> 시장조사, 식품구매관리 업무총괄, 구매방법 결정, 구매 식재료 결정, 원가관리, 공급업체관리(업체등록, 발주, 대금지급 등), 고객관리 등
>
> **식품의 발주와 검수**
> ① 발주 : 재료는 식단표에 의하여 1~10단위로 발주를 한다.
> ② 검수 : 납품 시 식품의 품질, 양, 형태 등이 주문한 것과 일치하는 지를 엄밀히 검수하여야 한다.
> - 가식률 = 100 - 폐기율
> - 총발주량 = $\dfrac{정미중량 \times 100}{100 - 폐기율} \times 인원수$
> - 필요비용 = 식품필요량 $\times \dfrac{100}{가식부율} \times$ 1kg당 단가

(3) 식품재고관리

재고관리를 위한 결정요인으로 저장시설의 규모와 최대 가능 용량, 발주빈도와 평균사용량, 재고가치 및 공급자의 최소 공급량 등을 들 수 있다.

재고관리 조사표 작성 원칙
- 품목별 재고 수량 및 중량 등을 확인하고 작성한다.
- 재고 조사를 할 때는 입고 시의 검수 내용을 참고하여 유통기한, 품질상태, 색상, 형태, 이미, 이취 등을 점검한다.

예상문제

01 재고관리 시 주의점이 아닌 것은?
① 재고회전율치 계산은 주로 한달에 1회 산출한다.
② 재고회전율이 표준치보다 낮으면 재고가 과잉임을 나타내는 것이다.
③ 재고회전율이 표준치보다 높으면 생산지연 등이 발생할 수 있다.
④ 재고회전율이 표준치보다 높으면 생산비용이 낮아진다.

해설 재고회전율이 높아지면 재고와 관련한 이자비용과 재고 취급 및 보관비용을 줄일 수 있다.

02 집단급식에서 식품을 구매하고자 할 때 식품단가는 최소한 어느 정도 점검해야 하는가?
① 1개월에 2회 ② 2개월에 1회
③ 3개월에 1회 ④ 4개월에 2회

해설 식품단가는 1개월에 2회 점검한다.

03 시금치나물을 조리할 때 1인당 80g이 필요하다면, 식수인원 1,500명에 적합한 시금치 발주량은? (단, 시금치 폐기율은 4%이다)
① 100kg ② 110kg
③ 125kg ④ 132kg

해설 총발주량 = $\dfrac{\text{정미중량} \times 100}{100 - \text{폐기율}} \times \text{인원수} = \dfrac{80 \times 100}{100 - 4} \times 1,500$
= 125,000g = 125kg

04 집단급식소에서 식수인원 500명의 풋고추조림을 할 때 풋고추의 총 발주량은 약 얼마인가? (단, 풋고추 1인분 30g, 풋고추의 폐기율 6%)
① 15kg ② 16kg
③ 20kg ④ 25kg

해설 총발주량 = (정미중량×100)÷(100-폐기율)×인원수 = (30×100)÷(100-6)×500 = 약 16kg

2 검수관리

(1) 식재료의 품질 확인 및 선별

식품군	식품명	감별점(외관)
농산물	쌀	• 완전히 건조된 것(손바닥에 붙는 쌀의 양을 기입) • 착색되지 않는 쌀 • 쌀 고유의 냄새 이외 곰팡이 냄새나 이상한 냄새가 없을 것 • 백색이면서 광택이 나며, 형태는 타원형이고 굵고 입자가 고른 것
과일류	생과일	• 제철의 것으로 신선하고 청결한 것이 좋음 • 반점이나 해충 등이 없고 과일의 색과 향이 있는 것이 좋음 • 상처가 없는 것으로 건조되지 않고 신선할 것
난류	달걀	• 무게나 중량으로 신선함을 판단하기는 어려움 • 껍질(표면)이 까칠하고 광택이 없는 것(외관법) • 빛을 쬐었을 때 안이 밝게 보이는 것(투시법) • 알의 뾰족한 끝은 차갑게 느껴지고 둥근 쪽은 따뜻하게 느껴지는 것 • 6%의 소금물에 담가 가라앉는 것 • 난백은 점괴성이고, 난황은 구형으로 볼록하며 냄새가 없는 것 • 난황계수 0.375 이상, 난백계수 0.14~0.16 사이의 것이 신선한 것
유제품	우유	• 용기 뚜껑이 위생적으로 처리된 것, 제조일이 오래되지 않은 것 • 고유의 크림색일 것(유백색, 독특한 향) • 중탕 시 윗부분이 응고되는 것 • 비중은 1.028~1.034(물보다 무거운 것)으로 침전현상이 없을 것
저장식품	통조림, 병조림	• 병뚜껑이 돌출되거나 들어가지 않는 것 • 두드렸을 때 맑은 소리가 나는 것 • 통조림의 상·하면이 부풀어 있는 것은 내용물이 부패한 것 • 통이 변형되거나 가스가 새어나오는 것은 불량
어패류 및 가공품	생어류	• 생선의 눈이 맑고 눈알이 외부로 약간 나와 있는 것(돌출) • 비늘이 광택이 있고 육질에 탄력이 있는 것 • 뼈에 단단히 붙어 있고 이상한 냄새가 나지 않는 것 • 사후경직 중의 생선은 탄력성이 있어서 꼬리가 약간 올라가 있으며, 시간이 경과 함에 따라 차차 누그러짐 • 아가미가 선홍색이며 닫혀 있을 것
	패류	• 산란 시기가 지난 겨울철이 더 맛이 좋음 • 입을 벌리고 있는 것은 죽어 있는 것이므로 주의
	어육 연제품	• 표면에 점액물질이 발생된 것은 좋지 않음 • 살균 불충분에 의해 부패하므로 반으로 잘라 외측부와 내측부에 대하여 탄력성, 색, 조직 등을 관찰·비교할 것 • 어두운 곳에서 인광을 발하는 것은 발광균이 발육한 것으로 불량
육류	돼지고기, 소고기	육색이 선명하고, 탄력과 윤기가 있을 것

(2) 조리기구 및 설비 특성과 품질 확인
① 필러(Peeler) : 감자, 당근, 무 등의 껍질을 벗기는 기기
② 절단기
  ㉠ 커터(Cutter) : 식재료를 자르는 기기
  ㉡ 초퍼(Chopper) : 식재료를 다지는 기기

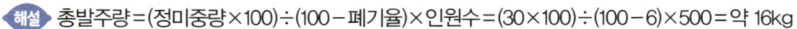

정답
01 ④ 02 ① 03 ③ 04 ②

2) 원가의 3요소

① **재료비** : 제품의 제조를 위해 소비되는 물품의 원가
   예 집단급식에서는 급식 재료비를 의미
② **노무비** : 제품의 제조를 위해 소비되는 노동의 가치
   예 임금, 급료, 잡금, 상여금
③ **경비** : 제품의 제조를 위해 소비되는 경비 중 재료비와 노무비를 제외한 가치
   예 수도 광열비, 전력비, 감가상각비, 보험료

3) 원가의 종류

① 직접원가 = 직접재료비 + 직접노무비 + 직접경비(특정 제품에 직접 부담시킬 수 있는 것)
② 간접원가(제조간접비) = 간접재료비 + 간접노무비 + 간접경비 (여러 제품에 공통적·간접적으로 소비되는 것으로 각 제품에 인위적으로 적절히 부담)
③ 제조원가 = 직접원가 + 제조간접비
④ 총원가 = 제조원가 + 판매관리비
⑤ 판매원가 = 총원가 + 이익

				원가
			판매관리비	
		제조간접비		총원가
간접재료비	직접재료비		제조원가	
간접노무비	직접노무비	직접원가		
간접경비	직접경비			
제조간접비	직접원가	제조원가	총원가	판매원가(판매가격)

제조원가 요소
① 직접비
 • 직접재료비 : 주요 재료비
 • 직접노무비 : 임금 등
 • 직접경비 : 외주가공비 등
② 간접비
 • 간접재료비 : 보조재료비(집단급식 시설에서는 조미료, 양념 등)
 • 간접노무비 : 급료, 급여수당, 상여금 등
 • 간접경비 : 감가상각비, 보험료, 가스비, 수도·광열비, 수리비, 통신비 등
※ 비용 : 일정한 기간 내에 기업의 경영활동으로 발생한 경제가치의 소비액

4) 실제원가, 예정원가, 표준원가

① **실제원가** : 제품이 제조된 후 실제 소비된 원가를 산출한 것
② **예정원가** : 제품의 제조 이전에 제품제조에 소비될 것으로 예상되는 원가
③ **표준원가** : 기업이 이상적으로 제조활동을 할 경우에 예상되는 원가로 경영능률을 최고로 올렸을 때의 최소원가 예정을 말하며, 실제원가는 통제하는 기능을 가짐

5) 원가계산의 원칙

① 진실성의 원칙   ② 발생기준의 원칙
③ 계산경제성의 원칙 ④ 확실성의 원칙
⑤ 비교성의 원칙   ⑥ 상호관리의 원칙
⑦ 정상성의 원칙

6) 원가계산의 3단계

① 요소별 원가계산 ② 부문별 원가계산
③ 제품별 원가계산

(2) 원가 분석 및 계산

① **원가관리의 개념** : 원가를 통제함으로서 가능한 원가를 합리적으로 절감하려는 경영기법이다.
② **표준원가계산** : 과학적이고 통계적인 방법에 의하여 미리 표준이 되는 원가를 설정하고 이를 실제원가와 비교·분석하기 위하여 실시하는 원가계산의 가장 효과적인 방법이다.
③ **고정비와 변동비**

고정비	제품의 제조·판매 수량의 증감에 관계없이 고정적으로 발생하는 비용
변동비	제품의 제조·판매 수량의 증감에 따라 비례적으로 증감하는 비용

④ **손익분기점(수입=총비용)** : 손익분기도표에 의한 수익과 총비용이 일치하는 점으로, 이점에서는 이익도 손실도 발생하지 않는다. 손익분기점을 기준으로 수익이 그 이상으로 증대하면 이익, 반대로 그 이하로 감소되면 손실이 발생하게 된다.

감가상각
고정자산은 감가를 일정한 내용연수에 일정 비율로 할당하여 비용으로 계산하는 절차로 이때 감가된 비용을 감가상각비라고 한다.

감가상각의 3요소
① 기초가격 : 구입가격(취득원가)
② 내용연수 : 취득한 고정자산이 유효하게 사용될 수 있는 기간(사용한 연수)
③ 잔존가격 : 고정자산이 내용연수에 도달했을 때 매각 시 얻을 수 있는 추정가격(기초가격의 10%)

감가상각의 계산법
① 정액법 : 고정자산의 감가총액을 내용연수에 균등하게 할당하는 방법이다.
② 정률법 : 기초가격에서 감가상각비 누계를 차감한 미상각액에 대하여 매년 일정률을 곱하여 산출한 금액을 상각하는 방법이다.

$$감가상각액 = \frac{기초가격 - 잔존가격}{내용연수}$$

예상문제

01 제품의 제조수량 증감에 관계없이 매월 일정액이 발생하는 원가는?

① 고정비　　　② 비례비
③ 변동비　　　④ 체감비

해설 고정비란 항상 일정한 비용이 들어가는 것으로 인건비, 감가상각비, 보험료 등이 있다.

02 일정 기간 내에 기업의 경영활동으로 발생한 경제가치의 소비액을 의미하는 것은?

① 손익　　　② 비용
③ 감가상각비　　　④ 이익

해설 일정한 기간 내에 기업의 경영활동으로 발생한 경제가치의 소비액을 비용이라 한다.

03 원가에 대한 설명으로 틀린 것은?

① 원가의 3요소는 재료비, 노무비, 경비이다.
② 간접비는 여러 제품의 생산에 대하여 공통으로 사용되는 원가이다.
③ 직접비에 제조 시 소요된 간접비를 포함한 것은 제조원가이다.
④ 제조원가에 관리비용만 더한 것은 총원가이다.

해설 총원가=제조원가+판매 및 일반관리비

04 다음 자료로 계산한 제조원가는 얼마인가?

· 직접재료비 ₩180,000	· 간접재료비 ₩50,000
· 직접노무비 ₩100,000	· 간접노무비 ₩30,000
· 직접경비 ₩10,000	· 간접경비 ₩100,000
· 판매관리비 ₩120,000	

① ₩590,000　　　② ₩470,000
③ ₩410,000　　　④ ₩290,000

해설 제조원가=직접원가(직접재료비+직접노무비+직접경비)+간접원가(제조간접비)이므로, 180,000+100,000+10,000+50,000+30,000+100,000=470,000원이다.

정답
01 ①　02 ②　03 ④　04 ②

CHAPTER 05 기초 조리실무

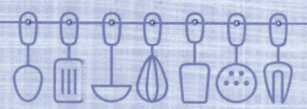

반드시 알아야 할 핵심개념
전분의 호화, 전분의 노화, 달걀의 신선도 판정법, 식품의 저장법

기초조리실무는 기본적으로 칼을 다루는 기술과 주방에서 업무수행에 필요한 조리의 기본기능, 기본 조리방법을 습득하고 활용하는 것이다.

1 조리준비

(1) 조리의 정의 및 기본 조리조작

① 조리의 정의 : 식품을 위생적으로 처리한 후 식품의 특성을 살려 먹기 좋고 소화되기 쉽도록 하고, 식욕이 나도록 만드는 가공 조작과정을 말한다.

② 조리의 목적
  ㉠ 기호성 : 식품 맛과 외관을 좋게 하여 식욕을 돋게 한다.
  ㉡ 영양성 : 소화를 용이하게 하여 식품의 영양효율을 증가시킨다.
  ㉢ 안전성 : 안전한 음식을 만들기 위해 조리한다.
  ㉣ 저장성 : 식품의 저장성을 높인다.

1) 조리의 준비조작

① 계량
  ㉠ 조리를 합리적이고 능률적으로 하기 위해서는 분량을 정확히 재어야 하고 조리시간과 가열온도를 정확히 측정하여야 한다.
  ㉡ 사용해야 하는 조리 계량기구는 저울, 온도계, 시계, 계량컵, 계량스푼 등으로 양, 부피, 온도, 시간의 측정을 한다.

② 계량단위
  ㉠ 1컵(C)=240cc(㎖)=8온스(oz)
    • 30cc×8온스=240cc(계량스푼)
    • 우리나라의 경우 : 1컵(C)=200cc(㎖)
  ㉡ 1온스(oz ; ounce)=30㎖(미국 29.75㎖, 영국 28.41㎖)
  ㉢ 1국자=100㎖
  ㉣ 1큰술(Ts, Table spoon)=15cc(㎖)=3작은술(ts)
  ㉤ 1작은술(ts, tea spoon)=5cc(㎖)
  ㉥ 1파인트(pint)=16온스(oz)
  ㉦ 1쿼트(quart)=32온스(oz)

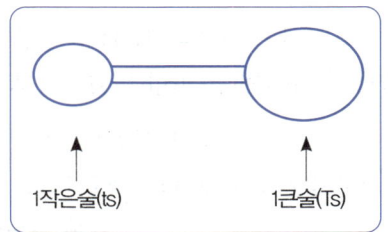

1작은술(ts)   1큰술(Ts)

③ 정확한 계량법
  ㉠ 액체 : 원하는 선까지 부은 다음 눈높이를 맞추어 측정눈금을 읽는다.
  ㉡ 지방 : 버터, 마가린, 쇼트닝 등의 고형지방은 실온에서 부드러워졌을 때 스푼이나 컵에 꾹꾹 눌러 담은 후 윗면을 수평이 되도록 하여 계량한다.
  ㉢ 설탕 : 흰설탕을 측정할 때는 계량용기에 충분히 채워 담아 위를 평평하게 깎아 계량하고, 흑설탕은 설탕입자 표면이 끈끈하여 서로 붙어 있으므로 손으로 꾹꾹 눌러 담은 후 수평으로 깎아 계량한다.
  ㉣ 밀가루 : 입자가 작은 재료로 저장하는 동안 눌려 굳어지므로 계량하기 전에 반드시 체에 1~2회 정도 쳐서 계량한다. 체에 친 밀가루는 계량용기에 누르지 말고 수북하게 가만히 부어 담아 스패츌러(Spatula)로 평면을 수평으로 깎아 계량한다.

④ 음식의 적온

음식의 종류	적정 온도	음식의 종류	적정 온도
전골	95~98℃	밥, 우유	40~45℃
커피, 국, 달걀찜	70~75℃	빵 발효	25~30℃
식혜, 발효술	55~60℃ (아밀라제 초적온도)	맥주, 물	7~10℃
청국장 발효, 겨자	40~45℃	청량음료, 음료수	2~5℃

2) 조리 용어

① 스톡(Stock) : 육수
② 스튜(Stew) : 우리나라 찜과 비슷한 요리
③ 브로일링(Broiling) : 육·어류를 불에 직접 굽는 요리
④ 로스팅(Roasting) : 오븐에 굽는 요리
⑤ 후라잉(Frying) : 기름에 튀기는 요리(두꺼운 용기 사용)
⑥ 브레이징(Braise) : 습열과 건열의 혼합하여 만드는 요리
⑦ 보일링(Boilling) : 불에 끓이는 요리
⑧ 블랜칭(Blanching) : 물에 데치는 요리
⑨ 시머링(Simmering) : 혼합 조리법으로 약한 불에서 장시간 끓이는 요리
⑩ 스팀(Steaming) : 찜과 같이 찌는 요리
⑪ 소테(Saute) : 단시간 볶는 요리

02 식품의 계량방법으로 옳은 것은?

① 흑설탕은 계량컵에 살살 퍼담은 후 수평으로 깎아서 계량한다.
② 밀가루는 체에 친 후 눌러 담아 수평으로 깎아서 계량한다.
③ 조청, 기름, 꿀과 같이 점성이 높은 식품은 분할된 컵으로 계량한다.
④ 고체지방은 냉장고에서 꺼내어 액체화한 후 계량컵에 담아 계량한다.

해설 흑설탕은 꼭꼭 눌러 계량하고, 밀가루는 체로 쳐서 누르지 말고 수북하게 담아 수평으로 깎아서 계량한다. 고체지방(버터, 마가린)은 냉장 온도보다 실온일 때 계량컵에 꼭꼭 눌러 담고 수평으로 깎아서 계량한다.

(2) 기본 조리법 및 대량 조리기술

1) 기계적 조리

저울에 달기, 씻기, 담그기, 썰기, 갈기, 자르기, 누르기 등의 조리조작

① 생식품 조리(비가열 조리) : 열을 사용하지 않고 식품 그대로의 감촉과 맛을 느끼기 위해 하는 조리법으로 채소나 과일을 생식함으로써 비타민과 무기질의 파괴를 줄일 수는 있으나 기생충에 오염될 우려가 있다. **예** 채고나 과일을 이용한 음식류(겉절이, 생채, 화채 등), 생선회류, 육회 등

② 생식품 조리의 특징
  ㉠ 성분의 손실이 적으며, 수용성 비타민의 이용률이 높다.
  ㉡ 식품을 생으로 먹을 때는 식품의 조직과 섬유가 부드럽고 신선해야 한다.
  ㉢ 조리가 간단하고 조리시간이 절약된다.

2) 가열적 조리

① 풍미(불미성분 제거, 조미료, 향신료, 지미성분의 침투), 소화흡수율이 증가한다.
② 병원균, 부패균, 기생충알을 살균하여 안전한 음식을 조리할 수 있다.
③ 지방이 융해, 단백질의 변성, 결합조직이 연화, 전분의 호화되어 식품이 조직이나 성분이 변화한다.
④ 가열적 조리방법의 종류
  ㉠ 습열 조리 : 끓이기, 찜, 삶기, 조림(스튜)
  ㉡ 건열 조리 : 굽기, 튀기기, 베이킹
  ㉢ 전자레인지에 의한 조리 : 초단파를 이용한 조리

[습열에 의한 조리(물) : 끓이기, 삶기, 찜, 조림(스튜)]

끓이기 (Boiling)	액체에다 식품을 가열하는 동안 맛이 들며 재료가 연해지고 조직이 연화되어 맛이 증가한다. 색, 향미를 좋게하고 수용성 성분의 용출을 적게한다.

	장점	• 한 번에 많은 음식을 조리할 수 있어 편리하다. • 식품이 눌러 붙거나 탈 염려가 적고 고루 익는다.
끓이기 (Boiling)	단점	• 수용성 성분이 녹아 나오므로 수용성 영양소가 손실될 염려가 있다. • 조리시간이 길다(뚜껑을 덮고 조리하면 연료와 시간을 절약할 수 있음).

• 설탕, 소금, 식초순으로 조리
• 국 : 건더기가 1/30이고, 국물이 2/30이다(소금 농도 1%).
• 찌개 : 건더기가 2/30이고, 국물이 1/30이다(소금 농도 2%).
• 생선(구울 때) → 2~3%의 소금을 넣는다.

삶기와 데치기 (Blanching)	• 삶기에 충분한 물붓기가 식품의 불미성분을 제거한다. • 식품조직의 연화, 탈수는 색을 좋게 한다. • 단백질의 응고, 식품의 소독이 삶기의 목적이다. • 미생물의 번식 억제(살균 효과) • 효소의 불활성화(효소 파괴 효과) • 식품의 산화반응 억제 • 식재료의 부피 감소 효과

• 푸른채소 데치기 : 1%의 소금물에 뚜껑 열고, 단시간에 데친다.
• 갑각류 : 2%의 소금물에 삶기 → 적색으로 변한다(색소 : 아스타산틴).

찜 (Steaming)	수증기의 잠열(1g당 539kcal)에 의하여 식품을 가열하는 조리법이다.	
	장점	• 식품의 모양이 흩어지지 않는다. • 식품의 수용성 물질의 용출이 끓이는 조작보다 적게 된다. • 식품이 탈 염려가 없다.
	단점	끓이는 것보다 조리시간이 많이 소요된다.

조림 (Stew)	재료에 소량의 물과 간장, 설탕을 넣고 국물이 거의 줄어들 때까지 조려 음식이 짭짤해지는 조리법이다.

[건열에 의한 조리(불) : 볶기, 튀기기, 굽기]

볶기 (Roosting)	고온의 냄비나 철판에 적당량의 기름을 충분히 가열해서 물기가 없는 재료를 강한 불에 볶는 요리로 구이와 튀김의 중간 조리법에 해당한다.	
	장점	• 영양상 지용성 비타민(A, D, E, K, F)의 흡수에 좋다. • 고온 단시간의 처리로 비교적 식품의 비타민 손실이 적다.

튀기기 (Frying)	• 튀김용기는 얇으면 비열이 낮다 온도가 쉽게 변하므로 두꺼운 용기를 사용한다. • 기름의 비열은 0.47이며, 열용량이 적기 때문에 온도의 변화가 심하므로 재료의 분량, 불의 가감 등에 주의하여 적정온도를 유지하도록 해야 한다. • 튀김 시 기름의 적온은 160~180℃, 크로켓은 190℃에서 튀긴다.	
	장점	식품을 고온에서 단시간 처리하므로 영양소(특히 비타민 C)의 손실이 가장 적다 ↔ 끓이기(비타민 C의 손실이 가장 크다)

• 주의사항 : 오래된 기름은 산퍼·중합에 의해 점조도가 증가하여 튀길 때 깔끔하게 튀겨지지 않으며 설사 등의 중독증상을 일으킬 수도 있다.

정답
02 ③

튀기기 (Frying)	• 튀김옷은 냉수(얼음물)에 달걀을 넣고 잘 푼 다음 밀가루를 넣어 젓지 않고 젓가락으로 톡톡 찌르는 방법으로 가볍게 섞어 사용한다. • 튀김용 기름으로는 면실유, 콩기름, 채종유, 옥수수유 등의 발연점이 높은 식물성 기름이 좋다. • 동물성 기름은 융점이 높아 튀김에 부적당하다. • 튀김옷으로는 글루텐 함량이 적은 박력분이 적당하다. • 박력분이 없으면 중력분에 전분을 10~13% 정도 혼합하여 사용한다.
굽기 (Grilling)	• 식품에 수분 없이 열을 가하여 굽는 것으로 식품 중의 전분은 호화되고, 단백질은 응고하여 수분을 침출시키고 동시에 식품조직이 열을 받아 익으므로 식품이 연화된다. • 직접구이 : 재료에 직접 화기를 닿게 하여 복사열이나 전도열을 이용하여 굽는 방법(석쇠구이, 산적구이) • 간접구이 : 프라이팬이나 철판 등의 매체를 이용하여 간접적인 열로 조리하는 방법(베이킹)

※ 전자레인지에 의한 조리 : 초단파(전자파) 이용한 간편한 조리방법

⑤ 화학적 조리 : 효소(분해)작용, 알칼리 물질(연화 및 표백작용), 알코올(탈취 및 방부작용), 금속(응고작용)을 이용한 조리

※ 빵, 술, 된장 등은 3가지 조리조작을 병용하여 만드는 것이다.

예상문제

01 채소의 무기질, 비타민의 손실을 줄일 수 있는 조리방법은?
① 데치기   ② 끓이기
③ 삶기   ④ 볶음

해설 고온에서 단시간 조리하기 때문에 영양소의 손실을 줄일 수 있는 조리방법은 볶음이다.

02 끓이는 조리법의 단점은?
① 식품의 중심부까지 열이 전도되기 어려워 조직이 단단한 식품의 가열이 어렵다.
② 영양분의 손실이 비교적 많고 식품의 모양이 변형되기 쉽다.
③ 식품의 수용성분이 국물 속으로 유출되지 않는다.
④ 가열 중 재료식품에 조미료의 충분한 침투가 어렵다.

해설 식품을 끓이게 되면 수용성 영양소의 손실이 많고 모양이 변형되기 쉽다.

03 가열조리 중 건열조리에 속하는 조리법은?
① 찜   ② 구이
③ 삶기   ④ 조림

해설 찜, 삶기, 조림 – 습열조리

04 튀김을 할 때 두꺼운 용기를 사용하는 가장 큰 이유는?
① 기름의 비중이 작아 물 위에 쉽게 뜨므로
② 기름의 비중이 커서 물 위에 쉽게 뜨므로
③ 기름의 비열이 작아 온도가 쉽게 변화되므로
④ 기름의 비열이 커서 온도가 쉽게 변화되므로

해설 기름의 비열은 0.47 정도로 낮아 온도변화가 심하므로, 두꺼운 용기를 사용하여 온도의 변화를 가급적 적게 해주어야 한다.

정답
01 ④   02 ②   03 ②   04 ③

(3) 조리장의 시설 및 설비 관리

1) 조리장의 시설

① 조리장의 위치

㉠ 통풍, 채광 및 급수와 배수가 용이하고 소음, 악취, 가스, 분진, 공해 등이 없는 곳

㉡ 화장실 쓰레기통 등에서 오염될 염려가 없을 정도로 떨어져 있는 곳

㉢ 물건 구입 및 반출입이 편리하고 종업원의 출입이 편리한 곳

㉣ 음식을 배선, 운반하기 쉬운 곳

㉤ 비상시 출입문과 통로에 방해되지 않는 곳

② 조리장의 면적 및 형태

㉠ 조리장의 면적 : 식당 면적의 1/3

참고
취식자 1인당 취식 면적
• 일반 급식소 : 취식자 1인당 1.0㎡
• 병원 급식소 : 침대 1개당 0.8~1.0㎡
• 학교 급식소 : 아동 1인당 0.3㎡
• 기숙사 : 1인당 0.3㎡
• 호텔 : 연회석 수와 침대 수의 합에 1.0㎡를 곱한 것

㉡ 식기 회수공간 : 취식면적의 10%

㉢ 1인당 급수량

• 일반급식소 : 6~10ℓ
• 병원 : 10~20ℓ
• 학교 : 4~6ℓ
• 기숙사 : 7~15ℓ

㉣ 조리장의 구조 : 직사각형 구조가 능률적임

㉤ 조리장의 길이 : 조리장 폭의 2~3배가 적당

③ 작업대 배치 순서

㉠ 준비대 – 개수대 – 조리대 – 가열대 – 배선대

㉡ 작업대 높이 : 신장의 52%, 높이 80~85cm, 너비 55~60cm

참고
작업대의 종류
① ㄷ자형 : 동선이 짧으며, 넓은 조리장에 사용
② ㄴ자형 : 동선이 짧으며, 조리장이 좁은 경우에 사용
③ 병렬형 : 180° 회전을 필요로 하므로, 피로하기 쉬움
④ 일렬형 : 조리장이 굽은 경우 사용되며, 비능률적임

2) 설비 관리

① 조리 설비의 3원칙

㉠ 위생 : 식품의 오염을 방지할 수 있어야 하고 환기와 통풍, 배수와 청소가 용이해야 한다.

㉡ 능률 : 식품의 구입, 검수, 저장 등이 쉽고 기구, 기기 등의 배치가 능률적이어야 한다.

ⓒ 경제 : 내구성이 있고 경제적이어야 한다.

② 조리장의 설비 조건

㉠ 충분한 내구력이 있는 구조일 것

㉡ 객실 및 객석과는 구획의 구분이 분명할 것

㉢ 통풍, 채광, 배수 및 청소가 쉬울 것

㉣ 조리장의 바닥과 바닥으로부터 1m까지의 내벽은 타일, 콘크리트 등 내수성 자재를 사용할 것

㉤ 조명시설은 식품위생법상 기준 조명은 객석은 30lux, 조리실은 50lux 이상이어야 한다.

㉥ 객실면적이 33m²(10평) 미만의 대중음식점, 간이주점, 찻집은 별도로 구획된 조리장을 갖추지 않을 수 있다.

㉦ 환기시설 : 팬과 후드를 설치하여 환기를 하고, 후드의 경우 4방형이 가장 효율이 좋다.

㉧ 트랩(Trap) : 하수도로부터 악취, 해충의 침입을 방지하는 장치이다.

※ 수조형 트랩이 효과적이고, 지방이 하수관 내로 들어가는 것을 막을 때는 그리스(Grease) 트랩이 좋다.

㉨ 방충망 : 30메시 이상[mesh : 가로, 세로 1인치(inch) 크기의 구멍 수]

예상문제

01 조리작업장의 위치선정 조건으로 가장 거리가 먼 것은?

① 보온을 위해 지하인 곳
② 통풍이 잘 되고 밝고 청결한 곳
③ 음식의 운반과 배선이 편리한 곳
④ 재료의 반입과 오물의 반출이 쉬운 곳

해설 조리작업장은 통풍, 채광, 배수가 잘 되고, 악취, 먼지가 없는 곳이어야 한다.

02 식품의 위생적인 준비를 위한 조리장의 관리로 부적합한 것은?

① 조리장의 위생해충은 약제사용을 1회만 실시하면 영구적으로 박멸된다.
② 조리장에 음식물과 음식물 찌꺼기를 함부로 방치하지 않는다.
③ 조리장의 출입구에 신발을 소독할 수 있는 시설을 갖춘다.
④ 조리사의 손을 소독할 수 있도록 손소독기를 갖춘다.

해설 조리장의 위생해충에 대한 구제는 정기적으로 실시한다.

03 조리실의 후드(Hood)는 어떤 모양이 가장 배출효율이 좋은가?

① 1방형　　② 2방형
③ 3방형　　④ 4방형

해설 조리실의 후드는 4방개방형이 가장 효율이 높다.

정답 01 ① 02 ① 03 ④

2 식품의 조리원리

전분의 조리원리

① 전분의 호화(α화)

㉠ 가열하지 않은 천연상태의 날 녹말에 물을 넣고 가열하여 α전분의 상태로 변하는 현상이다.
　예 쌀이 떡이나 밥이 되는 것, 밀가루가 빵이 되는 현상

㉡ 호화되어진 전분은 소화가 잘 됨

㉢ 전분의 호화에 영향을 끼치는 인자

• 온도 : 가열온도가 높을수록 빨리 호화
• 수분 : 물이 많을수록 빨리 호화
• pH : pH가 높을수록(알칼리성일 때) 빨리 호화
• 전분입자 : 전분입자의 크기가 작을수록 빨리 호화
• 당류 설탕의 농도가 높아지면 빨리 호화
• 도정률 : 쌀의 도정이 높을수록 빨리 호화

※ 전분은 물보다 비중이 무거워 침전하는 성질이 있다.

• 아밀로오스는 호화되기 쉬우며, 아밀로펙틴은 호화되기 어렵다

전분의 호화과정

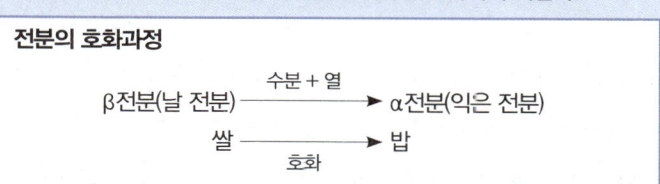

② 전분의 노화(β화)

㉠ α화된 전분, 즉 호화된 전분(밥, 떡, 빵, 찐 감자 등)을 그냥 내버려두면 단단하게 굳어지고 딱딱해지는 현상
　예 밥이 식으면 굳어지는 것, 빵이 딱딱해지는 것

㉡ 전분의 노화 촉진에 관계하는 요인

• 온도 : 2 ~ 5℃
• 수분함량 : 30~60%
• 수소이온 첨가 : 다량
• 전분입자의 종류 : 아밀로오스 > 아밀로펙틴

멥쌀	아밀로펙틴(80%)＋아밀로오스(20%) 예 주식
찹쌀	아밀로펙틴(100%)＋아밀로오스(0%) 예 찰떡, 인절미

③ 전분의 노화 억제방법

㉠ α전분을 80℃ 이상으로 유지하면서 급속 건조시킴
㉡ 0℃ 이하로 얼려 급속 탈수한 후 수분함량을 15% 이하로 유지
㉢ 설탕이나 환원제, 유화제를 다량 첨가

전분의 호정화

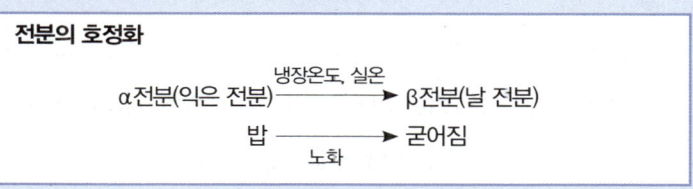

전분의 호정화(덱스트린화)

① 전분에 물을 넣지 않고 160~170℃ 정도 고온에서 익힌 것으로서 물에 녹일 수도 있고 오랫동안 저장 가능
　예 미숫가루, 뻥튀기(튀밥)

② 호화와 호정화의 차이 : 호화는 물리적 상태의 변화이지만, 호정화는 물리적 상태의 변화에 화학적 변화가 수반되는 것이다.

전분의 호정화

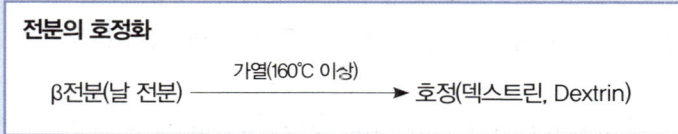

※ 반응온도 : 아미노카르보닐화 반응(155℃), 캐러멜화 반응(160~180℃), 전분의 호정화(160℃)

3) 두류

① 두류의 성분

㉠ 대두, 낙화생
- 단백질과 지방의 함량이 많아 식용유지의 원료로 이용
- 대두는 단백질 함량이 40% 정도로 두부 제조에 이용
- 대두의 주 단백질은 완전 단백질인 글리시닌(Glycinin)임
- 비타민 B군 다량 함유
- 무기질로는 칼륨과 인이 많음

㉡ 팥, 녹두, 강낭콩, 동부(강두)
- 단백질과 전분 함량이 많음
- 떡이나 과자의 소·고물로 이용

㉢ 풋완두, 껍질콩
- 채소의 성질을 갖음
- 비타민 C의 함량이 비교적 높음

② 두류의 가열에 의한 변화

㉠ 독성물질의 파괴 : 대두와 팥에는 사포닌(Saponin)이라는 용혈 독성분이 있지만 가열하면 파괴된다.

㉡ 단백질 이용률과 소화율의 증가 : 날콩 속에는 단백질의 소화액인 트립신(Trypsin)의 분비를 억제하는 안티트립신(Antitrypsin ; 단백질의 소화를 방해하는 효소)이 들어 있어서 소화가 잘 되지 않지만 가열하면 파괴된다.

㉢ 콩을 삶을 때 알칼리성 물질인 중조(식용소다)를 첨가하면 빨리 무르게 되지만 비타민 B1(티아민)의 손실이 커지게 된다.

③ 두부의 제조

㉠ 제조 : 콩을 갈아서 70℃ 이상으로 가열하고 응고제를 첨가하여 단백질(주로 글리시닌)을 응고시키는 방법

㉡ 응고제 : 염화마그네슘($MgCl_2$), 황산칼슘($CaSO_4$), 염화칼슘($CaCl_2$), 황산마그네슘($MgSO_4$)

㉢ 제조방법

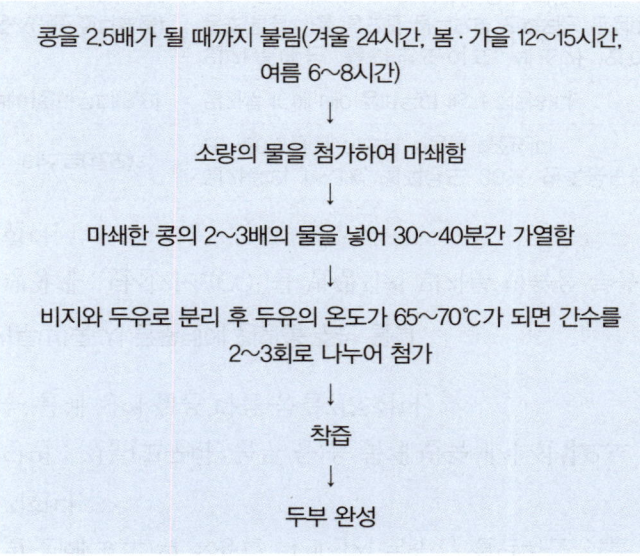

㉣ 유부 : 두부의 수분을 뺀 뒤 기름에 튀긴 것이다.

④ 장류의 제조방법

㉠ 된장 제조

재래식 된장	간장을 담가서 장물을 떠내고 건더기를 쓰는 것
개량식 된장	메주에 소금물을 알맞게 부어 장물을 떠내지 않고 먹는 것

㉡ 간장 제조 : 콩과 볶은 밀을 마쇄하여 혼합시키고 황국균을 뿌려 국균을 만든 후 소금물에 담가 발효시켜 짠 것

㉢ 청국장 제조 : 콩을 삶아서 60℃까지 식힌 후 납두균을 40~45℃에서 번식시켜 양념을 가미한 것

※ 두류를 이용한 발효식품으로는 간장, 된장, 고추장 등이 있다.

> **참고**
> - 코지(Koji) : 곡물, 콩 등에 코지 곰팡이를 번식시킨 것
> - 간장 달이는 목적 : ① 농축, ② 살균, ③ 미생물을 불활성화시킴.
> - 간장색깔이 변하는 이유 : 아미노카르보닐 반응(착색현상)
> - 납두균 : 청국장의 끈끈한 점질물로 나열성이 강한 호기성균

4) 소맥분(밀가루) 조리

① 소맥(밀)
밀알 그대로는 소화가 어렵고 정백해도 소화율이 80% 정도로서 백미의 소화율이 98%인 것에 비해 아주 나쁜 편이며, 밀을 제분하면 소화율이 백미와 거의 비슷하다.

② 글루텐의 형성
밀가루에 물을 조금씩 넣어가며 반죽을 하게 되면 글리아딘과 글루테닌이 물과 결합하여 글루텐을 형성한다.

㉠ 밀가루의 숙성 : 만들어진 제분을 일정기간 동안 숙성시키면 흰 빛깔을 띠게 된다.

㉡ 소맥분 계량제 : 과산화벤조일, 브롬산칼륨, 과붕산나트륨, 이산화염소, 과황산암모늄 등

㉢ 글루텐 : 밀에는 다른 곡류에는 없는 특수한 성분인 글루텐이 있는데, 이것은 단백질로서 점탄성이 있기 때문에 빵이나 국수 제조에 적당하다.

㉣ 밀가루의 종류(글루텐 함량에 의해 결정)

종류	글루텐 함량	사용 용도
강력분	13% 이상	식빵, 마카로니, 스파게티면
중력분	10~13%	만두피, 국수
박력분	10% 이하	케이크, 과자류, 튀김

③ 제빵

㉠ 밀가루
- 밀가루는 가루가 곱고 흰색일수록 좋다.
- 밀가루를 체에 치는 이유 : 불순물 및 밀기울 제거, 산소의 공급, 가루입자의 균일화

㉡ 팽창제

발효법	이스트의 발효로 생긴 이산화탄소(CO_2)를 이용하여 만드는 법 (발효빵)
비발효법	베이킹파우더에 의해서 생긴 이산화탄소(CO_2)를 이용하여 만드는 법(무발효빵)

㉢ 설탕 : 첨가하면 단맛이 나며 효모의 영양원이며, 캐러멜화 반응으로 갈색이 된다.

㉣ 소금 : 단것에 소금을 첨가하면 단맛을 강하게 하며, 점탄성 증가, 노화 억제 및 잡균 번식을 억제한다.

ⓜ 지방, 우유 : 제빵 시 빵을 부드럽게 해준다(연화작용).
ⓑ 달걀 : 기포성을 좋게 한다.

④ 제면
　㉠ 국수에 소금을 첨가하는 것은 프로테아제(Protease, 단백질 분해 효소)의 작용을 억제시켜 국수가 절단되는 것을 방지한다.
　㉡ 당면 : 전분(고구마, 녹두 등)을 묽게 반죽해서 선상으로 끓는 물에 넣어 삶은 다음 동결건조한다.

⑤ 밀가루 반죽 시 글루텐에 영향을 주는 물질
　㉠ 팽창제 : 탄산가스(CO_2)를 발생시켜 밀가루 반죽을 부풀게 한다.

이스트(효모)	밀가루의 1~3%, 최적온도 30℃, 반죽온도는 25~30℃일 때 이스트 작용을 촉진한다.
베이킹파우더(B.P)	밀가루 1C에 베이킹파우더 1ts가 적당하다.
중조(중탄산나트륨)	밀가루에는 플라보노이드 색소가 있어 중조(알칼리)를 넣으면 황색으로 변화되는 단점이 있고, 특히 비타민 B_1, B_2의 손실을 가져온다.

　㉡ 지방 : 층을 형성하여 부드럽고 바삭하게 만든다(파이).
　㉢ 설탕 : 열을 가했을 때 음식의 표면에 착색시켜 보기 좋게 만들지만 글루텐을 분해하여 반죽을 구웠을 때 부풀지 못하게 한다.
　㉣ 소금 : 글루텐의 늘어나는 성질이 강해져 반죽이 잘 끊어지지 않게 한다.
　㉤ 달걀 : 밀가루 반죽의 형태를 형성하는 것을 돕지만 달걀을 지나치게 많이 사용하면 음식이 질겨지므로 주의하고, 튀김 반죽할 때는 심하게 젓거나 오래두고 사용하지 않도록 한다.

5) 과채류 가공과 저장
① 채소 및 과일 가공 시 주의점
　㉠ 과채류의 비타민 C 손실과 향기성분의 손실이 적도록 주의한다.
　㉡ 과채류 가공 시 조리기구에 의한 풍미와 색 등의 변화에 주의한다.

② 과일 가공품 : 과일의 펙틴(Pectin)의 응고성을 이용하여 만든다.
　㉠ 젤리화의 3요소 : 펙틴(1.0~1.5%), 산(pH 3.2) 0.3%, 당분 62~65%
　㉡ 펙틴과 산이 많은 과일 : 사과, 포도, 딸기 등
　※ 감, 배는 펙틴의 함량이 적어서 응고되지 않으므로 잼을 만드는 원료로 적당하지 않다.
　㉢ 잼의 온도는 103~104℃, 수분 27%, 당도 70%가 적당하다.
　㉣ 가공품

잼(Jam)	과육을 그대로 설탕 60%를 첨가하여 농축한 것
젤리	과즙에 설탕 70%를 첨가하여 농축한 것
마멀레이드	과육·과피(껍질)에 설탕을 첨가하여 가열·농축한 것(오렌지, 레몬껍질)
프리저브	시럽에 넣고 조리하여 연하고 투명하게 된 과일

　㉤ 과일의 저장 : 가스저장법(CA 저장 : 과채류의 호흡 억제작용), 냉장 보존
　㉥ 건조과일 : 건조 정도는 수분 24%로 말린다(곶감, 건포도, 건조사과 등).
　※ 건조과일 과정 : 원료 조제 → 알칼리 처리 또는 황 훈증 → 건조

[과채류 저장 시 적온]

종류	저장온도	종류	저장온도	종류	저장온도
바나나	13~15℃	토마토	4~10℃	양파	0℃
고구마	10~13℃	귤	4~7℃	양배추	0℃
호박	10~13℃	사과	-1~11℃	당근	0℃
파인애플	5~7℃	복숭아	4℃	-	-

후숙과일
수확 후 호흡작용이 특이하게 상승되므로 미리 수확하여 저장하면서 호흡작용을 인공적으로 조절할 수 있는 과일류 예 바나나, 키위, 파인애플, 아보카도, 사과 등

과일의 갈변 방지
과일의 갈변은 효소적 갈변으로 방지하는 방법에는 가열처리, 염장법, 당장법, 산장법, 아황산 침지 등이 있다.

③ 토마토 가공품
　㉠ 토마토퓨레(Tomato Puree) : 토마토를 으깨어 걸러서 씨와 껍질을 제거한 후 과육과 과즙을 농축한 것
　㉡ 토마토페이스트 : 토마토퓨레를 고형물이 25% 이상이 되도록 농축시킨 것
　㉢ 토마토케첩 : 토마토퓨레에 여러 조미료를 넣어 조린 것

④ 채소 및 과일 조리 : 채소는 수분 함량이 70~90% 정도이며, 알칼리성 식품으로 비타민·무기질이 풍부하다.
　㉠ 채소류의 분류

종류	사용방법	예
엽채류	잎을 식용으로 하는 채소	상추, 시금치, 쑥갓, 근대, 양배추, 부추, 미나리
경채류	줄기를 식용으로 하는 채소	아스파라거스, 샐러리, 죽순
과채류	열매를 식용으로 하는 채소	오이, 가지, 호박, 풋고추, 토마토, 오크라
근채류	뿌리를 식용으로 하는 채소	우엉, 무, 당근, 감자, 고구마, 비트
화채류	꽃을 식용으로 하는 채소	브로콜리, 콜리플라워, 아티초크

　㉡ 조리 시 채소의 변화
　・채소를 데칠 때는 충분한 양의 물과 높은 온도에서 짧은 시간 데쳐야 한다.

물을 많이 넣어 데치는 경우	채소의 푸른색을 유지할 수 있다.
물을 적게 넣어 데치는 경우	채소의 영양소 파괴를 줄 일 수 있다.

- 푸른색 채소는 반드시 뚜껑을 열고 고온 단시간에 데치며, 특히 시금치, 근대, 아욱은 수산이 존재하므로 반드시 뚜껑을 열어 데쳐서 수산을 날려 보낸다. 수산은 체내의 칼슘 흡수를 저해하며, 신장 결석을 일으킨다.
- 우엉, 연근, 토란, 죽순 등은 쌀뜨물이나 식촛물에 데쳐야 채소의 빛깔이 깨끗하다.
- 인삼, 더덕, 도라지는 사포닌 같은 쓰고 떫은맛이 있는데 이들 성분은 수용성 성분이라 물에서 삶던가 물에 충분히 담갔다 조리를 하면 떫은맛을 적게 할 수 있다.
- 녹색 채소를 데치면 채소의 색이 더욱 선명해지는데 이것은 채소의 조직에서부터 공기가 제거되므로 밑에 있는 엽록소가 더 선명하게 보이기 때문이다.
- 엽채류 중 녹색이 진할수록 비타민 A, C가 많다.
- 김치에 달걀껍질을 넣어두면 달걀껍질의 칼슘이 산을 중화시켜 김치가 시어지는 것을 방지할 수 있다.
- ※ 연부현상 : 김치의 호기성 미생물이 작용하여 펙틴 분해효소를 생성하기 때문에 김치가 짓물러진 것처럼 된다. 김치가 국물에 잠겨 있으면 연부현상이 잘 일어나지 않는다.
- 신 김치로 찌개를 했을 때 배춧잎이 단단해지는 것은 섬유소가 산에 의해 단단해지기 때문이다.

천일염
굵은 소금이라고 하며, 김장배추를 절이는 용도로 사용한다.

ⓒ 조리에 의한 색 변화

구분	사용방법
클로로필 (Chlorophyll, 엽록소)	• 녹색 채소에 들어 있는 녹색 색소이다. • 산에 약하므로 식초를 사용하면 누런 갈색이 된다. 예 시금치에 식초를 넣으면 누런색 • 알칼리 성분인 황산 등이나 중탄산소다로 처리하면 안정된 녹색을 유지한다.
안토시안 (Anthocyan) 색소	• 식품의 꽃, 과일의 색소로, 산성에서는 적색, 중성에서는 보라색, 알칼리 에서는 청색을 띤다. • 비트, 적양배추, 딸기, 가지, 포도, 검정콩에 함유되어 있다. • 가지를 삶을 때 백반을 넣으면 안정된 청자색을 보존할 수 있다.
플라보노이드 (Flavonoid) 색소	• 쌀, 콩, 감자, 밀, 연근 등의 흰색이나 노란색 색소이다. • 산에 안정하여 흰색을 나타내고, 알칼리에서는 불안정하여 황색으로 변한다.
카로티노이드 (Carotenoid) 색소	• 황색이나 오렌지색 색소로 당근, 고구마, 호박, 토마토 등 등황색, 녹색 채소에 들어 있다. • 조리과정이나 온도에 크게 영향을 받지 않지만 산화되어 변한다. • 카로티노이드는 지용성이므로 기름을 사용하여 조리하면 흡수율이 높다. 예 당근볶음
베타시아닌 (Betacyanin)	• 붉은 사탕무, 근대, 아마란사스의 꽃 등에서 발견되는 수용성의 붉은 색소 • 베타닌(betanin)은 열에 불안정, pH 4~6에 안정
갈변 색소	무색이나 옅은색을 띠는 식품을 조리하는 과정에서 갈색으로 변색되는 반응

(2) 축산물의 조리 및 가공·저장

1) 육류의 가공과 저장
① 축육의 도살 후 사후 변화 순서

사후강직 → 자기소화 → 부패

- ㉠ 사후강직 : 축육은 도살 후 젖산이 생성되기 때문에 pH가 저하된다. 근육 수축이 일어나 질긴 상태의 고기가 된다. 미오신이 액틴과 결합된 액토미오신이 사후강직의 원인물질이다.
- ㉡ 자기소화(숙성) : 근육 내의 효소작용에 의해서 근육조직이 분해되는 과정으로 육질이 연해지고 풍미가 향상된다.
- ※ 소고기 : 4~5℃에서 10일 정도, 5℃에서 7~8일, 10℃에서 4~5일, 15℃에서 2~3일이 소요
- ㉢ 부패 : 오랫동안 숙성을 시키면 고기 근육에 존재하던 미생물과 외부의 미생물에 의해 변질이 일어난다.

육류의 사후강직 시간
닭고기 : 6~12시간, 소고기 : 72시간, 말고기 : 12~24시간, 돼지고기 : 3시간

② 육류의 저장
- ㉠ 건조 : 조직 내 수분활성의 감소 예 육포
- ㉡ 냉장 : 0~4℃에서 단시일 동안 저장
- ㉢ 냉동 : -18℃ 이하에서 저장하면 소고기 6~8개월, 돼지고기 3~4개월 저장이 가능하며, 냉동 시 급속냉동은 근섬유의 수축과 변형을 적게 함

③ 육류의 가공품
- ㉠ 햄(Ham) : 돼지고기의 뒷다리를 사용하여 식염, 설탕, 아질산염, 향신료 등을 섞어 훈제한 것
- ㉡ 베이컨(Bacon) : 돼지고기의 기름진 배 부위(삼겹살)의 피를 제거한 후 햄과 같은 방법으로 만든 것
- ㉢ 소시지 : 햄과 베이컨을 가공하고 남은 고기에 기타 잡고기를 섞어 조미한 후 동물의 창자나 인공 케이싱(Casing)에 채운 다음 가열이나 훈연 또는 발효시킨 것

가공육 제품 내포장재인 케이싱(Casing)의 종류
- 가식성 콜라겐 케이싱(동물의 콜라겐을 가공하여 만든 인조 케이싱)
- 셀룰로오스·파이브로스(식물성 섬유로 만든 인조 케이싱)
- 플라스틱 케이싱(비가식성 인조 케이싱)

2) 육류의 조리 특징
① 고기는 근육의 결대로 썰면 근수축이 크고 질기나 근육결을 꺾어서 썰면 근수축이 적고 연하다.
② 고기의 맛은 단백질의 응고점(75~80℃) 부근에서 익혀야 맛이 좋다.

ⓒ 약간의 산(오렌지주스, 식초, 레몬즙)을 첨가하면 기포 형성에 도움을 주지만 기름과 우유는 기포력을 저해한다(설탕은 거품을 완전히 낸 후 마지막 단계에서 넣어주면 거품이 안정됨).

ⓔ 밑이 좁고 둥근 바닥을 가진 그릇이 기포력을 돕는다.

ⓜ 달걀의 기포성을 이용한 조리 : 스펀지케이크, 머랭, 케이크의 장식

④ 난황의 유화성
  ⓘ 난황의 레시틴(Lecithin)이 유화제로 작용
  ⓛ 달걀의 유화성을 이용한 음식 : 마요네즈(대표적인 음식), 프렌치드레싱, 크림스프, 케이크반죽, 잣 미음

※ 마요네즈 : 분리된 마요네즈를 재생시킬 때는 노른자를 넣어가며 저어준다.

⑤ 달걀의 신선도 판정방법
  ⓘ 비중법 : 신선한 달걀의 비중은 1.06 ~ 1.09이다. 물 1C에 식염 1큰술(6%)을 녹인 물에 달걀을 넣었을 때 가라앉으면 신선한 것이고, 위로 뜨면 오래된 것이다.

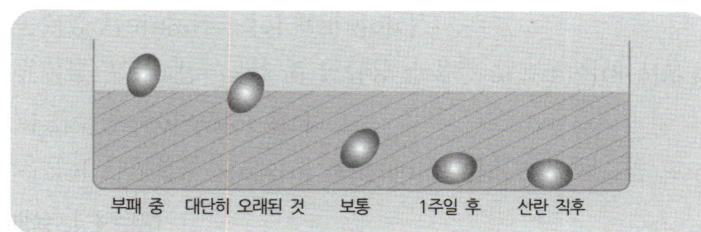

  ⓛ 난황계수와 난백계수 측정법
    • 난황계수 : 0.36 이상이면 신선한 달걀
    • 난백계수 : 0.14 이상이면 신선한 달걀

- 난황계수 = $\dfrac{\text{평판상 난황의 높이}}{\text{평판상 난황의 직경}}$ = 0.375 이상(신선한 것)
- 난백계수 = $\dfrac{\text{난백의 높이}}{\text{난백의 직경}}$ = 0.14~0.16(신선한 것)

  ⓒ 할란 판정법 : 달걀을 깨어 내용물을 평판 위에 놓고 신선도를 평가한다. 달걀의 노른자와 흰자의 높이가 높고 적게 퍼지면 좋은 품질이다.
  ⓔ 투시법 : 빛에 쬐었을 때 안이 밝게 보이는 것은 신선하다.
  ⓜ 기타
    • 껍질이 거칠수록 신선하고, 광택이 나는 것은 오래된 것이다.
    • 알의 뾰족한 끝이 혓바닥으로 차갑게 느껴지고 둥근 쪽은 따뜻하게 느껴지면 신선한 것이며, 오래된 것은 양쪽 다 따뜻하게 느껴진다.
    • 난백은 점괴성이고, 난황은 구형으로 불룩하며 냄새가 없는 것이 신선한 것이다.
    • 오래된 달걀일수록 난황·난백계수는 작아지고, pH는 높아지며, 기실은 커져서 달걀을 흔들었을 때 소리가 난다.

④ 달걀의 가공과 저장
  ⓘ 달걀의 열에 의한 응고
    • 달걀흰자 : 58℃에서 응고되기 시작하여 80℃에서 완전히 굳어진다.
    • 달걀노른자 : 70℃에서 응고되기 시작하여 100℃에서 완전히 굳어진다(반숙 65~68℃).

• 설탕을 넣으면 달걀의 응고온도가 높아지고 소금, 우유, 산을 넣으면 응고를 촉진시킨다.
• 달걀은 100℃에서 3분 가열하면 난백만 응고되고, 5~7분이면 반숙이 되고, 10~15분이면 완숙이 된다.

달걀 조리별 소화시간
반숙(1시간 30분) → 완숙(2시간 30분) → 생달걀(2시간 45분) → 달걀프라이(3시간 15분)

  ⓛ 달걀가공품
    • 건조달걀 : 달걀흰자와 노른자의 수분을 증발시켜 건조하여 만든 것
    • 마요네즈 : 달걀노른자에 샐러드유를 넣어가며 저어서 식초 및 여러 가지 조미료와 향신료를 첨가하여 만든 것
    • 피단(송화단) : 소금 및 알칼리 염류를 달걀 속에 침투시켜 저장을 겸한 조미달걀(침투작용, 응고작용, 발효작용을 이용)
  ⓒ 달걀의 성질
    • 달걀흰자의 기포성 : 빵 제조 시 팽창제로 사용한다.
    • 달걀노른자의 유화력 : 마요네즈 제조 시 난황의 레시틴(Lecithin)이 유화성분으로 사용된다.
  ⓔ 달걀의 저장 : 냉장법, 가스저장법, 표면도포법, 침지법(소금물), 간이저장법, 냉동법, 건조법

(3) 수산물의 조리 및 가공·저장

1) 어류의 종류

붉은살생선은 흰살생선보다 자기소화가 빨리 오고(쉽게 부패되고), 담수어(민물고기)는 해수어(바닷고기)보다 낮은 온도에서 자기소화가 일어난다.

흰살생선	붉은살생선
지방이 적다	지방이 많다.
바다 하층	바다 상층
도미, 민어, 광어, 조기	꽁치, 고등어, 정어리, 참치
전유어	구이, 조림

2) 어취(비린내) 및 제거방법

① 어취 : 생선의 비린내는 어체 내에 있는 트리메틸아민 옥사이드(Trimethylamine Oxide, TMAO)라는 성분이 생선에 붙은 미생물에 의해 환원되어 트리메틸아민(Trimethylamine, TMA)으로 되어 나는 냄새를 말한다.

② 어취 제거방법
  ㉠ 물로 씻는다.
  ㉡ 간장, 된장, 고추장류를 첨가한다.
  ㉢ 파, 생강, 마늘, 고추, 술(청주), 후추 등 향신료를 강하게 사용한다.
  ㉣ 식초, 레몬즙 등의 산을 첨가한다.
  ㉤ 우유에 재워두었다가 조리하면 우유에 든 단백질인 카제인이 트리메틸아민을 흡착하여 비린내를 약하게 한다.
  ㉥ 생선을 조릴 때 처음 수분간은 뚜껑을 열어 비린내를 날려 보낸다.

3) 어패류의 특징
  ① 고기는 자기소화된 상태가 연하고 맛이 좋지만, 생선은 사후강직일 때 신선하고 맛이 좋다.
  ② 생선은 고기와 마찬가지로 사후강직을 일으키고 자기소화와 부패가 일어나는데 생선의 경우 자기소화와 부패가 동시에 일어나기도 한다.
  ③ 생선은 산란기에 접어들기 바로 직전일 때가 맛과 영양이 풍부하다.
  ④ 생선은 80%의 불포화지방산, 20%의 포화지방산으로 구성되어 있다.
  ⑤ 생선 비린내(어취)는 담수어가 강하고 생선껍질의 점액에서 많이 난다.

4) 어패류의 조리법
  ① 생선의 단백질은 가열하면 콜라겐이 젤라틴으로 되므로 조리 시 칼집을 넣어주어야 한다.
  ② 생선을 조릴 때는 처음 몇 분간은 뚜껑을 열고 비린내 휘발성 물질을 날려버리는 것이 효과적이다.
  ③ 신선하지 않은 생선은 양념을 강하게 조미하는 것이 좋다.
  ④ 생선의 단백질은 열, 소금, 간장, 산(식초)에 의해 응고한다.
  ⑤ 생선을 소금에 절이는 경우 생선 무게의 2% 정도 소금에 절이는 것이 적당하다.
  ⑥ 조개류는 물을 넣어 가열하면 호박산에 의해 시원한 맛을 낸다.
  ⑦ 새우, 게, 가재 등의 갑각류는 가열하여 익으면 변색한다.

5) 어패류의 가공
  ① 연제품
    ㉠ 생선묵과 같이 젤(Gel)화가 되도록 전분, 조미료 등을 넣고 으깨서 찌거나 굽거나 튀긴 것
    ㉡ 소금 농도 3%로 흰살생선(동태, 명태, 광어, 도미 등) 이용
    ㉢ 어묵의 제조 원리 : 미오신(Myosin), 근육의 구조 단백질이 소금(탄력성)에 용해되는 성질이 있어 풀과 같이 되므로 가열하면 굳어짐
  ② 훈제품 : 어패류를 염지하여 적당한 염미를 부여한 후 훈연한 것
  ③ 건제품 : 어패류와 해조류를 건조시켜 미생물이 번식하지 못하도록 수분함량을 10~14% 정도로 하여 저장성을 높인 것
  ④ 젓갈 : 소금농도는 20~25%로 젓갈을 절인 것

6) 해조류의 가공
  ① 해조류의 분류
    ㉠ 녹조류 : 청태, 청각, 파래
    ㉡ 갈조류 : 미역, 다시마, 톳
    ㉢ 홍조류 : 우뭇가사리, 김
  ② 김
    ㉠ 탄수화물인 한천이 가장 많이 들어 있고 비타민 A를 다량 함유하고 있다.
    ㉡ 감미와 지미를 가진 아미노산의 함량이 높아 감칠맛을 낸다.
    ㉢ 저장 중에 색소가 변화되는 것은 피코시안(Phycocyan, 청색)이 피코에리트린(Phycoerythrin, 홍색)으로 되기 때문이며, 햇빛에 의해 더욱 영향을 받는다.
  ③ 한천
    ㉠ 우뭇가사리 등 홍조류를 삶아서 그 즙액을 젤리모양으로 응고·동결시킨 후 수분을 용출시켜서 건조한 해조 가공품이다.
    ㉡ 양갱이나 양장피의 원료로 사용된다.
    ㉢ 장의 연동운동을 높여 정장작용 및 변비를 예방한다.
    ㉣ 한천의 응고온도 : 38~40℃
    ㉤ 조리 시 한천의 농도 : 0.5~3%
    ㉥ 물에 담그면 흡수·팽윤하며, 팽윤한 한천을 가열하면 쉽게 녹는다.
    ㉦ 한천에 설탕을 넣으면 탄력과 점성, 투명감이 증가한다. 또한 설탕 농도가 높을수록 겔의 농도가 증가한다.

> **젤라틴**
> - 동물의 가죽, 뼈에 다량 존재하는 단백질인 콜라겐(Collagen)의 가수분해로 생긴 물질이다.
> - 조리에 사용한 젤라틴의 응고 온도는 13℃ 이하(냉장고와 얼음을 이용), 농도는 3~4%이다.
> - 젤라틴을 이용하여 만든 음식은 젤리, 족편, 마시멜로, 아이스크림이 있다.

(4) 유지 및 유지 가공품

1) 유지의 종류와 특징
  ① 상온에서 액체인 것 : 참기름, 대두유, 면실유
  ② 상온에서 고체인 것 : 쇠기름, 돼지기름(라드), 버터
  ③ 튀김 시 온도는 160~185℃가 일반적이다.
    예 양념튀김(가라아게) : 150~160℃ 정도, 채소류 175~185℃ 정도, 어패류 180~190℃ 정도
  ④ 튀김은 높은 온도에서 단시간에 조리가 가능하므로 비타민류의 손실이 적다.
  ⑤ 튀김용 기름은 발연점이 높은 식물성 기름이 좋으며 튀김할 때 온도는 기름 그릇의 한가운데서 측정하도록 한다(바닥면이나 기름에 적게 접하는 면보다 기름이 충분한 곳에서 측정하는 것이 좋다).

발연점(열분해 온도)
① 기름을 끓는점 이상으로 계속 가열할 때 청백색의 연기(아크롤레인)가 나기 시작하는 온도를 말한다.
② 정제된 기름일수록 발연점이 높으며 발연점이 높은 식물성 기름이 튀김에 적당하다.

유지의 발연점
옥수수기름(265℃) > 콩기름(257℃) > 포도씨유(250℃) > 땅콩기름(225℃) > 면실유(215℃) > 올리브유(190℃) > 라드(190℃)

아크롤레인
유지의 고온가열에 의해서 발생하며 튀김할 때 기름에서 나오는 자극적인 냄새 성분의 하나이다.

튀김용 기름의 요건
① 발연점이 높아야 한다.
② 유리지방산 함량은 낮아야 한다(유리지방산 함량이 높은 기름은 발연점이 낮음).
③ 기름 이외에 이물질이 없어야 한다(기름이 아닌 다른 물질이 섞여있으면 발연점이 낮아짐).
※ 튀김 그릇의 표면적이 좁아야 한다(넓은 그릇은 발연점이 낮아진다).

2) 유지의 산패에 영향을 끼치는 인자
① 온도가 높을수록 반응속도 증가
② 광선 및 자외선은 산패를 촉진
③ 수분이 많으면 촉매작용 촉진
④ 금속류는 유지의 산화 촉진
⑤ 불포화도가 심하면 유지의 산패 촉진

3) 유지 채취법

압착법	원료에 기계적인 압력을 가하여 기름을 채취하는 방법으로 식물성 원료의 착유에 이용된다(올리브유, 참기름).
용출법	원료를 가열하여 유지를 녹아 나오게 하는 방법으로 동물성 원료의 착유에 이용된다.
추출법	원료를 휘발성 유지 용매에 녹여서 그 용매를 휘발시켜 유지를 채취하는 방법으로 불순물이 많이 섞인 물질에서 기름을 채취할 때 이용된다(식용유).

4) 유화성 이용

수중유적형(O/W)	물속에 기름이 분산된 형태 예 우유, 아이스크림, 마요네즈, 크림스프, 프렌치드레싱
유중수적형(W/O)	기름에 물이 분산된 형태 예 버터, 마가린

5) 연화작용
① 밀가루 반죽에 지방을 넣으면 글루텐 표면을 둘러싸서 음식이 부드럽고 연해지는 현상을 말하며, 쇼트닝화라고도 한다.
② 지방을 너무 많이 넣어서 반죽을 하게 되면 글루텐이 형성되지 못하여 튀길 때 풀어지게 된다.

6) 크리밍성
교반에 의해서 기름 내부에 공기를 품는 성질을 말한다.

7) 가공유지(경화유) 제조원리
불포화지방산에 수소(H)를 첨가하고 촉매제로 니켈(Ni), 백금(Pt)을 사용하여 액체유를 포화지방산 형태의 고체유로 만든 유지 예 쇼트닝, 마가린

우유의 조리
① 우유의 주성분 : 단백질과 칼슘
② 우유의 단백질 : 카제인(Casein)은 산(Acid)이나 레닌(Rennin)에 의해 응고된다. 이를 이용해 만든 것이 치즈이다.

가공치즈(Processed Cheese)
자연치즈(Natural Cheese)를 이용하여 만든 것으로 식품위생법이 인정하는 식품첨가물을 첨가하여 분쇄, 혼합, 가열한 후 녹여서 유화한 것을 말한다.

③ 조리
• 우유의 미세한 지방구와 카제인은 여러 가지 냄새를 흡착한다.
• 단백질의 겔(Gel) 강도를 높이므로 커스터드푸딩을 만들 때 이용된다.
• 유당은 열에 약하여 갈변반응을 쉽게 일으킨다.
  예 빵, 케이크, 과자의 표면의 갈색
※ 우유를 데우는 방법 : 낮은 온도(60℃)에서 이중냄비(중탕)에 가끔씩 저으면서 데운다.

유청단백질
60~65℃에서 우유를 가열하면 단백질과 지질, 무기질이 서로 흡착되어 얇은 피막이 생겨 용기바닥이나 옆면에 눌어붙는다.

강화우유
우유에 비타민 D나 기타 영양소를 첨가한 우유를 말한다.

④ 유제품의 종류
• 버터 : 우유의 지방분을 모아 가열·살균한 후 젖산균을 넣어 발효시키고 소금으로 간을 한 것을 말한다(크림성).
• 크림 : 우유를 장시간 방치하여 생긴 황백색의 지방층을 거두어 만든 것이다(커피크림, 휘핑크림).
• 치즈 : 우유 단백질 카제인을 레닌으로 응고시킨 것으로 우유보다 단백질과 칼슘이 풍부하다.
• 분유 : 우유의 수분을 제거하여 분말상태로 한 것이다(전지분유, 탈지분유, 가당분유, 조제분유).
• 연유(농축유) : 우유에 16%의 설탕을 첨가하여 약 1/3의 부피로 농축시킨 가당연유와 우유를 그대로 1/3의 부피로 농축시킨 무당연유가 있다.
• 요구르트 : 탈지유를 1/2로 농축시켜 8%의 설탕을 넣고 가열·살균한 후 젖산 발효시킨 것으로, 정장작용을 한다.
• 탈지유 : 우유에서 지방을 뺀 것이다.

(5) 냉동식품의 조리

1) 냉동식품의 저장방법
냉동식품의 저장은 −18℃ 이하의 저온에서 주로 축산물과 수산물의 장기저장에 이용이 되며, 식품의 품질 저하를 막기 위해서는 급속동결법을 주로 사용한다.

2) 해동방법
① 육류, 어류 : 높은 온도에서 해동하면 조직이 상해서 드립(Drip)이 많이 나오므로 냉장고에서 자연해동하는 것이 가장 좋다. 또는 비닐봉지에 담아 냉수에 녹인다.

④ 통조림의 검사법
  ㉠ 외관검사 : 외상이나 녹이 슬었는지 확인한다.
  ㉡ 타관검사 : 타검봉으로 두드렸을 때 맑은 소리가 나는 것이 좋다.
  ㉢ 가온검사 : 세균의 증식상태와 화학변화를 확인한다.
  ㉣ 세균검사 : 식품을 100배 희석해서 세균의 발육상태를 본다.
⑤ 통조림의 변질
  ㉠ 외관상 변질
    • 팽창 : 살균 부족으로 미생물이 번식하면서 발생하는 가스로 통조림 외관이 팽창하는 현상
      – 하드 스웰(Hard Swell) : 통조림의 양면이 강하게 팽창되어 손가락으로 눌러도 전혀 들어가지 않는 현상
      – 소프트 스웰(Soft Swell) : 통조림의 부푼 상태를 힘으로 누르면 다소 원상에 복귀되기는 하나 정상적인 상태를 유지할 수 없는 상태
    • 스프링거(Springer) : 내용물이 과다한 양일 때 통조림의 뚜껑 한쪽이 팽창되는 현상으로 손가락으로 누르면 반대쪽이 튀어나오는 현상
    • 플리퍼(Flipper) : 탈기가 불충분할 때 통조림의 끝이 약간 팽창하여 누르면 되돌아오지 않는 상태로 팽창의 정도가 스프링거보다 작은 상태
    • 리커(Leaker) : 깡통이 불안전하여 침식된 것으로 액즙이 유출되는 현상
  ㉡ 통조림 내용물의 변질 : 플랫사우어(Flat sour) : 불충분한 가열 등으로 남아있던 미생물이 번식하여 통은 팽창시키지 않고 내용물만 신맛이 나게 하는 현상 예 채소 통조림

> **레토르트 파우치(Retort Pouch) 식품**
> 플라스틱 주머니에 밀봉·가열한 식품으로 통조림, 병조림과 같은 저장성을 가진 식품이다. 예 즉석밥
> • 냉동할 필요가 없다.
> • 방부제 없이 장기간 저장이 가능하다.
> • 통조림보다 살균시간이 단축된다.
> • 색깔, 조직, 풍미 및 영양가의 손실이 적다.

⑥ 통조림의 제조연월일 표기
  (단, 10월은 O, 11월은 N, 12월은 D로 표시하며, 1~9월은 01~09로 표시)

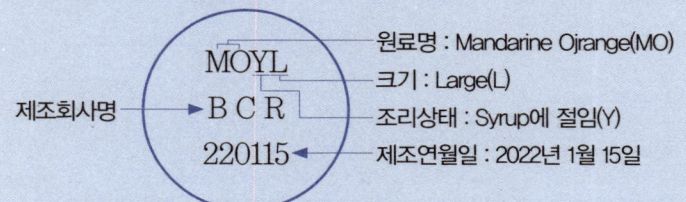

예상문제

01 전분의 호화에 필요한 요소만으로 짝지어진 것은?
  ① 물, 열   ② 물, 기름
  ③ 기름, 설탕   ④ 열, 설탕

해설 ▶ 전분에 물과 열을 가하여 완전히 팽창하여 점성이 높은 콜로이드 상태를 호화라고 한다.

02 멥쌀과 찹쌀에 있어 노화 속도 차이의 원인 성분은?
  ① 아밀라아제(Amylase)
  ② 글리코겐(Glycogen)
  ③ 아밀로펙틴(Amylopectin)
  ④ 글루텐(Gluten)

해설 ▶ 찹쌀에는 아밀로펙틴 함량이 많아 노화가 늦게 일어난다.

03 현미란 무엇을 벗겨낸 것인가?
  ① 과피와 종피
  ② 겨층
  ③ 겨층과 배아
  ④ 왕겨층

해설 ▶ 벼에서 왕겨층(20%)만 제거한 것이다.

04 쌀의 호화를 돕기 위해 밥을 짓기 전에 침수시키는데, 이때 최대 수분 흡수량은?
  ① 5~10%   ② 20~30%
  ③ 55~65%   ④ 75~85%

해설 ▶ 밥을 지을 때 최대 수분 흡수량은 20~30%이다.

05 신선한 달걀의 난황계수(Yolk Index)는 얼마 정도인가?
  ① 0.14~0.17   ② 0.25~0.30
  ③ 0.36~0.44   ④ 0.55~0.66

해설 ▶ 신선한 달걀의 난황계수는 0.36~0.44이다.

06 육류를 저온숙성(Aging)할 때 적합한 습도와 온도범위는?
  ① 습도 85~90%, 온도 1~3℃
  ② 습도 70~85%, 온도 10~15℃
  ③ 습도 65~70%, 온도 10~15℃
  ④ 습도 55~60%, 온도 15~21℃

해설 ▶ 저온숙성은 온도 1~3℃, 습도 85~100%에서 6~11일 저장·숙성하고, 고온숙성은 10~20℃에서 도살 후 10시간까지 숙성시키는 방법이다.

07 튀김요리 시 튀김냄비 내의 기름 온도를 측정하려고 할 때 온도계를 꽂는 위치로 가장 적합한 것은?

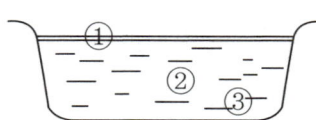

  ① ①의 위치   ② ②의 위치
  ③ ③의 위치   ④ 어느 곳이든 좋다.

해설 ▶ 튀김그릇의 바닥이나 기름에 적게 접하는 면보다 기름이 충분한 위치에서 측정하는 것이 좋다.

08 마가린, 쇼트닝, 튀김유 등은 식물성 유지에 무엇을 첨가하여 만드는가?
  ① 염소   ② 산소
  ③ 탄소   ④ 수소

해설 ▶ 마가린은 식물성 기름에 수소를 첨가하여 고체 지방으로 만든 것으로 버터의 대용품이다.

정답
01 ① 02 ③ 03 ④ 04 ② 05 ③ 06 ① 07 ② 08 ④

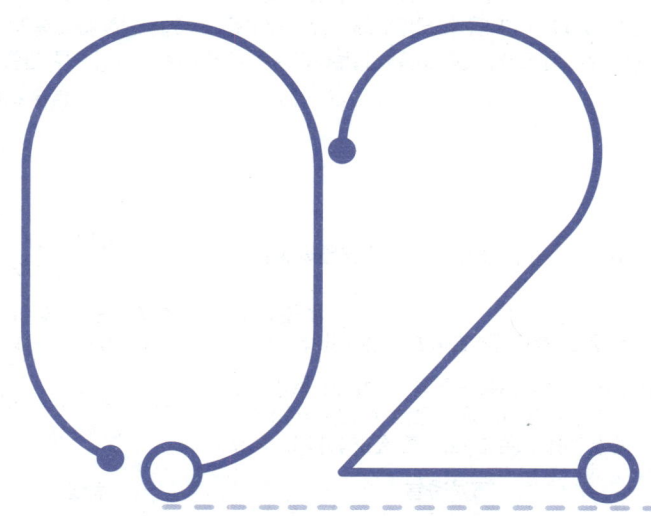

COOK CRAFTSMAN

재료관리, 음식조리 및 위생관리
(한식 · 양식 · 중식 · 일식 · 복어)

Chapter 01 | 한식
Chapter 02 | 양식
Chapter 03 | 중식
Chapter 04 | 일식
Chapter 05 | 복어

⑤ 한식 썰기의 종류

종류	특징	용도
통썰기	오이, 당근, 연근 등 모양이 둥근 재료를 잘 씻어 물기를 제거하고 통째로 둥글게 써는 방법	조림, 국, 절임, 볶음
반달썰기	둥근 재료를 길이의 반으로 잘라, 반달 모양의 원하는 두께로 자르는 방법	무, 당근, 오이, 레몬
은행잎썰기	무, 당근, 감자 등 둥근 재료를 길게 4등분하여 원하는 두께의 은행잎 모양으로 써는 방법	조림, 찌개, 찜
둥글려깎기	각이 지게 썰어진 재료의 모서리를 얇게 도려, 모서리를 둥글게 만드는 방법	조림(감자, 당근)
돌려깎기	오이, 호박 등을 5cm 정도 길이로 잘라 껍질에 칼을 넣어 칼을 위·아래로 움직이며, 얇고 일정하게 돌려깎아 써는 방법 예) 오이, 호박 5cm 길이로 썰어 0.1cm 두께로 돌려깎기	호박, 오이, 당근
편썰기 (얄팍썰기)	재료를 편으로 원하는 두께로 고르게 얇게 써는 방법	생강, 마늘
채썰기	재료를 원하는 길이로 자르고, 얇게 편을 썰어 겹친 뒤 일정한 두께로 가늘게 써는 방법 예) 무, 당근을 길이 6cm, 두께 0.2cm로 채썰기	생채, 생선회, 구절판
막대썰기	무, 오이 등의 재료를 원하는 길이로 잘라 알맞은 굵기의 막대모양으로 써는 방법	오이장과, 무장과
골패썰기, 나박썰기	• 골패썰기 : 무, 당근 등의 둥근 재료를 직사각형으로 납작하게 써는 방법 • 나박썰기 : 가로와 세로가 비슷한 정사각형으로 납작하고 반듯하게, 얇게 써는 방법	찌개, 무침, 조림, 볶음, 물김치
깎아깎기 (연필깎기)	재료를 칼날의 끝부분으로 연필 깎듯이 돌려가며 얇게 써는 방법(굵은 재료는 칼집을 넣어 깎음)	전골(우엉)
깍둑썰기	무, 두부 등을 막대썰어 같은 크기의 주사위 모양으로 써는 방법	깍두기, 찌개, 조림
어슷썰기	대파, 오이 등 길쭉한 재료를 적당한 두께로 어슷하게 일정하게 써는 방법	찌개, 조림, 볶음
저며썰기	재료의 끝을 한손으로 누르고 칼을 뉘여 재료를 안쪽으로 당기듯이 어슷하게 써는 방법	불린 표고, 고기류
솔방울썰기	오징어 안쪽에 사선으로 칼집을 넣고 대각선으로 다시 칼집을 넣는 방법(끓는 물에 살짝 데쳐서 모양을 냄)	볶음 (오징어)
마구썰기	당근, 우엉 등 길이가 긴 재료를 한손에 잡고 빙빙 돌려가며 한입 크기로 일정하게 써는 방법	조림 (채소류)
다져썰기 (다지기)	파, 마늘, 생강, 양파 등 곱게 채를 썰어 직각으로 잘게 써는 방법	양념류

① 한식의 기본양념

㉠ 조미료의 기본 5맛 : 짠맛(함미료), 단맛(감미료), 신맛(산미료), 쓴맛(고미료), 매운맛(신미료)

㉡ 향신료의 맛 : 매운맛, 쓴맛, 고소한 맛, 그 자체 향기 등

분류	종류	기본 맛	특징
조미료	간장 (염도 16~26%)	짠맛, 단맛, 감칠맛, 색	• 국간장(청장) : 국, 찌개, 전골, 나물무침 • 중간장 : 찌개, 나물 무침 • 진간장 : 구이, 조림, 찜, 포, 육류
	된장	짠맛, 단백질의 공급원(식염은 15~18% 함유)	• 맛 : 찌개, 토장국 • 쌈장 : 쌈채소
	고추장	짠맛, 매운맛(캡사이신, Capsaicin), 복합조미료	• 양념 : 찌개, 국, 볶음, 나물, 생채 • 약고추장 : 북기
	소금	짠맛	• 천일염 : 장, 절임용 • 꽃소금 : 절임, 간 맞춤 • 정제염(순도 99% 이상) : 음식의 맛 • 맛소금 : 정제염+조미료

분류	종류	기본 맛	특징
향신료 (향미 변화)	젓갈	짠맛, 소금간보다 감칠맛	• 새우젓 : 국, 찌개, 나물 등의 간 (소금 대신) • 멸치액젓 : 김치
	식초	신맛(초산), 상쾌한 맛, 청량감, 식품의 색에 영향	• 식욕 증진, 소화 흡수, 살균작용, 보존효과, 방부효과 • 조미료의 마지막 단계 사용
	설탕 (흑·황·백)	시원한 단맛, 감미	• 사탕수수, 사탕무로부터 당액을 분리하여 정제, 결정화하여 만듦 • 탈수성, 보존성
	꿀 (청, 백청)	강한 단맛, 독특한 향	• 가장 오래된 감미료 • 과당과 포도당으로 구성 • 흡습성(음식의 건조 방지)
	조청 (갈색 물엿)	단맛, 독특한 향	밑반찬용 조림, 과자
	고추	매운맛(캡사이신, Capsaicin), 감칠맛	실고추, 고춧가루, 고추장
	파	매운맛, 독특한 맛과 향	고명 : 곱게 다져 사용
	마늘	매운맛, 독특한 맛 (알리신, Allicin) 함유	생선 비린맛 제거, 육류 조리, 살균, 구충, 강장 작용, 소화, 비타민 B₁의 흡수를 도와 혈액순환 촉진
	생강	쓴맛, 매운맛 특유의 강한 향	생선 비린맛 제거, 돼지고기 냄새 제거, 식욕증진, 연육작용, 살균, 조림(가열해도 분해되지 않음)
	후추	매운맛(채비신)	검은 후추(덜 익은 열매), 흰 후추(완숙된 열매)
	겨자	강한 매운맛(따뜻한 물 40℃ 정도에서 개기)	백겨자, 흑겨자, 겨자, 소스 등
	산초	매운맛, 상쾌한 맛	생선 비린맛 제거, 깔끔한 맛, 소화력 향상, 찬 성질 중화
	기름	구수한 맛, 불포화 지방산(산패 쉬움)	참기름(리놀렌산과 리놀레산 함유), 들기름(냉장보관), 식용유, 고추기름

※ 간장양념장은 상온에서 2~4시간 숙성 후 바로 사용이 가능하며, 보관 시에는 8~12℃ 보관한다.

② 한식 고명 준비

㉠ 고명의 특징
- 음식의 겉모양을 좋게 하기 위하여 고명(웃기, 꾸미)을 음식 위에 얹는 것
- 음양오행설을 바탕으로 사용
- 오방색(흰색, 검정색, 빨간색, 노란색, 녹색) 사용
- 모양, 색 중시
- 음식의 맛과 영양을 보충하며 돋보이게 함

㉡ 고명의 종류

종류	모양	용도
달걀지단	나물, 잡채(골패형, 마름모꼴)	나물, 잡채, 국, 전골, 찜
미나리초대	마름모꼴, 골패형	탕, 신선로 및 전골
실파, 쑥갓	마름모꼴, 골패형	탕, 전골
실파, 미나리	줄기를 데쳐 3~4cm 길이	찜, 전골, 국수
애호박	마름모꼴, 골패형	국수
고기완자	1~2cm 정도의 완자	신선로, 면, 전골
다진 고기	소고기를 곱게 다져 양념	국수장국, 비빔국수
고기 채	소고기를 가늘게 채썰어 양념	떡국, 국수
알쌈	반달 모양	신선로, 된장찌개

종류	모양	용도
홍고추, 풋고추	채, 완자형, 골패형	국수, 잡채
실고추	4cm 정도의 채	나물, 김치
다홍고추	채	찜, 전골, 신선로
버섯류	표고(은행잎 모양, 골패형, 마름모꼴), 석이(채), 목이(3~4등분)	전골, 탕
대추	크게 썰기, 채, 기타	찜, 보쌈김치, 백김치, 식혜, 차류, 떡류, 과자류
잣	통잣, 비늘잣, 잣가루	전골, 탕, 신선로, 차, 화채, 만두소, 편, 회, 적, 구절판, 초장장, 구이, 잡채
은행	통은행(익혀 껍질 벗기기)	신선로, 전골, 찜, 마른안주
밤	통, 생률, 납작썰기, 채	찜, 마른안주, 보쌈김치, 겨자채, 냉채, 편, 떡고물
호두	반으로 자르기	찜, 전골, 신선로, 마른안주
통깨	통깨	나물, 잡채, 구이, 적

※ 잣가루를 사용한 후 보관할 때는 종이에 싸 두어야 여분의 기름이 배어나와 보송보송하다.

③ 한식 기본 육수
  ㉠ 고기를 삶아 낸 물
  ㉡ 찌개, 전골 등의 중요한 맛 결정
  ㉢ 육류, 가금류, 뼈, 건어물, 채소류, 향신채 등을 넣고 충분히 끓여 낸 국물
  ㉣ 찬물에 고기, 파, 마늘을 넣고 처음에는 강불로 끓여 잡냄새를 없애고, 중간에 약불로 하기
  ㉤ 육수 끓이는 통은 바닥이 넓고 두꺼운 스테인리스 통보다는 알루미늄 통이 좋음
  ㉥ 육류를 맑게 끓이기 위해 거품과 불순물은 제거하고 면포에 걸러 사용
  ㉦ 육수는 2~3시간 끓이면 적당(편육 등 고기를 사용할 때는 2시간 정도)함
  ㉧ 마늘, 양파, 인삼 등 향신료(부재료)는 끝내기 30분 전에 넣고 바로 건지는 것이 좋음
  ㉨ 향신료를 약간 갈색으로 구운 후 넣어 진한 육수를 만들기도 함

④ 육수의 종류 및 끓이는 방법

분류	종류	육수 끓이는 방법
맑은 육수	소고기 육수	양지, 사태, 업진육 등을 찬물에 넣어 20분 정도 핏물을 뺀다 → 센 불에서 끓인 후 불 줄이기 → 고기 건져내기(편육, 고명 등) → 채소류(무, 대파, 양파 등) 넣기 → 면포에 거르기 ※ 육개장, 우거지탕, 토장국, 미역국, 갈비탕, 냉면육수 등에 사용
	멸치 육수	멸치의 머리, 내장 제거 → 다시마 면포로 닦기 → 물, 다시마, 멸치를 넣고 끓으면 다시마 건지기 → 5~10분 중불로 끓이기 → 면포에 거르기 ※ 멸치를 볶아서 사용하면 비린맛을 줄일 수 있음
	조개 육수 (바지락, 모시조개)	조개 해감하기 → 다시마 면포로 닦기 → 물, 다시마, 조개를 넣고 끓이기 → 끓으면 다시마 건져내기 → 조개 익으면 면포에 거르기 ※ 해물탕, 매운탕, 토장국(된장, 고추장) 등에 사용
	다시마 육수	다시마(표면의 하얀 가루는 감칠맛이 나는 만니톨(Mannitol)이므로 씻지 않고 면포로 손질) → 찬물에 넣고 끓이기 → 물이 끓으면 다시마 건져내기 → 면포에 거르기 • 칼슘(Ca)과 요오드(I)가 풍부하다. • 단백질의 주성분인 '글루탐산'으로, 천연조미료로의 감칠맛을 낸다. • 풍부하게 함유된 '라이신'은 혈압을 낮추는 효과가 있다. • '호박산'이 들어 있어 깊은 맛이 있으므로 국, 전골 등에 사용
탁한 육수	닭고기 육수	씻으면서 노란 기름 부분을 제거 → 파(뿌리 포함) 씻어 썰기 → 닭고기를 겉면만 데쳐 찬물에 헹구기 → 찬물, 닭, 대파, 통후추, 청주 등을 넣고 중불에서 끓이기 → 거품 제거 → 면포에 거르기 ※ 초계탕, 초교탕, 미역국 등에 사용
	사골 육수	단백질 성분인 콜라겐(Collagen)이 많은 사골을 선택 → 찬물에 담가 핏물 빼기 → 강한 불로 가열 → 끓기 시작하면 중불로 가열 → 우려내기 ※ 국, 전골, 찌개 등에 사용

※ 육수의 부재료는 대파, 대파뿌리, 마늘, 양파, 무, 표고버섯, 통후추 등이 있다.

⑤ 한국음식의 종류

분류	종류
주식류	밥, 죽, 국수, 떡국, 만두
부식류	국, 찌개, 조림, 초, 볶음, 전골, 찜, 선, 숙채, 생채, 구이, 전·적, 회, 편육, 족편, 마른 찬, 장아찌, 젓갈, 김치
후식류	떡, 한과, 음청류

⑥ 상차림의 종류

분류	내용
아침상 (초조반상)	부담 없는 가벼운 음식 예 응이, 미음, 죽 등 → 싱겁고 맵지 않은 음식-국물김치(동치미, 나박김치), 젓국찌개 및 북어보푸라기 등
반상기	• 밥 주식 상차림 • 수랏상(임금), 진짓상(어른), 밥상(아랫사람) • 찬품 수는 3품부터 12품 3첩, 5첩, 7첩 및 9첩 반상 등 홀수로 나감 • 5첩은 평일식사, 7첩은 신랑·색시상, 9첩은 반갓집, 그리고 12첩은 궁에서 차리는 격식
점심상 (낮것상)	손님이 오면 국수(온면, 냉면)상으로 간단히 요기만 하는 정도의 차림 → 국수상 : 국수장국, 묽은 장과 봄·가을에는 나박김치, 겨울에는 배추김치 제공
잔칫상	면(국수), 교자상 차림 → 교자상 : 축하의 날에 큰 상에 음식을 차려 놓고 여러 사람이 이용하게 차림.
주안상	• 약주, 안주가 곁들여져 술대접 상차림 • 육포, 어포 등의 마른안주와 전, 전골, 편육, 찜, 생채, 김치, 과일, 떡, 한과 등을 차림

(2) 조리기구의 종류와 용도

① 가스레인지 : 조리온도는 음식을 조리하는 데 있어 중요한 요소로, 조리법에 맞는 불 조절이 필요하다.

불의 세기	특징
강불(센불)	• 가스레인지의 레버를 끝까지 열어 사용 • 볶음, 구이, 찜 등 처음에 요리 재료를 익히거나 빠르게 할 때 • 국물음식 내용물을 익히거나 팔팔 끓일 때
강중불	물을 끓이거나 국수를 삶을 때
중 불	• 가스레인지의 레버를 중간까지 열어 사용 • 국물요리에서 한 번 끓어 오른 다음 서서히 끓일 때
중약불	지단 부침 또는 밥 지을 때
약 불	• 가스레인지의 레버를 최소로 열어 사용 • 은근하게 오래 끓이는 조림요리, 국물요리 등 • 전, 지단 부칠 때, 밥 뜸 등

② 온도계 : 온도계는 조리온도를 측정한다.
   ㉠ 적외선 온도계 : 비접촉식으로 조리 시 표면온도 측정
   ㉡ 육류용 온도계 : 탐침하여 육류의 내부온도 측정
   ㉢ 200~300℃ 정도를 측정하는 봉상액체 온도계 : 기름 등 액체의 온도 측정
③ 조리용 시계 : 면을 삶거나 찜을 할 때 등 조리시간을 측정할 때는 타이머(Timer) 또는 스톱워치(Stop Watch) 등을 사용하면 편리하다.

(3) 식재료 계량방법

계량을 하는 이유는 과학적인 조리로 정확한 계량을 하여 경제적으로 사용하고, 실패 없는 조리를 하기 위해서이다. 이를 위해서 재료의 계량이 정확하게 이루어져야 한다.

① 저울 : 저울 사용 시 평평한 곳에 그릇을 먼저 올리고 영점(지시침이 숫자 0)을 잡고 무게에 따라 g, kg으로 잰다.
② 계량컵
   ㉠ 조리를 할 때 재료의 부피를 재는 곳에 사용하는 컵이다.
   ㉡ 미국 등 유럽에서는 1컵을 240㎖로 사용한다.
   ㉢ 국내의 경우 1컵을 200㎖로 사용한다.
③ 계량스푼
   ㉠ 양념 등의 부피를 측정하는 데 사용한다.
   ㉡ 큰 술(Table spoon, Ts), 작은 술(tea spoon, ts)로 사용한다.

계량하는 이유 및 계량방법
좋은 품질의 음식을 일관성 있게 만들기 위해 재료의 계량은 정확해야 한다.

구분	계량방법	예
고체식품	계량기구에 빈공간이 없도록 평평하게 깎아 계량	버터, 다진고기 등
액체식품	• 계량기구는 평평한 곳에 놓아 표시된 눈금으로 맞추어 계량 • 모세관현상(메니스커스, Meniscus) : 표면장력 때문에 액체 표면의 낮은 부분을 측정	물, 간장, 맛술, 식초, 기름 등
가루상태의 식품	• 부피보다는 무게로 계량하는 것이 정확함 • 계량기구에 수북하게 담아 평평한 것으로 평평이 되도록 깎아 계량	밀가루, 전분 등
알갱이 상태의 식품	계량기구에 담아 최대한 밀집시키되 억지로 누르지 않고 평평하게 깎아 계량	쌀, 보리, 콩, 팥, 깨 등
농도가 큰 식품	계량기구에 꼭꼭 눌러 담아 평평하게 깎아 계량	물엿, 꿀, 고추장, 된장 등

조리의 의미 및 목적
• 좁은 의미 : 먹을 수 있는 음식으로 만드는 것
• 넓은 의미 : 식사 계획에서부터 마칠 때까지의 전 과정
• 식품이 함유하는 영양가를 최대로 보유
• 향미를 더 좋게 향상
• 음식의 색, 조직감을 좋게 하여 맛 증진
• 소화가 잘 되고, 유해한 미생물 파괴

예상문제

01 아시아형 칼의 특징 및 사용용도에 대한 설명으로 틀린 것은?
① 칼날은 18cm 정도이고 칼등이 곡선으로 되어 있으며, 칼날은 직선이다.
② 힘이 들지 않아 자르기가 편하며, 주로 일반 칼이나 회칼로 많이 이용된다.
③ 다른 칼에 비해 부드럽고 바르게 자르기가 좋다.
④ 채썰기 등 동양요리에 적당하다.

해설
• 칼날은 18cm 정도이고 칼등이 곡선으로 되어 있으며, 칼날은 직선이다.
• 다른 칼에 비해 부드럽고 바르게 자르기가 좋으며, 채썰기 등 동양요리에 적당하다.
• 우리나라와 같은 아시아지역에서 자주 쓰인다.

02 한식 썰기 종류의 설명이 틀린 것은?
① 마구썰기 : 길이가 긴 재료를 한손에 잡고 빙빙 돌려가며 한입 크기로 작고 각이 있게 썬다.
② 깍둑썰기 : 무, 감자 등을 막대 썰어 같은 크기의 주사위모양으로 썬다.
③ 통썰기 : 모양이 둥근 재료를 통째로 둥글 썬 뒤 음식에 따라 두께를 조절하며 썬다.
④ 편썰기 : 재료를 원하는 길이로 자르고 얇게 편을 썰어 겹친 뒤 일정한 두께로 가늘게 썬다.

해설 ④는 채썰기에 대한 설명이다.

03 식품의 계량방법으로 옳은 것은?
① 조청, 기름, 꿀 등 점성이 높은 식품은 분할된 컵으로 계량한다.
② 고체지방은 냉장고에서 꺼내 액체화 후 계량컵에 담아 계량한다.
③ 흑설탕은 계량컵에 살살 퍼서 담은 후 수평으로 깎아 계량한다.
④ 밀가루는 체에 친 후 눌러 담아 수평으로 깎아 계량한다.

해설
• 고체지방은 냉장온도보다 실온일 때 계량컵에 눌러 담으며, 수평으로 깎아서 계량한다.
• 흑설탕은 꼭꼭 눌러 계량한다.
• 밀가루는 체로 쳐서 누르지 말고, 수북하게 담아 수평으로 깎아 계량한다.

04 계량할 때 사용하는 기구로 틀린 것은?
① 저울 ② 계량컵
③ 계량스푼 ④ 주걱

해설 계량기구는 저울, 계량컵, 계량스푼 등이 있다.

05 썰기의 목적으로 틀린 것은?
① 열의 전달이 어렵고, 조미료(양념류)의 침투를 좋게 한다.
② 씹기를 편하게 하여 소화하기 쉽게 한다.
③ 먹지 못하는 부분을 제거한다.
④ 모양과 크기를 정리하여 조리하기 쉽게 한다.

해설 열의 전달이 쉽고, 조미료(양념류)의 침투를 좋게 한다.

정답
01 ② 02 ④ 03 ① 04 ④ 05 ①

종류	영양
양파	• 퀘세틴은 양파 껍질에 있는 황색 색소 • 지질 산패방지 및 신진대사를 높여 혈액순환을 좋게 하고, 콜레스테롤을 저하함
호박	• β-카로틴 풍부 • 천식, 전신부종, 임신부종으로 인한 부종 등에 사용 • 당뇨, 고혈압, 전립선비대에 효과적 • 항산화, 항암작용이 있고 야맹증, 안구건조증에 효과적
호박씨	불포화지방산인 리놀레산이 혈중 콜레스테롤을 낮추어 고혈압, 동맥경화 예방, 노화방지에 효과적
시금치	• 사포닌, 식이섬유 다량 함유 • 엽산이 함유되어 빈혈 예방에 효과적 • 즙은 발암물질의 생성을 예방하고, 콜레스테롤을 낮춤 • 시금치의 떫은맛은 수산 때문이며, 끓는 물에 데치면 많이 제거됨(수산은 칼슘의 흡수를 저해함)
고사리	• 잎에는 탄닌 성분, 싹에 유리아미노산이 1.4%로, 로이신·아스파라긴산·글루타민산·티로신·페닐알라닌의 함량이 높고, 잎을 달여 마시면 이뇨, 해열에 효과적 • 생고사리에는 티아미나제(비타민 B₁ 분해 효소)가 있어 삶아서 사용
도라지	• '사포닌' 함유로 가래를 삭히고, 진통·소염 작용이 있으며, 기관지의 기능을 향진함 • 도라지의 쓴맛은 '알칼로이드 성분'으로 물에 담가서 사용

육류

① 육류의 특성
  ㉠ 육류의 주성분은 단백질(20%)과 지질이며, 일반적으로 지질함량과 수분함량은 반비례한다. 어린 동물의 육은 수분이 많고 지방이 적다.
  ㉡ 무기질은 1% 전후로 칼륨, 인, 황이 많다.
  ㉢ 칼슘, 마그네슘, 아연 등의 금속이온은 고기의 보수성과 밀접한 관계가 있다.
  ㉣ 근육의 비타민은 B군 복합체로 B_2와 나이아신이 있다.

② 육류의 영양

종류	특성
소고기	• 소고기 썰기(암적색) → 공기에 노출 → 미오글로빈이 산소와 결합(선홍색) → 갈색으로 변화 • 단백질 함량이 약 20%로 근육 필수아미노산이 많음 • 비타민 A, B_1, B_2, 철 등을 함유하고 있어 영양가가 높음
돼지고기	동물성 단백질, 비타민 B_1 다량 함유
닭고기	• 닭고기의 맛을 내는 데에 영향을 주는 성분으로 이노신산, 글루탐산은 좋은 맛과 짠맛에 영향을 주며, 칼륨은 단맛에 영향을 줌 • 숙성은 보통 1일 정도 하는데, 글루탐산 함유량이 많아져 맛이 좋아짐 • 단백질은 많지만, 지방이 적어 담백하고 독특한 풍미가 있음

어패류

① 어패류의 특성
  ㉠ 단백질이 우수하며, 결합조직량이 적고 근섬유가 짧아 소화하기 좋다.
  ㉡ 불포화지방산 함량이 많아 산패되기 쉽다.
  ㉢ 미생물 번식에 대한 품질저하가 많으므로 위생적 취급이 필요하다.
  ㉣ 2~3% 식염수로 점액질과 세균 등을 씻어준다.

② 어패류의 영양

종류	영양
전복	• 글루탐산과 아데닐산에 의한 감칠맛, 아르기닌, 글리신, 베타인의 단맛, 글리코겐이 어우러져 깊은 맛을 냄 • 생전복은 단단한 단백질(콜라겐, 엘라스틴)이 많아서 살이 오독오독한 질감이 있음
참치	• 어획 시에 머리, 내장 제거 후 -60℃에 급랭하여 '미오글로빈'의 산화를 방지하며, 선홍색을 띠는 것이 좋음 • 적색육 부위는 지질이 1%로 다이어트에 도움이 되며, 배쪽의 지방육 부위는 지질이 30~40% 수준으로 높음 • 철 함량이 높고, 셀레늄이 많아 항산화작용과 발암억제작용을 함
새우	• 단맛인 글리신, 아르기닌, 타우린 함량이 높고, 비타민 E와 나이아신이 풍부함 • 젓새우는 몸이 분홍색과 흰색을 띠며, 암컷이 수컷보다 큼

어패육이 수조육에 비해 쉽게 부패하는 이유
① 수분이 많고, 지방이 적어 세균번식이 쉽다.
② 조직이 연하고, 외부로부터 세균의 침입이 쉽다.
③ 어체에는 세균의 부착기회가 많고, 표피·아가미·내장 등에 세균이 많다.
④ 저온에서도 증식한다.
⑤ 어패육은 자기소화작용이 커서 육질의 분해가 쉽다.
⑥ 어체 중의 세균은 단백질 분해효소의 생산력이 크다.

(2) 죽 조리

① 죽의 종류에 따라 조리시간과 방법을 조절한다.
② 죽은 곡물에 물을 5~7배 정도의 물을 붓고, 오랫동안 끓여 호화시킨 음식이다.
③ 죽 조리시간을 조절하는 중요한 요소는 물의 함량이다.
④ 조리도구, 조리법과 주재료인 쌀, 잡곡의 재료 특성에 따라 물의 양을 가감하고, 불의 세기와 가열시간을 고려하여 조절한다.

죽의 영양 및 효능
① 죽의 열량은 100g당 30~50Kcal 정도로 밥의 1/3~1/4 정도이다.
② 팥죽은 해독작용, 숙취완화, 위장보호 기능이 있다.
③ 찹쌀은 멥쌀보다 소화가 잘되며, 위장을 보호한다.

죽을 맛있게 만드는 방법
① 조리기구 : 냄비는 열전도가 작고 열용량이 큰 무쇠나 돌로 만든 것이 좋다(오래 끓이기 때문에 돌이나 옹기로 된 것이 열을 부드럽게 전하여 좋다).
② 주재료인 곡물을 미리 물에 담가서 충분히 수분을 흡수시켜야 한다.
③ 일반적인 죽의 물 분량은 쌀 용량의 5~7배 정도가 적당하다.
④ 물 : pH 7~8인 물을 사용한다(산성이 높을수록 죽 맛이 나빠진다).
⑤ 죽에 넣을 물을 계량하여 처음부터 넣어서 끓인다(도중에 물을 보충하면 죽 전체가 잘 어우러지지 않는다).
⑥ 소금 첨가 : 0.03% 정도 소금 첨가 시 죽 맛이 좋아진다.
⑦ 수확 시기 : 햅쌀을 사용한다(수확한 후 오래 지난 쌀은 지방이 산패되어 죽 맛이 나빠진다).
⑧ 건조도 : 지나치게 건조되지 않은 쌀이 좋다(갑자기 수분을 흡수하게 되면 팽창하고 파괴되어 질감이 나빠진다).
⑨ 토질과 쌀의 품종이 적절하게 조화된 것이 좋다.
⑩ 죽을 쑤는 동안 반드시 나무주걱으로 젓고, 너무 자주 젓지 않도록 한다.
⑪ 불은 중불 이하에서 서서히 오래 끓인다.
⑫ 간은 곡물(쌀)이 완전히 호화되어 부드럽게 퍼진 후에 약하게 한다(먹는 사람의 기호에 따라 간장, 소금, 설탕, 꿀 등을 곁들인다).

(3) 죽 담기

① 조리 종류에 따라 고명을 곁들일 수 있다.
② 초조반은 아침에 간단하게 차려지는 죽상이다.
③ 찬으로는 맵지 않은 국물이 있는 나박김치, 동치미가 좋다.
④ 먹는 시간을 고려해 따뜻하게 담아낸다.

예상문제

01 죽의 조리법으로 틀린 것은?

① pH 7~8인 물을 사용한다.
② 물은 곡물양의 5~7배 정도를 사용한다.
③ 냄비는 열전도가 작고 열용량이 큰 무쇠나 돌로 만든 것이 좋다.
④ 죽을 쑤는 동안 반드시 나무주걱으로 젓고, 자주 젓도록 한다.

해설 지나치게 젓게 되면 전분입자가 터져 점도가 낮아지기 때문에 나무주걱으로 자주 젓지 않도록 한다.

02 죽에 사용되는 어패류에 설명으로 틀린 것은?

① 생전복은 단단한 단백질로인 콜라겐, 엘라스틴이 많다.
② 참치의 적색육 부위는 지질이 1% 정도로 낮다.
③ 새우는 그리신, 아르기닌, 타우린 함량이 많이 들어있어 단맛이 있다.
④ 어패육은 수조육에 비해 쉽게 부패하지 않는다.

해설 어패육이 수조육에 비해 쉽게 부패하는 이유
- 수분이 많고, 지방이 적어 세균발육이 쉽다.
- 조직이 연하고, 외부로부터 세균의 침입이 쉽다.
- 어체에는 세균의 부착기회가 많고 표피, 아가미, 내장 등에 세균이 많다.
- 저온에서도 증식한다.
- 어패육은 자기소화작용이 커서 육질의 분해가 쉽다.
- 어체 중의 세균은 단백질 분해효소의 생산력이 크다.

4 한식 국 · 탕 조리

육류, 어류 등에 물을 넉넉하게 넣고 오래 끓이거나 육수를 만들어 육류, 해산물, 채소류 등을 넣어 조리하는 것이다.

※ 국 양념장 숙성 : 그늘진 상온에서 2~5일 숙성(1차) → 8~12℃ 에서 5~10일 숙성(2차) → 냉장보관 후 사용

(1) 국 · 탕 재료 준비

① 육류는 물에 담가 핏물 제거, 뼈는 핏물을 제거 후 끓는 물에 데쳐내는 과정을 거친다. 채소류 등은 다듬고 깨끗하게 씻어 전처리한다.

> ① 육수 : 육류 또는 가금류, 뼈, 건어물, 채소류, 향신채 등을 넣고 물에 충분히 끓여 내어 국물로 사용하는 재료
> ② 초계탕(醋鷄湯) : 닭을 삶은 후 닭 육수를 차게 식혀 식초와 겨자로 간을 한 다음 살코기는 잘게 찢어서 넣어 먹는 여름철의 전통음식

(2) 국 · 탕 조리

① 국·탕 조리 시 주의할 점
  ㉠ 물, 육수에 손질한 재료와 양념을 알맞은 시기와 분량에 맞춰 첨가한다.
  ㉡ 조리 종류에 따라 끓이는 시간과 불의 세기를 조절하고 국·탕의 품질을 판정하고 간을 맞춘다.
  ㉢ 육수를 낼 때 소금은 나중에 넣도록 한다. 소금은 먼저 넣게 되면 삼투압작용이 있어 재료 속의 수분이 스며 나오고, 단백질이 응고되어 시원한 맛이 덜하다.
  ㉣ 육수에 조미 재료(파, 마늘, 양파, 생강 등)를 너무 많이 넣게 되면 국물 본래의 시원한 맛이 덜해지므로 주의해야 한다.
  ㉤ 국·탕 조리 온도는 85℃~100℃로 유지한다.

② 계절에 맞는 국의 종류

계절	특징(메뉴)
봄	• 봄 나물을 주로 사용 • 쑥국, 생선(도다리) 쑥국, 생선 맑은장국, 생고사리국, 냉이 토장국, 소루쟁이 토장국 등
여름	• 냉국류 : 오이·미역 냉국, 깻국 • 보신용 재료 사용 : 삼계탕, 영계백숙, 육개장 등
가을	• 맑은 장국류의 가을 재료 사용 • 무국, 토란국, 버섯 맑은장국 등
겨울	• 곰국류, 토장국의 탁한 육수 사용 • 시금치토장국, 우거짓국, 선짓국, 꼬리탕 등

(3) 국 · 탕 담기

① 국·탕 그릇 : 탕기, 대접, 뚝배기, 질그릇, 오지그릇, 유기그릇 등
② 국·탕은 재료와 조리 종류에 따라 온·냉으로 나갈 수 있어 온도를 잘 고려하여 담아낸다.
③ 조리 종류에 따라 고명을 곁들일 수 있다.
④ 국을 그릇에 담을 때는 건더기와 국물의 비율이 4 : 6 또는 3 : 7 정도로 담아낸다.
⑤ 찌개는 국보다 건더기의 비율을 더 많게 한다.

예상문제

01 국 · 탕 조리 시 주의할 점과 거리가 먼 것은?

① 육수를 낼 때 소금은 나중에 넣도록 한다.
② 육수에 조미 재료(파, 마늘, 양파, 생강 등)를 많이 넣어 시원한 맛을 낸다.
③ 국·탕의 조리 온도는 85~100℃로 유지한다.
④ 찌개는 국보다 건더기의 비율을 더 많게 한다.

해설 육수에 조미 재료(파, 마늘, 양파, 생강 등)를 너무 많이 넣게 되면 국물 본래의 시원한 맛이 덜해지므로 주의해야 한다.

02 국을 그릇에 담을 때 건더기와 국물의 비율은?

① 1 : 1 또는 1 : 1 정도
② 2 : 4 또는 1 : 2 정도
③ 4 : 6 또는 3 : 7 정도
④ 6 : 4 또는 7 : 3 정도

해설 건더기와 국물의 비율이 4 : 6 또는 3 : 7 정도로 담는다.

정답
01 ④ 02 ④ ■ 01 ② 02 ③

5 한식 찌개 조리

육수, 국물에 장류나 젓갈로 간을 맞추고, 육류·해산물류·채소류·버섯류를 용도에 맞게 손질하여 썰어 함께 넣어 끓여내는 조리방법이다. 찌개(조치)는 국보다 국물은 적고 건더기가 많고 간이 센 편이며, 맑은 찌개와 탁한 찌개(토장찌개)가 있다.

구분	종류
맑은 찌개류	소금, 간장, 새우젓으로 간(두부젓국찌개, 명란젓국찌개, 호박젓국찌개 등)
탁한 찌개류 (토장찌개)	된장, 고추장으로 간(된장찌개, 생선찌개, 순두부찌개, 청국장찌개, 두부고추장찌개, 오이감정, 호박감정, 게감정 등)

※ 감정 : 고추장으로 조미한 찌개
※ 지짐 : 국물을 찌개보다 적게 끓인 것
※ 찌개(조치) : 생선조치, 골조치, 처녑조치로 구분

(1) 찌개 재료 준비

① 조리도구, 재료를 준비하여 필요량에 맞게 계량한다.
② 식재료에 따라 알맞게 손질하여 전처리 과정을 거친다.
③ 찬물에 육수 재료를 넣고 서서히 끓이면서 부유물과 기름이 떠오르면 걷어내어 제거하고, 불의 세기와 가열시간을 고려하여 조절한다.

> **찌개 조리의 전처리**
> 맑은 육수를 만들기 위해 사전에 육류를 물에 담가 핏물을 제거하고, 뼈는 핏물을 제거하고 끓는 물에 데쳐낸다. 채소류는 깨끗하게 다듬고 씻는 것을 말한다.

(2) 찌개 조리

① 육수는 주로 소고기를 사용하지만, 어패류·닭고기·버섯류·채소류·다시마 등을 사용하기도 하며, 끓일 때 향신채(파, 마늘, 생강, 통후추 등)와 함께 끓인다.
② 조개류로 육수를 만들 때는 소금물에 해감한 후 약불로 단시간에 끓여낸다.
③ 멸치로 육수를 낼 때는 내장을 제거하고 15분 정도 끓인다.
④ 채소는 단단한 재료는 데치거나 삶아서 사용한다.
⑤ 조리법에 따라 손질된 재료는 양념하여 밑간을 한다.
⑥ 찌개 육수에 재료와 양념을 알맞은 시기에 넣고 끓인다.
⑦ 찌개가 끓어오르면 나머지 재료를 넣고 끓인 후 마지막에 간을 맞춘다.

(3) 찌개 담기

① 찌개를 담는 그릇은 '조치보'라고 한다. 조치보는 탕기보다는 조금 작은 크기이다.
② 찌개그릇은 냄비, 뚝배기, 오지냄비 등이 있다.
③ 찌개의 국물과 건더기는 비율에 맞게 담아야 한다. 찌개를 그릇에 담을 때는 건더기를 국물보다 많이 담는다.

④ 찌개의 종류와 특성에 따라 그릇을 알맞게 선택할 수 있어야 한다. 조리 종류와 색, 형태, 분량, 인원수 등에 따라 그릇을 선택하여 담아낸다.
⑤ 찌개는 온도를 뜨겁게 유지하여 제공한다.
⑥ 찌개 종류에 따라 상 위에서 끓이도록 그릇에 담아 그대로 제공하거나 끓여서 제공한다.

> • 찌개는 궁중용어로 '조치'라 하고 찌개를 담는 그릇을 '조치보'라 한다.
> • 찌개를 담을 때 국물과 건더기의 비율은 4 : 6 정도가 적절하다.

예상문제

01 맑은 찌개의 종류가 아닌 것은?
① 두부젓국찌개
② 호박젓국찌개
③ 오이감정
④ 명란젓국찌개

> **해설** 맑은 찌개류는 소금, 간장, 새우젓으로 간을 하고, 탁한 찌개(토장찌개)류는 된장, 고추장으로 간을 한다. 탁한 찌개류(토장찌개)는 된장찌개, 생선찌개, 순두부찌개, 청국장찌개, 두부고추장찌개, 오이감정, 호박감정, 게감정 등이 있다.

02 고추장으로 조미한 찌개는?
① 감정
② 지짐
③ 조치
④ 찌개

> **해설**
> • 감정 : 고추장으로 조미한 찌개
> • 지짐 : 국물이 찌개보다 적게 끓인 것
> • 찌개(조치) : 국보다 국물이 적고 건더기가 많고 간이 센 편이다.

03 찌개에 대한 설명으로 틀린 것은?
① 찌개의 국물과 건더기의 비율은 4 : 6 정도로 담는다.
② 찌개를 담는 그릇을 '조치보'라 한다.
③ 찌개를 궁중용어로 '조치'라 한다.
④ 찌개는 지짐보다 국물을 적게 한다.

> **해설** 찌개는 지짐보다 국물을 많게 한다.

6 한식 전·적 조리

육류, 어패류, 채소류 등의 재료를 손질하여 잘 익을 수 있게 모양을 내어 썰고, 있는 모습 그대로 또는 꼬치에 꿰어 밀가루와 달걀물을 입혀 기름 두른 팬에 지져내는 조리이다.

정답
01 ③ 02 ① 03 ④

예상문제

01 한식에서 '전'을 칭하는 것으로 틀린 것은?

① 전유어 ② 전유화
③ 전유아 ④ 누르미

해설
- 전은 전유어(煎油魚), 전유화(煎油花), 전유아, 전, 저냐 등으로 부른다.
- 누르미는 누름적으로 김치적, 두릅적, 지짐누름적처럼 재료를 양념하여 꼬치에 꿰어 전을 부치듯이 밀가루와 달걀 물을 입혀서 속 재료가 잘 익도록 누르면서 지지는 방법과 화양적처럼 재료를 양념하여 익힌 다음 꼬치에 꿰는 방법이 있다.

02 익히지 않은 재료를 양념하여 꼬챙이에 꿰어서 옷을 입히지 않고 굽는 것은?

① 산적 ② 누름적
③ 전유어 ④ 간남

해설 산적은 섭산적, 해물산적, 두릅산적처럼 익히지 않은 재료를 양념하여 꼬챙이에 꿰어서 옷을 입히지 않고 굽는 것이다.

03 다음의 육류요리 중 영양분의 손실이 가장 적은 것은?

① 탕 ② 편육
③ 장조림 ④ 산적

해설 고기를 기름에 지져내는 방식의 조리법으로, 다른 조리법들에 비해 영양분 손실이 적다.
※ 탕, 편육, 장조림은 고기를 물이나 간장에 넣어 끓여서 만드는 조리법으로, 고기 안의 영양분 손실이 많은 조리법이다.

04 어취를 해소하기에 좋은 조리법은?

① 찜 ② 전
③ 회 ④ 구이

해설 생선의 어취를 해소하기에 좋은 조리법으로 달걀, 밀가루, 기름을 이용한 튀김, 전 등을 들 수 있다.

---

7 한식 생채 · 회 조리

생채는 생것을 양념하거나 채소를 살짝 절이는 조리법이고, 회 조리는 생것 또는 데침 등의 조리법이다. 회와 숙회의 차이는 날 것과 익힌 것을 말한다.

참고

생채 조리의 특징	• 제철 채소류를 익히지 않고 생것으로 무쳐 재료의 맛을 살리고 영양 손실을 적게 하는 조리법이다. • 생채는 자연의 색, 향과 씹을 때의 아삭아삭한 촉감과 신선한 맛이 좋다. • 생채는 알칼리성 식품으로 영양소의 손실이 적고 비타민과 무기질이 풍부하다. • 채소는 열량이 적고 수분 함량이 약 70~90%로 많다. • 생채류 : 무생채, 도라지생채, 오이생채, 더덕생채, 미나리생채, 부추생채, 배추생채, 굴생채, 상추생채, 해파리냉채, 겨자냉채, 미역무침, 파래무침, 실파무침, 채소무침, 달래무침 등
회 조리의 특징	• 육류, 어패류, 채소류 등을 썰어서 생으로 고추냉이, 간장, 초간장, 초고추장, 소금, 기름 등에 찍어 먹는 조리법이다. • 회 양념장은 고추장, 식초, 설탕 등을 혼합하여 만든 것이다. • 회류 : 육회(생것), 문어숙회(익힌 것), 오징어숙회(익힌 것), 미나리강회, 파강회 등
어채 조리의 특징	• 어채 : 포를 떠서 일정하게 자른 흰살생선과 채소에 녹말을 묻혀 끓는 물에 데친 다음, 색을 맞추어 돌려 담는 음식이다. • 봄철에 즐겨 먹으며, 주안상에 어울리는 음식이다. • 차게 먹는 음식으로 비린맛이 나지 않아야 한다. • 생선은 민어, 숭어, 도미 등의 흰살생선을 이용한다. • 채소류(오이, 고추 등), 버섯류(표고, 목이, 석이버섯 등), 어패류(전복, 해삼 등) • 초고추장을 함께 낸다.

※ 숙회 : 육류, 어패류, 채소류 등을 끓는 물에 삶거나 데쳐서 익힌 후 썰어서 초고추장이나 겨자즙 등을 찍어 먹는 조리법이다. 예 문어숙회, 오징어숙회, 미나리강회, 파강회, 어채, 두릅회 등

(1) 생채 · 회 재료 준비

① 조리도구, 재료를 준비하여 필요량에 맞게 계량한다.
② 식재료 생채 · 회의 종류에 따라 알맞게 손질하여 전처리를 한다.
③ 생채 · 회 조리의 전처리는 다듬기, 씻기, 썰기, 데치기, 삶기, 볶기를 말한다.
④ 생채 · 회 재료는 무엇보다 신선해야 한다.

(2) 생채 · 회 조리

① 생채 조리

㉠ 생채는 곱고 일정하게 썰어야 한다.
㉡ 생채는 양념장 재료를 비율대로 혼합하고, 주재료에 양념장을 넣고 배합한다.
㉢ 생채는 진한 맛보다는 산뜻한 맛을 내는 것이 좋다.
㉣ 생채 조리 시 물이 생기지 않게 주의한다.
㉤ 생채 조리 시 기름(참기름, 들기름 등)은 사용하지 않는다.
㉥ 식초, 설탕, 고추장, 초장, 겨자즙 양념을 사용하여 새콤달콤하게 무친다.
㉦ 생채는 고춧가루로 먼저 색을 고루 들인 후 설탕, 소금, 식초의 순으로 간을 한다.
㉧ 생채 양념장은 간장, 고추장을 기본으로 고춧가루, 설탕, 소금, 식초 등을 혼합하여 산뜻한 맛으로 만들 수 있다.
㉨ 냉채 양념장은 겨자장, 잣즙 등을 곁들인다.
㉩ 겨자는 봄 갓의 씨를 가루로 낸 것으로, 갤수록 매운맛이 짙어지므로 겨자가루에 40℃의 따뜻한 물을 넣고 개어서 따뜻한 곳에 엎어 30분 정도 두었다가 매운맛이 나면 식초, 설탕, 소금 등을 넣고 잘 저어 주면 겨자장이 된다.

② 회 조리

㉠ 회 조리 시 재료가 신선해야 한다.
㉡ 생으로 먹기 때문에 재료를 위생적이고 청결하게 다루어야 한다.
㉢ 도마를 구분해서 위생적으로 사용하여야 한다.
㉣ 특히 회는 조리도구 관리와 위생에 신경을 많이 써야 한다.
㉤ 회는 재료에 따라 회(생) · 숙회(익힘)를 만든다.

정답
01 ④ 02 ① 03 ④ 04 ②

'미나리 강회' 조리 시 주의사항
① 미나리는 데칠 때 약간의 소금을 넣어 살짝 데친 후 찬물에 헹군다.
② 편육은 뜨거울 때 모양을 잡아준다.
③ 고기가 익으면 면포에 싸서 네모나게 모양을 잡는다.
④ 편육을 삶을 때 꼬치로 찔러 보고 핏물이 나오지 않아야 한다.
⑤ 미나리로 감을 때 매듭은 옆면이나 뒤에서 꼬치로 마무리한다.
⑥ 채소와 황·백지단, 고기는 일정한 크기로 잘라 데쳐낸 미나리로 꼬지를 이용하여 매듭을 고정시킨다.

(3) 생채 · 회 담기
① 조리 종류와 색, 형태, 분량, 인원수 등에 따라 그릇을 선택하여 담는다.
② 조리 종류에 특성에 따라 양념장을 곁들인다.

한식기의 종류와 특징

구분	특징
주발	몸체가 직선형으로 올라간 형태이며, 남자용 밥그릇으로 쓰인다.
바리	입이 안쪽으로 오므라든 형태이며, 여자용 밥그릇으로 쓰인다.
탕기	국대접, 국사발이라고 불리며, 남자·여자 탕기는 각각 직선과 곡선형으로 이루어져 있다.
쟁첩	납작한 형태이며, 반찬을 담는 그릇이다.
조치보	반찬 그릇이며 어류, 육류, 찜 등을 담을 때 쓰인다.
보시기	쟁첩보다 살짝 크고, 김치류를 담을 때 쓰인다.
옴파리	입이 작고 오목한 모양으로, 사기로 만든다.
대접	면, 국수 등을 담을 때 쓰인다.
조반기	대접처럼 운두가 낮고 위가 넓은 모양으로 꼭지, 뚜껑이 있다.
반병두리	위는 넓고 아래는 조금 평평한 양푼 모양의 대접이다.
종지	그릇 중에 가장 작으며, 장류(초간장, 초고추장 등)를 담을 때 쓰인다.
접시	나박한 그릇으로 찬, 과실, 떡 등을 담을 때 쓰인다.
토구 (비아통)	식사할 때 가시, 뼈 등을 담는 그릇으로 쓰인다.
쟁반	주전자, 술병, 찻잔 등을 담아 놓거나 나르는 데 쓰인다.

예상문제

01 포를 떠서 일정하게 자른 흰살생선과 채소에 녹말을 묻혀 끓는 물에 데친 다음, 색을 맞추어 돌려 담는 음식은?
① 숙회 ② 어채
③ 회 ④ 생채

해설 숙회는 육류, 어패류, 채소류 등을 끓는 물에 삶거나 데쳐서 익힌 후 썰어서 초고추장이나 겨자즙 등을 찍어 먹는 조리법이고, 회는 생것 또는 데침 등의 조리법이며, 생채는 생것을 양념하거나 채소를 살짝 절이는 조리법이다.

02 미나리강회 재료 준비로 틀린 것은?
① 미나리는 데칠 때 약간의 소금을 넣어 살짝 데친 후 찬물에 헹군다.
② 편육은 차가울 때 모양을 잡아준다.
③ 고기가 익으면 면포에 싸서 네모나게 모양을 잡는다.
④ 편육을 삶을 때 꼬치로 찔러 보고 핏물이 나오지 않아야 한다.

해설 미나리는 데칠 때 약간의 소금을 넣어 살짝 데친 후 찬물에 헹구어 사용하고, 편육은 뜨거울 때 모양을 잡아준다.

8 한식 조림 · 초 조리

채소류, 어패류, 육류 등을 간장양념에 넣어 국물이 거의 없어질 때까지 조리는 조리로, 양념장으로는 간장양념장이 있다.

조림(조리니, 조리개)의 특징
① 육류, 어패류, 채소류 등에 간장, 고추장 등의 간을 충분히 스며들게 약한 불로 오래 익히는 조리법이다.
② 조림의 종류는 수조육류와 어패류조림, 채소류조림 등이 있으며, 양념장과 함께 조려낸 것이다.
③ 소고기장조림, 두부조림, 생선조림, 감자조림, 연근조림, 우엉조림, 호두조림, 돼지고기장조림, 풋고추조림, 꽈리고추조림, 콩조림 등이 있다.
  예 소고기장조림은 고기를 먼저 무르게 삶아 양념장을 넣고 조려야 간도 잘 배고 고기도 연하며, 육즙과 어우러져 국물 맛이 좋다(처음부터 고기와 함께 양념장을 넣고 삶으면 육즙이 빠져 고기가 질겨짐).
④ 조림국물은 재료가 잠길 만큼 충분하게 부어 조린 후 타지 않게 약한 불로 조려야 한다.

초(炒)의 특징
① 초는 해삼, 전복, 홍합 등의 재료를 간장양념을 넣고 약한 불에서 끓이다가 조림보다 간을 약하고, 달게 하여 조림국물이 거의 없게 졸이다가 윤기나게 조려낸다.
② 물 전분을 넣어 조리면 걸쭉하고 윤기가 난다.
③ 주재료와 이용되는 양념장에 따라서 홍합초, 전복초, 삼합초, 해삼초, 대구초 등이 있다.
④ 습열 조리법이다.

(1) 조림 · 초 재료 준비
① 조리도구, 재료를 준비하여 필요량에 맞게 계량한다.
② 식재료 조림 · 초의 종류에 따라 알맞게 손질한다.
③ 조림 · 초의 재료를 특성에 따라 다듬기, 씻기, 썰기를 하여 전처리한다.

장조림 재료

종류	부위	특징
소	사태	• 앞·뒷다리 사골을 감싸고 있는 부위로, 근육다발이 모여 있어 특유의 쫄깃한 맛을 낸다. • 기름기가 없어 담백하면서도 깊은 맛을 내며, 장시간 가열하면 연해진다.
	우둔살	• 지방이 적고 살코기가 많다. • 우둔살은 고기의 결이 약간 굵으나 연하고, 홍두깨살은 순살코기로 결이 거칠고 단단하다.
돼지	뒷다리	볼기 부위의 고기로, 살집이 두터우며 지방이 적다.
닭	가슴살	• 지방이 적어 맛이 담백하고 근육섬유로만 되어 있으며, 회복기 환자 및 어린이 영양 간식에 적합하다. • 칼로리 섭취를 줄이고 영양 균형을 이룰 수 있다.

※ 소고기, 돼지고기, 닭고기의 품온측정은 냉장육 0~5℃, 냉동육은 -18℃ 이하가 적당하다.

정답 01 ② 02 ②

(2) 조림 · 초 조리

① 양념을 주재료보다 적게 써야 고유의 맛을 살릴 수 있다.
② 양념장 재료를 비율대로 조절 · 혼합한다.
③ 불에 따른 조리 온도와 시간이 가장 중요하다.

조림 조리를 맛있게 하는 방법	• 조림 조리는 종류에 따라 준비한 도구에 재료를 넣고 재료와 양념장의 첨가, 비율을 적절하게 조절하여 조리한다. • 재료의 크기와 써는 모양에 따라서 맛이 좌우되기 때문에 일정한 크기로 썬다. • 조림 생선요리는 국물 또는 조림장이 끓을 때 넣어야 부서지지 않는다. • 조림 생선은 센 불에서 끓여 비린내를 휘발시킨 후 뚜껑을 덮고 약 80%까지 익히고 파, 마늘 등을 넣는다. • 조림은 조리 종류에 따라서 국물의 양을 조절한다. • 양념은 청주, 맛술, 설탕을 넣은 후 간장을 넣는다.
초 조리를 맛있게 하는 방법	• 재료의 크기와 써는 모양에 따라서 맛이 좌우되기 때문에 일정한 크기로 썬다. • 초 조리는 재료가 눌어붙거나 모양이 흐트러지지 않게 불 세기를 조절하여 익힌다. • 데치기, 삶기는 끓는 물에서 데친 후 재빨리 냉수(얼음물)에 헹군다. • 초 양념장 만들기는 간장 양념장 만들기와 동일(마지막에 전분물을 사용하는 것이 다름)하다. • 전분물은 1 : 1 동량을 만들어 물은 따라내고 사용하는데, 불을 끄고 열기가 있을 때 전분물을 넣어 빨리 젓는다. • 양념은 설탕 → 소금 → 간장 → 식초의 순으로 넣는다.

(3) 조림 · 초 담기

① 조림 · 초의 종류와 특성에 따라 그릇을 알맞게 선택한다.
② 조리 종류에 따라서 국물의 양을 조절하여 담는다.
③ 조림, 초 조리는 조리 종류에 따라 고명을 얹는다.

예상문제

01 쇠고기 장조림의 부위로 부적절한 것은?

① 사태살   ② 우둔살
③ 홍두깨살 ④ 등심살

해설 장조림용으로는 사태살, 우둔살, 홍두깨살과 같이 근육이 발달한 부위를 쓰는 것이 기름기가 없고 씹는 맛이 쫄깃해서 좋다.

02 초 조리의 과정으로 틀린 것은?

① 조미료는 설탕, 소금, 식초, 간장 순서로 양념을 한다.
② 조림보다 간을 약하고 달게 하여 조림국물이 거의 없게 윤기나게 조려낸다.
③ 물 전분을 넣어 걸쭉하고 윤기나게 조린다.
④ 주재료와 이용되는 양념장에 따라서 홍합초, 전복초, 삼합초, 해삼초 등이 있다.

해설 조미료는 입자의 분자량, 향 등을 고려하여 설탕 → 소금 → 간장 → 식초 순서로 양념을 하는 습열조리법이다.

9 한식 구이 조리

육류, 조류, 어패류, 채소류, 버섯류 등의 재료를 양념장이나 소금에 재워 직 · 간접 화력으로 익히는 조리이다. 구이는 색과 형태를 유지하며, 즉 부스러지거나 타지 않게 구워야 한다.

> **참고**
> • 구이류로는 더덕구이, 생선구이(고등어, 민어, 도미 등), 북어구이, 오징어구이, 제육구이, 불고기, 너비아니구이, 뱅어포구이, 맥적구이, 갈비구이 등이 있다.
> • 구이 조리의 재료를 다듬기, 씻기, 수분제거, 핏물제거, 자르기하여 전처리 준비를 한다.

(1) 구이 재료 준비

① 조리도구, 재료를 준비하여 필요량에 맞게 계량한다.
② 식재료 구이의 종류에 따라 알맞게 손질한다.
③ 양념용 채소를 전처리할 때는 재료를 곱게 다져야 조리 시 양념이 타는 것을 방지한다.
④ 구이재료 손질 후 도마와 칼은 용도별로 구분해서 사용하여 교차오염을 방지한다.

(2) 구이 조리

① 구이 종류에 따라 양념하거나 유장처리한다(유장처리는 간장 1 : 참기름 3 비율로 한다).
② 구이 종류에 따라서 초벌구이하고, 불의 세기를 조절하여 익힌다.
③ 구이의 형태, 색을 유지한다.
④ 양념장 재료를 비율대로 조절 · 혼합하고, 필요에 따라 양념장을 숙성한다.
⑤ 양념하여 재워두는 시간은 30~40분 정도가 좋다.
⑥ 간을 하여 오래두면 육즙이 빠져 질겨지고 맛이 없다.
⑦ 구이는 타지 않도록 유장(간장, 참기름) 처리하여 먼저 초벌구이를 한다.
⑧ 초벌구이 후 고추장 양념을 발라 구워야 타지 않는다.
⑨ 육류 구이는 중불 이상에서 굽는다(화력이 약하면 육즙이 흘러나옴).

※ **구이의 양념에 따른 분류**

구분	종류
소금구이	소금을 뿌려 굽는 방법 예 방자구이(소고기), 생선소금구이(청어, 고등어, 도미, 삼치, 민어 등), 김구이 등
간장양념구이	간장을 이용할 때 만들어 놓은 양념장에 재워 굽는 방법 예 너비아니구이, 불고기, 염통구이, 콩팥구이, 소갈비구이, 닭고기구이, 낙지호롱 등
고추장양념구이	고추장 양념을 만들어 재료를 재워 놓고 굽는 방법 예 제육구이, 북어구이, 병어고추장구이, 더덕구이, 뱅어포구이, 장어구이 등

> **참고**
> **방자구이**
> 얇게 썬 소고기를 양념하지 않고 즉석에서 석쇠나 철판에 구우면서 소금, 후추를 뿌려서 간을 하여 먹는 구이요리로, 옛날에 양반의 심부름을 하는 남자 하인 방자가 고기를 양념할 시간이 없어 구우면서 소금을 뿌려 간을 한 것에서 유래함

정답 01 ④ 02 ①

(3) 숙채 담기

① 숙채의 종류와 특성에 따라 그릇을 알맞게 선택한다.
② 숙채 조리는 조리 종류에 따라 고명을 얹는다.

예상문제

01 푸른 채소를 데칠 때 색을 선명하게 유지시키고, 비타민 C의 산화도를 억제해주는 것은?

① 소금   ② 식초
③ 기름   ④ 설탕

해설 클로로필은 산성에 불안정하고, 알칼리성에 안정하기 때문에 소금을 넣고 데치면 색이 선명해진다.

02 녹색 채소를 데칠 때에 색을 선명하게 하기 위한 조리방법으로 틀린 것은?

① 휘발성 유기산을 휘발시키기 위해 뚜껑을 열고 끓는 물에 재빠르게 데친다.
② 산을 희석시키기 위해 조리수를 다량 사용하여 재빠르게 데친다.
③ 섬유소가 알맞게 연해지면 가열을 중지하고 얼음물에 헹군다.
④ 조리수의 양을 최소한으로 하여 색소의 유출을 막는다.

해설 녹색채소를 데칠 때 조리수의 양을 재료의 5배 넣고 데치면 색이 선명하다.

03 채소를 손질하여 물에 데치거나 삶은 후 양념으로 무침, 볶음을 하는 조리방법은?

① 회   ② 숙채
③ 적   ④ 무침

해설 채소를 손질하여 물에 데치거나 삶은 후 양념으로 무침, 볶음을 하는 조리방법이다.

11 한식 볶음 조리

채소류, 어패류, 육류 등에 간장, 고추장 양념을 넣어 재료에 맛이 충분히 배이도록 하여 볶는 조리이다. 기름에만 볶는 것과 간장, 설탕 등으로 양념하여 볶는 것이 있다.

볶음류 : 소고기볶음, 제육볶음, 오징어볶음, 주꾸미볶음, 낙지볶음, 버섯볶음, 미역줄기볶음, 궁중떡볶이, 멸치볶음, 마른새우볶음, 어묵볶음 등

(1) 볶음 재료 준비

① 조리도구, 재료를 준비하여 필요량에 맞게 계량한다.
② 식재료 볶음의 종류에 따라 전처리를 통해 알맞게 손질한다.
③ 볶음의 전처리란 재료의 특성에 따라 다듬기, 씻기, 썰기를 말한다.

④ 말린채소(묵나물)는 생채소보다 비타민과 미네랄 함량이 높다.
⑤ 참기름은 '리그난'이 산패를 막는 기능을 하므로 뚜껑을 잘 닫아 직사광선을 피해 상온보관한다(3℃ 이하 온도에서 보관 시 굳거나 부유물이 뜨는 현상 발생).
⑥ 들기름은 '리그난'이 함유되어 있지 않고, 오메가-3 지방산이 많이 들어 있어 공기에 노출되던 영양소가 파괴되므로 뚜껑을 잘 닫아 냉장 보관한다.

(2) 볶음 조리

① 조리 종류에 따라 도구에 양념장과 재료를 넣어 기름에 볶는다.
② 양념장과 재료의 비율, 넣는 시점을 조절한다.
③ 재료가 눌어붙거나 모양이 흐트러지지 않게 불세기를 조절하여 익힌다.
④ 양념장 재료를 비율대로 조절·혼합하고 필요에 따라 양념장을 숙성한다.
⑤ 볶음의 양념장은 간장 양념장과 고추장 양념장이 있다.
⑥ 볶음 조리는 계량을 정확하게 하여 일정한 맛과 모양이 나오도록 한다.
⑦ 볶음 팬은 얇은 팬보다 두꺼운 팬이 좋다.
⑧ 재료가 균일하게 익고 양념장이 골고루 배일 수 있도록 작은 냄비보단 큰 냄비가 좋다.
⑨ 볶음 방법은 팬을 달군 후 조금의 기름을 넣어 고온에서 단시간 볶아 질감, 색, 향을 낸다.
⑩ 지방을 이용해 고온의 팬에 음식을 익혀낸다.
⑪ 낮은 온도에서 볶으면 많은 기름이 재료에 흡수되어 좋지 않다.

(3) 볶음 담기

① 볶음의 종류와 특성에 따라 그릇을 알맞게 선택한다.
② 볶음 조리는 조리 종류에 따라 고명을 얹는다.
③ 불필요한 고명은 피하고, 간단하고 깔끔하게 담는다.

그릇의 형태 및 종류
원형, 사각형, 이미지 사각형, 타원형, 삼각형, 역삼각형

그릇에 담는 방법

구분	특징
좌우대칭	• 중앙을 지나는 선을 중심으로 대칭으로 담는 방법 • 고급스럽고 안정감이 있는 편이다. • 단점은 단순화되기 쉽다.
대축대칭	• 원형접시 중심에 좌우 균등한 열십자를 그려서 요리의 배분이 똑같게 배열하는 방법 • 안정감, 화려함, 높은 완성도가 있는 편이다.
비대칭	• 중심축에 대해 양쪽 부분의 균형이 잡혀 있지 않아 비대칭 담는 방법 • 형태상으로는 불균형이지만 시각적으로 정돈되어 균형이 있는 편이다. • 새로운 창의적 요리를 시도해 보고 싶을 때 사용 가능
회전대칭	• 요리의 배열이 일정한 방향으로 회전하며 균형 있게 담는 방법 • 끝까지 균형을 잘 맞추지 않으면 산만한 느낌을 줄 수 있는 편이다.

정답
01 ① 02 ④ 03 ②

예상문제

01 채소의 비타민, 무기질의 손실을 줄이는 옳은 조리법은?
① 데치기   ② 끓이기
③ 삶기   ④ 볶음

해설 고온에서 단시간 조리하기 때문에 영양소의 손실을 가장 줄일 수 있는 방법은 볶음이다.

02 근채류 중 생식하는 것보다 기름에 볶는 조리법을 사용하는 것이 옳은 식재료는?
① 무   ② 고구마
③ 토란   ④ 당근

해설 녹황색 채소는 지용성 비타민 A를 함유하고 있어 열에 비교적 안정적이기 때문에 기름을 이용한 조리법을 하면 영양분 흡수가 잘된다.

정답
01 ④   02 ④

CHAPTER 02 양식

> **반드시 알아야 할 핵심개념**
> 기본썰기, 기본조리방법, 부케가르니, 미르포아, 루(Roux), 5모체소스

7 양식 기초 조리실무

조리준비

① 기본 썰기

종류	써는 방법
큐브(Cube), 라지 다이스(Large Dice)	큰 썰기로 사방 2cm 정도 정육면체의 주사위 모양으로 써는 방법(스튜, 샐러드) ※ 사방 1.5cm 정도로 자르기도 함
다이스(Dice), 미디엄 다이스(Medium Dice)	채소 등의 재료를 사방 1.2cm 정도 정육면체의 주사위 모양으로 써는 방법(샐러드) ※ 사방 1cm 정도로 자르기도 함
스몰 다이스(Small Dice)	다이스의 반 정도로 사방 0.6cm 정도 정육면체의 주사위 모양으로 써는 방법(샐러드, 볶음 요리) ※ 사방 0.5cm 정도로 자르기도 함
브뤼누아즈(Brunoise)	스몰다이스 반 정도로 사방 0.3cm 정도 정육면체로 써는 방법(수프, 소스) ※ 사방 0.25cm 정도로 자르기도 함
파인 브뤼누아즈(Fine Brunoise)	사방 0.15cm 정도 정육면체로 가장 작은 형태로 써는 방법(수프, 소스) ※ 사방 0.12cm 정도로 자르기도 함
에망세(Emincer) 슬라이스(Slice)	한식 편썰기와 같이 써는 방법으로 0.2cm 정도로 얇게 저며 써는 방법(당근, 무 등 초기 작업)
바토네(Batonnet) 라지 쥘리엔느(Large Julienne)	• 재료를 감자튀김 형태로 써는 것 • 0.6cm 정도 두께로 5~6cm 정도 길이의 막대 모양으로 써는 방법(채소, 과일의 샐러드용 썰기, 육류나 가금류)
알뤼메트(Allumette) 미디엄 쥘리엔느(Medium Julienne)	• 성냥개비 모양으로 채 써는 형태 • 0.3cm 정도 두께로 자른 후 다시 0.3cm 정도로 잘라 막대 모양으로 써는 방법(샐러드, 수프, 메인요리)
파인 쥘리엔느(Fine Julienne)	쥘리엔느 두께의 반인 0.15cm 정도의 두께로 얇고 5cm 정도로 길이로 써는 방법(샐러드, 수프, 메인 요리)
쉬포나드(Chiffonade)	실처럼 아주 가늘게 채 써는 방법(바질 등의 허브 잎)
페이잔느(Paysanne)	1.2cm×1.2cm×0.3cm 정도 크기의 납작한 직육면체 모양으로 써는 방법(채소 수프)
아세(Hacher) 쵸핑(Chopping)	채소를 잘게 곱게 써(다지)는 방법(샐러드, 소스, 볶음요리)
민스(Mince)	0.1cm 정도로 쵸핑보다 재료를 곱게 다지는 방법(육류, 채소류)
샤토(Chateau)	5~6cm 정도 길이의 타원형 모양으로 써(깎)는 방법(당근, 감자 등 메인요리 가니시)
올리베트(Olivette)	길이가 샤토보다 작은 4cm 정도로 끝이 뭉뚝하지 않고 뾰족하게 올리브 형태로 깎는 방법(사이드요리, 채소요리)
론델(Rondelle)	둥근 채소를 0.4~1cm 정도로 둥글고 납작하게 얇게 써는 방법(당근, 오이)
디아고날(Diagonal)	원통 모양의 채소, 과일의 껍질을 벗겨 어슷하게 써는 방법
퐁뇌프(Pont-Neuf)	가로, 세로 0.6cm 정도, 길이 5~6cm 정도 크기의 길쭉한 모양으로 써는 방법(감자튀김)
비시(Vichy)	0.7cm 정도 두께로 둥글게 썰어 가장자리를 비행 접시 모양으로 둥글게 도려낸 방법(당근)
콩카세(Concasse)	0.5cm×0.5cm×0.5cm 정도의 정육면체로 잘게 써는 방법(토마토 등 가니시, 소스)
파리지엔느(Parisienne)	스쿠프(Scoop)를 이용하여 둥근 구슬같이 파내는 방법(당근, 감자, 오이)

② 식재료 써는 방법

구분	방법
밀어서 썰기	한 손으로 식재료를 잡고 칼을 잡은 손으로 밀면서 써는 방법으로, 작업할 때 안쪽 옆에서 칼을 잡은 손이 시계 방향으로 원 형태를 그리며 밀어서 썰고 있는 형태이다.
당겨서 썰기	손으로 식재료를 잡고 칼을 잡은 손으로 당기면서 써는 방법으로, 작업할 때 안쪽 옆에서 칼을 잡은 손이 시계 반대 방향으로 원 형태를 그리며 당겨서 썰고 있는 형태이다.
내려 썰기	누구나 쉽게 할 수 있는 방법으로 양이 적거나 간단히 썰 때 사용하는 방법이다.
터널식 썰기	식재료를 한 손으로 터널 모양으로 잡고 길게 써는 방법이다.

기본조리법 및 대량조리기술

조리에서는 열전달이 기초적인 바탕이 되며, 조리법과 조리시간에 따른 다양한 요리법이 나온다. 색, 맛, 영양가 등이 각기 다르기 때문에 기본조리법이 중요하다.

> **조리할 때의 열전달 방식**
> ① 전도 : 주된 열전달 방식으로, 프라이팬이나 냄비 등의 금속류 기구들이 가열되면 그 위에서 재료를 가열하는 방식
> ② 대류 : 냄비에서 끓이는 방식처럼, 열이 순환하면서 조리를 하는 방식
> ③ 방사 : 적외선이나 초단파를 이용하여 직접적인 접촉 없이 열을 전달하는 방식
> ※ 열이 조리에 미치는 영향 : 단백질 응고, 물 증발, 지방의 융점, 녹말의 젤라틴화, 설탕의 캐러멜화 등

① 기본 조리방법

구분	방법
건열 조리 (Dry Heat Cooking)	수분을 사용하지 않고 기름, 복사열, 열풍 등을 이용하여 조리하는 방법(구이, 볶기, 팬 프라잉 등) ※ 기름을 사용하는 방법과 기름을 사용하지 않고 조리하는 방법이 있다.
습열 조리 (Moist Heat Cooking)	물이나 수증기를 이용하여 조리하는 방법(삶기, 끓이기 등)
복합 조리 (Combination Heat Cooking)	건열 조리방법과 습열 조리방법을 혼합하여 조리하는 방법(스튜잉, 수비드 등)
비가열 조리 (No Heat Cooking)	열원을 사용하지 않고 식재료를 세척한 후 조리하는 방법(절임 등)

정답
01 ④ 02 ③ 03 ③ 04 ① 05 ② 06 ② 07 ① 08 ② 09 ④ 10 ①

스패츌러(Spatula)	조리과정 또는 조리 후에 식재료를 섞을 때, 옮길 때, 모을 때 등 다양하게 사용
솔드 스푼(Soled Spoon, 롱스푼)	식재료를 섞거나 볶을 때 사용
키친 포크(Kitchen Fork)	뜨거운 큰 식재료를 옮기거나 자를 때 사용
소스 팬(Sauce Pan)	다양한 종류와 크기가 있으며, 소스를 끓이거나 데울 때 사용
프라이팬(Fry Pan)	다양한 종류와 크기가 있으며, 식재료의 볶음, 튀김, 굽기 등에 사용
믹싱 볼(Mixing Bowl)	식재료의 헹굼, 세척, 섞음 등에 다양한 용도로 사용
위스크(Whisk)	소스, 크림 등을 휘핑할 때 사용
버터 스크레이퍼(Butter Scraper)	버터를 모양을 내어 긁는 도구로 사용

③ 기계류 조리기구 용도

종류	용도
초퍼(Chopper)	다양한 고기류, 채소류 등을 갈 때 사용
블렌더(Blender)	소스, 드레싱 등의 음식물을 곱게 갈 때 사용
푸드 프로세서(Food Processor)	마늘, 생강 등 식재료를 촙(Chop)과 같은 형태로 소량이 필요할 때 사용
슬라이서(Slicer)	크고 양이 많은 육류, 채소를 일정한 두께로 자를 때 사용
민서(Mincer)	• 고기, 채소류를 으깰 때 사용 • 고기, 홍고추, 도토리 등 일반적으로 곱게 갈 때 사용
스팀 케틀(Steam Kettle)	구부릴 수 있어 편리하고, 대용량의 음식물을 끓이거나 삶을 때 사용
그리들(Griddle)	크기가 크고 윗면이 두꺼운 철판으로 되어 있어, 많은 양의 식재료를 초벌구이 또는 채소류, 밥 등을 볶을 때 사용
그릴(Grill)	가스, 숯의 직화구이로 달궈진 무쇠를 이용하여 식재료 겉표면의 형태와 향이 좋아지도록 사용
샐러맨더(Salamander)	• 직화구이로, 음식물을 위에서 내리쬐는 열로 조리 • 육류, 생선류, 어패류 등 식재료의 기름을 빼거나 익힐 때 사용
딥 프라이어(Deep Fryer)	감자튀김 등 많은 양의 튀김을 할 때 사용
컨벡션 오븐(Convection Oven)	음식물을 찜, 구이, 삶음 등 다양하게 속까지 고르게 익힐 때 사용
샌드위치 메이커(Sandwich Maker)	만들어진 샌드위치 빵에 그릴 형태의 색을 내거나 데울 때 사용
토스터(Toaster)	회전식으로 샌드위치 빵을 구울 때 사용

(3) 식재료 계량방법

① 계량컵 : 옆면에 눈금이 ml로 표시되어 있고, 크기에 따라 180ml, 200ml, 500ml, 1,000ml 등 여러 종류가 있으며 1,000ml는 1ℓ(리터)로 표시된다. 미국 등 외국에서는 1컵을 240ml로 하고 있고, 국내의 경우 1컵을 200ml로 한다.

② 계량스푼 : 소금, 설탕, 간장, 식초 등 소량을 계량할 때 사용하며, 5ml와 15ml가 있다. 1table spoon(1ts)=5ml이고, 1Tea spoon(1Ts)=15ml이다.

③ 온도계 : 온도계는 조리온도를 측정하는데, 일반적인 온도계와 기름 온도를 측정하는 온도계, 육류 등의 내부를 측정하는 온도계가 있다.

적외선 온도계	비접촉식으로 조리 표면 온도 측정
육류용 온도계	탐침하여 육류의 내부 온도 측정
봉상액체 온도계	기름, 액체 온도 측정(200~300℃ 정도를 측정)

④ 저울 : 보통 그램 단위로 보며, 버튼을 조작하여 영점을 맞추거나 용기 무게를 영(0)으로 하여 측정하면 쉽게 무게를 잴 수 있다.

※ 1kg=1,000g, 0.3Kg=300g, 1oz(온스)=28.35g

⑤ 조리용 시계 : 면을 삶거나 찜을 할 때 등 조리시간을 측정할 때는 타이머(Timer)나 스톱워치(Stop Watch) 등을 사용하면 편리하다.

채소의 전처리 방법

종류	방법
마늘(Garlic)	• 마늘을 볶은 후 조리를 시작하는 경우가 많으므로 마늘 촙(Garlic Chop)을 준비 • 깐마늘을 칼등으로 눌러 으깨고, 칼날로 다져 뚜껑 또는 랩을 씌어 보관
양파(Onion)	• 볶음요리를 할 때 다진 마늘과 같이 다용도로 사용되므로 양파 촙(Onion Chop)을 준비 • 양파를 반으로 잘라 꼭지 쪽으로 칼집을 내고, 직각으로 두세 번 칼집을 넣어 양파를 잘 잡고 직각으로 썰어 준비(Mise en Place) 📘 샐러드, 스튜 등
오이(Cucumber)	오이를 닦아 껍질을 살짝 벗긴 후 길게 4등분(원형으로 썰기도 함)하여 씨 부분을 제거하여 원하는 형태로 잘라 준비 📘 샐러드, 샌드위치 속재료, 피클 등
브로콜리(Broccoli)	줄기를 한 손으로 잡고 칼로 다발을 잘라 줄기를 제거하여 원하는 크기로 잘라 데쳐서 준비 📘 샐러드, 사이드 채소 등
아스파라거스(Asparagus)	• 끝부분의 질긴 부분을 잘라 내고 껍질을 얇게 벗기고, 데쳐서 준비 • 얇은 아스파라거스는 껍질을 벗기지 않고 잘 씻어 준비 📘 수프, 샐러드, 사이드 채소 등
적양배추(Red Cabbage)	• 2, 4등분으로 잘라 꼭지 부분을 도려내고, 원하는 형태로 잘라 준비 • 썰어서 물에 담갔다가 물기를 빼서 준비 📘 샐러드 등
양상추(Head Lettuce), 로메인(Romaine)	• 꼭지 부분을 제거하고, 원하는 크기로 뜯거나 자름. • 찬물에 씻어 갈변을 억제하고, 물기를 제거한 후 팬에 넣어 밀봉하여 냉장보관 📘 샐러드, 샌드위치 속재료 등
실파(Spring Onion)	• 깨끗이 세척하여 가지런히 놓고 곱게 썰어(촙) 물에 씻어 준비 • 용도에 맞게 길거나 짧게 썰어 조리에 사용 📘 가니시, 샐러드 등
파프리카(Paprika)	물로 깨끗하게 씻어 꼭지를 제거하고 원하는 형태로 잘라 준비 📘 샐러드, 볶은 요리의 사이드 채소 등
토마토(Tomato)	토마토의 꼭지를 제거한 후 위에 열십자로 칼집을 살짝 넣고, 끓는 물에 약 5~7초간 데친 후 찬물에 식혀 껍질을 제거하여 4등분한 다음, 속을 제거하고 가로·세로 0.5cm 크기로 잘라 콩카세(Concasse) 준비 📘 가니시 등

예상문제

01 재료를 써는 방법에 대한 설명으로 틀린 것은?

① 다이스 : 사방 1.2cm 정육면체 크기로 써는 방법
② 쥘리엔느 : 0.3cm 두께로 얇고 길게 써는 방법
③ 큐브 : 사방 0.6cm 정육면체 크기로 써는 방법
④ 샤토 : 가운데가 볼록하게 올라오고 양 끝이 뭉툭하게 자른 방법

해설 큐브는 사방 2cm 정도 정육면체로 써는 것을 말한다.

02 조리 시 열전달 방법 중 하나로, 금속류의 기물에 직접적으로 열을 가하여 열을 올린 후 식재료에 열을 전달하는 방식으로 옳은 것은?

① 전도
② 대류
③ 방사
④ 시머링

해설 전도는 주된 열전달 방식으로 프라이팬, 냄비 등의 금속류 기구들이 가열되면 그 위에서 재료를 가열하는 방식이다.

03 기본썰기에서 0.5cm의 정육면체 모양으로 써는 설명으로 옳은 것은?

① 콩카세
② 다이스 스몰
③ 큐브
④ 브뤼누아즈

해설
- 스몰 다이스 : 사방 0.6cm 정육면체로 써는 방법
- 미디엄 다이스 : 사방 1.2cm 정육면체의 주사위 모양으로 써는 방법
- 큐브 : 큰 썰기로 사방 2cm 정도 정육면체의 주사위형으로 써는 방법
- 브뤼누아즈 : 사방 0.3cm 정육면체로 써는 방법

2 양식 스톡 조리

스톡 조리는 육류 및 어패류, 가금류, 채소류 등을 사용하여 조리에 필요한 육수를 만드는 것이다.

(1) 스톡 재료 준비

① 재료 준비
  ㉠ 핏기가 있는 재료들은 찬물에 담가 핏기를 제거한다.
  ㉡ 상황에 맞는 부케가르니, 미르포아 등을 준비한다.
  ㉢ 필요한 뼈와 부속물을 오븐에 구워서 브라운 스톡의 재료를 준비한다.

② 스톡의 재료

구분	방법
부케가르니 (Bouquet Garni)	• 스톡을 오래 조리하면서 재료의 향을 추출하기 위하여 월계수 잎, 통후추, 마늘, 타임, 파슬리 줄기 등을 넣어 만든 향초다발이다. • 실로 작은 것은 안쪽으로, 큰 것은 바깥쪽으로 겹쳐서 묶고, 묶은 후에는 여분의 실을 손잡이 부분에 묶어 건져내기 쉽게 한다.
미르포아 (Mirepoix)	• 스톡의 향과 향기의 맛을 돋우기 위해 네모나게 썬 양파, 당근, 샐러리 등을 말한다. • 보통 양파 50%, 당근 25%, 샐러리 25% 비율로 사용한다. • 흰색 미르포아(White Mirepoix)는 양파 50%, 샐러리 25%, 무, 대파, 버섯 등을 25% 비율로 사용한다.
뼈 (bone)	• 닭 뼈 : 전체 또는 목, 등뼈 등을 5~6시간 이내 조리 • 소뼈와 송아지 뼈 : 등, 목, 정강이뼈를 7~8시간 이내 조리 • 생선뼈 : 광어, 도미, 농어, 가자미 등을 찬물에서 불순물을 제거 후 사용 • 기타 잡뼈 : 특정 요리에 사용

③ 스톡의 종류 : 색에 따라 화이트 스톡과 브라운 스톡으로 크게 분류할 수 있는데, 큰 차이점은 뼈를 오븐에 넣어 갈색으로 구워 사용했는지의 여부다.

구분	특징
화이트 스톡(White Stock) - 맑은 육수	• 각종 데친 뼈와 채소, 향신료를 찬물에 넣어 센불에서 약불로 7~8시간 정도 맑게 끓여 만드는 것 • 화이트치킨스톡, 화이트비프스톡, 화이트피시스톡, 화이트베지터블스톡 등
브라운 스톡(Brown Stock) - 갈색 육수	• 각종 뼈, 채소를 오븐의 높은 열(200℃에서 1시간 정도)에서 갈색으로 캐러멜화하여 사용 • 각종 구운 뼈, 미르포아(Mirepoix), 부케가르니(Bouquet Garni)를 넣어 센 불에서 약불로 끓여 만드는 것 • 토마토 페이스트를 볶아서 첨가함 • 브라운치킨스톡, 브라운비프스톡, 브라운빌스톡, 브라운게임스톡 등
피시 스톡(Fish Stock) - 생선 육수	• 생선뼈 또는 갑각류 껍질과 미르포아와 부케가르니로 만듦 • 육수를 맑게 약불에서 1시간 이내 조리 • 육수에 화이트와인, 레몬주스 등을 추가하면 강한 맛 생선 퓌메(Fish Fumet)
쿠르 부용(Court Bouillon) - 연한 육수	• 미르포아(Mirepoix), 부케가르니(Bouquet Garni), 식초(Vinegar), 레몬(Lemon), 화이트와인((White Wine) 등을 넣고 약불에서 맑게 끓이기 → 45분 정도 시머링(Simmering) → 스키밍(Skimming) • 해산물을 포칭(Poaching)하기 위하여 준비 • 조리의 중간 단계에 사용 또는 칠링(Chilling) 후 보관·사용

※ 스키밍(Skimming) : 액체 위에 뜬 기름이나 찌꺼기를 걸러내는 것[거품과 함께 떠오르는 것을 스키머(skimmer)로 제거]

(2) 스톡 조리

① 고유의 맛을 충분히 우려내고 깨끗한 색깔을 유지해야 한다.
② 뼈를 작은 조각으로 잘라 사용하여 맛, 젤라틴, 영양가치를 빠르게 추출한다.
③ 찬물에 재료를 서서히 끓이면서(섭씨 약 90℃의 온도 유지) 기름이나 불순물 등을 제거한다.
④ 조리에 맞는 스톡의 맛과 색, 향, 농도를 맞춘다.
⑤ 미르포아나 향신료를 적절한 타이밍에 첨가한다.
⑥ 스톡에는 간(소금)을 하지 않는 것이 좋다.
⑦ 스톡은 국자로 젓지 말아야 한다.
⑧ 기름 성분이 많은 스톡은 정제 시 종이필터를 사용하면 좋다.

(3) 스톡 완성

① 조리된 스톡과 내용물은 서로 분리한다.
② 안전하게 일정 기간 저장하기 위해 스톡을 21℃로 2시간 이내로 첫 번째 냉각시키고, 추가로 3~4시간 동안 5℃ 이하로 냉각시켜 냉장 보관한다.

정답
01 ③ 02 ① 03 ①

③ 깨끗하게 보관하기 위해 뼈와 채소 등을 다른 고형물과 분리시킨다.
④ 일반적으로 냉장한 스톡은 3~4일 내에 사용하고, 냉동한 스톡은 5~6개월을 넘지 않도록 한다.
⑤ 스톡의 품질은 본체, 투명도, 향, 색 등 4가지 특성으로 평가할 수 있다.
⑥ 스톡의 맛이 싱거우면 불 위에 올려서 농축시켜 사용한다.
⑦ 데미글라스(Demiglace)를 사용하여 스톡의 질감을 높일 수도 있다.

예상문제

01 다음 중 스톡 조리 시 주의사항으로 틀린 것은?

① 스톡을 서서히 조리한다.
② 스톡 조리를 할 때 간을 하지 않는다.
③ 뜨거운 물에서 조리를 시작한다.
④ 거품이나 불순물은 걷어낸다.

[해설] 스톡은 찬물에서 서서히 끓이면서 조리해야 한다.

02 곰국이나 스톡을 조리하는 방법으로 은근하게 오랫동안 끓이는 조리법은?

① 포칭(Poaching)
② 스티밍(Steaming)
③ 블랜칭(Blanching)
④ 시머링(Simmering)

[해설] 시머링은 은근하게 오래 끓이는 조리법이다.

3 양식 전채 조리

식욕을 돋우기 위한 요리로 육류, 어패류, 채소류, 치즈류 등을 활용하여 곁들여지는 소스 등을 조리하는 것으로, 메인요리가 나오기 전에 식욕 촉진제로 제공한다. 소금, 식초, 올리브유와 겨자, 마요네즈와 같은 소스류의 양념(콩디망)과 허브, 스파이스를 사용하여 맛을 향상시킨다.

전채 조리의 종류

구분	특징
카나페(Canape)	빵 또는 크래커(Cracker)를 기본으로 얇게 썰어서 여러 가지 모양과 다양한 재료를 올려 만든다.
칵테일(Cocktail)	보통 해산물 또는 과일을 주재료로 하고, 크기를 작고 예쁘게 만들어 차갑고 맛있게 제공한다.
렐리시(Relishes)	셀러리, 무, 올리브, 채소 스틱 등을 예쁘게 다듬어 담고, 소스를 곁들여낸다.

전채 조리의 양념

구분	특징
소금(Salt)	천일염, 정제염, 맛소금
식초(Vinegar)	신맛으로 식욕증진 및 피로회복에 효과
올리브유(Olive Oil)	• 올리브 나무열매의 압착 과정을 거쳐 추출 • 불포화 지방산인 올레인산(Oleic Acid)을 다량 함유 **엑스트라 버진 올리브유(Extra Virgin Olive Oil)**: 한 번의 압착 과정으로 추출한 산도 0.8% 미만의 최상품 **버진 올리브유(Virgin Olive Oil)**: 한 번의 압착 과정으로 추출한 산도 2% 미만의 중간 상품 **퓨어 올리브유(Pure Olive Oil)**: 압착 과정 3~4번째까지 나오는 오일을 정제하고, Virgin 등급을 혼합하여 산도가 2% 이상(보통 5~15%) 최하품. 그냥 올리브유라 부름.
겨자(Mustard)	소스류의 양념(콩디망)
마요네즈(Mayonnaise)	소스류의 양념(콩디망)
허브(Herb)	향, 향미
스파이스(Spice)	향신식물(향기, 소화촉진)

전채 조리에 사용되는 주재료

구분	특징
육류(Meat)	• 부드럽고 단백질이 많은 안심, 등심의 살코기 부위 • 파마햄(Parma Ham), 에어드라이비프(Air Dry Beef), 송아지목젓(Sweetbread), 간(Liver) 등
가금류(Poultry)	• 닭(Chicken), 오리(Duck), 거위(Goose), 꿩(Pheasant), 메추리(Quail) 등 • 테린(Terrine), 훈제(Smoked), 로스트(Roasted), 갈라틴(Galantine) 등
생선류(Fish and Shellfish)	• 바다생선(광어, 도미 등), 민물생선(장어, 은어 등), 극피동물(성게알, 해삼), 갑각류(새우, 가재 등), 연체동물 등 • 타르타르(Tartar), 훈제(Smoked), 세비체(Ceviche) 등
채소류(Vegetable)	• 양상추(Lettuce)—95%의 수분과 탄수화물, 비타민 C 등 함유[락투세린(Lactucerin)과 락투신(Lactucin)의 '알칼로이드' 쓴맛] • 로메인 상추(Romaine lettuce) : 잇몸을 튼튼하게, 잇몸출혈예방 • 당근(Carrot) : 비타민 A, C 함유 • 셀러리(Celery), 양파(Onion)
향신료(Spices)	파슬리, 바질, 딜, 로즈마리, 고수 등

전채 조리에 필요한 조리도구(Kitchen Utensil)

구분	특징
소스냄비(Sauce Pan)	• 손잡이가 길게 한 개 있는 것을 주로 사용 • 달걀을 삶거나 생선을 데칠 때, 소스를 끓일 때 사용
프라이팬(Fry Pan)	• 조리를 빠르게 할 때 사용 • 음식물을 볶거나 튀길 대 사용

[정답] 01 ③ 02 ④

예상문제

01 주로 식욕을 돋우는 역할을 하며, 다음에 나오는 요리에 대해 기대감을 가질 수 있게 해주는 요리는?

① 샌드위치　② 전채요리
③ 수프　　　④ 파스타

02 전채요리를 접시에 담을 때 고려해야 할 내용과 틀린 것은?

① 소스를 많이 뿌려준다.
② 주요리보다 양을 적게 한다.
③ 재료마다 특성을 고려해서 담는다.
④ 접시 바깥으로 나가지 않게 담는다.

> 해설　소스를 적당히 뿌리거나 따로 접시에 담아낸다.

03 전채요리의 종류와 특징이 틀린 것은?

① 칵테일 : 주로 해산물을 사용하며 뜨겁게 제공하는 것이 좋다.
② 렐리시 : 채소들을 소스와 곁들여 제공하는 것이다.
③ 오르되브르 : 우리나라 말로 '전채'라는 뜻으로 식욕촉진을 주로 해준다.
④ 카나페 : 버터를 바른 빵 위에 여러 재료를 올려 만든 것이다.

> 해설　칵테일은 차갑게 제공되어야 한다.

04 마이야르(Mailard) 반응에 영향을 주는 인자로 틀린 것은?

① 수분　② 온도
③ 당의 종류　④ 효소

> 해설　마이야르 반응은 비효소적 갈변으로, 자연발생적으로 계속 일어나는 반응이다.

4 양식 샌드위치 조리

양식 샌드위치 조리는 다양한 샌드위치를 조리하는 것으로, 식사용·티타임용, 파티용 샌드위치가 있다. 샌드위치의 가장 중요한 핵심이 되는 주재료(Main Ingredients)는 샌드위치의 속재료(Filling)로 핫(Hot) 속재료, 콜드(Cold) 속재료로 구분할 수 있다. 핫 샌드위치는 뜨거운 빵과 뜨거운 속재료를 이용하고, 콜드 샌드위치는 상온의 빵과 차가운 속재료를 이용한다.

샌드위치 조리
① 샌드위치(Sandwich)류는 온도, 풍미, 색깔, 맛 등이 중요하다.
② 샌드위치의 5가지 구성요소는 빵, 스프레드, 속재료, 가니시, 양념이다.
③ 콜드 키친(Cold Kitchen) 또는 핫 키친(Hot Kitchen)에서 담당한다.
④ 조리도구는 도마, 칼, 기타 조리도구를 준비한다.
⑤ 주방기기 및 장비는 작업테이블, 싱크대, 냉장고 등이다.
⑥ 냉장고 온도는 2~5℃, 냉동고 온도는 -18℃ 이하의 적정온도를 체크한다.

온도에 따른 분류

분류	특징
핫 샌드위치 (Hot Sandwich)	• 가운데를 썬 빵 사이에 뜨거운 속재료를 넣어 만든 샌드위치 • 육류(육류 패티), 생선류(생선 패티), 채소류(그릴 한 채소), 기타(루벤 샌드위치, 햄버거 샌드위치 등)
콜드 샌드위치 (Cold Sandwich)	• 가운데를 썬 빵 사이에 차가운 속재료를 넣어 만든 샌드위치 • 육류(파스트라미, 살라미, 햄 등), 생선류(훈제류, 게살 등), 유제품류(치즈류), 기타(마요네즈에 버무린 재료, 견과류, 과일 등)

형태에 따른 분류

분류	특징
오픈 샌드위치 (Open Sandwich)	• 얇게 썬 빵에 속재료를 넣고 위에 덮는 빵을 올리지 않고 만든 샌드위치 • 오픈 샌드위치, 브루스케타, 카나페 등
클로즈드 샌드위치(Closed Sandwich)	얇게 썬 빵에 속재료를 넣고 위, 아래에 빵을 덮은 샌드위치
핑거 샌드위치 (Finger Sandwich)	식빵을 클로즈드 샌드위치로 만들어 길게 4~6등분으로 썰어 먹기 좋게 자른 샌드위치
롤 샌드위치 (Roll Sandwich)	빵을 넓고 길게 잘라 속재료를 넣고 김밥처럼 말아 자른 샌드위치 • 속재료(게살, 훈제연어, 참치 등) • 샌드위치, 토르티야 등

샌드위치의 5가지 구성요소

구분	특징
브레드(Bread, 빵)	• 거친 빵보다는 달지 않고 부드러운 빵으로, 두께 1.2~1.3cm 정도 • 바게트빵은 두께 1.5cm 정도가 적당 • 식빵, 바게트, 포카치아, 크루아상, 베이글 등
스프레드(Spread, 얇게 돌려깔기)	• 속재료에서 나오는 수분으로 빵이 눅눅하지 않게 발라주는 방수 코팅제 • 유지류(버터, 마요네즈), 단맛(꿀, 잼), 유제품(치즈류), 매운맛(머스터드), 타페나드(Tapanade) 등 • 스프레드(Spread)의 사용이유 : 코팅제, 접착성, 맛, 감촉 등
필링(Filling, 속재료)	• 신선도, 영양, 맛, 색감 등 고려 • 육류, 가금류, 어패류, 채소류, 치즈류 등
가니시 (Garnish, 고명)	신선한 채소류, 싹류, 과일류 등
꽁디망 (Condiment, 양념)	• 조미료나 음식의 소스, 드레싱 • 습한 양념(올리브류, 피클류), 건조한 양념(소금, 후추, 스파이스 등) • 짠맛, 단맛, 신맛, 쓴맛, 매운맛

식빵(White pan bread) 만드는 순서

식빵 재료 준비 → 반죽(Mixing) → 1차 발효 → 분할(Dividing) → 둥글리기(Rounding) → 중간 발효(Over Head Proof) → 정형(Moulding) → 팬닝(Panning) → 2차 발효 → 굽기(Baking) → 냉각 및 포장(Cooling and Packaging)

(1) 샌드위치 재료 준비

① 식빵, 바게트, 보리빵, 치아바타, 크로아상, 베이글, 토르티야 등의 빵이 사용된다.
② 조리방법(조리법)에는 토스팅, 소테, 팬프라잉, 딥프라잉, 그릴, 찌기, 삶기가 있다.

정답　01 ②　02 ①　03 ①　04 ④

> **핫·콜드 샌드위치 조리 순서**
> 빵 종류 선택 → 스프레드 선택 → 속재료 선택 → 가니시 선택 → 어울리는 곁들임을 세팅
>
> **햄버거 샌드위치 조리 순서**
> 양상추 → 햄버거 → 토마토 → 양파 → 빵

(2) 샌드위치 조리

① 샌드위치에 필요한 5가지 구성 요소인 빵류, 스프레드, 속재료, 가니시, 양념을 준비한다.
② 샌드위치 종류마다 알맞은 주재료와 어울리는 부재료를 사용하여 만들 수 있다.
③ 빵과 재료가 떨어지지 않게 해야 한다.

※ 조리용어
- 스프레드(Spread) : 빵에 바르는 방수코팅 소스로 버터, 마요네즈 같은 기름기가 있고 대체도 가능한 재료이다.
- 단순 스프레드(Simple Spread) : 버터, 마요네즈가 이용되는 소스이다.
- 복합 스프레드(Compound Spread) : 버터, 마요네즈, 머스타드, 앤초비 등이 이용되는 소스이다.
- 속재료(Filling) : 샌드위치 속에 넣는 재료로 맛에 가장 중요한 요소이다.
- 가니시(Garnish) : 샌드위치의 전체적인 완성도에 영향을 미치는 중요한 재료이다.

(3) 샌드위치 완성

① 접시의 모양, 형태, 크기를 시각적인 효과 및 모양을 위해 잘 선택한다.
② 음식의 품질 평가는 크게 음식의 담기, 구성, 맛으로 한다.
③ 샌드위치를 자를 때는 톱질하듯이 잘라야 단면이 예쁘게 잘린다.

> **샌드위치 썰기의 다양한 방법**
> 삼각 3쪽 썰기, 사다리꼴 3쪽 썰기, 사선썰기, 삼각 2쪽 썰기, 삼각 4쪽 썰기, 사각모양 4쪽 썰기, 사각모양 2쪽 썰기, 사각모양 3쪽 썰기, 사선 4쪽 썰기, 사선 3쪽 썰기 등을 기본으로 다양한 방법으로 용도에 맞게 썰어서 완성한다.
>
> **샌드위치요리 플레이팅**
> ① 재료 자체의 고유한 색, 질감 표현하기
> ② 심플하고 청결하고 깔끔하게 완성하기
> ③ 균형감 있게 알맞은 양 담기
> ④ 접시 온도는 요리에 맞게 하기
> ⑤ 플레이팅은 먹기 편하게, 그리고 다양한 맛과 향이 어우러지게 하기

예상문제

01 샌드위치를 담을 때 주의해야 할 점으로 틀린 것은?
① 깨끗하고 심플하게 담아야 한다.
② 접시의 온도는 신경 쓰지 않아도 된다.
③ 재료의 색깔을 잘 표현해야 한다.
④ 고객이 먹기 쉽게 담아야 한다.

해설 샌드위치는 생채소 등이 들어가기 때문에 접시의 온도를 생각해서 담아야 한다.

02 다음 중 샌드위치에 스프레드(Spread)를 사용하는 이유로 틀린 것은?
① 접착역할
② 맛의 향상
③ 코팅역할
④ 예술성

해설 스프레드는 잘 보이지 않기 때문에 예술성과는 거리가 멀다.

03 마요네즈가 분리되는 경우가 아닌 것은?
① 기름의 양이 많았을 때
② 기름을 첨가하고 천천히 저어주었을 때
③ 기름의 온도가 너무 낮을 때
④ 신선한 마요네즈를 조금 첨가했을 때

해설 마요네즈의 분리방지 방법
신선한 마요네즈와 노른자를 조금씩 첨가하여 휘핑하면 분리현상을 방지할 수 있다.

5 양식 샐러드(Salad) 조리

양식 샐러드 조리는 육류, 어패류, 채소류, 유제품류, 가공식품류를 활용하여 단순 샐러드와 복합 샐러드, 각종 드레싱류를 조리하는 것이다. 주요리가 나오기 전 차가운 소스를 곁들여 신선한 채소, 과일 등을 드레싱과 함께 섞어 제공하는 요리로, 음식의 색깔과 채소와 주재료 본연의 맛과 향이 함께 살아 있어야 하며, 샐러드의 특성에 맞는 차가운 온도를 유지가 중요하므로 콜드 키친(Cold Kitchen)에서 조리한다.

(1) 샐러드 재료 준비

① 샐러드마다 적절한 소스(드레싱)를 준비한다.
② 샐러드 종류에 따라 알맞게 재료들을 손질한다.
③ 단순 샐러드용 양상추, 상추, 오이, 당근, 피망, 치커리와 같은 채소류는 깨끗이 세척하여 차가운 물에서 싱싱하게 살려 준비한다.
④ 복합 샐러드에 사용되는 육류, 어패류, 파스타류, 채소류(양파, 피망 등)는 메뉴 특성에 맞게 손질하여 삶기, 굽기, 튀기기, 로스팅한다.
⑤ 복합 샐러드의 경우 드레싱에 버무리기 전 양념을 해준다.

정답 01 ② 02 ④ 03 ④

샐러드의 기본 구성 4가지
- 바탕(Base) : 주로 채소로 구성되며, 주목적은 그릇을 풍성하게 채워주는 역할이다.
- 본체(Body) : 샐러드의 중요한 부분, 즉 주재료가 어떠한 것이 들어가는지에 따라 결정된다.
- 드레싱(Dressing) : 샐러드의 맛을 향상시켜 주는 역할과 소화를 돕는 역할을 한다.
- 가니시(Garnish) : 주로 샐러드를 보기 좋게 하기 위해 사용하지만, 맛을 향상시키는 역할도 한다.

샐러드의 분류
- 순수 샐러드(Simple Salad) : 한 가지 채소로만으로 만들어진 샐러드를 추구했으나, 요즘에는 여러 가지 채소들을 혼합하여 영양, 맛, 색깔 등을 고려한 조화를 이루는 샐러드를 말한다.
- 혼합 샐러드(Compound Salad) : 그대로 제공할 수 있도록 만들어진 완전한 상태의 샐러드를 말하며, 뷔페나 애피타이저로 많이 사용된다.
- 그린 샐러드(Green Salad) : 여러 샐러드나 한 가지 샐러드를 드레싱과 함께 나가는 형태를 말한다.
- 더운 샐러드(Warm Salad) : 드레싱을 살짝 데워 재료와 버무려 만드는 샐러드를 말한다.

샐러드용 채소 손질

분류	특성
채소 세척(Clean)	• 흐르는 물에 여러 번 헹구기 • 3~5℃ 정도의 물에 30분 정도 담그기 • 여린 채소는 상온의 물에 담그기
채소 정선(Cutting)	• 손으로 뜯거나 칼로 잘라 정선하기 • 채소는 속잎, 겉잎, 줄기 순서로 선호
채소의 수분 제거(Dry)	• 수분을 제거하여 뿌린 소스가 샐러드와 잘 어울리게 함 • 보관 전에 물기를 제거해야 저장성이 있음
채소를 용기에 보관하기(Store)	• 넓은 통에 젖은 행주를 깔고 채소를 넣은 후 다시 덮어 보관 • 통의 2/3만 차도록 보관

샐러드의 기본 재료군

분류	특성
육류(Meat)	쇠고기(안심, 등심, 갈비살, 차돌박이), 돼지고기(안심, 등심, 삼겹살 등), 양고기(등심, 갈비살), 육가공품(베이컨, 햄)
해산물류(Seafood)	생선류(광어, 농어, 도미, 참치, 연어), 어패류(전복, 피조개), 조개류(중합, 바지락, 모시조개), 갑각류(새우, 바닷가재), 연체류(문어, 낙지, 주꾸미, 한치, 갑오징어)
채소류(Vegetable)	엽채류(잎), 순새싹(순)류, 경채류(줄기), 근채류(뿌리)류, 과채류, 종실류, 허브류
가금류(Poultry)	닭(가슴살, 다리살), 오리훈제(가슴살)

(2) 샐러드 조리

① 유화에 안정을 주는 재료와 기름, 식초를 넣어서 안정된 상태로 만든다.

② 육류, 어패류, 곡류, 채소는 따로 익혀서 조리한다.

③ 드레싱마다 알맞은 콩디망, 허브, 향신료를 첨가한다.

④ 필요한 경우에는 드레싱에 버무리기 전에 양념한다.

드레싱(Dressing)
- 드레싱 재료는 당근, 양파, 샐러리, 피망, 실파와 같은 채소류와 식초, 겨자, 식용유, 난류 등이다.
- 드레싱은 차가운 유화 소스류, 유제품 기초 소스류, 살사ㆍ쿨리ㆍ퓌레 소스류로 3종류로 나뉜다.

드레싱의 종류

구분	특성
차가운 유화 소스류	• 비네그레트(Vinaigretes) : 기름, 식초를 주재료로 한 드레싱 • 마요네즈(Mayonnaise) : 난황, 오일, 머스터드, 소금, 식초, 설탕을 넣고 만든 차가운 드레싱
유제품 기초 소스류	샐러드드레싱, 디핑 소스(Dipping Sauce)로 사용
살사ㆍ쿨리ㆍ퓌레 소스류	• 살사류(Salsa) : 익혀지지 않은 과일 혹은 채소로 사용 • 쿨리와 퓌레(Coulie & Puree) : 쿨리는 퓌레 혹은 용액의 형태로 잘 졸여지고 많이 농축된 맛을 가진 음식

드레싱의 기본 재료
오일(Oil), 식초(Vinegar), 달걀노른자(Egg Yolk), 소금(Salt), 후추(Pepper), 레몬(Lemon), 설탕(Sugar) 또는 올리고당, 꿀 등

드레싱의 사용 목적
- 차가운 온도의 드레싱이 샐러드의 맛을 더욱더 아삭하게 한다.
- 맛이 순한 샐러드에는 맛과 향, 풍미를 더해 준다.
- 맛이 강한 샐러드를 드레싱이 부드럽게 해준다.
- 입에서 즐기는 식감을 높일 수 있다.
- 식욕을 촉진시키고 소화를 돕는다.

유화 드레싱의 원리와 조리방법

① 유화 드레싱의 원리 : 일시적인 유화인 비네그레트는 아주 잠깐 동안 거품을 내거나, 흔들어주거나, 저어주는 방법의 기계적인 방법을 통해서만 만들어진다. 안정된 상태를 형성하는 유화를 만들기 위해서는 유화제(Emulsifier)가 필요하며, 차가운 소스를 만드는 데에는 난황, 머스터드 등이 있고, 마요네즈는 이런 유화제를 넣고 만든 드레싱이다.

② 유화 드레싱의 조리방법
- 비네그레트 : 머스터드, 소금, 후추 허브 등에 식초를 조금씩 부어가며 거품기로 빠르게 섞어준 다음 천천히 오일을 부으며 젓다 보면 크림 같은 질감이 형성되는 유화에 가니시를 첨가해준다.
- 마요네즈 : 달걀노른자와 머스터드, 소금, 후추를 넣고 거품기로 빠르게 혼합하여 골고루 섞이게 하여 기름을 조금씩 넣어준다. 되직한 질감이 되면 식초를 조금씩 부어가며 조절해주고, 농도는 소프트피크(Soft peak : 윤기가 흐르고, 저었을 때 리본이 그려져서 그대로 약 15초간 머무는 정도의 점성) 정도가 되어야 한다.

③ 유화 드레싱 유분리현상과 복원 방법 : 달걀노른자에 너무 빠르게 기름이 첨가되었을 때나 소스의 농도가 너무 진할 때, 너무 차거나 따뜻하게 되었을 때 '유분리현상'이 생긴다. 이때 멸균 처리된 달걀노른자를 거품이 일어날 정도로 저어주고, 유분리된 마요네즈를 조금씩 부어가면서 다시 드레싱을 만들어 복원한다.

식재료별 조리 방법

구분	특징
육류 조리 방법	① 소고기 • 그릴링(Gilling)과 브로일링(Broiling) : 150~250℃의 열로 직화구이 • 로스팅(Roasting) : 140~200℃ 열로 조리한 로스트 비프(Roast Beef) • 소팅(Sauteing) : 팬에 소량의 기름으로 160~240℃에서 살짝 볶아 주는 방법 ※ 주의할 점 - 재료 - 브레이징(Braising) : 큰 고기를 로스팅 팬에 색깔을 낸 후 그 팬을 디글레이징(Deglazing)한 다음 와인, 육수를 넣고 180℃ 오븐에 조리 - 스튜잉(Stewing) : 작게 자른 고기를 소스와 함께 조리 ② 돼지고기 • 디프 프라잉(Deep Frying) : 160~180℃ 온도의 기름에 잠기게 하여 조리 • 스터 프라잉(Stir Frying) : 웍(Wok)으로 250℃ 이상에서 계속 움직이면서 조리

05 다음 중 전채요리의 조리 특성으로 틀린 것은?

① 예술성이 뛰어나야 한다.
② 주요리보다는 소량으로 만들어야 한다.
③ 적당한 짠맛과 신맛이 있어야 한다.
④ 주요리에 사용하는 재료를 사용한다.

 전채요리는 주요리 전에 나가는 음식이므로 주요리와 재료가 겹쳐서는 안 된다.

6 양식 조식 조리

양식 조식 조리는 육류, 어패류, 채소류, 유제품류, 가공식품류를 활용하여 조식 등에 사용되는 각종 조식요리를 조리하는 것이다. 조식은 아침 식사를 의미하며, 자극적이지 않고 위에 부담을 주지 않는 음식을 많이 먹는다(주로 시리얼이나 달걀, 빵 등을 많이 먹으며, 조찬부에 해당하는 능력단위).

조식의 종류
- 유럽식 아침 식사(Continental Breakfast) : 대륙식 아침 식사로 주스류, 조식용 빵과 커피, 홍차 등 제공
- 미국식 아침 식사(American Breakfast) : 유럽식 아침 식사에 달걀요리, 감자요리, 햄, 베이컨, 소시지 등 제공
- 영국식 아침 식사(English Breakfast) : 미국식 조찬에 육류요리나 생선요리를 제공

(1) 달걀요리 조리

① 등급 표시 : 축산물품질평가원에서는 객관적이고 과학적인 평가 기준에 따라 평가한 달걀을 등급조회서비스를 이용해 등급 정보, 농장 정보(주소, 품종, 일령), 판정일, 브랜드, 집하장 등 생산 정보를 조회할 수 있다.

신선한 달걀
달걀의 껍데기가 거칠고 반점이 없는 것, 세척하지 않은 달걀로 냉장보관된 달걀이 좋다(세척 후 조리).
※ 달걀의 품질은 축산물품질평가원에서 세척한 달걀에 대해 외관 검사, 투광 및 할란 판정을 거쳐 1⁺, 1, 2, 3등급으로 구분하며, 달걀의 무게에 따라 왕란, 대란, 중란, 소란으로 구분한다.

달걀의 등급표시

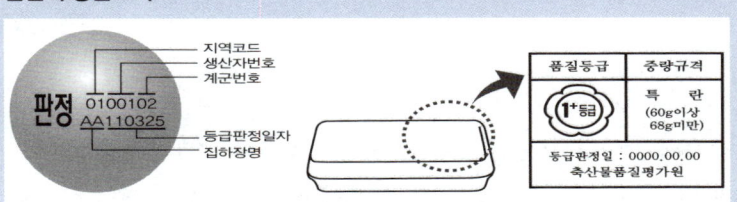

② 달걀요리의 종류 : 건식열을 이용한 방법과 습식열을 이용한 방법으로 구분할 수 있으며, 또한 달걀이 부재료로 들어간 요리로 구분할 수 있다.

㉠ 습식열을 이용한 달걀요리의 종류

- 포치드 에그(Poached Egg) : 90℃ 정도의 뜨거운 물에 식초를 넣고 껍질을 제거한 달걀을 넣고 익히는 방법
- 보일드 에그(Boiled Egg) : 삶은 달걀로, 100℃ 이상의 끓는 물에 넣고 익히는 방법

코들드 에그(Coddled Egg)	100℃ 끓는 물에 30초 정도 살짝 삶은 달걀
반숙 달걀(Soft Boiled Egg)	100℃ 끓는 물에 3~4분간 삶아 노른자가 1/3 정도 익은 달걀
중반숙 달걀(Medium Boiled Egg)	100℃ 끓는 물에 5~7분간 삶아 노른자가 1/2 정도 익은 달걀
완숙 달걀(Hard Boiled Egg)	100℃ 끓는 물에 10~13분간 삶아 노른자가 완전히 익은 달걀

㉡ 건식열을 이용한 달걀요리의 종류

- 달걀 프라이(Fried Egg)

서니 사이드 업(Sunny Side Up)	달걀의 한쪽 면만 익힌 것으로 노른자는 반숙으로 조리
오버 이지(Over Easy Egg)	달걀의 양쪽 면을 살짝 익히고 흰자는 익고 노른자는 익지 않아야 하며, 노른자는 터지지 않게 조리
오버 미디엄(Over Medium Egg)	오버 이지과 같은 방법으로 조리하며, 노른자가 반 정도 익게 조리
오버 하드(Over Hard Egg)	프라이팬 버터나 식용유를 두르고 달걀을 넣어 양쪽을 완전히 익히는 조리

- 스크램블 에그(Scrambled Egg) : 팬에 버터나 식용유를 두르고 달걀을 깨서 넣어 빠르게 휘저어 만든 달걀요리
- 오믈렛(Omelet) : 달걀을 깨서 스크램블 에그로 만들다 프라이팬에 넣어 럭비볼 모양으로 만든 달걀요리(치즈 오믈렛, 스패니시 오믈렛 등)
- 에그 베네딕틴(Egg Benedictine) : 구운 잉글리시 머핀에 햄, 포치드에그를 얹고 홀랜다이즈 소스를 올린 미국의 대표적 요리

(2) 조찬용 빵류 조리

① 아침 식사용(조찬) 빵의 종류

㉠ 토스트 브레드(Toast Bread) : 식빵을 0.7~1cm 두께로 얇게 썰어 구운 빵
㉡ 데니시 페이스트리(Danish Pastry) : 덴마크의 대표적인 빵
㉢ 크루아상(Croissant) : 프랑스의 대표적인 페이스트리
㉣ 프렌치 브레드(French Bread, Bagutte) : 바삭바삭한 식감으로 프랑스의 대표적이며, 주식인 빵
㉤ 브리오슈(Brioche) : 달콤하게 만든 프랑스의 전통 빵
㉥ 잉글리시 머핀(English Muffin) : 영국의 대표적인 빵으로, 달지 않은 납작한 빵
㉦ 호밀 빵(Rye Bread) : 독일의 전통적인 건강 호밀 빵
㉧ 베이글(Bagel) : 가운데 구멍이 뚫린 링 모양
㉨ 스위트 롤(Sweet Roll) : 일반적으로 계핏가루를 넣은 롤빵
㉩ 하드 롤(Hard Roll) : 껍질은 바삭하고 속은 부드러운 빵
㉠ 소프트 롤(Soft Roll) : 둥글게 만든 빵으로 부드럽고 모닝롤로 부른다.

05 ④

② 아침 식사 조리용 빵의 종류
  ㉠ 프렌치토스트(French Toast) : 건조해진 빵을 부드럽게 만드는 조리법으로, 달걀과 계핏가루, 설탕, 우유에 빵을 담가 버터를 두르고 팬에 구워 잼과 시럽을 곁들인다.
  ㉡ 케이크(Pancake) : '핫케이크'라고도 하며, 밀가루, 달걀, 물 등으로 만들어 프라이팬에 굽는다.
  ㉢ 와플(Waffle) : 벌집 모양으로 바삭한 맛을 가지고 있어 아침 식사, 브런치, 디저트로 활용

조찬용 빵류에 사용되는 조리도구
① 토스터(Toaster) : 식빵이나 빵을 굽는 기구
② 가스 그릴(Gas Grill) : 팬케이크나 채소를 볶을 때 사용
③ 프라이팬(Frypan) : 팬케이크를 굽거나 부재료를 조리할 때 사용
④ 스패출러(Grill Spatula) : 뜨거운 음식을 뒤집거나 옮길 때 사용
⑤ 와플 머신(Waffle Machine) : 다양한 모양의 와플을 만들 때 사용

(3) 시리얼류(Cereals) 조리

쌀, 귀리, 밀, 옥수수, 기장 등으로 만든 곡물요리로 더운 시리얼과 찬 시리얼이 있다. 아침식사 대용으로 곡물의 가공식품을 우유, 음료 등과 함께 먹는 것이다(시리얼류는 쌀, 보리, 밀, 귀리, 옥수수 등으로 풍부한 영양소와 함께 소화가 잘 되며, 차갑게나 뜨겁게 먹을 수 있음).

시리얼류에 사용되는 조리도구
믹싱 볼(Mixing bowl), 소스 냄비(Sauce pot), 스토브(Stove), 국자(Ladle), 나무 스패출러(Wooden spatula) 등

① 차가운 시리얼(Cold Cereals) : 바로 먹을 수 있는 시리얼로, 주로 우유나 주스를 넣어 아침식사 대용으로 먹는다.
  ㉠ 차가운 시리얼의 종류 및 특징

콘플레이크(Cornflakes)	옥수수를 구워서 얇게 으깨어 만든 것
라이스 크리스피(Rice Crispy)	쌀을 바삭바삭하게 튀긴 것
올 브랜(All Bran)	밀기울을 으깨어 가공한 것
레이진 브렌(Raisin Bran)	밀기울 구운 것과 건포도를 섞은 것
시레디드 휘트(Shredded Wheat)	밀을 으깨어서 사각형으로 만든 비스킷
버처 뮤즐리(Bircher Muesli)	• 오트밀(귀리)을 기본으로 견과류를 넣은 아침 식사 • 오트밀, 견과류, 과일 등을 우유나 요구르트에 섞은 후 냉장고에 보관하였다가 먹는 것

② 뜨거운 시리얼(Hot Cereals)
  ㉠ 오트밀(Oatmeal) : 아침 식사로 스코틀랜드에서 이용해 왔으며, 식이섬유소가 풍부하다. 볶은 귀리를 볶은 후 거칠게 부수거나 납작하게 누른 것이다.

시리얼의 부재료
• 생과일(Fresh Fruits) : 수분이 많고 비타민, 칼륨, 무기질 등 각종 영양소가 많다.
  예 딸기(Strawberry), 바나나(Banana), 사과(Apple) 등
• 건조 과일(Dry Fruits) : 과일을 건조시키면 수분이 적어 보관이 쉽고, 단백질, 탄수화물, 지방, 무기질, 식이섬유 등 각종 영양소가 많다.
  예 건포도(Raisin), 블루베리(Blueberry), 건살구(Apricot) 등
• 견과류(Nut) : 마른껍질로 감싸고 있는 과일류로 각종 영양소가 많다.
  예 아몬드(Almond), 마카다미아 너트(Macadamia Nut), 호두(Walnut) 등

예상문제

01 위에 부담을 주지 않아야 하며, 주로 달걀요리, 빵류, 시리얼 등을 먹는 아침 식사를 의미하는 설명으로 옳은 것은?
① 중식 ② 조식
③ 수프 ④ 석식

02 건식열을 이용한 달걀요리로 틀린 것은?
① 달걀 프라이 ② 서니 사이드 업
③ 스크램블 ④ 보일드 에그

해설 보일드 에그는 습식열을 이용한 조리법이다.

03 차가운 시리얼의 특징으로 틀린 것은?
① 콘플레이크 : 옥수수가 주원료이며, 표면에 설탕을 입힌 시리얼
② 라이스 크리스피 : 쌀을 튀겨서 만든 것
③ 레이진 브랜 : 귀리로 만든 시리얼이며, 우유 등을 넣어서 걸쭉하게 먹는 것
④ 버처 뮤즐리 : 귀리를 주로해서 견과류 등을 첨가한 시리얼

해설 레이진 브랜은 구운 밀기울에 건포도를 넣은 것이다.

04 머랭을 만들고자 할 때 설탕첨가는 어느 단계에서 하는 것이 효과적인가?
① 처음 젓기 시작했을 때
② 거품이 생기려고 할 때
③ 충분히 거품이 생겼을 때
④ 거품이 없어졌을 때

해설 머랭 제조 시 거품을 충분히 낸 후 마지막 단계에 설탕을 넣어주면 거품이 안정된다.

7 양식 수프 조리

양식 수프 조리는 육류, 어패류, 채소류, 스톡류 등을 활용하여 메뉴에 사용되는 수프를 조리하는 것이다. 수프는 육류, 생선류, 채소류, 뼈 등을 단독 또는 결합하여 향신료를 넣어 찬물에 약한 불로 삶아 우려낸 국물을 기초로 만든 국물요리로, 질감·향미·색채·온도가 중요하다.

(1) 수프 재료 준비

① 수프의 구성 요소

구성요소	특성
육수(Stock)	• 수프의 맛을 내는 가장 기본적인 요소이다. • 육류, 어패류, 채소류 등의 식재료의 맛을 낸 것이다.
루(Roux)	• 루는 녹인 버터에 밀가루를 동량으로 넣어 볶은 것이다. • 색에 따라 화이트 루(White Roux), 블론드 루(Blond Roux), 브라운 루(Brown Roux)로 나눈다.
곁들임(Garnish)	• 수프를 만들 때 사용한 재료들을 상황에 맞게 적절한 크기로 잘라서 사용한다. • 크루통(Crouton), 덤블링(Dumpling), 파슬리 등이다.
허브와 향신료(Herb & Spice)	풍미증진, 식욕촉진, 방부작용, 산화방지 등의 역할을 한다.

② 수프의 종류(Kind of Soup) : 농도에 따라서 맑은 수프(Clear Soup)와 진한 수프(Thick Soup), 온도에 따라서 뜨거운 수프(Hot Soup)와 차가운 수프(Cold Soup)로 분류한다.

종류	특징
맑은 수프(Clear Soup)	색깔이 깔끔하고 투명한 색을 지니고 있으며, 그 국물에 맛이 스며들어 맛을 느낄 수 있게 한다.
크림과 퓨레 수프(Cream and pureed soups)	가장 대중적인 수프의 일종인 크림수프는 주재료 자체로 농도를 내거나 그렇지 않을 경우 다른 재료를 이용하여 농도를 조절하는 방법이다.
비스크 수프(Bisque soups)	새우(Prawn)나 바닷가재(Lobster) 등의 갑각류의 껍질을 으깨서 채소류와 함께 우러나오게 끓이는 진하고 크리미한 프랑스의 전통 수프이다.
차가운 수프(Cold soups)	최근에는 차가운 수프를 빵 종류보다는 신선한 과일, 채소를 퓨레(Puree)로 만들어 크림, 다른 가니시(곁들임)를 곁들이고 있다.
스페셜 수프(Special soup)	프랑스의 양파 수프인 Onion Gratin Soup(어니언그라탱 수프), 이탈리아의 채소 수프인 Minestrone(미네스트론) 등이 있다.

(2) 수프 조리

> 참고
> • 수프마다 곁들임의 양과 수프의 비율을 조절할 수 있다.
> • 스톡을 끓일 때 떠오르는 불순물 등을 제거할 수 있다.
> • 수프의 향과 색, 농도를 잘 맞출 수 있다.
> • 수프마다 주 향을 가진 재료를 순서대로 볶을 수 있다.
> • 농후제에는 소스나 수프의 농도를 조절하는 것으로 루, 전분, 베르마니, 달걀이 있다.

① 농도(Concentration)에 의한 수프 조리

구분		특성
맑은 수프(Clear soup)		농축하지 않은 맑은 스톡[콘소메(Consomme), 미네스트론(Minestrone)]
진한 수프(Thick soup)		농후제를 사용한 걸쭉한 수프
	크림(Cream)	• 베샤멜(Bechamel) : 화이트 루(White Roux)에 우유를 넣고 만든 수프 • 벨루테(Veloute) : 블론드 루(Blond Roux)에 닭 육수를 넣고 만든 수프
	포타주(Potage)	재료 자체의 녹말 성분을 이용하여 걸쭉하게 만든 수프
	퓌레(Puree)	채소를 잘게 분쇄한 것으로 부용(Bouillon)과 함께 만든 수프
	차우더(Chowder)	감자, 게살, 우유를 이용한 크림수프
	비스크(Bisque)	갑각류를 이용한 브드러운 수프

② 온도(Temperature)에 의한 수프 조리

구분	특성
가스파초(Gazpacho)	채소를 믹서에 간 후 체에 걸러 빵가루, 마늘, 올리브유, 식초를 넣어 간을 하여 걸쭉하게 만든 차가운 수프
비시스와즈(Vichyssoise)	• 차가운 수프의 일종이다. • 감자를 삶아 체에 내리기 → 퓨레 만들기 → 대파의 흰 부분을 잘게 썰어 함께 볶기 → 육수(Stock)를 넣고 끓이기 → 크림, 소금, 후추로 간하기 → 차갑게 식히기

③ 지역(Region)에 따른 수프 조리

구분	특성
부야베스(Bouillabaisse) : 프랑스 남부	생선 스톡에 다양한 생선과 바닷가재, 갑각류, 채소류, 올리브유를 넣고 끓인 생선 수프
옥스테일 수프(Ox-Tail Soup) : 영국	소꼬리(Ox-Tail), 베이컨(Bacon), 토마토퓨레(Tomato Puree) 등을 넣고 끓인 수프
이탈리안 미네스트로네(italian Minestrone) : 이탈리아	각종 채소와 베이컨(Bacon), 파스타(Pasta)를 넣고 끓인 수프
헝가리안 굴라시 수프(Hungarian Goulash Soup) : 헝가리	파프리카 고추로 진하게 양념하여 매콤한 맛의 쇠고기와 채소의 스튜(Stew)
보르스치 수프(Borscht Soup) : 러시아	러시아와 폴란드식 수프로 신선한 비트를 만든 수프로 차갑거나 뜨겁게 가능

(3) 수프요리 완성

① 수프의 조리와 마무리하기

㉠ 콘소메와 같이 맑은 수프는 서서히 끓여서 향과 맛을 최상으로 만들어야 한다.

㉡ 루(Roux)를 사용하는 수프는 바닥에 눌지 않도록 서서히 저어가며 끓인다.

㉢ 끓이는 동안 찌꺼기, 거품을 제거하여 최상의 맛과 질감, 모양을 만든다.

② 수프요리 담기 고려 사항

㉠ 수프 재료 자체가 가지고 있는 고유의 색상, 맛, 질감을 표현한다.

㉡ 보기 좋게 하고 청결하며, 깨끗하게 담는다.

㉢ 요리에 알맞은 양을 균형감 있게 담는다.

㉣ 먹기 좋게 플레이팅한다.

㉤ 음식과 접시의 온도관리를 철저히 한다.

㉥ 식재료의 조합으로 인한 맛과 향의 공존이 필요하다.

ⓒ 복합 조리(Combination Heat Cooking)

종류	특징
브레이징(Braising)	브레이징 팬에 채소류, 소스, 한번 구운 고기 등을 넣고 뚜껑을 덮은 뒤 150~180℃의 온도에서 천천히 조리하는 방식
스튜잉(Stewinh)	기름을 두른 팬에 육류, 가금류, 미르포아, 채소류 등을 넣고 익힌 후 브라운 스톡이나 그래비 소스를 넣어 끓이는 방식

ⓓ 비가열 조리(No Heat Cooking)
- 수비드(Sous Vide) : 비닐 안에 육류나 가금류, 조미료, 향신료 등을 넣고 55~65℃ 정도의 낮은 온도에서 장시간 조리하는 방식

② 소스의 분류 : 5모체 소스는 브라운 소스(Brown Sauce) 또는 에스파뇰 소스(Espagnol Sauce), 벨루테 소스(Veloute Sauce), 베샤멜 소스(Bechamel Sauce), 토마토 소스(Tomato Sauce), 홀렌다이즈 소스(Hollandaise Sauce)로 분류한다.

종류	특징
브라운 소스 (Brown Sauce)	• '에스파뇰 소스(Espagnole Sauce)'라고도 한다. • 파생 소스로는 샤토브리앙 소스(Chateaubriand Sauce), 마데이라 소스(Madeira Sauce), 레드와인 소스(Red Wine Sauce), 트러플 소스(Perigueux Sauce) 등이 있다.
벨루테 소스 (Veloute Sauce)	• 흰색육수 소스로 화이트 스톡에 루(Roux)를 사용하여 농도를 낸다. • 파생 소스로는 베르시 소스(Bercy Sauce), 카디날 소스(Cardinal Sauce), 노르망디 소스(Normandy Sauce), 오로라 소스(Aurora Sauce), 호스래디시 소스(Horseradish Sauce), 알부페라 소스(Albufera Sauce) 등이 있다.
토마토 소스 (Tomato Sauce)	• 토마토, 채소류, 브라운 스톡, 농후제 또는 허브, 스파이스 등을 혼합하여 퓌레 형식으로 농도를 조절하여 만든다. • 파생 소스로는 프랑스식 토마토소스(Creole Tomato Sauce), 밀라노식 토마토소스(Milanese Tomato Sauce), 이탈리안 미트소스(Bolognese Sauce) 등이 있다.
베샤멜 소스 (Bechamel Sauce)	• '우유 소스'라고도 한다. • 파생 소스로는 크림소스(Cream Sauce), 모네이 소스(Mornay Sauce), 낭투아 소스(Nantua Sauce), 모네이 소스(Mornay Sauce) 등이 있다.
홀렌다이즈 소스 (Hollandaise Sauce)	• '유지 소스'라고도 한다. • 파생 소스로는 베어네이즈 소스(Bearnaise Sauce), 쇼롱 소스(Choron Sauce), 샹티이 소스(Chantilly Sauce), 말타이즈 소스(Maltaise Sauce) 등이 있다.

(3) 육류요리 완성

① 육류요리 플레이팅의 원칙
  ㉠ 재료 자체가 가지고 있는 고유한 맛과 색감, 질감 표현을 한다.
  ㉡ 요리는 청결하고 심플하며, 깔끔하게 담는다.
  ㉢ 접시에 알맞은 양을 균형감 있게 담는다.
  ㉣ 고객이 먹기 편하게 담는다.
  ㉤ 요리 온도에 맞게 제공하기 위해서 접시의 온도를 체크한다.
  ㉥ 식재료의 조합으로 인한 다양한 맛과 향이 어울어지도록 담는다.
  ㉦ 위생적으로 담는다.

예상문제

01 육류에 간을 배게 하고, 잡내 제거, 육질이 단단한 고기를 부드럽게 해주는 역할을 하는 것으로 옳은 것은?
① 미르포아 ② 부케가르니
③ 마리네이드 ④ 디글레이징

02 육류를 조리할 때 건열식 조리 방법으로 틀린 것은?
① Grilling(석쇠구이) ② Simmering(시머링)
③ Roasting(로스팅) ④ Frying(튀김)

해설 시머링은 습열식 조리법이다.

03 5대 모체 소스로 틀린 것은?
① 벨루테 소스 ② 토마토 소스
③ 볼로네즈 소스 ④ 베샤멜 소스

해설 5대 모체 소스
벨루테 소스, 토마토 소스, 베샤멜 소스, 브라운 소스(에스파뇰 소스), 홀렌다이즈 소스

04 육류를 조리할 때 습열식 조리 방법으로 틀린 것은?
① Poaching(포칭)
② Blanching(데치기)
③ Glazing(글레이징)
④ Gratinating(그레티네이팅)

해설 그레티네이팅은 건열식 조리법이다.

9 양식 파스타 조리

양식 파스타 조리는 파스타와 육류, 어패류, 채소류, 유제품류, 가공식품류를 활용하여 파스타와 곁들여지는 소스를 조리하는 것이다.

(1) 파스타 재료 준비

① 파스타와 밀 : 밀은 특성에 따라 일반밀과 듀럼밀로, 단백질의 정도에 따라 강력, 중력, 박력으로 분류한다.

종류	특징
일반밀(연질 소맥)	빵과 케이크, 과자류 등 오븐 요리에 주로 사용
듀럼밀(경질 소맥)	• 파스타의 제조에 주로 사용 • 제분하면 다소 거친 노란색을 띠는 세몰리나(Semolina)라는 루가 만들어짐 • 글루텐 함량이 연질밀보다 많아 파스타의 점성과 탄성을 높여 좋음

② 파스타의 종류

종류	특징
건조 파스타 (Dry Pasta)	• 건조 파스타는 경질 소맥인 듀럼밀을 거칠게 제분한 세몰리나를 주로 이용 • 밀가루와 물 등을 사용하여 면을 만든 후 건조시킨 파스타

정답 01 ③ 02 ② 03 ③ 04 ④

종류	특징
생면 파스타 (Fresh Pasta)	• 밀가루와 물 등을 사용하여 직접 만든 파스타 • 달걀노른자는 파스타의 색상, 반죽의 질감, 맛을 좋게 함 • 달걀흰자는 반죽을 단단하게 뭉치게 함
인스턴트 파스타 (Instant Pasta)	공장에서 대량 생산된 건면 형태의 파스타

③ 다양한 생면 파스타

종류	특징
라비올리 (ravioli)	만두와 비슷한 형태로 사각형 모양을 기본으로 원형, 반달 등 다양한 모양을 만들 수 있음
탈리아텔레 (Tagliatelle)	• 이탈리아 에밀리아로마냐주에서 주로 이용 • 면은 쉽게 부서지지만, 소스가 잘 묻어 진한 소스를 사용
탈리올리니 (Tagliolini)	달걀과 다양한 채소를 넣어 면을 만들고, 소스는 크림, 치즈, 후추 등을 사용
파르팔레 (Farfalle)	충분히 말려서 사용하고 부재료는 닭고기와 시금치를 사용하며, 크림소스에 잘 어울림
토르텔리니 (tortellini)	• 속을 채우는 재료는 일반적으로 버터나 치즈를 사용 • 맑고 진한 묽은 수프 또는 크림을 첨가
오레키에테 (Orecchiette)	소스가 잘 입혀지도록 안쪽 면에 주름이 잡혀야 하며, 부서지지 않아 휴대가 쉬움

④ 파스타에 필요한 소스

종류	특징
조개 육수	기본적인 해산물 파스타요리, 갑각류에 사용 하며, 30분 이내로 끓여 사용(바지락, 홍합, 모시조개 등) 예 맑은 조개 수프로 맛을 낸 '토르텔리니' : 만두 같은 형태로 맑은 수프로 어울린다.
화이트 크림 소스	밀가루, 버터, 우유를 주재료로 만들며, 색이 나지 않도록 볶아 화이트 루를 만들어 사용 예 화이트 크림소스로 맛을 낸 '파르팔레' : 나비넥타이 모양으로 기본 소스로 잘 어울림.
볼로네즈 소스 (볼로냐식 라구 소스)	이탈리아식 미트소스로, 재료를 농축한 진한 맛이 날 때까지 끓여 부드러운 맛을 냄 예 볼로네제 소스로 맛을 낸 '라비올리' : 가장 잘 알려진 소를 채운 파스타로 진한 소스가 어울림
토마토 소스	토마토의 당도와 농축된 감칠맛을 기본으로 다른 재료를 추가 사용하며, 믹서보다는 으깬 후 끓여 사용 예 버섯과 토마토소스로 맛을 낸 '탈리아텔레' : 넓적한 면으로 진한 소스가 어울림
바질 페스토 소스	보관하는 동안 페스토가 산화되거나 색이 변하는 것을 지연시키기 위해 바질을 끓인 소금물에 데쳐 사용 예 브로콜리와 바질 페스토를 곁들인 '오레키에테' : 쫄깃한 질감과 브로콜리, 바질 페스토로 맛을 내고, 홈 사이로 소스가 배어 잘 어울림

※ 파스타 소스 : 오일과 버터를 기초로 한 단순 소스, 크림 베이스 파스타 소스, 해산물 소스, 채소류 소스, 고기 소스 등

(2) 파스타 조리

파스타 종류별 면 삶는 시간은 뇨끼 5분, 라자냐 7분, 까네로니 7분, 스파게티 8분, 라비올리 8분이다.

※ 여러 형태의 파스타 : 라자냐(Lasagna), 라비올리(Ravioli), 까네로니(Cannelloni), 뇨끼(Gnocchi), 리조또(Risotto) 등

① 파스타 올바르게 삶기

㉠ 삶는 냄비는 깊이가 있는 냄비가 알맞다.
㉡ 100g의 파스타는 1리터 정도의 물에서 삶는다(10배의 물).
㉢ 소금을 넣고 삶는다(밀 단백질에 영향과 파스타의 풍미, 면에 탄력을 줌).
㉣ 면수는 파스타 소스의 농도를 잡아주고, 올리브유가 분리되지 않게 한다.
㉤ 파스타를 넣을 때 서로 달라붙지 않도록 분산되게 넣고 잘 저어야 한다.
㉥ 파스타를 삶을 때 소스와 함께 버무려지는 시간까지 계산해서 삶는다.
㉦ 알덴테(Al Dente)는 파스타를 삶는 정도를 말한다(입안에서 느껴지는 알맞은 상태).
㉧ 파스타는 삶은 후 바로 사용해야 한다.
㉨ 원하는 식감을 얻을 수 있도록 적당하게 삶아야 한다.
㉩ 씹히는 정도가 느껴져야 한다.

② 파스타의 특징 및 소스 선택법

㉠ 파스타는 다양한 조리법을 가지고 있다(샐러드, 오븐을 이용한 파스타 등).
㉡ 파스타는 만드는 사람에 따라 다양함을 추구한다.
㉢ 파스타의 부재료들은 소스를 통해 파스타의 맛과 향을 보충해 준다.
㉣ 파스타 삶은 물은 파스타에 수분, 질감, 색을 유지하도록 도움을 준다.
㉤ 부재료의 올리브유, 토마토, 소금, 치즈 등은 소스의 특징을 살리는 데 중요하다.
㉥ 소스의 선택과 소스에 어울리는 부재료의 선택이 파스타의 품질을 결정짓는다.
㉦ 파스타의 길이와 모양은 특정한 소스를 사용하여 개성을 추구할 수 있다.
㉧ 길이가 짧은 파스타는 소스와의 조화가 강조되고, 진한 질감의 소스를 사용한다.
㉨ 넓적한 면 파스타는 치즈와 크림 등이 들어간 진한 소스가 어울린다. 예 탈리아텔레
㉩ 파스타 소스는 전통과 현대적인 감각의 조화를 이룬다.
㉪ 세계적으로 관심과 인기 있는 음식이다.

③ 파스타의 형태와 소스와의 조화

종류	특징
길고 가는 파스타	토마토소스, 올리브유를 이용한 소스 등
길고 넓적한 파스타	프로슈토, 파르미지아노 레지아노 치즈, 버터 등
짧은 파스타	전체적으로 잘 어울리며, 가벼운 소스, 진한 소스 등
짧고 작은 파스타	샐러드, 수프의 고명 등

④ 파스타에 필요한 기본 부재료

종류	특징
올리브 오일	파스타에는 담백한 향미와 농도감을 위해 최상품인 엑스트라 버진 올리브오일을 사용한다.
후추	• 음식의 변질을 막는 항균작용을 하며, 매운맛을 내는 '피페린 성분'이 음식의 대사작용을 촉진시킨다. • 통후추를 직접 가는 도구를 이용해 신선한 맛을 느낄 수 있다.

소금	밀 단백질에 영향과 파스타의 풍미, 면에 탄력을 준다.
토마토	부재료의 올리브유, 소금, 치즈 등과 함께 소스의 특징을 살리는 데 중요한 역할을 한다.
치즈	• 치즈의 파스타에 부드러운 질감을 준다. • 이탈리아의 치즈는 지방 고유의 기후와 생태환경에 따라 치즈의 성질을 구분하며, 고르곤졸라나 파르미지아노 레지아노와 상표는 원산지 통제 명칭 등을 사용한다. 파르미지아노 레지아노 치즈(파마산 치즈): 1년 이상 숙성, 고급제품은 4년 정도 숙성 그라나 빠다노 치즈: 이탈리아의 북부 지역에서 소젖으로 만든 압축가공 치즈
버터	파스타에 부드러운 질감을 준다.
스파이스	파스타의 고유의 맛, 풍미를 주는 필수재료 예 넛맥-달콤하고 독특한 향, 페페론치노-매운맛, 샤프란-파스타의 풍미 및 색 등
허브	파스타의 맛, 향과 신선함을 주는 필수재료 예 바질-기본으로 많이 사용, 오레가노-상쾌한 맛, 처빌-부드러운 맛과 장식용 타임-산미와 씁쓸한 특유의 향, 루꼴라-부드러운 매운맛과 톡쏘는 향, 이탈리안 파슬리-특별한 향과 장식, 세이지-자극적인 맛이 있어 지방이 많은 음식에 사용

(3) 파스타요리 완성

① 미리 삶아 식혀 놓은 뒤에 데워서 사용 가능하다.
② 베이컨을 사용한 볼로네제 소스는 오래 졸여준다.
③ 화이트 크림을 만들 때는 타는 것을 방지한다.
④ 원통형이나 홈이 파인 파스타는 구멍이나 홈이 파인 곳에 소스가 들어가 씹는 촉촉함을 느끼게 한다.
⑤ 파스타요리는 소스 위에 면을 올려 각각의 질감을 얻을 수도 있다.
⑥ 북부지역은 주로 고기, 버섯, 유제품 등을 주로 사용한다.
⑦ 남부지역은 해산물, 토마토, 가지, 진한 향신료 등을 주로 사용한다.

예상문제

01 생면 파스타의 종류로 틀린 것은?

① 탈리아텔레 ② 파르팔레
③ 카펠리니 ④ 토르텔리니

해설 생면 파스타의 종류
탈리아텔레, 토르텔리니, 오레키에테, 파르팔레, 탈리올리니 등

02 파스타의 기본 부재료인 올리브 오일에 대한 설명으로 틀린 것은?

① 소스 또는 드레싱을 만들 때 사용한다.
② 음식의 촉촉함을 유지한다.
③ 스파이스나 허브를 첨가하여 사용한다.
④ 열전도가 빠르기 때문에 고온에서 단시간 요리에 적합하다.

해설 올리브 오일은 열전도가 느리기 때문에 저온에서 장시간 요리를 하는 요리에 적합하다.

03 플레이팅의 기본 원칙에 대한 설명으로 옳은 것은?

① 접시 바깥으로 벗어나도 상관없다.
② 간격과 질서에 상관없이 담아도 된다.
③ 소스를 통해서 모양이나 색이 망가지는 것을 피한다.
④ 가니시는 되도록이면 많이 넣는다.

10 양식 소스 조리

소스 조리는 육류, 어패류, 채소류, 스톡류 등을 활용하여 조리에 사용되는 소스를 조리하는 것이다.

(1) 소스 재료 준비

① 농후제: 소스나 수프의 농도를 조절하는 것으로 루, 전분, 베르마니, 달걀 등이 있다.
② 농후제의 종류

종류	특징
루(Roux)	• 루는 녹인 버터에 밀가루를 동량으로 넣어 볶은 것으로 농후제이다. • 색에 따라 화이트 루(White Roux), 블론드 루(Blond Roux), 브라운 루(Brown Roux)로 나누고, 요리의 특징에 따라 적합한 것을 사용한다.
베르마니 (Beurre Manie)	• '베르마니'는 부드러운 버터에 밀가루를 섞은 것으로, 소스나 수프의 농도를 맞출 때 사용한다. • 주로 향이 강한 소스의 농도를 맞추는 것에 사용하는데, 버터와 밀가루를 동량 섞어 만든다.
전분(Cornstarch)	전분은 차가운 물과 섞어서 준비하고 소스나 육수가 끓기 시작하면 섞어주며, 종류로는 옥수수전분, 감자전분, 칡전분 등이 있다.
달걀(Eggs)	대표적으로 앙글레이즈가 있는데, 달걀노른자를 이용하여 농후제 역할을 한다.
버터(Butter)	• 60°C 정도의 따뜻한 소스로 사용한다. • 버터의 농도를 이용한 블루블랑(Beurre Blanc) 등

(2) 소스 조리

① 5모체 소스: 브라운 소스(Brown Sauce) 또는 에스파뇰 소스(Espagnol Sauce), 벨루테 소스(Veloute Sauce), 베샤멜 소스(Bechamel Sauce), 토마토 소스(Tomato Sauce), 홀렌다이즈 소스(Hollandaise Sauce)

종류	특징
브라운 소스 (Brown Sauce)	• '에스파뇰 소스(Espagnole Sauce)'라고도 한다. • 가장 중요한 소스 중의 하나로 브라운 스톡과 브라운 루, 미르포아, 토마토를 주재료로 만들어 데미글라스(Demi glace)로 육류에 사용한다. • 오랜 시간 동안 끓이기 때문에 향과 맛, 풍미를 깊숙하게 느낄 수 있다.
벨루테 소스 (Veloute Sauce)	• 흰색 육수 소스로 화이트 스톡에 루(Roux)를 사용하여 농도를 낸다. • 송아지 육수, 닭 육수, 생선 육수 각각에 연갈색 루(Blond Roux)를 넣어 끓여서 만든다. • 대표적으로 비프 벨루테, 치킨 벨루테, 휘시 벨루테가 있다.

정답
01 ④ 02 ④ 03 ③

CHAPTER 03 중식

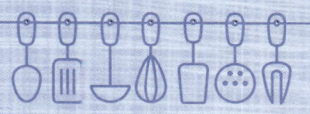

반드시 알아야 할 핵심개념
중국 요리의 특성, 기본썰기, 육수, 볶음 요리 조리법, 오색, 디저트 용어

1 중식 기초 조리실무

중국요리의 특성
중국요리는 지역적인 특색에 따라 북경요리, 남경요리, 남동요리, 사천요리를 4대 요리라고 부른다.

(1) 기본 칼 기술 습득

① 셰프 나이프(Chef's Knife) : 가장 기본적인 칼로 채소를 썰거나 향신료를 다질 때 사용한다. 튼튼하며 넓고 강도가 강한 칼날을 가진 나이프

② 필링 나이프(Peeling Knife) : 고구마, 감자, 무, 과일, 채소 등의 껍질을 벗기거나 썩은 부위를 도려내기 위한 나이프

③ 베지터블 나이프(Vegetable Knife) : 채소용 식칼로 강한 칼날이 특징이며, 작은 과일이나 채소를 손질하는 것에 사용되는 나이프

④ 보닝 나이프(Boning Knife) : 생선이나 고기의 가시나 뼈를 발라내는 칼이며, 끝이 뾰족하고 날이 얇으며 짧고 좁은 소형 나이프

⑤ 산토쿠 나이프(Santoku Knife) : 넓고 날카로운 날을 가진 칼이며, 고기·생선·채소의 밑손질 등 폭넓게 사용되는 아시아에서 주로 사용되는 나이프

⑥ 중국 주방용 칼(Chinese Chef's Knife) : 중국식 칼로 크기가 크고 네모나며, 무게가 있고 고기, 생선, 채소의 손질 등 폭넓게 사용되는 나이프

중국 칼의 종류
- 채도(菜刀, cài dāo, 차이 다오) : 채소를 손질할 때 사용하는 칼
- 딤섬도(點心刀, dian sin dāo, 디엔 신 다오) : 딤섬 종류의 소를 넣을 때 사용하는 칼
- 조각도(雕刻刀, diāo kèdāo, 띠아오 커 다오) : 조각칼

중국 조리의 기본 썰기 방법
- 조(條, tiáo, 티아오) : 채썰기
- 곤도괴(滾刀塊, dāo kuài, 다오 콰이) : 재료를 돌리면서 도톰하게 썰기
- 니(泥, ní, 니) : 잘게 다지기
- 미(粒, lì, 리)/입(末, wèi, 웨이) : 쌀알 크기 정도로 썰기
- 정(丁, dīng, 띵) : 깍둑썰기
- 편(片, piàn, 피엔) : 편썰기
- 사(絲, sī, 쓰) : 가늘게 채썰기

(2) 조리기구의 종류와 용도

중화팬	음식을 볶을 때 사용하는 프라이팬으로 무쇠로 만들어져 있다.
편수팬	프라이팬 모양으로, 구멍이 뚫려 있어 식재료를 물이나 기름에서 건져낼 때 사용한다.
국자	식재료를 볶을 때뿐만 아니라 식재료를 덜어 사용할 때에도 이용한다.
도마	식재료를 자를 때 칼과 함께 사용한다.
제면기	면을 뽑거나 만두피를 밀 때 사용한다.
대나무 찜기	식재료나 딤섬을 쪄서 낼 때 사용한다.

(3) 식재료 계량방법

① 조리에 사용되는 계량의 단어와 약자

계량 단위		용량	1ts 기준 환산
1작은술(1tea spoon, 1ts)		5㎖	1작은술
1큰술(1Table spoon, 1Ts)		15㎖	3작은술
1컵(cup)	미터	200㎖	13작은술
1컵(cup)	쿼트	240㎖	16작은술

② 조리에 사용되는 온도 계산법
㉠ 화씨를 섭씨로 고치는 공식 : $℃=(℉-32)/1.8$
㉡ 섭씨를 화씨로 고치는 공식 : $℉=(1.8×℃)+32$

조리에서 대표적으로 사용되는 온도의 구분

구분	섭씨(℃)	화씨(℉)
냉동고	-18℃	0℉
물이 어는 온도	0℃	32℉
냉장고	4℃	40℉
데치기	82℃	180℉
끓이기	100℃	212℉
튀기기	180℃	356℉

③ 물을 계량하는 법

컵(cup)	파인트(pint)	쿼트(quart)	온스(ounce)	파운드(pound)	그램(gram)
1/2cup	1/4pint	1/8quarts	4.15ounces	1/6pound	75grams
1cup	1/2pint	1/4quarts	8.3ounces	1/3pound	150grams
2cup	1pint	1/2quarts	16.62ounces	1pound	453.6grams
4cup	2pints	1quarts	33.24ounces	2pounds	907grams

정답
01 ④ 02 ③ 03 ③ 04 ① 05 ② 06 ② 07 ① 08 ② 09 ④ 10 ①

예상문제

01 중국요리의 지역적 특색에 따른 4대 요리로 틀린 것은?

① 북경요리　　② 사천요리
③ 남북요리　　④ 남동요리

해설 중국요리는 지역적인 특색에 따라 북경요리, 남경요리, 남동요리, 사천요리를 4대 요리라 부른다.

02 중국 조리의 기본 썰기 방법으로 틀린 것은?

① (條) 티아오 – (조) 채썰기
② (滾刀塊) 다오콰이 – (곤도괴) 재료를 돌리면서 도톰하게 썰기
③ (丁) 띵 – (정) 깍둑썰기
④ (片) 피엔 – (편) 가늘게 채썰기

해설
- (片) 피엔 – (편) 편썰기
- (絲) 쓰 – (사) 가늘게 채썰기

03 중식 칼의 종류 및 설명으로 틀린 것은?

① 채도(菜刀, cài dāo, 차이 다오) : 채소를 손질할 때 사용하는 칼이다.
② 곤도(滾刀塊, dāo kuài, 다오 콰이) : 재료를 돌리면서 도톰하게 써는 칼이다.
③ 딤섬도(點心刀, dian sin dāo, 디엔 신 다오) : 딤섬 종류의 소를 넣을 때 사용하는 칼이다.
④ 조각도(雕刻刀, diāo kèdāo, 띠아오 커 다오) : 조각하는 칼이다.

해설 곤도괴(滾刀塊, dāo kuài, 다오 콰이)
재료를 돌리면서 도톰하게 써는 중국 조리의 기본 썰기 방법이다.

2 중식 절임·무침 조리

(1) 절임·무침 준비

① 절임·무침 조리는 절임, 무침에 적합한 식재료를 선택하여 절이거나 무침을 하여 요리에 곁들이는 것이다.
② 절임이란 저장성이 강한 식재료에 소금, 식초, 설탕 등을 넣어 진공 상태로 보존하는 조리법이다.
③ 무침이란 염도, 산도, 당도가 높은 재료를 이용하여 저장성을 높인 절임류나 해초류, 채소류를 양념하여 무친 반찬류를 말한다.

절임·무침 재료, 향신료 종류

종류	내용
절임·무침 채소류	향차이(芫荽), 자차이(榨菜), 팔각, 청경채, 배추, 양배추, 무, 당근, 양파, 마늘, 고추, 땅콩 등
절임류	무절임, 배추절임, 양배추절임, 양파절임, 피망절임, 적채절임, 마늘절임 등
무침류	자차이(짜사이)무침, 땅콩무침, 감자채무침, 오이무침, 마른두부무침, 목이버섯무침 등
향신료	쟝(생강, 姜), 충(파, 蔥), 쏸(마늘, 蒜), 화쟈오(산초씨), 띵샹(정향, 丁香), 팔각(八角), 따후이(대회향, 大茴), 샤오후이(회향, 小香), 천피(귤껍질), 계피(桂皮) 등
조미료	간장, 굴소스, 고추기름, 흑초, 막장, 해선장, 겨자장, 새우간장, 설탕(흰, 붉은, 얼음), 순두부, 버터, 고추장, 풋고추, 파기름, 참기름, 소기름, 돼지기름, 새우기름, 고추, 소금, 식초, 대파, 양파, 생강 등

(2) 절임류 만들기

절임식품은 수산물, 채소류, 식물류, 과일류, 향신료를 재료로 하여 소금, 식초, 당류, 장류 등을 사용해 절인 다음 그대로 또는 다른 식품을 첨가하여 가공한 절임류 및 당절임을 말한다.

절임류 만드는 방법

① 재료를 선택할 때 수입 및 국산재료를 체크한다.
② 절임 재료는 크기에 따라 절임시간을 조절한다.
③ 절임 소금은 다른 화학약품이 첨가되지 않은 것으로 사용한다.
④ 계량컵 또는 저울을 사용한다.
⑤ 땅콩절임 등은 물에 충분히 불려서 잘 절여지게 해야 한다.
⑥ 향신료는 너무 과도하게 사용하면 안 된다.
⑦ 피클류의 절임식초는 끓인 후에 사용해야 한다.
⑧ 고추절임은 청양고추를 사용하면 매운맛이 강해지고, 숙성을 하면 입맛을 돋궈준다.
⑨ 절이는 방법은 절임 재료에 식초, 간장, 설탕 등을 부어 주는 것이 일반적이다.
⑩ 배합초는 기본적으로 식초 1 : 설탕 1 : 물 2의 비율이 보통이다.

(3) 무침류 만들기

① 채소절임의 채소는 양파, 당근, 무, 양배추, 오이 등 다양하게 사용한다.
② 절임 후 무치는 채소는 소금으로 숨을 죽여서 사용한다.
③ 자차이(榨菜)는 대파, 오이, 양파를 함께 무쳐도 좋다.
④ 자차이(榨菜)는 식초를 사용해 신맛을 주어도 좋다.
⑤ 다양한 채소, 해산물, 육류를 이용할 수 있다.

(4) 절임 보관 무침 완성

① 식품의 저장 원리 : 영양적 가치, 위생적 가치, 기호적 가치 등을 포함한 식품의 품질을 변하지 않게 보존하는 것

절임 무침의 저장원리

원인	요인	대책
물리적 요인	빛	차광
	온도	냉장보관, 냉동보관, 급냉동보관
	수분	건조

정답
01 ③　02 ④　03 ②

원인	요인	대책
생물학적 요인	동물	약제, 기계적 방제
	효소	가열, pH 조절, 저온
	곤충	훈증
	미생물	가열, 보존료, 수분조절, 냉동
화학적 요인	금속이온	사용억제
	pH	완충제(산성, 알칼리)
	식품 성분 반응	가열
	공기	진공, 산화제, 수분조절

② 식품의 변질을 방지하는 원리
  ㉠ 수분 활성 조절 : 탈수 건조, 농축, 당장, 염장
  ㉡ 온도 조절 : 냉장보관, 냉동보관, 급냉동보관
  ㉢ pH 조절 : 식초에 절임
  ㉣ 가열 살균 : 병조림, 통조림, 레토르트 식품
  ㉤ 산소 제거 : 가스 치환(CA 저장), 진공포장, 탈산소제 사용
  ㉥ 광선 조사 : 자외선 조사, 방사선 조사

③ 식품저장방법

건조법	태양열과 자연통풍을 이용하는 자연건조법과 인공적으로 하는 분무건조법, 진공건조법, 터널건조법 등이 있다.
발효와 초절임	미생물은 조건이 갖춰지면 산소와 알코올을 이용하여 발효하며, 절임저장 같은 효과를 준다.
훈연법	어류나 육류를 소금에 절인 후 목재를 태워 목재에서 나오는 화학성분을 식재료의 표면에 침투 혹은 접촉하게 하여 건조시키는 방법이다.
당장법	소금 대신 설탕을 넣어 삼투압 작용을 활성화시켜 미생물의 생육을 저지하게 만들어 보존하는 방법이다.
염장법	소금의 삼투압 작용에 의해 식품의 수분이 빠져나와 세균이 살아가는 것에 필요한 수분이 감소되고, 식품에 붙어있던 균도 삼투압 현상에 의해 미생물의 생육이 억제되는 것을 이용한 방법이다.
움저장법	땅을 판 후 식품을 그대로 혹은 가공하여 보관하는 방법이다.

예상문제

01 어류나 육류를 소금에 절인 후 목재를 태워 목재에서 나오는 화학성분을 식재료의 표면에 침투 혹은 접촉하게 하여 건조시키는 방법으로 옳은 것은?

① 염장법 ② 당장법
③ 훈연법 ④ 움저장법

02 다음 중 절임 무침의 저장 원리에서 화학적 요인에 의한 저장관리로 틀린 것은?

① 금속이온 ② 식품 성분 반응
③ 온도 ④ 공기

해설 온도는 물리적 요인이다.

3 중식 육수·소스 준비

육수·소스 조리는 육류, 가금류, 채소류를 이용하여 끓이거나 양념류와 향신료를 배합하여 조리하는 것이다.

(1) 육수·소스 준비
① 육수의 재료 뼈의 종류

종류	특징
닭뼈	중식에서 대중적으로 사용되는 육수로, 뼈를 절단해서 육수를 내기도 하고 통째로 넣고 끓여 육수를 만든다.
소뼈	소와 송아지 뼈에는 힘살과 연골이 있는데, 이것을 물과 함께 가열하면 콜라겐에서 젤라틴으로 변하게 된다. 소뼈를 사용한 육수는 단백질과 무기질이 함유되어 있어 고소하다.
갑각류	랍스터, 꽃게 등 갑각류를 이용해 향신료를 넣고 육수를 뽑는다.
돼지뼈	뼈에서 특유의 잡내가 날 수 있으므로, 향신료와 채소를 사용해 냄새를 잡아준다.

(2) 육수·소스 만들기
① 육수 만들기
  ㉠ 육수 재료를 전처리하여 사용한다.
  ㉡ 육수의 종류와 양에 따라 그릇을 선택한다.
  ㉢ 조리법에 따라 불의 세기를 조절한다.
  ㉣ 육수는 찬물에 재료를 충분히 잠기게 하여 시작한다.
  ㉤ 센불로 시작하여 육수의 온도가 섭씨 약 90℃를 유지하게 약한 불로 은근하게 끓여 준다.
  ㉥ 거품 및 불순물을 제거해 준다.
  ㉦ 육수를 걸러내고 냉각 및 저장하여 사용한다.

② 소스 만들기
  ㉠ 소스 재료를 전처리하여 사용한다.
  ㉡ 소스 종류와 양에 따라 그릇을 선택한다.
  ㉢ 소스 조리법에 따라 맛, 향, 농도를 조절한다.
  ㉣ 소스의 농도와 광택, 색채 등 모든 요소가 잘 조화를 이루게 한다.
  ㉤ 소스의 맛은 인공적이지 않고, 주재료의 순한 맛을 느낄 수 있어야 한다.
  ㉥ 소스의 색감은 주재료와 담는 그릇과 조화를 잘 이루어야 한다.

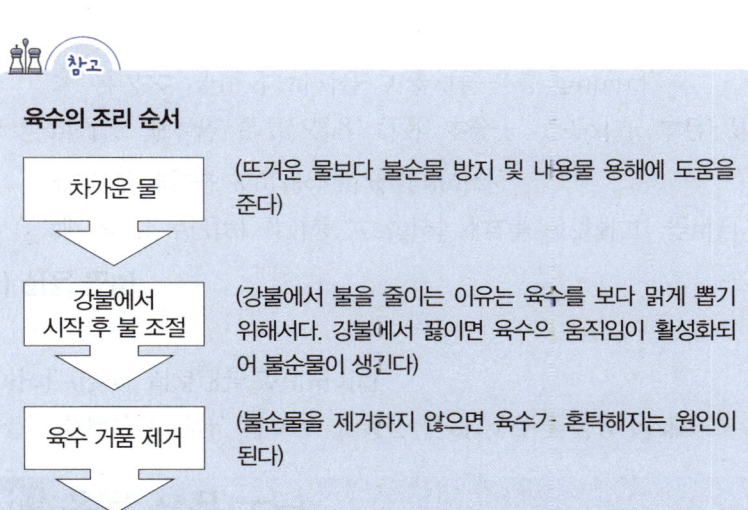

육수의 조리 순서

차가운 물 — (뜨거운 물보다 불순물 방지 및 내용물 용해에 도움을 준다)

강불에서 시작 후 불 조절 — (강불에서 불을 줄이는 이유는 육수를 보다 맑게 뽑기 위해서다. 강불에서 끓이면 육수의 움직임이 활성화되어 불순물이 생긴다)

육수 거품 제거 — (불순물을 제거하지 않으면 육수가 혼탁해지는 원인이 된다)

정답 01 ③ 02 ③

(3) 튀김 완성

① 중식 튀김요리의 종류

㉠ 육류튀김 ; 소고기튀김, 탕수육 등

㉡ 가금류튀김 ; 깐풍기, 유림기 등

㉢ 갑각류튀김 : 왕새우튀김, 깐쇼새우, 게살튀김 등

㉣ 어패류튀김 : 굴튀김, 관자튀김, 탕수생선, 오징어튀김 등

㉤ 채소류튀김 : 가지튀김, 채소춘권튀김, 고구마튀김 등

㉥ 두부류튀김 : 가상두부, 비파두부 등

> **튀김요리에 어울리는 식품조각**
> 중식에서 많이 사용하는 식품조각은 음식을 돋보이게 하기 위해서 사용된다.

② 식품 조각 도법의 종류

각도법(刻刀法)	주도를 이용하여 재료를 깎을 때 사용하는 도법으로 가장 많이 사용된다.
착도법(戳刀法)	재료를 찔러서 조각하는 방법으로 새 날개, 옷 주름, 꽃 조각, 생선비늘 조각에 사용하는 방법이다.
절도법(切刀法)	큰 재료의 형태를 깎을 때 사용하는 도법으로, 위에서 아래로 썰기할 때 또는 돌려 깎을 때 이용하는 도법이다.
선도법(旋刀法)	칼을 사용해 타원을 그리며 재료를 깎을 때 사용하는 도법이다.
필도법(筆刀法)	칼을 사용해 그림을 그리듯 재료 표면에 외형을 그릴 때 사용하는 도법이다.

③ 중식 그릇의 분류

㉠ 위엔판(圓形盘子, 둥근 접시) : 지름 13~65cm 정도인 둥근 접시로, 수분이 없거나 전분을 사용해 농도가 있는 음식을 담는 것에 사용된다. 중식에서 가장 많이 사용된다.

㉡ 챠야오판(椭圆形盘子, 타원형 접시) : 가장 긴축이 17~65cm 정도인 접시로, 음식이 길면서 둥근 모양이나 긴 음식을 담는 것에 쓰인다. 생선이나 동물의 머리, 꼬리, 오리 등을 담을 때 사용한다.

㉢ 완(碗, 사발) : 지름 3.3~50cm 정도로 다양한 그릇이 있으며, 주로 탕(湯)이나 갱(羹)을 담을 때 사용하지만 크기에 따라 식사류나 소스 등을 담는 것에 사용한다.

예상문제

01 기름을 넉넉히 두르고 팬을 달군 다음 손질한 재료를 넣어 튀기는 조리법으로 옳은 것은?

① 전 ② 작
③ 류 ④ 팽

- 전 : 열을 가한 팬에 기름을 살짝 두른 후 손질한 재료들을 팬 위에 펼쳐 중간불이나 약불에서 한쪽 면 혹은 양쪽을 지져서 익히는 조리법
- 류 : 향신료 또는 조미료에 재운 재료들을 녹말이나 밀가루를 입혀 삶거나, 찌거나, 튀긴 후 조미료들을 사용해 소스를 만들어 재료 위에 부어주거나 버무려서 내는 조리법
- 팽 : 적당한 크기로 썬 재료들을 밑간하여 지지거나, 튀기거나, 볶은 후 부재료와 조미료를 넣어 뒤섞으면서 국물을 재료에 흡수시키는 조리법

02 중식 식품 조각의 도법으로 설명이 틀린 것은?

① 착도법(戳刀法) : 재료를 찔러서 조각하는 방법으로 새 날개, 옷 주름, 꽃 조각, 생선비늘 조각에 사용하는 방법이다.

② 각도법(刻刀法) : 주도를 이용하여 재료를 깎을 때 사용하는 도법이다.

③ 절도법(切刀法) : 큰 재료의 형태를 깎을 때 사용하는 도법으로, 위에서 아래로 썰기를 할 때 또는 돌려 깎을 때 이용하는 도법이다.

④ 필도법(筆刀法) : 필요한 곳에만 칼을 넣기 위해 사전 작업 후 식품 조각을 하는 방법이다.

 필도법(筆刀法)
칼을 사용해 그림을 그리듯 재료 표면에 오형을 그릴 때 사용하는 도법이다.

5 중식 조림 조리

> **조림의 정의**
> 식재료를 팬에 담아 불에 올려 양념류를 넣으면서 불 조절을 하고, 졸여서 자박하게 끓여내는 것을 조림이라고 한다.
> ① 홍소(紅燒, 홍샤오, hong shao) : 육류, 생선류, 갑각류, 가금류, 해삼류를 끓는 물이나 기름에 데친다. 그 후 부재료와 함께 볶은 후 간장소스를 넣고 졸여준다.
> ② 민(燜, 먼, men) : "뜸을 들이다"라는 뜻으로, 뚜껑을 닫고 약한 불에 오래 끓이거나 졸이는 조리법이다.

(1) 조림 준비

육류를 이용한 조림, 어류를 이용한 조림, 두부를 이용한 조림, 채소를 이용한 조림 등 조림의 종류에 맞게 재료 부재료를 준비한다.

> **조림요리의 종류**
> ① 육류 조림 : 돼지족발조림, 닭발조림, 난자완즈 등
> ② 생선(어)류 : 홍쇼도미(간장도미조림), 홍먼도미(매운도기조림) 등
> ③ 채소류 : 오향땅콩조림 등
> ④ 두부류 : 홍쇼두부 등

※ 홍쇼(紅燒)는 육(고기)류, 생선(어)류, 가금류, 갑각류, 해삼류를 뜨거운 기름이나 끓는 물에 데친 후 부재료와 함께 볶아 간장소스에 조린 것이다.

(2) 조림 조리

① 중식 조림요리 방법

㉠ 생선의 비린 맛을 감소시키기 위해서 뚜껑을 열고 조린다.

㉡ 처음에는 뚜껑을 열고 조림을 하고, 비린 맛이 휘발되면 뚜껑을 덮고 서서히 끓여도 무방하다.

㉢ 생강, 마늘은 거의 익은 상태에서 넣는다.

㉣ 너무 오래 가열하면 생선의 수분이 빠져 질겨지고, 육질이 단단해질 수 있다.

01 ② 02 ④

ⓐ 생선 자체의 맛 성분이 외부로 빠져나가지 않게 조린다.
ⓑ 생선 내부까지 맛이 잘 들게 조린다.
ⓒ 생선은 93~95% 정도 익힌 후 불을 끄고 잔열로 익힌다.
ⓓ 그릇에 담아낼 때는 생선과 국물을 같이 담아낸다.

② 조림 조리법

팽(peng, 펑)	알맞게 썬 재료를 밑간한 후 튀기기, 볶기 등을 한 후 부재료를 넣고 간을 한 후 강한 불에서 국물을 졸이는 조리법이다.
소(shao, 샤오)	튀기기, 볶기, 찌기 중 한 가지 방법으로 익힌 후 조미료, 육수를 넣고 불에 끓여 조리한 후 약한 불에서 푹 삶는 조리법이다.
배(ba, 바)	소(shao, 샤오)와 비슷한 요리로 전분을 풀어 맛이 부드럽고, 국물이 많은 편이다.
민(men, 먼)	약한 불에서 오래도록 익혀주는 조리법이다.
외(wei, 웨이)	질긴 재료들을 물에 데친 다음 강한 불에서 끓이다가 약불에서 오랫동안 국물을 졸이는 조리법이다.
돈(dun, 뚠)	가열방식에 따라 청돈, 과돈, 격수돈으로 나눈다. • 청돈 : 물에 살짝 데친다. • 과돈 : 재료에 전분가루나 밀가루를 입힌 후 달걀물을 묻혀 지져준다. • 격수돈 : 물에 데친 재료를 육수에 넣은 후 뚜껑을 닫고 익히거나 증기로 익히는 조리법이다.
자(zhu, 쮸)	고기를 작게 썰어 국에 넣고 강한 불에서 삶다가 약한 불로 줄여주는 조리법이다.

(3) 조림 완성

① 그릇은 사기, 에나멜, 유리, 법랑 용기, 철제 용기 등 가능하다.
② 중식에서 조림을 담는 그릇은 보통 오목하게 들어가 있는 그릇이 좋다.
③ 조림의 특성상 주재료, 부재료, 소스를 함께 담을 수 있는 그릇이 사용된다.
④ 장식물이 요리보다 크거나 식용 불가인 것을 올리면 안 된다.
⑤ 주재료와 부재료의 비율을 파악하고 크기, 모양, 색감을 파악하여 담는다.
⑥ 눈에 띄는 식재료를 장식용으로 위로 올려 식감을 증가시킨다.
⑦ 대파, 실파, 고추, 지단, 깨 등을 고명으로 올릴 수 있다.
⑧ 제공 시에는 음식을 너무 작은 크기나 형태가 부서지지 않도록 주의하고 한입 크기 정도로 잘라 제공한다.

예상문제

01 조림을 할 때 생선이 어느 정도 익은 후 잔열로 익히면 좋은 온도는?

① 70~72%   ② 80~82%
③ 85~90%   ④ 93~95%

해설 생선은 93~95% 정도 익힌 후 불을 끄고 잔열로 익힌다.

02 조림에 대한 설명으로 틀린 것은?

① 민(燜)-먼(men)이란 뚜껑을 닫고 약한 불에 오래 끓이거나 졸이는 조리법이다.
② 조림은 생선 내부까지 맛을 잘 배기게 졸여주고 생선 자체의 맛 성분이 외부로 빠져나가지 않게 졸여야 한다.
③ 장식물은 그릇보다 너무 크지 않아야 하며 식용 불가능한 것도 크지만 않으면 괜찮다.
④ 조림은 가운데가 들어가 있는 질그릇의 형태가 많이 쓰인다.

해설 식용이 불가능한 것을 장식물로 사용하지 않는 것이 좋다.

6 중식 밥 조리

(1) 밥 준비

① 밥 조리의 종류

㉠ 덮밥류 : 송이덮밥, 마파두부덮밥, 잡채밥, 잡탕밥 등
㉡ 볶음밥류 : 새우볶음밥, 게살볶음밥, 삼선볶음밥, 카레볶음밥, XO볶음밥 등

※ XO소스는 마른관자, 마른새우, 마른오징어, 고추기름 등의 양념을 혼합하여 조리한 중식 해산물 소스이다.

② 중식에서 사용되는 곡류

㉠ 쌀 : 전 세계 사람들의 40%가 주식으로 이용하고 있다.
㉡ 옥수수 : 세계 3대 곡류이며, 탄수화물과 지방, 단백질, 무기질을 다량 함유하지만, 필수 아미노산인 트립토판이 부족하므로 다른 단백질과 함께 섭취가 필요하다.

※ 옥수수는 필수아미노산인 트립토판이 부족하여 양질의 단백질을 같이 섭취하지 않으면 단백질 결핍증 또는 나이아신 결핍으로 인하여 펠라그라에 걸리기 쉽다.

㉢ 보리 : 보리는 단백질 9.4%, 지질 1.2%를 함유하고 있고, 전분 함량은 65% 정도이다.
㉣ 밀 : 밀은 경질밀, 중간밀, 연질밀의 세 종류로 분류된다. 경질밀은 단백질 함량 13%이상, 연질밀은 단백질 함량 9% 이하, 중간밀은 두 경질밀과 연질밀의 중간 정도의 단백질 함량을 가지고 있다.

쌀의 종류 및 특징

쌀의 종류	재배 지역 및 기후	쌀의 특징
인디카형 (장립종)	• 인도, 인도네시아, 베트남, 태국, 미얀마, 필리핀, 방글라데시, 중국 남부, 미 대륙, 브라질 등 • 고온·다습한 열대 및 아열대 지역	• 세계 쌀 생산량 대부분을 해당 지역에서 생산 • 세포벽이 두꺼워 밥을 지어도 세포벽이 파괴되지 않음 • 끈기가 적고 푸슬푸슬한 느낌
자바니카형 (중립종)	• 자바섬, 동남아시아, 스페인, 이탈리아, 중남미 등 • 아열대 지역	• 생산량은 많지 않음 • 맛은 담백하며, 크기가 큰 편임 • 가열 시 끈기가 생김
자포니카형 (단립종)	• 한국, 중국 동북부, 대만 북부, 일본, 미국 서해안 등 • 온난한 지역	• 세계 쌀 생산량의 약 20% 정도 • 짧고 둥글둥글한 형태 • 물을 넣고 가열하면 끈기가 생김

정답
01 ④　02 ③

(2) 밥 짓기

① 밥의 물은 물에 불린 쌀은 쌀과 물 1 : 1 비율이 되게 하고, 안 불린 쌀은 1 : 1.2 비율로 맞추는데, 볶음밥용은 물을 좀 더 적게 한다.
② 쌀의 종류와 특징, 건조량에 따라 물의 양을 조절할 수 있어야 한다.
③ 조리법에 따라 불의 세기를 조절하여 가열시간을 조절하거나 뜸을 들일 수 있어야 한다.

(3) 요리별 조리하여 완성

① 메뉴에 따라 볶음과 튀김요리를 함께 낼 수 있어야 한다.
② 불의 세기를 조절해 가면서 볶음밥을 할 수 있어야 한다.
③ 메뉴 구성을 생각하면서 국물요리를 곁들여 낼 수 있어야 한다.
④ 메뉴에 따라 장식을 할 수 있어야 한다.

예상문제

01 쌀의 종류로 틀린 것은?

① 자포니카쌀   ② 자메이카쌀
③ 자바니카쌀   ④ 인디카쌀

해설 쌀의 종류에는 인디카형, 자바니카형, 자포니카형이 있다.

02 밥 조리에서 중식 덮밥류로 틀린 것은?

① 송이덮밥   ② 마파두부덮밥
③ 유산슬덮밥   ④ XO덮밥

해설 볶음밥류에는 새우볶음밥, 게살볶음밥, 삼선볶음밥, 카레볶음밥, XO볶음밥 등이 있다.

7 중식 면 조리

면이란, 전분 또는 곡분을 원료로 하여 열처리·건조 등을 통해 가공하여 국수, 당면, 냉면, 파스타 등을 만든 것이다.

(1) 면 준비

① 밀가루 : 밀가루는 식용 밀을 사용하여 공정을 통해 얻은 분말에 식품 또는 식품첨가품을 첨가한 것을 말한다.
② 소금 : 면에 사용 시 대부분 밀가루 기준으로 2~6%의 비율로 넣고 사용한다. 면에 소금을 넣으면 글루텐과 점탄성을 증가시켜 주며, 보존력을 늘리고 맛과 풍미도 늘려주며 삶는 시간을 줄여 준다.
③ 물 : 면을 제조할 때 원료분과 물이 100 : 35 비율 정도로 되게 반죽한다.

(2) 반죽하여 면 뽑기

① 면의 종류

세면	실국수라고도 하며, 면발의 굵기가 제일 가늘어 세면이라고 한다. 중국, 일본에서 요리 재료로 사용한다.
소면	잔치국수나 비빔면 등에 쓰이며, 세면보다는 약간 굵은 면을 말한다.
중화면	자장면, 짬뽕 등의 중화요리나 일본의 라멘 등에 사용되는 면이다.
칼국수면	주로 칼국수요리에 많이 쓰이며, 요리에 따라 면발의 두께는 차이가 있다.
우동면	우동요리에 쓰이며, 칼국수 면보다 더 굵은 면발이다.

② 면 뽑기 수행순서
㉠ 중식 메뉴별로 적합한 면 쓰임새를 파악하여 기계, 수타면, 칼 등을 선정
㉡ 면발을 뽑을 때 달라붙지 않게 주의사항 숙지
㉢ 면을 뽑기 전 기계 도구세척
㉣ 면 뽑는 방법에 따라 칼이나 기계사용
㉤ 기계면, 수타면, 도삭면 뽑기

(3) 면 삶아 담기

① 면 삶을 물이 충분히 끓고 있는지 확인
② 면을 익힌 후 바로 씻어줄 찬물이 있는지 확인
③ 완성된 면요리와 맞는 그릇이 있는지 확인
④ 면을 끓는 물에 넣고 엉겨 붙지 않게 돌려가며 익히기
⑤ 면의 종류(기계면, 수타면)에 따라 익히는 시간 조절하기
⑥ 면이 익으면 준비한 찬물에 전분질 잘 씻기
⑦ 물을 2~3회 이상 갈아 주면서 씻기
⑧ 냉면은 차게 온면은 따뜻하게 준비

(4) 요리별 조리하여 완성

① 메뉴에 따라 국물이나 소스를 만든다.
② 요리별 조리법에 의해 맛, 향기, 온도, 농도, 양 등을 고려해 소스나 국물을 만든다.
③ 메뉴에 따라 장식을 한다.

중식 면요리의 종류

종류	면요리	요리의 특징
온면	자장면	돼지고기, 해산물, 양파, 생강 등을 다져 기름에 볶아 춘장과 육수를 넣고 익힌 후 물전분으로 농도를 조절하여 삶은 면 위에 얹은 요리
	유니자장면	곱게 다진 돼지고기, 양파, 양배추를 식용유에 볶아 춘장과 육수를 넣고 익힌 후 물전분으로 농도를 정하고 삶은 면 위에 얹은 요리
	짬뽕	해산물, 양파, 양배추, 고춧가루, 고추기름, 마늘, 육수 등으로 매운 국물을 만들어 삶은 국수 위에 부어 완성한 요리
	울면	오징어, 홍합 등의 해산물을 넣고 끓인 국물에 물녹말을 걸쭉하게 풀어 면을 넣어 먹는 요리
	기스면	닭가슴살, 닭육수, 대파, 마늘, 생강 등에 양념하여 맑은 닭 육수와 삶아 찢은 닭가슴살을 함께 삶은 국수에 부어 만든 요리
	사천탕면	해산물, 죽순, 양파, 배추, 다파, 마늘, 생강, 육수, 청주, 후추, 참기름 등으로 국물을 만들어 삶은 국수 위에 부어 만든 요리

정답
01 ②   02 ④

예상문제

01 중식 냉채 조리의 방법 중 국물에 냉채에 사용할 재료를 향신료나 양념을 넣어서 끓이는 조리법으로 옳은 것은?

① 수정처럼 만들기 ② 양념에 담그기
③ 장국물에 끓이기 ④ 무치기

해설 재료가 푹 잠기도록 여유 있게 장국물을 넣어 끓인다.

02 냉채 담는 방법에서 해파리냉채를 담기에 가장 옳은 것은?

① 평편하게 펴놓기 ② 쌓기
③ 봉긋하게 쌓기 ④ 형상화하기

해설 썰어 놓은 재료들을 한번 데친 다음 냉채를 봉긋하게 올라오도록 담는데, 해파리냉채를 담을 때 주로 사용된다.

9 중식 볶음 조리

- 볶음의 정의 : 볶음이란 육류, 해산물, 채소류, 두부 등에 양념과 소스를 활용하여 볶는 것이다. 중식에서는 전분을 사용한 볶음요리와 전분을 사용하지 않는 볶음요리가 있다.
- 전분을 사용한 볶음요리와 전분을 사용하지 않는 볶음요리

전분 사용구분	중국어 표현	요리명
전분을 사용하지 않는 볶음류	초채 (炒菜, chaocai, 차오차이)	고추잡채(칭지아오러우시), 부추잡채(소구차이), 당면잡채, 토마토달걀볶음 등
전분을 사용하는 볶음류	류채(熘菜, liucai, 리우차이)	라조육, 마파두부, 채소볶음, 류산슬, 전가복, 새우케첩볶음(깐쇼하인), 하인완스(새우완자), 란화우육(브로콜리소고기볶음), 마라우육, 부용게살 등

(1) 볶음 준비

주재료	육류(소고기, 돼지고기), 가금류(닭고기, 오리고기) 해물류, 채소류, 두부류 등
부재료	향신료(오향분, 화산조, 산조분, 회향), 채소류, 조미료 등

(2) 볶음 조리

볶음 조리는 음식의 재료를 미리 손질해 놓고 짧은 시간 안에 볶아낸다.

① 볶음 음식의 특징
　㉠ 정확한 불 조절과 화력을 나누어서 사용
　㉡ 식재료, 조리법, 맛내기가 다양하고 풍부함
　㉢ 향신료, 조미료의 향을 잘 활용
　㉣ 완성 후 참기름, 후추 등으로 풍미 추가
　㉤ 재료 고유의 색, 맛, 향을 살려서 화려함

② 볶음요리 조리법

볶음요리 조리법	대표요리	설명
초(炒, 차오)	부추볶음, 당면잡채	• '재료를 볶는다'는 뜻 • 팬에 기름을 넣고 센 불이나 중간 불에서 짧은 시간에 조리 • 비타민이나 영양소의 손실을 최소화 • 재료와 조미료의 맛이 어우러지게 요리
류(溜, 려우)	라조기, 류산슬	• 재료에 조미료를 재워둔 후 기름에 튀기거나, 삶거나, 찌는 요리 • 조미료를 사용해 걸쭉한 소스를 만들어 만든 요리 위에 부어주거나 버무려서 내는 요리
작(炸, zhà)	자장면	기름을 넉넉하게 넣고 센 불에 튀기듯이 하는 조리
폭(爆, 빠오)	궁보계정	• 재료를 1.5cm의 정육면체로 가늘게 채썰거나 꽃 모양으로 준비 • 칼집을 낸 재료들을 뜨거운 기름이나 물, 탕, 기름 등으로 빠른 속도로 솥에서 섞어 부드럽고 아삭한 질감을 살리는 조리법
전(煎, jiān)	난젠완쯔	• 팬에 기름을 두른 후 지지는 조리법 • 한국의 전과 같은 조리법인데, 전보다는 기름을 더 많이 씀

> **참고**
> **오방색과 중국음식**
> • 사상은 음식에도 반영되어 다섯 가지 색깔 위주로 만들어졌고, 맛도 다섯 가지로 구분하여 역할을 나타냈다.
> • 오색은 청(靑), 적(赤), 황(黃), 백(白), 흑(黑), 즉 청색, 빨간색, 노란색, 흰색, 검은색이다.

(3) 볶음 완성

① 볶음요리에 맞는 그릇 준비 : 볶음요리는 뜨거운 상태로 손님에게 제공되는 경우가 많기 때문에 온장고에서 따뜻하게 유지한다. 볶음요리에 맞는 형태의 그릇을 준비한다.
② 국자를 이용하여 담기 : 조리 후 손님의 수와 용도에 따라 알맞은 사이즈의 그릇에 요리를 담는다. 담는 법은 한 국자 퍼서 그릇에 담은 후 그 위에 한 번 더 음식을 담아 모양을 잡는다.
③ 완성된 음식 장식하기 : 그릇에 담아 완성된 요리들은 손님에게 나가기 전 모양이나 맛을 더하기 위해 장식을 한다. 장식들은 먹을 수 있는 것을 사용한 간단한 장식들이 좋다.
④ 볶음요리 서빙하기 : 담은 요리는 식기 전 손님이 먹기 좋은 온도를 유지하여 서빙해야 한다. 음식을 손님의 요구사항에 맞춰 조정하면서 서빙해야 한다.

예상문제

01 볶음과 관련된 조리법 중 전(煎, jiān)에 대한 설명은?

① 기름을 넉넉하게 넣고 센 불에 튀기듯이 하는 조리법
② 재료에 조미료를 재워둔 후 기름에 튀기거나 삶거나 찌는 방식으로 만드는 요리법
③ 팬에 기름을 두른 후 지지는 조리법
④ 뜨거운 기름이나 물이나 탕, 기름 등으로 빠른 속도로 솥에서 섞어서 부드럽고 아삭한 질감을 살리는 조리법

해설 ①은 작(炸, zha), ②는 류(溜, 려우), ④는 폭(爆, 빠오)에 대한 설명이다.

정답 01 ③ 02 ③ ■ 01 ③

02 재료에 조미료를 재워둔 후 기름에 튀기거나, 삶거나, 찌는 방식의 볶음요리 조리법으로 옳은 것은?

① 작(炸, zhà) ② 폭(爆, 빠오)
③ 류(溜, 려우) ④ 전(煎, jiān)

10 중식 후식 조리

디저트(Dessert)라고도 하는데, 후식(後食) 조리는 주요리와 어울릴 수 있는 더운 후식류나 찬 후식류를 조리하는 것이다.

- 프랑스어로 '식사를 마치다', '식탁을 치우다'라는 뜻이 있다.
- 더운 후식(디저트)은 푸딩, 수플레 등이 있다.
- 찬 후식(디저트)은 냉차, 아이스크림 등이 있다.
- 더운 것을 먼저 내고 찬 것을 후에 낸다.

① 중식 후식의 종류

종류	메뉴
더운 후식류	사과빠스, 고구마빠스, 옥수수빠스, 바나나빠스, 딸기빠스, 은행빠스, 찹쌀떡빠스, 지마구(찹쌀떡깨무침) 등
찬 후식류	행인두부(杏仁豆腐), 메론시미로, 망고시미로, 홍시아이스 등

※ 과일은 수분 85%, 탄수화물 10%로 비타민과 무기질의 함량이 다른 식품에 비해 높기 때문에 영양적으로 좋아 후식으로 많이 이용된다.

※ 무스류(딸기무스케이크, 단호박무스케이크 등), 과일류 파이도 후식으로 이용된다.

② 중식 디저트 용어
  ㉠ 빠스(拔絲) : 누에고치에서 실을 뽑는 모양에서 유래되었으며, 설탕이 녹을 수 있는 온도에서 설탕 시럽을 만들어 튀긴 주재료를 버무려 제공하는 대표적인 중식 후식이다.

  ※ 빠스에서 설탕이 녹아 액체로 변하는 온도를 설탕의 융점이라 한다.

  ㉡ 행인두부(杏仁豆腐) : 행인(살구씨)과 우유, 한천을 이용하여 만든 디저트이다.

  ㉢ 시미로(西米露) : 타피오카전분으로 만든 펄을 "시미로"라 말하며, 감·홍시·복숭아·메론·망고 등을 이용한 셔벗디저트이다.

(1) 후식 준비

① 후식 재료는 다양하게 선택한다.
② 후식 재료는 엄격하게 선택한다.
③ 썰기는 요리에 맞게 세밀하고 정교하게 자른다.
④ 단맛, 신맛, 쓴맛, 매운맛, 짠맛의 오미(五味)를 기본으로 한다.
⑤ 다양하고도 광범위한 맛을 낸다.
⑥ 화력 조절로 촉감, 감촉을 최대한 느끼도록 한다.

(2) 더운 후식류 조리

① 고구마, 은행, 바나나, 옥수수 등이 주재료이다.
② 후식은 모양과 향에도 신경을 쓰며 여러 식재료를 사용해 부드럽고 달콤한 맛을 내도록 한다.
③ 모든 식재료를 이용하여 대부분 더운 후식류를 만들 수 있다.
④ 식후에 먹기 때문에 부담스럽지 않게 양을 많지 않게 한다.

더운 후식류 조리 수행순서
① 후식을 조리하기 위해 튀김기를 선정하고 기름을 붓고 밑 준비를 한다.
② 후식의 재료를 선택하여 올바르게 손질을 한다.
③ 손질한 주재료들을 튀긴다.
④ 버무릴 시럽을 만들고 튀긴 재료들을 같이 버무려 접시에 담아 완성한다.

(3) 찬 후식류 조리

① 모든 식재료를 이용하여 대부분 찬 후식류를 만들 수 있다.
② 찬 후식의 대표 격은 행인두부, 시미로, 과일 등이다.

찬 후식류 조리 수행순서
① 후식을 만들기 위해 냉장고와 쿨링 머신 등을 확인하고 정비한다.
② 각 요리에 맞는 레시피대로 소금물, 설탕물, 식초물 등에 담가 산화를 방지한다.
③ 후식류의 재료들을 믹서에 갈아서 잘라준 후 냉장고나 쿨링 머신에 넣는다.
④ 찬 후식류에 나가는 소스를 만들고 주재료와 함께 접시에 담는다.
⑤ 찬 후식류에 가니시하여 마무리한다.

(4) 후식류 완성

① 후식요리의 종류와 모양에 따라 알맞은 그릇을 선택한다.
② 조리법에 따라 소스를 만든다.
③ 종류에 따라 알맞게 담아낸다.
④ 따뜻한 후식요리는 온도와 시간을 조절하여 따뜻한 빠스요리를 만든다.

예상문제

01 중식 후식용 음식으로 탕을 녹인 후 시럽을 만들어 여러 가지 재료에 입히는 후식으로 옳은 것은?

① 빠쓰(拔丝) ② 시미로
③ 무스 ④ 파이

02 중식 디저트의 종류로 틀린 것은?

① 시미로(西米露) ② 행인두부(杏仁豆腐)
③ 빠스(拔絲) ④ 류채(熘菜)

해설 류채(熘菜)는 전분을 사용하는 볶음류에 속한다.

03 누에고치에서 실을 뽑는 모양에서 유래된 중식 후식으로 옳은 것은?

① 시미로(西米露) ② 행인두부(杏仁豆腐)
③ 빠스(拔絲) ④ 류채(熘菜)

해설 빠스(拔絲)
누에고치에서 실을 뽑는 모양에서 유래되었으며, 설탕이 녹을 수 있는 온도에서 설탕 시럽을 만들어 튀긴 주재료를 버무려 제공하는 대표적인 중식 후식이다.

정답
02 ③ ■ 01 ① 02 ④ 03 ③

CHAPTER 04 일식

반드시 알아야 할 핵심개념
일식칼의 종류, 숫돌의 종류, 기본썰기, 모양 썰기, 1번다시, 곁들임 재료, 조림용 뚜껑(오토시부타), 초밥비빔용 통(한기리), 초간장(폰즈), 양념장(야꾸미)

1 일식 기초 조리실무

(1) 기본 칼 기술 습득

일식 조리도(칼)의 특징
일식에 사용되는 조리도는 다른 분야에 비해 폭이 좁고 긴 것이 많고 종류도 다양하다. 생선회용 칼, 뼈자름용 칼 등 생선을 손질하기에 예리하여야 되기 때문에 칼날을 세울 때는 반드시 숫돌을 사용해야 한다.

① 칼의 종류와 용도

㉠ 생선회용 칼(刺身包丁, さしみぼうちょう, 사시미보쵸)
- 생선회용 칼은 27~33cm로, 27~30cm 정도의 칼이 일반적으로 사용에 편리하다.
- 최근에는 칼끝이 뾰족한 버들잎 모양의 야나기보쵸를 사용하는 추세인데, 예전에는 관동지방에서는 긴 사각의 다코비키를, 관서지방에서는 야나기보쵸를 주로 사용했다.
- 생선회를 뜨거나 세밀한 요리를 할 때 사용한다.
- 재료를 당겨서 절삭하며, 칼이 가늘고 길기 때문에 안전한 사용을 위해 주의해야 한다.
- 칼은 선택할 때 자기 손에 잘 맞고, 수평이 잘 맞아야 사용하기에 좋다.

㉡ 뼈자름용 칼(出刃包丁, でばぼうちょう, 데바보쵸)
- 절단칼이나 토막용 칼이라고 하는데, 주로 생선의 밑손질에서 뼈에 붙은 살을 발라낼 때와 뼈를 자를 때 사용한다. 칼 등이 두껍고 무거운 편이며 크기도 다양하다.
- 칼의 앞부분은 생선의 포를 뜰 때 사용하고, 중앙과 뒷부분은 뼈를 자를 때 사용한다.

㉢ 채소용 칼(薄刃包丁, うすばぼうちょう, 우스바보쵸)
- 채소를 주로 자르거나 손질 또는 돌려깎기 할 때 사용한다.
- 채소를 자를 때는 자기 몸 바깥쪽으로 밀면서 자르는 것이 일반적이다.
- 칼의 종류로 오사카 등에서 주로 사용하는 관서식 칼(關西式包丁)은 끝이 약간 둥글고, 도쿄 등에서 주로 사용하는 관동식 칼(關東式包丁)은 칼끝에 각이 있다.

㉣ 장어손질용 칼(鰻包丁, うなぎぼうちょう, 우나기보쵸)
- 미끄러운 바닷장어, 민물장어 등을 손질할 때 사용한다.
- 장어칼은 칼끝이 45° 정도 기울어져 있고 뾰족하여 장어 손질에 적합하며, 사용에 주의가 필요하다.

- 장어칼은 모양에 따라 오사카형, 교토형, 도쿄형으로 나눌 수 있다.

※ 이 외에 호네기리보쵸, 스시기리보쵸, 니기리보쵸, 소바기리보쵸 등이 있다.

칼을 선택하는 방법
자신에게 적당한 크기와 무게의 칼로 손에 쥐었을 때 밸런스가 좋아야 한다.

칼을 쥐는 방법과 용도

쥐는 방법	용도
손가락질형 (指差型, ゆびさがた, 유비사가다)	'지주식'이라고 하며, 칼끝을 이용한 정교한 작업이나 생선을 자를 때 주로 이용한다.
쥐는 형 (握り型, にぎりがた, 니기리가다)	'전악식'이라고 하며, 편안하게 채소 등을 잘게 자를 때 주로 밀면서 이용한다.
누르는 형 (押え型, おさえがた, 오사가다)	'단도식'이라고 하며, 생선의 껍질을 벗길 때 주로 이용한다.

칼 사용의 바른 자세
- 도마를 마주하여 양쪽 도마 끝에서 수직선상에 편안하게 선다.
- 어깨넓이 정도로 다리를 벌린 후 오른발을 뒤로 약간 벌린다.
- 상체를 15° 정도 숙여 안정된 자세를 유지한다.
- 도마와 몸 사이는 보통 주먹 하나 간격으로 한다.
- 일반적으로 채소는 밀면서, 생선은 잡아당기면서 자르는 것을 기본으로 한다.

② 칼 연마 및 관리

㉠ 숫돌(砥石, といし, 토이시)의 종류
- 거친 숫돌(荒砥石, あらといし, 아라토기시) : 인공 숫돌 입자 200~400번(#) 정도로, 두꺼운 칼을 처음 갈거나 칼날이 손상되어 원상태로 만들기 위해 갈아낼 때 사용하는 입자가 아주 거친 숫돌이다.
- 중간 숫돌(中砥石, なかといし, 나카토이시) : 인공 숫돌 입자 1,000~2,000번(#) 정도로 생선회용 칼을 처음 갈거나 일반적으로 칼의 날을 세울 때 사용하는 입자가 중간 정도의 숫돌이다.
- 마무리 숫돌(仕上げ荒石, しあげといし, 시아게도이시) : 인공 숫돌 입자 3,000~5,000번(#) 정도로, 생선회용 칼이나 채소용 칼 등의 표면에 숫돌로 갈아낸 자국 등을 없애는 표면입자가 아주 미세한 숫돌로 마무리 단계에 사용한다.

※ 숫돌은 전면을 수평을 유지하면서 사용하여야 한다.

정답
01 ④ 02 ③ 03 ③ 04 ① 05 ② 06 ② 07 ① 08 ② 09 ④ 10 ①

기본 기능 습득하기

① 일식 기본양념 준비 : 각종 조미료는 요리의 맛을 더해 주는 재료로 감칠맛을 내는 재료, 단맛을 내는 재료, 신맛을 내는 재료, 촉감을 좋게 하는 재료, 풍미를 좋게 하는 재료 등으로 나눌 수 있다.

㉠ 간장(醬油, しょうゆ, 쇼유) : 간장은 일본요리에서는 빼놓을 수 없는 간을 맞추는 기본양념으로, 조미의 기초 재료로 대두콩과 보리에 누룩(麴)과 식염수를 가하여 숙성시킨 것이다. 짠맛, 단맛, 신맛, 감칠맛이 어우러져 특유의 맛과 향이 있으며, 그 색 때문에 보랏빛(むらさき, 무라사키)이라고도 하고, 종류 또한 다양하다. 간장은 소금보다 맛과 향기가 좋은데, 특히 진한 간장은 향기가 좋아 조림요리에 적당하고 2~3회 나누어 넣는 것이 좋다.

- 진간장(濃口醬油, 코이구치쇼유) : 진간장은 밝은 적갈색으로 특유의 좋은 향이 있다. 일본요리에 가장 많이 사용되는 간장으로 향기가 좋기 때문에 가미 없이 찍어 먹는 용도로 주로 사용되며, 뿌리거나 곁들여서 먹는 간장이다. 진간장은 향기가 강해 생선, 육류의 풍미를 좋게 하고 비린내를 제거하는 효과가 있으며, 재료를 단단하게 조이는 작용이 있어 끓임요리에는 간장을 넣는 시기에 주의해야 한다.
- 엷은 간장(薄口醬油, 우스구치쇼유) : 엷은 간장은 색이 엷고 독특한 냄새가 없으며, 재료가 가지고 있는 색·향·맛을 잘 살리는 요리에 이용된다. 염도는 다른 간장보다 강하지만, 색은 연하고 소금의 맛이 강한편으로, 국물요리에 적합하다.
- 타마리 간장(たまりしょうゆ, 타마리쇼유) : 타마리 간장은 흑색으로 부드럽지만 진하다. 단맛을 띠고 특유의 향이 있어 사시미, 구이요리, 조림요리의 마지막 색깔을 낼 때 사용하며, 깊은 맛과 윤기를 낸다.
- 생간장(生醬油, 나마쇼유) : 나마쇼유는 열을 가하지 않은 간장으로, 풍미가 좋고 특히 향기가 매우 좋다. 오랜 시간 끓여도 향기가 날아가지 않는 것이 특징이며, 냉장고 또는 서늘한 곳에 보관한다.
- 흰(백)간장(白醬油, 시로쇼유) : 시로쇼유는 투명하고 황금에 가까운 색을 띠며, 향기가 매우 좋다. 킨잔지된장(金山寺味噌)의 액체에서 채취한 것으로, 재료의 색을 살리는 데 훌륭한 역할을 한다. 색이 변하기 쉬우므로 장기간 보관이 어려운 단점이 있다.
- 감로간장(甘露醬油, 간로쇼유) : 간로쇼유는 단맛과 향기가 우수하기 때문에 일본 관서지방에서는 신선한 재료와 사시미(刺身)를 찍어 먹는 간장이나 곁들임용으로 이용된다. 일본 야마구찌껭(山口縣)의 야나이시(柳井市)의 특산물로, 열을 가하지 않고 진간장을 거듭 양조한 것을 말한다.

㉡ 청주(酒, 사케) : 재료의 나쁜 냄새와 생선의 비린내를 없애 주고 재료를 부드럽게 하며, 요리에 풍미를 더해 주고 감칠맛과 풍미를 증가시킨다.

㉢ 맛술(味醂, 미림) : 맛술(미림)에는 포도당(당류), 수분, 알코올, 아미노산, 비타민 등이 함유되어 있다. 특히 당류(포도당)는 당분으로 인하여 고급스런 단맛을 형성하고 음식에 윤기를 내주는 특징이 있는 조미료. 요리에 넣을 경우에는 가열하여 알코올을 날려 사용한다.

맛술의 주요 성분

맛술의 주요 성분은 누룩곰팡이 효소의 작용으로 전분과 단백질을 분해하여 만들어진 생성물과 알코올이다.

① 당류 : 포도당, 올리고당, 이소말토오스 등
② 유기산 : 구연산, 젖산, 피로 글루타민산 등
③ 아미노산 : 로이신, 아스파라긴산, 글루타민산 등
④ 향기성분 : 훼루라산(페룰산) 에틸, 아세테이트, 페닐에틸 등

맛술의 유래

여러 가지 설이 있지만, 전국시대에 중국에서 미이린(蜜淋)이라는 달콤한 술이 일본에 전해진 후 그 술에 부패를 방지하기 위한 술(소주)이 더해져서 맛술이 되었다고 한다.

맛술의 제조 방법

맛술은 찐 찹쌀과 쌀누룩, 그리고 소주 또는 알코올을 원료로 40~60일 동안 당화 숙성시키면 쌀누룩의 효소가 작용하여 찹쌀 전분과 단백질이 분해되어 각종 당류, 유기산, 아미노산, 향기 성분이 생성되어 맛술 특유의 풍미가 만들어진다.

맛술의 장점

① 복수의 당류가 포함되어 있어 조리 시 재료의 표면에 윤기가 생긴다.
② 설탕과 비교하면 포도당과 올리고당이 다량 함유되어 있어 조리 시 식재료가 부드러워진다.
③ 조림요리에서 맛술 성분의 당분과 알코올이 재료의 부서짐을 방지한다.
④ 찹쌀에서 나온 아미노산과 펩타이드 등의 감칠맛이 다른 성분과 어울려 깊은 맛과 향을 낸다.
⑤ 단맛 성분인 당류, 아미노산, 유기산 등이 빠르게 재료에 담겨 맛이 밴다.

㉣ 설탕(砂糖, 사토우) : 단맛을 내는 조미료로 사탕수수나 사탕무의 즙을 농축시켜 만드는데 순도가 높을수록 단맛이 산뜻해진다. 설탕은 단맛이나 쓴맛을 부드럽게 하고 전체의 맛을 순하게 한다. 많은 양을 넣으면 본래의 재료가 갖고 있는 맛을 상실하기 때문에 적당량을 넣어 조리한다.

㉤ 식초(酢, 스) : 신맛을 내는 조미료로 청량감, 소화흡수, 비린 맛 제거, 단백질 응고, 방부작용, 살균작용, 갈변방지, 식욕촉진을 한다.

※ 양조식초 : 곡류, 알코올, 과실 등을 원료로 초산을 발효시켜 만들고 풍미를 가지고 있으며, 가열해도 풍미가 살아 있다.
※ 합성식초 : 양조식초에 초산, 빙초산, 조미료를 희석해 만들어 조금 더 자극적이며, 가열하면 풍미는 날아가고 산미만 늘는 특징이 있다.

㉥ 소금(塩, 시오) : 소금은 염화나트륨을 주성분으로 다른 물질에 없는 짠맛을 가지고 있다. 조미역할, 부패방지(방부작용), 삼투압작용, 탈수작용, 단백질의 응고, 색의 안정, 단맛 증가 등의 역할을 한다.

※ 단팥죽에 설탕을 첨가한 후 소량의 소금을 첨가하면 단맛을 증가시킬 수 있다.

㉦ 된장(味噌, 미소) : 일본요리의 맛을 증가시키는 된장은 각 지방마다 원료, 기후, 식습관에 맞게 만들어졌고, 종류도 다양하다. 된장은 색에 따라 크게 2종류로 나누는데, 먼저 붉은 된장(赤味噌, 아카미소)은 담백한 맛이 좋은 반면, 흰 된장(白味噌, 시로미소)은 단맛과 순한 맛이 특징이다.

종류	특징
센다이미소(仙台味噌)	• 염분이 많고, 장기간 숙성시켜 맛과 향기가 좋다. • 단맛의 된장은 염분이 많다(당분+12~13% 정도의 염분을 함유). • 효모의 발효량이 적다.
핫초미소(八丁味噌)	쓴맛, 떫은맛이 나는 콩된장은 맵고 특유의 풍미가 있는 것이 특징이다.
사이교미소(西京味噌)	크림색에 가까우며 향기가 좋고, 단맛이 나서 구이절임에 많이 사용된다.
신슈미소(信州味噌)	단맛과 짠맛이 있는 담황색 된장이다.

② 일식 곁들임(あしらい, 아시라이) 재료 준비 : 일식 곁들임 재료는 주재료에 첨가해서 시각적인 눈으로 보는 일식 조리와 주재료와의 조화로 맛을 한층 좋게 하며, 식욕을 돋우는 역할을 한다.

㉠ 무즙(大根おろし, 다이꽁오로시) : 무를 깨끗이 씻은 다음 강판에 갈아 물기를 짜 사용한다.
㉡ 빨간무즙(紅葉おろし, 아카오로시, 모미지오로시) : 무즙에 고운 고춧가루나 홍 풋고추 간 것을 넣어 버무려 사용한다.
㉢ 칠미고춧가루(七味唐辛子, 시찌미도우가라시) : 고춧가루, 산초가루, 깨, 소금, 조미료, 파란 김, 새우 같은 것 등을 혼합하여 사용하며, 우동 등에 사용한다.
㉣ 가루산초(粉山椒, 고나산쇼) : 가루산초는 생선의 구이요리, 국물요리 등에서 맛을 살리는 역할을 한다. 요리 위에 직접 뿌리는 경우와 재료 가운데 섞어서 사용하는 경우가 있다.
㉤ 와사비(山葵, 와사비) : 와사비는 생와사비를 깎아 강판에 갈아 사용하고, 가루와사비는 차가운 물을 조금씩 넣어가면서 젓가락으로 한참을 저으면 아주 맵게 된다.

ⓗ 대파 가는 채(白髪ねぎ, 시라가네기) : 대파를 흰 부분만 길이 5cm 정도의 길이로 절반 정도 칼집을 아주 가늘게 채 썬다. 물에 담가 대파의 진액을 빼고 물기를 제거한 후 사용한다.

ⓘ 생강 가는 채(針生姜, 하리쇼가) : 생강을 돌려깎기하여 아주 가늘게 채썰기 한다. 흐르는 물(사라시)에 전분을 뺀다.

ⓙ 김 가는 채(針海苔, 하리노리) : 김을 길이 5cm 정도로 아주 가늘게 채 썬다.

초간장(ポン酢, 폰즈)
등자나무(신맛이 나는 과일)에서 즙을 내서 만들거나 식초를 사용하며, 간장이나 다시물을 혼합하여 만든다.

양념장(やくみ, 야쿠미) 만들기
붉은 무즙, 실파, 레몬 등을 초간장(폰즈)에 곁들이는 양념이다.
계량하기 → 강판에 무 갈기 → 무의 매운맛 제거하기 → 고운고춧가루 버무리기 → 실파 곱게 썰기 → 레몬 자르기 → 양념 완성하기 → 담아내기

초생강(ガリ; 가리)
- 통 생강의 껍질을 벗기고 얇게 편으로 잘라 소금에 절인다.
- 끓는 물에 데친 후 씻어 물기를 제거한다.
- 생강초에 담가 절여 사용한다.

③ 일식 맛국물 조리
  ㉠ 다시마(昆布, こんぶ, 곤부) : 다시마의 흰 가루에는 맛 성분인 글루탐산과 단맛을 내는 성분인 만니톨이 들어있으므로 마른 행주로 작은 모래알 등을 닦아낸 후 사용한다. 참다시마는 두께가 있고 폭이 넓으며, 가장 대표적인 품종이고 최상품이다. 단맛이 있고 맑고 깨끗한 국물을 얻어낼 수 있어 주로 국물요리와 조림요리 등에 사용된다.

• 다시마의 선택방법과 보존방법

선택방법	완전히 건조되어 있으며, 두껍고 하얀 염분(만닛또)이 밖에 노출되어 있는 것이 좋다.
보존방법	통풍이 잘 되고, 습기가 적은 곳에서 보존하는 것이 좋다.

• 다시마의 영양성분
 - 다시마의 주요 성분은 식이섬유, 단백질, 당질, 나트륨, 칼륨, 요오드, 지질, 수분, 마그네슘, 칼슘, 철분이다.
 - 다시마를 끓일 때 나오는 독특한 끈기 성분은 '알긴산과 후코이단'이라는 해초 특유의 수용성 식이섬유이다.
 - '알긴산과 후코이단'은 콜레스테롤의 상승을 억제해준다.
 - 후코이단은 장에서 면역력을 높여 항암식품으로 알려져 있다.
 - 다른 식품의 미네랄에 비해 다시마의 미네랄은 체내 소화흡수율이 높다.
 - 요오드는 신체의 신진대사를 활발하게 하는 작용이 있다.
 - 너무 많이 먹으면 갑상선 기능 저하를 일으키는 단점이 있다.

• 다시마의 색채 성분(후코키산틴) : 해초류에 들어 있는 갈색의 색소 성분 후코키산틴은 지방의 축적을 억제하고, 활성산소를 억제하여 노화를 방지하고 피부 재생에 도움을 준다. 또한 다시마의 끈적한 성분은 중성지방이 흡수되는 것을 예방한다.

• 다시마의 감칠맛 성분(글루타민산) : 다시마의 감칠맛은 맛있다고 느끼는 염분의 농도가 낮기 때문에 소금의 양을 줄이는 것이 가능하다. 또한 글루타민산은 위의 신경에 작용하여 위 기능을 좋게 하며, 과식을 방지하는 작용을 한다.

다시마 국물(昆布出し, こんぶ出し, 곤부다시) 만드는 방법
① 다시마를 요리용 수건(면포)으로 깨끗이 닦아낸다.
  ※ 다시마의 표면에 희게 묻은 만닛또는 씻으면 감칠맛의 본체인 글루타민산 글루타민이라는 아미노산이 사라진다.
② 준비한 양의 물과 닦은 다시마를 불에 올려 은근히 끓인다.
③ 끓으면 불을 끄고 거품과 다시마를 건져낸다.
  ※ 물 1L에 건다시마 20~30g 정도를 사용하며, 주로 맑은국과 지리냄비에 많이 이용된다.

④ 머리 부분부터 눌러 깎아내고, 작아지면 당겨서 깎는 방법이 좋다.
⑤ 가능하면 바로 깎아서 사용하고, 남은 재료는 밀폐된 용기에 넣어 건조한 냉장, 냉동실에 보존한다(깎은 채로 냉장고에 덮지 않고 넣어 두면 건조해지고 가루가 생겨 좋지 않다).
⑥ 보관용기는 습기가 없는 용기를 사용하는 것이 좋다.

★ 가다랑어포 국물(鰹節出し, 가쓰오부시다시) 만드는 방법
① 적당한 양의 가다랑어포를 준비하여 놓는다.
② 물이 끓으면 가다랑어포를 넣고 불을 끈다.
③ 떠오르는 거품은 걷어낸다.
④ 10분 정도 지난 다음 가다랑어포가 가라앉으면 면포(소창)에 조심스럽게 맑게 거른 후 사용한다.

★ 1번 다시(一番出し ; 이찌반다시) 만드는 방법 – 주로 맑은국에 사용
① 깨끗한 수건(행주)으로 다시마에 묻어 있는 먼지나 모래를 닦아낸다.
② 냄비에 물과 준비된 다시마를 넣고 중불로 열을 가한다.
③ 끓기 직전의 온도가 약 95°C 정도 되면 다시마를 손톱으로 눌러보아 손톱 자국이 나면 맛이 우러나온 것이다(이때 다시마를 건져낸다).
④ 가다랑어포를 덩어리지지 않게 넣고 불을 끈다.
⑤ 위에 뜬 불순물(거품)을 걷어낸다.
⑥ 10~15분 정도 지나 가다랑어포가 바닥에 가라앉으면 면포(소창)에 맑게 가만히 거른다.

2번 다시(二番出し, 니반다시) – 주로 된장국에 많이 사용
① 냄비에 물과 사용하고 남은 다시마와 가다랑어포를 함께 넣고 가열한다.
② 끓어오르면 불을 줄여 약한 불에서 5분 정도 끓이고, 새 가다랑어포를 넣고 불을 끈다.
③ 위에 뜬 거품이나 이물질을 걷어낸다.
④ 5분 정도 지나면 면포(소창)에 거른다.
  ※ 불을 끄지 않고 약한 불에 올려놓았을 경우에는 새 가다랑어포를 넣고 1분 정도 끓인 후 곧바로 거른다.

기본 조리방법 습득하기
일본 요리 기본양념인 조미료의 사용 순서 : 생선 종류에 맛을 들일 때는 청주 → 설탕 → 소금 → 식초 → 간장 등의 순서로 맛을 낸다.
① 청주 : 알코올의 작용으로 냄새를 없애 주고, 재료를 부드럽게 해서 먼저 넣는다.
② 설탕 : 열을 가해도 맛의 변화가 별로 없기 때문에 먼저 사용한다.
③ 소금 : 설탕보다 먼저 사용하면 재료의 표면이 단단해져 재료의 속까지 맛이 스며들지 않는다.
④ 식초 : 다른 조미료와 합쳐졌을 경우 맛이 증가하기 때문에 나중에 넣는다.
⑤ 간장 : 색깔, 맛, 향기를 중요시하며, 재료의 색깔에 따라 엷은 간장, 진간장, 타마리 간장 등을 선택하여 사용한다.
⑥ 조미료 : 맛이 다소 부족하다고 느껴질 때 조금 넣어 사용한다.

※ 채소 종류에 맛을 들일 때는 청주는 제외하고, 설탕 → 소금 → 간장 → 식초 → 된장의 순서로 간을 한다.

사(さ) ↔ 청주(さけ, 사케), 설탕(さとう, 사토우)
시(し) ↔ 소금(しお, 시오)
스(す) ↔ 식초(す, 스)
세(せ) ↔ 간장(しょうゆ, 쇼우)
소(そ) ↔ 된장(みそ, 미소)

(2) 조리기구의 종류와 용도

종류	용도
달걀말이 팬 (卵燒鍋, たまごやきなべ, 타마고야키나베)	• 다시마끼 팬이라고도 하며, 사각으로 된 형태가 대부분이고 재질은 구리 재질이 좋다. • 사용 전에 기름으로 팬을 길들여 사용하고, 사용 후에도 기름을 얇게 발라 보관한다. • 안쪽에 도금이 되어 있으며, 고온에 약하므로 과열로 굽는 것을 피한다.
아게나베 (揚鍋, あげなべ, 아게나베)	• 튀김 전문용 냄비로, 두껍고 깊이와 바닥이 평평한 구리합금, 철이 좋다. • 바닥이 평평해야 기름의 온도가 일정하게 유지된다.
덮밥 냄비 (丼鍋, どんぶりなべ, 돈부리나베)	알루미늄, 구리 등의 재질로 된 1인분 덮밥 전용 냄비로, 쇠고기덮밥(牛丼), 닭고기덮밥(親子丼) 등에 달걀을 풀어서 끼얹어 완성한다.
찜통(蒸し器, むしき, 무시키)	증기를 통해서 재료에 열을 가하는 조리 방법으로, 금속 제품보다는 목재 제품이 좋다.
강판 (卸金, おろしがね, 오로시가네)	무, 생강, 고추냉이, 산마 등을 갈 때 사용한다.
조리용 핀셋 (骨拔き, ほねぬき, 호네누키)	연어, 고등어 등 생선의 잔가시나 뼈를 뽑을 때 사용하는 조리용 핀셋이다.
굳힘 틀 (流し缶, ながしかん, 나가시캉)	스테인리스의 사각 형태로 굳힘요리, 찜요리 등에 굳힘을 할 때 이용된다.
장어 고정시키는 송곳 (目打ち, めうち, 메우치)	장어(바닷장어, 민물장어, 갯장어 등)를 손질할 때 도마에 고정시키는 송곳이다.
생선의 비늘치기(うろこ引き, うろこひき, 우로코키키, 鱗引き, こけひき, 고케히키)	생선의 비늘을 제거할 때 사용하는 기구이다.
요리용 붓(刷毛, はけ, 하케)	튀김 재료에 밀가루, 전분 등을 골고루 바를 때 및 생선구이요리 등의 다레(垂れ, たれ)를 바를 때 사용한다.
체(裏漉, うらごし, 우라고시)	체를 내리거나 가루, 국물 등을 거를 때 사용한다.
절구통 (擂鉢, すりばち, 스리바치)	재료를 으깨어 잘게 하거나 끈기가 나도록 하는 데 사용한다.
엷은 판자종 (薄板, うすいた, 우스이타)	재질은 노송나무(檜, ひのき), 삼나무(杉, すぎ)를 얇게 깎아 만든 것으로, 튀김요리 장식 및 생선 보관용으로 사용한다.

(3) 식재료 계량방법

① 고체 식품

종류	계량방법
밀가루	• 무게(g) 또는 부피(㎖)로 계량한다. • 체에 친 다음 스패튤러 등으로 깎아서 수평으로 부피를 잰다. • 흔들거나 꼭꼭 눌러 담지 않도록 주의한다.
설탕	잘 섞어 스패튤러 등으로 깎아서 부피를 잰다.
소금, 향신료	• 덩어리가 지지 않게 한다. • 수북이 채운 후 스패튤러 등으로 깎아서 수평으로 잰다.
입자형 식품 (쌀, 콩, 팥 등)	수북이 담아 살짝 흔들어 윗면을 스패튤러 등으로 수평이 되도록 깎아서 잰다.
고춧가루	계량스푼에 수북이 담아서 좌우로 살살 흔들어서 잰다.

② 액체 식품

종류	계량방법
계량컵 눈금 보기	• 반듯하게 놓는다. • 액체 표면 아랫부분의 눈금을 눈과 수평으로 해서 읽는다.
점성이 높은 것 (고추장, 꿀, 기름 등)	계량 기구에 가득 담아서 잰다.
간장, 맛술, 청주, 물	계량스푼이 약간 볼록하게 표면장력이 될 때까지 잰다.

예상문제

01 일본요리의 오미(五味) 중 거리가 먼 것은?

① 단맛 ② 매운맛
③ 감칠맛 ④ 쓴맛

해설 일본요리의 기본은 오미(五味)로 단맛, 짠맛, 신맛, 쓴맛, 감칠맛이다.

02 식재료 계량방법 중 맞는 것은?

① 간장, 맛술, 청주, 물 : 계량 기구에 가득 담아서 잰다.
② 고추장, 기름 같은 점성이 높은 것 : 계량스푼이 약간 볼록하게 표면장력이 될 때까지 잰다.
③ 밀가루 : 무게(g)로 재는 것이 정확하지만, 부피(㎖)로 잴 때는 한 번 체에 친 다음 스패튤러 등으로 수평으로 깎아서 잰다. 흔들거나 꼭꼭 눌러 담지 않도록 한다.
④ 고춧가루 : 계량스푼에 수북이 담아서 잰다.

해설
• 꿀, 기름 같은 점성이 높은 것은 계량 기구에 가득 담아서 잰다.
• 간장, 맛술, 청주, 물 등은 계량스푼이 약간 볼록하게 표면장력이 될 때까지 잰다.
• 고춧가루는 계량스푼에 수북이 담아서 좌우로 살살 흔들어서 잰다.

03 맛술의 장점과 거리가 먼 것은?

① 설탕과 비교하면 포도당과 올리고당이 다량 함유되어 있어 조리 시 식재료가 부드러워진다.
② 조림요리에서 성분의 당분과 알코올이 재료의 부서짐을 방지한다.
③ 단맛 성분인 당류, 아미노산, 유기산 등이 빠르게 재료에 담겨져 맛이 밴다.
④ 복수의 당류가 포함되어 있어 조리 시 재료의 표면에 윤기가 생기는 현상을 방지한다.

해설 복수의 당류가 포함되어 있어 조리 시 재료의 표면에 윤기가 생긴다.

04 칼을 올바르게 가는 방법으로 틀린 것은?

① 칼판 위에 숫돌을 움직이지 않게 받침대어 고정시키거나 신문지, 수건 등으로 고정시킨다.
② 양면칼을 갈 때에는 양면을 같은 횟수로 간다.
③ 숫돌을 미리 물에 한 시간 전에 담가 물이 흡수되도록 한다.
④ 회칼, 채소칼, 뼈자름칼 등의 혼야끼는 양면의 쇠가 같지만 일반적으로 양면의 쇠가 다르며, 사용방법이 다르기 때문에 강한 쇠로 되어 있는 우측(칼 앞면) 쇠를 2~5번 정도 갈고, 강한 쇠로 되어 있는 좌측(칼 뒷면)은 10~20번 정도 갈아주어야 한다.

해설 회칼, 채소칼, 뼈자름칼 등은 혼야끼는 양면의 쇠가 같지만 일반적으로 양면의 쇠가 다르며, 사용방법이 다르기 때문에 강한 쇠로 되어 있는 우측(칼 앞면) 쇠를 10~20번 정도 갈고, 연한 쇠로 되어 있는 좌측(칼 뒷면)은 2~5번 정도 갈아주어야 한다.

정답
01 ② 02 ③ 03 ④ 04 ④

※ 향미 재료의 종류 : 유자(유즈), 산초잎(기노메), 참나물(미쯔바), 레몬(레몬) 등

냄비의 종류

일식 냄비의 종류는 토기 냄비, 알루미늄 냄비, 붉은 구리 냄비, 요철 냄비, 스테인리스 냄비, 철 냄비 등이 있다.

① 토기냄비(土鍋, どなべ, 도나베) : 양쪽에 잡는 손잡이가 있고 뚜껑이 있으며, 일반적으로 일식당에서 1~2인분의 탕을 제공할 때 사용된다. 열전도가 늦기 때문에 끓이는 데 시간이 걸리지만, 잘 식지 않기 때문에 음식을 따뜻하게 먹을 수 있는 장점이 있다.
- 천천히 끓이고 남은 열기에 의해서 재료의 맛이 충분히 우러나올 수 있는 요리에 적당하다.
- 깨어지기 쉽기 때문에 다루는 데 주의한다.
- 처음부터 센 불로 끓이지 말고, 처음에는 중간 불로 시작하여 강한 불로 가는 것이 좋다.
- 열기가 오래 지속되긴 하지만, 식으면 잘 닦아지지 않으므로 가능하면 끓어 넘치지 않도록 주의한다.

② 집게냄비(やっとこ鍋, 얏토코나베) : 냄비가 크지 않고, 일반적으로 알루미늄으로 되어 있어 열전도가 빠르고 손잡이가 없이 냄비의 바닥 표면이 평평하게 되어 있다. 보통 얏토코(やっとこ, 뜨거운 냄비를 집는 집게)라는 집게를 이용해서 얏토코나베라고 하며, 손잡이가 없어서 포개어 사용할 수 있기 때문에 수납이 용이하고 씻을 때도 편리한 장점이 있다.

③ 쇠냄비(鉄鍋, てつなべ, 데쯔나베) : 전골냄비(鋤焼鍋, すきやきなべ, 스끼야끼나베)라고도 하며, 쇠로 만들어져 두껍고 무거우며 녹슬 수 있는 단점이 있다.
- 무게가 있고 바닥이 두꺼워야 열이 균일하게 보온되어 온도가 일정하게 오래 유지된다.
- 얇은 것은 바닥에 붙어 음식이 타기 쉽다.
- 사용 후에는 물을 넣어 한 번 끓인 다음 깨끗이 씻어 수분을 완전히 닦고, 가볍게 기름을 발라 두면 녹이 슬지 않아 좋다.
- 국물이 적은 스키야끼, 튀김냄비, 철판구이 등에 많이 이용된다.

④ 알루미늄 냄비 : 알루미늄 냄비는 가볍고 취급하기 쉬우며, 열전도가 빠른 장점이 있기 때문에 국물요리를 빨리 끓이는 데 적절하지만 불꽃이 닿는 부분만 고온이 되어 균일하게 열이 전해지지 않는 단점이 있다.

⑤ 붉은 구리 냄비 : 일반적으로 구리 냄비는 붉은 냄비라고 하며, 샤브샤브요리에 주로 사용된다. 열전도가 균일하여 우수한 장점이 있지만, 공기 중의 탄산가스가 습기와 결합하여 녹청이 발생하므로 사용한 후에는 관리가 필요하다. 무겁고 가격이 비싼 단점이 있으며, 취급 또한 불편하기 때문에 수요가 적어지고 있다.

⑥ 요철 냄비 : 요철 냄비는 일반 냄비보다 열 흡수율이 높고 붉은 구리와 알루미늄 합금을 쇠망치로 두드려 성형하므로 냄비의 안쪽과 바깥쪽에 생기는 요철이다. 이 요철은 재료가 눌어붙는 것을 예방해 주기 때문에 일식 전문 레스토랑에서 많이 사용되고 있다.

⑦ 스테인리스 냄비 : 녹이 슬지 않아 좋고 구입하기 쉬우며, 취급하기도 쉬워 편리하다.
- 음식을 요리할 때 바닥에 잘 달라붙는 단점이 있다.
- 국물이 많은 요리인 오뎅 등이 잘 어울린다.

예상문제

01 일식 국물요리의 일본어 표현으로 맞는 것은?

① 아에모노　　② 스이모노
③ 스노모노　　④ 니모노

해설
- 전채(前菜, ぜんさい, 젠사이)
- 무침 요리(揚げ物, あげもの, 아게모노)
- 맑은국(吸い物, すいもの, 스이모노)
- 구이요리(焼き物, やきもの, 야끼모노)

- 조림요리(煮物, にもの, 니모노)
- 초회(酢の物, すのもの, 스노모노)
- 식사(食事, しょくじ, 쇼쿠지)

02 일식 국물요리에서 향미 재료와 거리가 먼 것은?

① 유자(유즈)　　② 산초잎(기노메)
③ 참나물(미쯔바)　　④ 오렌지(오렌지)

해설 국물요리의 향미 재료에는 유자(유즈), 산초잎(기노메), 참나물(미쯔바), 레몬(레몬) 등이 있다.

03 냄비의 종류 중에서 일반적으로 손잡이가 없고 냄비의 바닥 표면이 평평하게 되어 있어 포개어 사용할 수 있기 때문에 수납이 용이하고 씻을 때도 편리한 장점이 있는 냄비는?

① 얏또꼬　　② 얏또고나베
③ 토기냄비　　④ 붉은 구리 냄비

해설 **얏또꼬나베(やっとこ鍋)**
일반적으로 알루미늄으로 되어 있으며, 열전도가 빠르고 손잡이가 없고 냄비의 바닥 표면이 평평하게 되어 있어 얏또꼬(やっとこ, 뜨거운 냄비를 집는 집게)라는 집게를 이용하므로 얏또고나베라고도 한다. 손잡이가 없기 때문에 포개어 사용할 수 있어 수납이 용이하고, 씻을 때도 편리한 장점이 있다.

4 일식 조림 조리

일식 조림 조리는 계절에 맞는 다양한 식재료로 간장, 청주, 맛술, 설탕 등을 이용하여 조림을 하는 조리법이다. 조림은 신선한 재료를 가쓰오부시 국물이나 물을 사용하여 조미료와 함께 졸여서 맛을 내는 요리로, 원래 밥반찬용이었으나 근래에는 짜지 않도록 맛을 약하게 하여 술안주로도 많이 애용되고 있다.

조림(煮る, 니루)
재료와 국물을 함께 끓여서 맛이 속으로 스며들게 하는 조리법이다. 밥반찬이 되고, 곤다테(こんだて, 식단)를 마무리 짓는 역할을 한다. 채소 니모노는 채소를 기본 다시만 넣어 색깔을 살려 살짝 조리는 담백한 요리이다. 대표적인 조림은 도미조림, 채소조림 등 다양하다.

(1) 조림 재료 준비

선류, 어패류, 육류, 채소류, 버섯류, 두부 등을 재료의 특성에 맞게 손질하고 메뉴에 맞는 양념장을 준비한다.

재료 자르는 방법
- 용도에 맞게 자르고 일정하게 잘라야 한다.
- 조리시간을 계산하여 두께 조절을 한다.
- 요리가 완성되었을 때 크기가 줄어든 만큼 감안하여 자른다.

(2) 조림하기

재료에 따라 조림양념을 만들고, 불의 세기와 시간을 조절하여 재료의 색상과 윤기가 잘 나도록 조림을 한다.

정답
01 ②　02 ④　03 ②

조미료의 사용방법
- 사람에 따라 좋아하는 맛이 다르기 때문에 조미료의 경우 반드시 정해진 양을 사용해야 한다고 말할 수는 없다.
- 날씨가 더울 때는 약간 짠맛이 나게 한다.
- 날씨가 추울 때는 맛을 약간 옅게 하면서 단맛을 조금 보충해준다.
- 먹는 사람이 피로감이 있을 때는 약간 짠맛이 나게 한다.
- 조미료를 넣을 때에는 일반적으로 단것을 먼저하고, 소금은 나중에 넣는다.

조림요리의 불 조절법
대부분 처음에는 강한 불로 시작한 후 끓어오르기 직전에 중간불로 조절

종류	불 조절
근채류, 생선류	중간 불
엽채류	약한 불
육류와 그 외 장시간 끓이는 것	약한 불

※ **조림(煮物)의 종류**

종류	방법
국물을 조리는 것 (煮つけ, 니쯔께)	생선의 조리방법으로서 조리를 하면서 간을 맞추는 것으로 다시마국물(昆布だし, 곤부다시), 청주, 설탕, 맛술, 간장으로 조린다.
조각내어조리기 (あら炊き, 아라다끼)	도미의 머리, 아가미 부분의 뼈가 붙어 있는 곳을 조린 것으로 맛을 진하게 조린다.
국물이 조금 있게 조리는 것 (煮しめ, 니시메)	연근, 곤약 등의 수분이 적은 것을 졸여 도시락, 연회에 사용한다.
바짝조리기 (照り煮, 데리니)	재료에 색이 진하고 반짝반짝 광택을 내는 조림으로 조림국물이 아주 작게 만든다.
된장조림(味噌煮, 미소니)	간장 대신 된장을 사용하여 생선의 비린내를 제거해 주며 독특한 맛이 있어 고등어, 전갱이 등 등푸른 생선을 사용한다.
흰조림(白煮, 시로니), 푸른조림(靑煮, 아오니)	색상을 살리기 위해 옅은 간장인 우수구치 간장을 조금 사용하거나 간장을 사용하지 않고 소금으로 간을 하여 단시간 조린다.
보통조림	간장, 청주, 설탕을 적당히 조미하여 맛의 배합을 생각하며 조린다.
단조림	맛술, 설탕, 청주를 넣어 조린다.
초조림	재료를 조린 다음 식초를 넣어 완성한다.
짠조림	간장을 주로 이용하여 조린다.
소금조림	소금을 주로 넣어 조린다.

(3) 조림 담기

① 조림의 특성에 맞게 기물을 선택하고 조림의 형태를 유지하여 곁들임 재료를 함께 담는다.
② 곁들임 채소는 주로 표고버섯, 무, 당근, 우엉, 죽순, 꽈리고추, 두릅 등이 사용되며 용도로는 주재료의 맛을 부각시키기 위해서 사용된다.

일본요리의 기본 조리법
일본요리는 오법(五法), 오색(五色), 오미(五味)의 조화와 계절 감각을 매우 중시한다.
- 오법 : 생, 구이, 튀김, 조림, 찜
- 오색 : 흰색, 검은색, 노란색, 빨강색, 청색
- 오미 : 단맛, 짠맛, 신맛, 쓴맛, 감칠맛

③ 조림용 뚜껑(落し蓋, おとしぶた, 오토시부타) : 조림요리에서 사용하는 냄비보다 약간 작고 나무로 된 뚜껑으로 냄비 안에 들어가는데, 국물이 끓어서 이 뚜껑에 닿았다가 다시 떨어져 맛이 고루 골고루 스며들도록 하기 위한 것이다.

예상문제

01 계절에 맞는 다양한 식재료를 이용하여 간장, 청주, 맛술, 설탕 등을 사용하고 시간 조절과 불의 강·약을 중요시하는 조리법은?

① 아에모노　　② 스이모노
③ 스노모노　　④ 니모노

해설 일식 조림요리는 계절에 맞는 다양한 식재료로 간장, 청주, 맛술, 설탕 등을 이용하여 조림을 하는 조리법이다.

02 조림요리에서 냄비보다 약간 작은 나무로 된 뚜껑으로, 냄비 안에 들어가는데 국물이 끓어서 이 뚜껑에 닿았다가 다시 떨어져 맛이 골고루 배게 하는 조리기구는?

① 야끼바　　② 니모노
③ 오토시부타　　④ 다시마끼

해설 오토시부타(落としぶた)
조림요리에서 냄비보다 약간 작은 나무로 된 뚜껑으로, 냄비 안에 들어가는데 국물이 끓어서 이 뚜껑에 닿았다가 다시 떨어져 맛이 골고루 배게 하기 위한 것이다.

03 조림요리에 대한 설명으로 틀린 것은?

① 조림요리는 요리가 완성되었을 때의 크기를 감안하여 재료 준비를 하여야 한다.
② 곁들임 채소는 주재료의 맛을 부각시키기 위해서 사용된다.
③ 냄비는 큰 것보다는 작은 것을 사용하여야 조림의 시간을 단축시킬 수 있어 효율적이다.
④ 조림의 양념에는 간장, 청주, 맛술, 소금, 된장, 식초 등이 주로 사용된다.

해설 냄비는 작은 것보다는 큰 것을 사용하여 바닥에 닿는 면이 넓어야 균일하게 졸여진다.

5 일식 면류 조리

일식 면류 조리는 우동(饂飩, うどん), 메밀국수[蕎麦, そば(소바), 소면(素麵, 소멘), 라면(ラーメン, 라멘)] 등의 면 재료를 이용하여 양념과 국물을 함께 제공하는 조리법이다.

(1) 면 재료 준비

면류의 식재료를 용도에 맞게 손질하고, 면요리에 맞는 부재료와 양념을 준비한 후 면요리의 구성에 맞는 기물을 준비한다.

정답 01 ④　02 ③　03 ③

밀가루의 분류

밀가루는 밀의 낱알을 분쇄하여 만든 가루이다. 분류하는 방법으로는 반죽했을 때 어느 정도의 점탄성(粘彈性)을 가지고 있는가에 따라 점탄성이 가장 강한 것부터 강력분, 중력분, 박력분으로 나눈다.

구분	단백질량(%)	제조하는 밀의 종류	용도 및 특징	조리 종류
강력분	11.5~13.5% 정도	경질의 봄밀 경질의 붉은 겨울밀	입자가 거칠고, 쫄깃한 식감의 빵 등에 적당함	식빵, 마카로니, 바게트, 피자도우, 소보로빵, 페이스트리 등
중력분	8.0~10.0% 정도	경질, 연질의 밀	• 면 제조에 적합한 점탄성을 지니고 있어 우동 등의 면용으로 적당함 • 쫄깃한 요리, 쫀득한 느낌의 요리에 사용 • 주로 다목적용으로 사용	면류(우동, 국수 등), 만두피, 쫀득한 느낌의 케이크, 크래커, 파이크러스트 등
박력분	6.0~8.5% 정도	흰 밀, 연질의 붉은 겨울밀	대단히 부드럽고 끈기가 약한 반죽이 되기 때문에 바삭한 튀김용으로 적당	튀김옷, 과자류, 카스텔라, 케이크, 머핀, 마들렌, 바삭한 식감의 쿠키 등

※ 면 조리에 맞는 부재료는 표고버섯, 쑥갓, 팽이버섯, 실파, 대파, 오이, 당근, 김, 죽순, 무, 와사비, 과일 등이 있고, 양념으로는 다시마, 가다랑어포, 맛술, 청주, 연간장, 진간장, 소금 등이 있다.

(2) 면 조리

① 면 국물 조리는 면요리의 종류에 맞게 맛국물, 주재료, 부재료를 조리하고 향미 재료를 첨가하여 면 국물 조리를 완성한다.

② 면 조리는 면요리의 종류에 맞게 맛국물을 준비하고, 부재료는 양념하거나 익혀서 준비한 후 면은 용도에 맞게 삶아서 준비한다.

㉠ 맛국물의 종류

종류	방법
찬 면류 맛국물	• 메밀국수의 맛국물은 기본적으로 다시 7 : 진간장 1 : 맛술 1의 비율로 끓여서 만들어 식힌다. • 취향에 따라 맛술 대신 설탕의 양을 조절하여 만들기도 하며, 관동지역이 관서지역보다 맛이 진하고 단맛이 강하다. • 찬 우동 맛국물은 면발이 두꺼운 경우 기본 맛국물을 다시 5~6 : 진간장 1 : 맛술 1의 비율로 끓여서 만들고 식힌다.
볶음류 맛국물	• 일식면의 볶음류는 대표적으로 볶음우동과 볶음메밀국수이다. • 볶음면류 요리는 편의상 간장을 기본으로 양념이 주로 사용되며, 간장 1 : 청주 1 : 맛술 1 : 물 2의 비율에 후추를 첨가하고, 마지막에 간장을 조금 이용하여 전체적인 색과 향을 체크하여 마무리한다.
따뜻한 면류 맛국물	• 일반적으로 다시 14 : 진간장 1 : 맛술 1의 비율로 끓여서 만든다. • 업소에 따라서 가다랑어포, 멸치, 도우가라시(고춧가루)를 추가하여 진한 맛을 내기도 한다.

㉡ 면요리의 종류에 맞는 맛국물

종류	특징
우동	다시물, 가다랑어포, 간장, 소금, 설탕, 맛술, 청주로 조미하여 우동다시를 만든다.
메밀국수(소바)	가께소바인지 자루소바인지에 따라 소바쯔유의 염도와 농도를 다르게 만든다.
소면	맑고 담백한 맛국물을 준비한다.
볶음우동(야끼우동), 볶음메밀국수(야끼소바)	국물이 없는 요리는 볶을 때는 진한 소스가 필요하다. 따라서 설탕과 간장을 1 : 3~1 : 4 정도로 혼합하여 끓여서 식혀두고 사용하는데, 이것을 모도간장이라고 한다.
라멘	• 보통 돼지 뼈를 삶아서 돈코쯔 국물을 준비하여 사용한다. • 일본라멘에는 돼지고기(차슈), 파, 삶은 달걀 등의 토핑을 얹는다. – 쇼유라멘 : 일본식 간장으로 맛을 냄 – 시오라멘 : 소금으로 맛을 냄 – 미소라멘 : 된장으로 맛을 냄 – 돈코츠라멘 : 돼지 뼈로 맛을 냄
면 조리	맛국물에는 다시마 맛국물, 가다랑어포 맛국물, 우동 맛국물, 메밀국수 맛국물 등이 있다.

(3) 면 담기

① 면요리의 종류에 따라 올바른 그릇을 선택하여 양념, 맛국물을 담아낸다.

② 면요리의 종류에는 찬 우동, 온 우동, 냄비우동, 튀김우동, 우동볶음, 찬 메밀국수, 온 메밀국수, 볶음메밀국수, 소면, 라멘 등이 있다.

③ 국물이 있는 면 종류의 그릇 선택 및 고명 올리기

메뉴명	올바른 그릇	고명 올리는 방법	고명의 종류
온 우동	깊이가 있고 넓이가 적당한 그릇	부재료의 색상과 양을 고려하여 보기 좋게 담는다.	대파(실파), 붉은어묵(가마보꼬), 덴까스 등
온 메밀국수	깊이가 있고 넓이가 적당한 그릇	부재료의 색상과 양을 고려하여 보기 좋게 담는다.	실파, 하리노리, 덴까스 등
냄비우동	토기냄비(질그릇)	쑥갓은 제공 직전에 올린다.	대파, 붉은어묵(가마보꼬), 달걀, 쑥갓
튀김우동	토기냄비(질그릇)	새우튀김은 제공 직전에 올린다.	대파, 붉은어묵(가마보꼬), 달걀, 새우튀김
소면	깊이가 있고 넓이가 적당한 그릇	달걀을 풀어서 올리는 경우가 많다.	붉은어묵(가마보꼬), 대파(실파), 곱게 자른 김(하리노리)
라멘	깊이가 있고 넓이가 적당한 그릇	부자료의 색상과 양을 고려하여 보기 좋게 담는다.	대파, 차슈 등

※ 붉은어묵은 찐 어묵의 일종으로 '가마보꼬'라고 한다.

④ 국물이 없는 면 종류의 그릇 선택 및 고명 올리기

메뉴명	올바른 그릇	고명 올리는 방법	고명의 종류
볶음우동 (볶음 메밀국수)	넓고 얕은 접시	요리에 바로 올린다.	가다랑어포
찬 우동 (냉우동)	넓고 얕은 접시	요리에 바로 올린다.	생강, 덴까스, 실파, 김, 곱게 자른 김(하리노리)
찬 메밀구수 (자루소바)	물기가 빠질 수 있는 그릇에 면만 담아서 제공	별도의 그릇에 면과 함께 쯔유(소스)와 함께 제공한다.	실파, 무즙, 와사비, 덴까스, 곱게 자른 김(하리노리)

(4) 죽(雜炊, 조우스이)류 조리

다시마 맛국물, 가다랑어포 맛국물 등을 내서 쌀 또는 밥에 맞게 주재료와 부재료를 사용하여 죽을 조리한다.

> **참고**
> **죽의 종류**
> - 죽은 복어냄비, 닭고기냄비, 샤브샤브냄비 등을 먹고 난 후 생긴 맛국물에 밥(쌀)을 넣고 끓여 부드럽게 만든(雜炊, 조우스이) 것이다.
> - 팥이나 쌀(밥) 등의 곡류로 만든 죽(お粥, 오카유), 흰쌀로만 지은 죽(白粥, 시라가유), 녹두로 만든 죽(緑豆粥, 료쿠도우가유), 팥으로 만든 죽(小豆粥, 아즈키가유), 감자와 고구마를 넣은 죽(芋粥, 이모가유), 차를 넣은 죽(茶粥, 챠가유) 등이 있다.

예상문제

01 녹차 밥 조리 준비 사항 중 녹차물과 맛국물의 비율이 옳은 것은?

① 1 : 0.5 ② 1 : 1
③ 1 : 1.5 ④ 1 : 2

해설 녹차물과 맛국물을 1 : 1 정도로 한다.

02 덮밥 종류의 한국어 · 일본어 표기가 틀린 것은?

① 장어구이덮밥(鰻丼, 우나기동)
② 돈까스 덮밥(カツ丼, 카츠동)
③ 튀김덮밥(天丼, 덴동)
④ 소고기덮밥(親子丼, 오야코동)

해설 덮밥(丼物, どんぶりもの, 돈부리모노, 돈부리)의 종류
장어구이덮밥(鰻丼, 우나기동), 튀김덮밥(天丼, 덴동), 소고기덮밥(牛丼, 규동), 돈까스 덮밥(カツ丼, 카츠동), 돼지고기구이덮밥(豚丼, 부타동), 참치회덮밥(鉄火丼, 뎃카동), 회덮밥(海鮮丼, 카이센동), 닭조림달걀덮밥(親子丼, 오야코동), 카레덮밥(カレ丼, 가레동) 등

03 덮밥류 조리에 관한 설명 중 틀린 것은?

① 덮밥을 돈부리(どんぶり)나 동(丼)으로 줄여 표기하기도 한다.
② 덮밥류 조리는 덮밥의 재료를 용도에 맞게 손질하고, 맛국물에 튀기거나 익힌 재료를 넣어 조리 또는 밥 위에 조리된 재료와 고명을 올려 완성한다.
③ 덮밥소스는 덮밥용 맛국물과 양념간장, 재료에 맞게 준비한다.
④ 맛국물 농도를 비교적 흐리게 하여 다른 찬과 같이 식사를 할 수 있도록 만든다.

해설 맛국물 농도를 비교적 진하게 하여 다른 찬 없이 식사를 할 수 있도록 만든다.

---

7 일식 초회 조리

일식 초회 조리는 식욕촉진제 역할을 하며, 해산물 · 오이 · 미역 등 기초 손질한 식재료에 새콤달콤한 혼합초를 이용하여 만든 조리법이다. 조미료 중 초를 주로 하여 다른 조미료와 혼합한 것을 날로 또는 가열한 식품에 조미해서 먹는 요리로, 식초를 사용하기 때문에 비린내가 나는 재료도 상큼하게 먹을 수 있는 장점이 있다(문어초회, 해삼초회, 모둠초회, 껍질초회 등).

(1) 초회 재료 준비

식재료 기초 손질, 혼합초 재료 준비, 곁들임 양념을 준비한다.

(2) 초회 조리

식재료 전처리와 혼합초를 만들고, 식재료와 혼합초의 비율을 용도에 맞게 조리한다.

① 식재료 기초손질
   ㉠ 채소류는 소금에 주물러 씻거나 소금물에 절여서 사용한다.
   ㉡ 생선, 어패류는 소금으로 여분의 수분과 비린내를 제거한다.
   ㉢ 불순물이 강한 것은 물 또는 식초물에 씻는다.

> **참고**
> **초회요리의 전 처리 방법**
> - 식초에 씻기(酢洗い, 스아라이) : 소금으로 한 재료를 물로 씻은 후 마지막으로 식초물에 살짝 씻기
> - 식초에 절임(酢じめ, 스지메) : 전어, 고등어, 청어 등과 같이 살이 부드럽고 비린내가 나는 생선은 소금에 절인 후 다시 식초에 잠시 재워서 사용
> - 데치거나 삶아내기
> - 살짝 굽거나 볶아내기
> - 건조된 재료 물에 불리기
> - 소금에 살짝 절이거나 소금물에 씻기
> - 식초를 소금과 함께 사용하면 소금에 의해 식초의 강한 산미가 부드러워져 깔끔하고 산뜻한 풍미가 살아남

② 혼합초의 종류 및 기본 분량

종류	기본분량
이배초(二杯酢, にばいず, 니바이스)	다시물 1.3 : 식초 1 : 간장 1
삼배초(三杯酢, さんばいず, 삼바이스)	다시물 3 : 식초 2 : 간장 1 : 설탕 1
초간장(ポン酢, ぽんず, 폰즈)	다시물 1 : 간장 1 : 식초 1

※ 단초(甘酢, あまず, 아마즈), 도사초(土砂酢, どさず, 도사스), 남방초(남방즈), 매실초(바이니쿠즈), 고추냉이식초(와사비스), 깨식초(고마스), 생강식초, 사과식초, 겨자식초, 난황식초, 산초식초 등이 있다.

③ 곁들임 재료

양념 (薬味, やくみ, 야쿠미)	・요리에 첨가하는 향신료나 양념을 말함 ・첨가하여 먹으면 잘 어울리며, 좋은 맛을 냄 ・향기를 발하여 식용을 증진함
빨간무즙 (赤卸, あかおろし, 아카오로시)	・모미지오로시(통무에 씨를 뺀 고추를 넣어서 강판에 갈아 만드는 것)라고도 함 ・고추즙(고춧가루)에 무즙을 개어 빨간색을 띤 무즙을 말함 ・붉은 단풍을 물들인 것처럼 아름다운 적색을 띠므로, 도미지라고도 함 ・초간장(ポン酢, ぽんず, 폰즈), 초회에 곁들여 사용

정답 01 ② 02 ④ 03 ④

올바른 초무침을 위한 방법
- 신선한 재료를 준비한다(특히 어패류).
  ※ 날것을 그대로 사용할 때는 재료의 신선도를 잘 선별해야 한다.
- 살균작용을 할 수 있도록 소금으로 잘 씻는다.
- 너무 빨리 무쳐 놓지 않는다.
- 재료는 충분하게 식혀서 사용한다.
- 그릇은 적으면서 약간 깊은 그릇을 선택한다.

(3) 초회 담기

① 용도에 맞는 기물을 선택하여 제공 직전에 무쳐 색상에 맞게 담아낸다.
② 미역, 오이, 채소를 바탕으로 어패류를 담아낸다.
③ 그릇은 계절감에 맞게 준비하고, 너무 화려하면 음식의 색감이 어두울 수 있다.
④ 큰 접시보다는 작으면서도 깊이가 조금 있는 것에 담는 것이 잘 어울린다.
⑤ 3, 5, 7 등 홀수로 기물을 선택한다.
⑥ 곁들임 재료로는 차조기 잎(시소), 무순 등이 있다.

예상문제

01 초회 조리에 관한 설명으로 틀린 것은?
① 비린내가 나는 재료는 일식 초회에서는 적합하지 않다.
② 일식 초회 조리는 식욕촉진제 역할을 하며 해산물, 오이, 미역 등 기초 손질한 식재료에 새콤달콤한 혼합초를 이용하여 만든 조리법이다.
③ 문어초회, 해삼초회, 모둠초회, 껍질초회 등이 있다.
④ 조미료 중 초를 주로 하여 다른 조미료와 혼합한 것을 날로 또는 가열한 식품에 조미해서 먹는 요리를 말한다.

해설 일식 초회는 식초를 사용하기 때문에 비린내가 나는 재료도 상큼하게 먹을 수 있는 장점이 있다.

02 올바른 초무침을 위한 방법으로 틀린 것은?
① 신선한 재료를 준비한다(특히 어패류).
② 재료는 풍미를 살리기 위해서 따뜻할 때 제공한다.
③ 그릇은 적으면서 약간 깊은 그릇을 선택한다.
④ 너무 빨리 무쳐 놓지 않는다.

해설 초무침 재료는 충분하게 식혀서 사용해야 한다.

03 초회 담기 설명 중 틀린 것은?
① 곁들임 재료로는 차조기 잎(시소), 무순 등이 있다.
② 2, 4, 6 등 짝수로 기물을 선택한다.
③ 큰 접시보다는 작으면서도 깊이가 조금 있는 것에 담는 것이 잘 어울린다.
④ 용도에 맞는 기물을 선택하여 제공 직전에 무쳐 색상에 맞게 담아낸다.

해설 초회 담기는 3, 5, 7 등 홀수로 기물을 선택한다.

04 혼합초의 기본 분량 및 종류 중 폰즈의 구성비는 얼마 정도인가?
① 식초 3 : 설탕 2 : 소금 1/2
② 다시물 1 : 간장 1 : 식초 1
③ 다시물 1.3 : 식초 1 : 간장 1
④ 다시물 3 : 식초 2 : 간장 1 : 설탕 1

해설 폰즈 기본분량=다시물 1 : 간장 1 : 식초 1

8 일식 찜 조리

일식 찜 조리는 생선류, 조개류, 채소류 등 다양한 식재료를 이용하여 찜을 하는 조리법이다. 증기에서 수증기로 만든 요리로, 모양과 형태가 변하지 않고 본연의 맛이 날아가지 않게 하는 가열 조리법이다. 달걀찜(자완무시), 도미술찜, 대합술찜, 닭고기술찜, 모둠술찜 등이 있다.

찜 조리의 특징
- 찜요리는 재료가 갖고 있는 영양과 맛이 최대한 밖으로 흘러나오지 않도록 하여 재료의 영양과 본래의 상큼하고 깔끔한 맛이 특징이다.
- 어패류, 달걀, 두부, 채소류 등에 떫은맛이 없고 담백한 재료를 사용한다.
- 계절에 따라 시원한 맛과 따뜻한 맛으로 제공이 가능하다.
- 찜을 하기 때문에 식어도 수분이 충분하여 딱딱하지 않다.
- 재료를 부드럽게 해주고 형태와 맛을 유지한다.
- 압력을 이용하면 단시간에 부드럽게 만들 수 있다.
- 대량의 음식 조리도 가능하다.
- 재가열 시에도 형태를 유지할 수 있다.
- 찜통에 갇혀 있던 비린내와 냄새 제거가 어렵다(고등어, 정어리, 청어, 삼치 등).
- 찜 조리에서는 아주 섬세하게 냄새가 옮겨져 요리를 실패할 수 있다.

찜 조리의 종류

재료에 따른 분류	• 술찜(酒蒸し, 사까무시) : 도미, 대합, 전복, 닭고기 등에 소금을 뿌린 뒤 술을 부어 찐 요리로, 폰즈(ポン酢)가 어울림 • 소금찜(鹽蒸し, 시오무시) : 술을 넣지 않고 소금을 뿌린 뒤 찐 요리 • 된장찜(味そ蒸し, 미소무시) : 재료에 으깬 된장 등을 넣어서 혼합하여 찐한 요리로, 된장은 냄새를 제거하고 향기를 더해 줘서 풍미를 살리므로 찜 조리에 많이 사용함(단, 빠른 시간 내에 쪄야 함) • 순무찜(かぶら蒸し, 가부라무시) : 무청(순무)을 강판에 갈아 재료를 듬뿍 올려서 찐 요리로, 매운맛이 적고 싱싱한 것으로 풍미가 달아나지 않게 빨리 쪄야 함 • 신주찜(信州蒸し, 신슈무시) : 메밀국수를 삶아 재료 속에 넣고 표면을 흰살생선 등으로 다양하게 감싸서 찐 요리 • 상용찜(上用蒸し, 조요무시) : 강판에 간 산마를 곁들여 주재료에 감싸거나 위에 올려서 찐 요리 • 찐쌀찜(道明寺蒸し, 도묘지무시) : 찐 찹쌀을 물에 불려서 재료에 감싸거나 올려 찐 요리 • 벚꽃잎사귀찜(桜蒸し, 사꾸라무시) : 잘 불린 찹쌀을 벚꽃잎 사귀에 싸거나 사이에 끼워서 찐 요리 • 섶나무찜(紫蒸し, 시바무시) : 당근, 버섯류 등을 채로 썰어서 마치 섶나무와 같이 보이게 하여 재료에 놓아 찐 요리 • 달걀노른자위찜(黃身蒸し, 기미무시) : 사용할 재료에 달걀 노른자를 으깨거나 거른 후 찐 요리
형태에 따른 분류	• 질주전자찜(土瓶蒸し, 도빙무시) : 송이버섯, 닭고기, 장어, 은행 등을 찜 주전자에 넣고 다시국물을 넣어 찐 요리 • 부드러운 찜(柔らか蒸し, 야와라까무시) : 문어, 닭고기 등의 재료를 아주 부드럽게 찐 요리 • 호네무시(骨蒸し, 호네무시) : 치리무시(ちり蒸し)라고도 하며, 뼈까지 충분히 익혀서 다시물에 생선 감칠맛이 우러나오게 함(강한 불에 쪄야 함)

정답 01 ① 02 ② 03 ② 04 ②

(1) 찜 재료 준비

메뉴에 따라 주재료의 특성을 살려 손질하고 부재료, 고명, 향신료를 조리법에 맞추어 손질한다. 찜요리의 적당한 재료로 어패류는 도미, 가자미, 삼치 등의 흰살생선이 잘 이용되며, 패류는 대합, 아사리 등이 이용되고, 가금류는 닭고기를 주로 이용한 후 양념재료를 준비한다.

데쳐내기(시모후리)
- 끓는 물을 표면이 하얗게 될 정도로 재료에 붓거나, 재료를 끓는 물에 살짝 데쳐내면 표면을 응고시켜 본래의 맛이 달아나지 않도록 된다.
- 직접 불을 가하거나 가열 후 바로 찬물에 담가 차갑게 하여 표면의 비늘, 점액질, 피, 냄새, 지방, 여분의 수분 등을 제거하여 사용한다.

(2) 찜 조리

① 찜 소스는 메뉴에 따라 재료의 특성을 살려 맛국물을 준비하고, 찜의 종류와 특성에 맞게 조리 후 첨가되는 소스의 양을 조절한다.

② 찜통을 준비하고 식재료의 종류에 따라 불의 세기와 시간을 조절하여 양념(소스)과 찜을 완성한다.

찜통의 종류 및 특징

종류	특징
나무 찜통	• 찜통은 증기에 의해서 식품을 가열하기 위한 기구인데, 나무 찜통으로는 사각형과 둥근형이 있다. • 2~3단 정도 겹쳐서 증기를 올려 사용하며, 열효율이 좋고 수분 흡수가 좋아 뚜껑에도 물방울이 생기지 않는 장점이 있다. • 단점은 사용 후 곰팡이가 생기기 쉬워 햇빛에 말려 건조해야 한다.
스테인리스, 알루미늄 찜통	• 겹쳐서 사용이 가능하고 손질이 쉽고 사용 후 세척이 용이하다. • 높이가 다소 높고 바닥이 넓어 물의 양이 많이 들어가는 것이 열의 손실이 적어 좋다. • 나무 찜통과는 달리 찜통이 너무 뜨거워 주의가 필요하다.

③ 찜요리의 방법
　㉠ 찜통(蒸し器, 무시키)은 바닥이 넓고 높이가 낮은 것이 열의 손실이 적어 시간적, 경제적으로 좋다.
　㉡ 가능하면 높이는 높지 않으며, 바닥은 적당히 넓은 것이 좋다.
　㉢ 찜요리는 먼저 불을 붙여 증기를 올린 다음 재료를 넣어 요리를 완성하는 것이 좋다.
　㉣ 찜요리에서 찜통에 넣는 물의 양은 3/5 정도가 적당하다.
　㉤ 대부분의 찜요리는 재료에 따라 다르지만, 10~30분 전후면 거의 완성된다.
　㉥ 찜 준비 → 찜솥에 물 넣고 랙(Rack) 올리기 → 뚜껑을 덮고 물 끓이기 → 식재료를 랙 위에 올리고 뚜껑을 덮기(수증기가 빠지지 않도록 함) → 찜하기(부분적 찜 금지) → 소스와 함께 즉시 제공

찜요리의 화력 조절법
① 약한 불로 찌는 요리
- 뚜껑을 조금 열어 놓고 중간 정도의 온도로 찜.
- 달걀, 두부, 산마, 생선살 같은 것 등
- 달걀찜(茶椀蒸し, 자완무시), 달걀두부(卵豆腐, 다마고도후) 등

※강한 불로 찌면 달걀 자체가 끓기 때문에 익으면서 구멍이 남게 되어 보기 싫고, 맛도 없다.
※스다찌(すだち) 현상 : 달걀을 사용한 재료를 찔 때 강한 불에서 찜을 하여 구멍이 생기는 현상

② 중간 불로 찌는 요리 : 재료의 특징에 따라 중불과 센불로 온도조절을 잘 유지하며 찜[도미술찜(鯛酒蒸, 다이사까무시) 등].

③ 강한 불로 찌는 요리
- 뚜껑을 꼭 덮고 센불에서 찜.
- 생선찜의 경우 흰살생선, 연어는 열을 오래 가해도 단단해지지 않음(생으로 먹을 수도 있으므로 데친 정도로만 찜을 하고 열을 가하여 익히는 정도는 95%가 적당).
- 전복술찜(鮑酒蒸し, 아와비사까무시), 대합술찜(大蛤酒蒸し, 하마구리사까무시) 등
- 만두류, 새우, 조개류, 닭고기는 열을 오래 가하면 단단해지고 질겨져서 센불에서 빠르게 찜(대합, 중합은 입을 벌리면 되지만 닭고기, 돼지고기는 완전히 익힘).

④ 찜요리의 주의할 점
　㉠ 뚜껑에 붙어 있는 증기가 요리에 떨어질 우려가 있으므로 주의한다.
　㉡ 찌는 도중에 물을 보충할 때에는 끓는 뜨거운 물로 보충하여 온도를 유지하여야 한다.
　㉢ 요리가 완성되어 들어낼 때에는 꼭 불을 끄고, 화상에 주의한다.

(3) 찜 담기

① 찜의 특성에 따라 기물을 선택하여 재료의 형태를 유지하고, 곁들임을 첨가하여 완성한다.

② 폰즈는 감귤류에서 짠 즙을 말하는데, 등자(스다치)를 주로 사용한다.

③ 야꾸미(실파참, 빨간무즙, 레몬), 폰즈(간장 1 : 식초 1 : 다시물 1) 소스를 곁들인다.

예상문제

01 다음은 어떤 요리의 주의점에 관한 설명이다. 해당하는 요리로 맞는 것은?

> • 뚜껑에 붙어 있는 증기가 요리에 떨어질 우려가 있으므로 주의한다.
> • 도중에 물을 보충할 때에는 끓는 뜨거운 물로 보충하여 온도를 유지하여야 한다.
> • 요리가 완성되어 들어낼 때에는 꼭 불을 끄고, 화상에 주의한다.

① 일식 조림 조리(煮物, にもの, 니모노)
② 일식 롤 초밥 조리(ロール寿司, 로우루스시)
③ 일식 찜 조리(蒸し物, むしもの, 무시모노)
④ 일식 구이 조리(焼き物, やきもの, 야끼모노)

정답
01 ③

참고

초생강 만들기
- 통생강의 껍질을 벗기고 얇게 편으로 썰어 끓는 물에 데친 다음 배합초(식초, 소금, 설탕, 다시물)를 넣어 완성
- 껍질 벗기기 → 편 썰기 → 소금에 절이기 → 그릇에 담기 → 뜨거운 물에 데치기 → 찬물에 헹구어 체에 거르기 → 식초에 설탕, 소금 녹이기 → 다시물 넣고 식히기 → 볼에 담기 → 데친 생강에 배합초 붓기

초밥도구
① 초밥 버무리는 통(半切り, はんぎり, 한기리)
  - 초밥을 식히는 나무 통으로, 편백나무(ひのき)로 된 초밥 버무리는 통이 좋음. 작게 쪼갠 나무를 여러 개 이어서 둥글고 넓게 만들며, 높지 않게 만들어 초밥을 식히는 데 사용되는 조리기구
  - 사용할 때에는 물로 깨끗하게 씻어 물기를 행주로 닦고, 밥이 따뜻할 때 배합초를 버무려 사용
  - 마른 통을 사용할 경우에는 밥이 붙고 배합초를 섞기가 불편하기 때문에 꼭 수분을 축여서 사용하도록 한다.
② 김발(巻き簀, まきす, 마키스)
  - 재질은 대나무로 되어 있고, 강한 열에도 변형되지 않을 것
  - 오니스다레(おにすだれ)는 삼각형의 굵은 대나무를 엮어 만든 것으로, 면에 파도 모양을 살려 다테마키(伊達巻, だてまき)용으로 사용
③ 기타 : 강판(오로시가네), 눌림상자(오시바코), 뼈뽑기(호네누키), 초밥밥통(샤리비츠) 등

(4) 롤 초밥 담기

롤 초밥의 종류와 양에 따른 기물을 선택하고, 롤 초밥을 구성에 맞게 담은 후 곁들임을 첨가한다.

① 초밥의 곁들임 : 초생강, 락교, 단무지, 오차, 장국, 간장 등
② 초밥간장 : 일반간장보다 싱겁게 만듦

예상문제

01 초밥용 쌀의 조건으로 옳은 것은?
① 고시히카리 품종이 좋음
② 밥을 평상시보다 약간 질게 지을 것
③ 전분의 구조가 부드럽고 끈기가 없는 것
④ 수분(배합초)의 흡수성이 좋지 않은 것

- 밥을 지었을 때 맛과 향기(풍미)가 좋을 것 : 적당한 탄력과 끈기(찰기)가 있을 것
- 수분(배합초)의 흡수성이 좋을 것 : 전분의 구조가 단단하고 끈기가 있을 것
- 밥을 평상시보다 약간 되게 지을 것 : 고시히카리 품종이 좋음

02 냉동 참치의 식염수 해동법으로 틀린 것은?
① 봄, 가을 식염수 해동은 18~25℃의 물에 3%의 식염수
② 겨울철 식염수 해동은 30~33℃의 물에 3~4%의 식염수
③ 봄, 가을 식염수 해동은 27~30℃의 물에 3%의 식염수
④ 여름철 식염수 해동은 18~25℃의 물에 3~5%의 식염수

 봄, 가을 식염수 해동은 27~30℃의 물에 3%의 식염수

03 초밥을 고루 섞는 방법(배합초 뿌리기)을 올바르게 설명한 것은?
① 나무통(한기리)에 뜨거운 밥을 옮겨 담고 식힌 후 배합초를 뿌린다.
② 나무주걱으로 살살 옆으로 자르는 식으로 밥알이 깨지지 않도록 섞음과 동시에 한 번씩 밑과 위를 뒤집어 주면서 배합초가 골고루 섞이도록 한다.
③ 초 양념은 밥을 짓기와 동시에 만들어 놓는다.
④ 밥에 배합초가 충분히 흡수되면 부채 등을 이용하여 밥에 남아 있는 여분의 배합초를 날려 보낸다.

 초 양념은 밥을 짓기 30분 전에 만들어 놓기(재료들이 잘 섞이기 때문) → 나무통(한기리)에 뜨거운 밥을 옮겨 담고 배합초를 뿌리기(밥이 식으면 흡수력이 떨어지므로) → 나무주걱으로 살살 옆으로 자르는 식으로 밥알이 깨지지 않도록 섞기 → 한 번씩 밑과 위를 뒤집어 주면서 배합초가 골고루 섞이도록 함 → 밥에 배합초가 충분히 흡수되면 부채 등을 이용하여 밥에 남아있는 여분의 수분을 날리기 → 초밥의 온도가 사람 체온(36.5℃) 정도로 식히기 → 보온밥통에 담아 사용(온도 유지)

10 일식 구이 조리

구이는 가열 조리방법 중 가장 오래된 조리법으로 불이 직접 닿는 직화구이와 오븐과 같은 대류나 재료를 싸서 직접 열을 차단하여 굽는 간접구이가 있다. 구이는 재료의 표면이 뜨거운 열에 노출되어 표면이 굳어 재료가 가지고 있는 감칠맛이 새어 나오지 않아 맛이 더욱 좋다.

(1) 구이 재료 준비

참고

맛있는 구이를 위한 준비
- 굽기 전에 반드시 간장, 소금 등 밑간을 한다.
- 구이에서 아시라이(곁들임요리)는 구이를 돋보이게 하는 요리로 꼭 필요하다.
- 구이에서 불 조절은 매우 중요한 기술이다. 일반적으로 기름기가 많은 생선류, 가금류는 낮은 온도에서 서서히 구워 기름기를 빼면서 굽지만, 조개류 등과 담백한 생선은 높은 온도에서 빠르게 구워야 딱딱하지 않다.
- 꼬치(구시)구이를 할 때 꼬치를 돌려가면서 구워야 생선이 붙지 않아 부서지지 않는다.

(2) 구이 조리(굽기)

식재료의 특성에 따라 구이방법을 선택하여 불의 강약을 조절하면서 재료의 형태가 부서지지 않도록 구이를 한다.

참고

일식 구이의 종류
일식 구이는 크게 조미양념과 조리기구에 따라 분류한다.

(1) 조미 양념에 따른 분류

소금구이 (시오야끼)	• 신선한 재료를 선택하여 소금으로 밑간을 하여 굽는 구이이다. 일반적으로 처음에는 밑간을 조금해 놓고 굽기 직전에 소금으로 간을 하여 굽는다(소금은 감미의 역할도 있지만, 열전도가 좋아 재료를 고루 익힌다). 예 도미구이, 삼치구이[삼치소금구이(사와라시오야끼)], 연어구이, 은어구이[은어소금구이(아우시오야끼)], 전복구이, 새우구이, 고등어[고등어소금구이(사바시오야끼)], 메로, 송이구이 등

정답
01 ① 02 ① 03 ②

소금구이 (시오야끼)	• 생선이 갖고 있는 독특한 맛을 살리는 조리법으로, 신선한 재료를 이용한다. • 소금 양은 보통 생선의 2% 정도로, 양면에 골고루 뿌린 후 20~30분 후 굽는 것이 좋다(껍질이 얇은 생선은 5분 정도 간을 하는 것이 좋다). • 구울 때는 우선 껍질 쪽부터 구워 노릇노릇해지면 뒤집어 굽는다. 지느러미와 꼬리가 타는 것을 방지하기 위해서는 은박지로 감고, 살아 있는 듯한 멋을 내기 위해서는 소금을 듬뿍 묻혀 굽는다.
양념간장구이 (데리야끼)	• 구이 재료를 데리(양념간장)로 발라 가며 굽는 구이이다. 일반적으로 간장 1 : 청주 1 : 미림(맛술) 1의 비율로 기호에 따라 설탕을 가미하는데, 처음에는 간장을 조금 발라 굽고 어느 정도 익으면 3~4번 정도 더 발라가며 구워 완성한다. 예 장어, 방어, 연어, 소고기, 닭고기 등 • 생선에 양념장을 발라 구워서 광택이 나게 하는 조리법이다. • 양념장은 보통 간장 3 : 맛술 3 : 설탕 1 : 청주 1의 비율로 섞어 3분의 2가 될 때까지 졸여서 사용한다. 처음에는 양념을 바르지 않고 그냥 굽다가 4분의 3 정도 구워지면 양념을 3~4회 발라 가며 굽는다(처음부터 양념을 바르면 속이 익기 전에 겉 부분만 탄다). • 지방이 많고 살이 두꺼운 생선(갯장어, 방어, 참치)과 닭고기 등에 잘 사용된다.
양념간장구이 (데리야끼)	• 갯장어양념구이(하모데리야끼), 방어양념간장구이(부리데리야끼), 닭간양념간장구이(도리기모데리야끼) 등이 있으며, 연한 간장구이로는 꽃다랑어 산초구이(가쯔오기노메야끼), 도미머리산초구이(다이아다마산쇼야끼) 등이 있다.
된장절임구이 (미소쯔께야끼)	• 미소(된장)에 구이 재료를 재웠다가 굽는 구이이다. 된장(사이교미소) 500g : 맛술 50cc : 청주 50cc를 섞고 구이 재료를 12시간 정도 재워 간을 하며, 된장이 묻지 않도록 면포(소창)로 덮어두거나 굽기 전에 된장을 잘 분리하여 굽는다. 구울 때 생선에 된장이 묻어 있으면 빨리 타고, 생선을 물에 씻으면 맛이 없다. 예 은대구, 메로, 옥도미, 병어, 고등어, 삼치, 소고기 등
된장절임구이 (미소쯔께야끼)	• 된장에 생선이나 육류를 넣어 된장 맛을 들인 다음 굽는 조리법이다. 된장구이용 된장은 대개 흰된장(시로미소) 1kg : 청주 360cc : 맛술 180cc : 설탕 300g을 잘 섞어서 사용한다. • 담그는 방법은 바로 된장을 혼합하는 방법과 된장과 된장 사이에 가제를 끼어 생선을 넣어서 담그는 방법이 있다. 된장에 담가 1~2일 정도 지나 맛이 들면 생선을 된장에서 건져 냉장고에 보관 후 사용한다.
유자향구이 (유안야끼)	일반적으로 간장 1 : 청주 1 : 맛술 1의 비율에 다시마, 유자를 넣어 50분 정도 재워 사용한다. 마지막 구울 때 남은 유안지 소스를 조금 발라서 완성하면 좋다. 예 도미, 메로, 삼치, 연어, 고등어, 전복 등

① 구이요리의 간 맞추는 방법
- 반찬으로 할 때에는 간장양념구이처럼 간을 세게 하며, 술안주로 할 때에는 담백하고 산뜻하게 하는 것이 좋다.
- 일본의 구이는 우리의 구이에 비해 마늘, 생강, 후추, 산초, 간장, 깨, 참기름 등의 양념을 가능한 적게 사용하고, 주재료의 맛을 살리는 데 중점을 두는 것이 특징이다.

② 구이요리의 올바른 불 조절
- 보통 구이는 강한 불로 멀리서 굽는다.
- 조개 종류와 새우는 강한 불로 빨리 굽는다.
- 된장절임구이나 간장구이 등은 타기 쉽기 때문에 불 조절을 약하게 해서 굽는다.
- 민물고기는 시간을 오래 걸려 서서히 굽는다.

③ 구이 굽는 법
- 생선을 구울 때 바다생선은 살 쪽으로부터 민물고기는 껍질 쪽부터라는 말이 있지만 대개 접시에 담을 때 겉으로 보이는 쪽부터 먼저 굽는 것이 정도라고 할 수 있다.
- 껍질 쪽부터 구워 색깔이 먹음직스럽게 되면 뒤집어서 살 쪽을 천천히 굽는다.
- 껍질과 살을 6 : 4의 비율로 굽는 것이 기본이다.
- 구시를 꺼어서 구울 때는 3~4회 정도 빙글빙글 돌려 가면서 구워야 구시를 뺄 때 살이 깨지는 것을 막을 수 있다.
- 굽는 석쇠는 생선을 얹는 쪽을 충분히 열을 가한 다음 굽어야 생선이 붙지 않는다.

(2) 조리기구에 따른 분류

샐러맨더	• 샐러맨더는 열원이 위에 있어 생선의 기름이나 육류의 기름이 아래로 떨어져 연기나 불이 나지 않아 작업이 용이한 조리기구이다. • 굽기 전에 샐러맨더 열원 위에는 아무 것도 없도록 하고, 밑에 있는 팬에는 물을 넣고 작업해야 열이 적고 청소가 용이하다. • 샐러맨더의 열원은 위에서 내려오는데, 오른쪽 레버를 위아래로 조절해서 구이 재료가 움직여 불의 강약을 조절하거나 가스밸브로 조절하여 굽는다. • 기름기가 많은 생선은 열원에서 멀리하여 기름기를 많이 빼주고, 새우·전복·조개류 등 기름기가 적고 빨리 익는 재료는 열원에서 가까이하여 빨리 구워 딱딱하지 않고 부드럽게 굽는다.
오븐	열원에 의해 가열된 공기가 재료에 균일하게 가열되어 뒤집지 않아도 되는 편리한 조리기구이다. 오븐은 밀폐된 기물 안에서 열원이 공기를 데워 굽는 방식이며, 온도조절은 전자방식과 가스밸브로 한다.
철판(번철)	열원이 철판을 데워 철판 위에 놓인 재료를 익히는 방법으로, 다양한 식재료를 조리할 수 있는 조리기구이다. 철판이 두꺼울수록 온도 변화가 적어 조리하기가 좋으며, 화로 위에 번철(철판)을 달구어 구이 재료를 굽고, 가스밸브로 불의 강약을 조절한다.
숯불구이 (스미야끼)	재료를 높은 직화로 굽는 조리 방법이다. 재료가 타지 않게 거리를 조절하며 굽는데 숯의 향과 풍미가 더해져 맛이 좋다. 숯불에 구이를 올릴 때는 주로 석쇠나 쇠꼬챙이에 재료를 끼워 굽는데, 불의 강약조절은 재료를 직접 내렸다 올렸다 해야 되기 때문에 조절하기에 불편함이 있다.
꼬치구이 (쿠시야끼)	모양을 내어 꼬치로 고정시킨 재료를 직화로 굽는 조리방법이 대부분이며, 꼬치를 꽂는 방법에 따라 이름이 달라진다. | 종류 | 방법 | |---|---| | 노보리 쿠시 | 은어(아유)처럼 작은 생선을 통으로 구울 때 쇠꼬챙이를 꽂는 방법으로 생선이 헤엄쳐서 물살을 가로질러 올라가는 모양으로 꽂는다. | | 오우기 쿠시 | 자른 생선살을 꽂을 때 사용하는 방법으로, 2~3개의 꼬챙이(구시)를 이용하여 앞쪽은 폭이 좁고 꼬치 끝은 넓게 꽂아 부채 모양 같아서 붙은 이름이다. 부채 모양으로 되어야 꼬치(구시)를 손으로 잡고 구울 수 있다. | | 가타즈마오레, 료우즈마오레 쿠시 | 2~3개의 꼬치(구시)를 이용하여 생선 껍질 쪽을 도마 위에 놓고 앞쪽 한쪽만 말아 꽂는 방법을 가타즈마오레, 양쪽을 말아 꽂는 방법을 료우즈마오레라고 한다. 갑오징어, 장어 등을 칼집을 내어 많이 사용한다. | | 누이 쿠시 | 주로 갑오징어와 같이 구울 때 많이 휘는 생선에 사용되는 방법으로, 살 사이에 바느질하듯 꼬치(구시)를 꽂고 꼬치와 살 사이에 다시 꼬치를 꽂아 휘는 것을 방지하는 방법이다. |

※ 쇠꼬챙이(鐵串, 가네쿠시, 가네쿠시) : 생선구이에 필요한 쇠꼬챙이로, 스테인리스가 대부분인데, 간혹 대나무로 만든 제품도 있다.

(3) 구이 담기

모양과 형태에 맞게 담아내고, 구이 종류의 특성에 따라 양념, 곁들임(아시라이)을 곁들인다.

곁들임(아시라이) 만드는 방법

아시라이는 구이요리를 제공하면 반드시 함께 나오는 곁들임이다. 구이를 먹고 난 후 입안을 헹구는 역할을 하며, 입안의 비린내를 제거하는 데 효과적이다.

- 계절에 맞는 재료를 사용한다.
- 담을 때 구이와 색깔이 맞게 담는다.
- 단맛과 신맛이 나는 것을 조절하여 사용한다.
- 구이의 맛에 변화를 줄만큼 맛이 너무 강하면 좋지 않다.
- 일반적으로 된장구이는 매운맛이 나는 곁들임 재료를 사용하고, 데리야끼는 단맛이 나는 곁들임 재료를 사용하는 편이다.
- 신맛이 나는 곁들임 재료는 모든 구이에 다 사용한다.

곁들임(아시라이)의 종류

분류	종류
초절임류	무초절임, 초절임연근, 햇생강대초절임(하지카미) 등
단맛류	밤 단 조림, 고구마 단 조림, 단호박 단 조림, 금귤(낑깡) 단 조림 등
신맛류	레몬, 영귤, 유자 등
간장 졸임류	우엉, 머위, 꽈리고추, 다시마 채 등

예상문제

01 구이 굽는 법에 대한 설명으로 틀린 것은?

① 굽는 석쇠는 생선을 얹는 쪽을 충분히 열을 가한 다음 구어야 생선이 붙지 않는다.
② 껍질 쪽부터 구워 색깔이 먹음직스럽게 되면 뒤집어서 살 쪽을 천천히 굽는다.
③ 구시를 끼워서 구울 때는 3~4회 정도 빙글빙글 돌려가면서 구워야 구시를 뺄 때 살이 깨지는 것을 말을 수 있다.
④ 껍질과 살을 3 : 7의 비율로 굽는 것이 기본이다.

해설 껍질과 살을 6 : 4의 비율로 굽는 것이 기본이다.

02 구이요리의 올바른 불 조절법으로 틀린 것은?

① 민물고기는 흙냄새 제거를 위해서 강한 불에서 빨리 굽는다.
② 된장절임구이나 간장구이 등은 타기 쉽기 대문에 불 조절을 약하게 해서 굽는다.
③ 보통 구이는 강한 불로 멀리서 굽는다.
④ 조개 종류와 새우는 강한 불로 빨리 굽는다.

해설 민물고기는 시간을 오래 들여서 서서히 굽는다.

03 괄호에 들어갈 일식 조리의 용어는?

( )는 구이요리를 제공하면 반드시 함께 나오는 곁들임이다. ( )는 구이를 먹고 난 후 입안을 헹구는 역할을 하며, 입안의 비린내를 제거하는 데 효과적이다. 또한 다양한 ( )는 계절감이 잘 표현된다.

① 스미야끼　　　② 아시라이
③ 가네쿠시　　　④ 가라아게

해설 아시라이
구이요리를 제공하면 반드시 함께 나오는 곁들임이다. 아시라이는 구이를 먹고 난 후 입안을 헹구는 역할을 하며, 입안의 비린내를 제거하는 데 효과적이다. 또한 다양한 아시라이는 계절감이 잘 표현된다.

정답
01 ④　02 ①　03 ②

④ 썰기의 종류

썰기의 종류	방법	비고
밀어썰기	말랑말랑한 재료 : 안쪽으로 가볍게 칼을 놓고 단번에 자르는 방법	복떡, 두부, 김초밥
	단단하지 않은 재료 : 아래로 누르듯이 썰면 단면이 거칠어지기 때문에 가볍게 살짝 밀면서 자르는 방법	통배추, 오이
	크고 단단한 재료 : 칼을 놓고 반대편 손으로 칼의 앞뒤를 눌러주면서 자르는 방법	무, 단호박
잡아당겨썰기	재료에 칼끝을 비스듬히 댄 채 잡아당기듯 써는 방법	갑오징어 채, 대파 채
눌러썰기	다지기의 한 방법으로, 왼손으로 칼 앞쪽을 잡고 오른손으로 칼 손잡이를 움직여 재료를 누르듯이 써는 방법	통무
저며썰기	재료의 옆쪽에서 칼을 자르는 방법	표고버섯 큰 것, 배춧잎
별모양썰기	생표고버섯 중앙에 칼집을 3개 넣어준 후 그 칼집에 맞춰서 약간씩 파서 별모양을 만드는 방법	표고버섯

(2) 조리기구의 종류와 용도

① 냄비(なべ, 나베) : 일본에서의 나베는 냄비인데, 튀김·조림·삶기·찌기 등 여러 가지 용도로 사용되는 가장 기본적인 도구이다.
  ㉠ 편수 냄비(たてなべ, 가타테나베) : 일반적으로 가장 많이 사용되는 냄비로, 손잡이가 있어서 사용이 편리함
  ㉡ 양수 냄비(りょうてなべ, 료우테나베) : 냄비 양쪽에 손잡이가 달려 있어 물을 끓이거나 많은 양의 요리를 사용하기 때문에 비교적 큰 냄비임
  ㉢ 집게냄비(やっとこ鍋, 얏토코나베) : 냄비가 크지 않고 보통 알루미늄으로 되어 있어 열전도가 빠르고, 손잡이가 없으며 냄비의 바닥 표면이 평평하게 되어 있어 얏토코(やっとこ, 뜨거운 냄비를 집는 집게)라는 집게를 이용해서 얏토코나베라고 함. 손잡이가 없기 때문에 포개어 사용할 수 있어 수납이 용이하고 씻을 때도 편리함

② 도마(まないた, 마나이타) : 도마는 나무도마와 플라스틱도마가 있는데, 복어 조리에서는 비교적 미끄러지지 않는 목제도마를 주로 사용하며, 플라스틱도마는 색깔 구분이 쉬워 육류, 생선, 채소류를 구분하여 사용한다. 사용한 나무도마는 식초를 뿌려 소독한 후 햇빛에 말려 보관하고 플라스틱도마는 세제로 닦은 후 소독기나 건조기에 넣어 곰팡이가 슬지 않도록 보관한다.

※ 유리도마는 칼자국이 남지 않아 위생적이고 음식의 색과 냄새가 배지 않지만, 미끄러운 단점이 있다.

③ 꼬치(구시串, 구시) : 꼬치는 복요리에서는 주로 복 떡을 굽는 데 사용하며, 생선구이에 사용하기도 한다.

④ 김발(巻きす, 마키스) : 김발은 복어요리에서 배추말이를 할 때의 도구로 쓰인다. 데친 배추를 말아서 고정하는 데에 쓰이며, 김초밥 등의 요리를 하는 것에도 사용한다. 대나무로 되어 있어 열에도 변형되지 않는 특징이 있다.

⑤ 석쇠(やきあみ, 야끼아미) : 석쇠는 가끔 복 떡을 구울 때 사용되며, 재료를 직화로 구울 때 사용하고, 여러 가지 종류가 있다.

⑥ 채(うらごし, 우라고시) : 체는 밀가루 등을 걸러 입자를 곱게 만들거나 다시물, 달걀 등을 걸러 이물질이 없게 해주는 기능을 한다. 망이 촘촘한 것부터 큰 것까지 용도에 맞게 사용한다.

⑦ 강판(おろしがね, 오로시가네) : 강판의 재질은 스테인리스, 구리, 알루미늄, 도기, 플라스틱 등 다양하며, 무나 생와사비, 통생강 등을 용도에 맞게 갈아서 사용한다.

⑧ 절구(擂り鉢, すりばち, 스리바치) : '아타리바치'라고도 하는데, 재료를 곱게 갈아 으깨거나 끈기를 낼 때 사용한다. 복어요리에서는 참깨소스(고마다래소스)를 만들 때 사용된다.

(3) 식재료 계량방법

① 계량스푼 : 양념 등의 부피를 측정하는 데 사용되며, 조리할 때 가루나 조미료, 액체 따위의 용량을 잴 때 편리하다. 5㎖, 15㎖가 있고, 큰술(1Table spoon, 1T, 15㎖), 작은술(1tea spoon, 1t, 5㎖)이 있다.

영국에서는 1pt=0.57ℓ, 1온스(oz, ounce)=28.35g, 1파운드(lb, pound)=16온스 =450g이다.

② 계량컵 : 조리할 때 재료의 부피를 재는 데 사용하는 컵이다. 180㎖, 200㎖, 500㎖, 1ℓ, 2ℓ 등의 단위가 있으며, 미국 등 유럽에서는 1컵을 240㎖로 하고 있고 국내의 경우 1컵을 200㎖로 사용한다.

③ 온도계 : 온도계는 조리온도를 측정한다.
  ㉠ 적외선 온도계 : 비접촉식으로 조리 표면의 온도를 측정
  ㉡ 육류용 온도계 : 탐침하여 육류의 내부의 온도를 측정
  ㉢ 200~300℃ 정도를 측정하는 봉상액체 온도계 : 기름이나 액체의 온도를 측정

④ 조리용 시계 : 면을 삶거나 찜할 때 등 조리시간을 측정할 때는 타이머(Timer) 또는 스톱워치(Stop Watch) 등을 사용한다.

⑤ 저울 : 평평한 곳에 그릇을 먼저 올려 영점을 잡고, 무게에 따라 g, kg으로 잰다.

기본 기능 습득하기

① 복어 기본양념 준비 : 각종 조미료는 요리의 맛을 더해 주는 재료로서 감칠맛을 내는 재료, 단맛을 내는 재료, 신맛을 내는 재료, 촉감을 좋게 하는 재료, 풍미를 좋게 하는 재료 등으로 나눌 수 있다.
  ㉠ 간장(醬油, しょうゆ, 쇼유) : 간장은 짠맛, 단맛, 신맛, 감칠맛이 어우러져 특유의 맛과 향이 있어 복어요리에서 음식의 간을 맞추는 기본양념이다.
  ㉡ 청주(酒, 사케) : 재료의 나쁜 냄새와 생선의 비린내를 없애 주고 재료를 부드럽게 한다(요리에 풍미를 더해 감칠맛과 풍미를 증가시킨다).
  ㉢ 맛술(味醂, みりん, 미림) : 맛술에는 포도당(당류), 수분, 알코올, 아미노산, 비타민 등이 함유되어 있다. 당류의 당분으로 인하여 고급스런 단맛을 형성하고, 음식에 윤기를 내주는 특징이 있는 조미료다. 요리에 넣을 경우에는 가열하여 알코올을 날려 사용한다. 맛술의 주요 성분은 누룩곰팡이 효소의 작용으로 전분과 단백질을 분해하여 만들어진 생성물과 알코올이다.

ⓓ 설탕(砂糖, ざとう, 사토우) : 용도에 따라 흑설탕, 황설탕, 백설탕 등이 있다. 단맛을 내는 조미료로 사탕수수나 사탕무의 즙을 농축시켜 만드는데 순도가 높을수록 단맛이 산뜻해진다. 설탕은 단맛이나 쓴맛을 부드럽게 하고 전체의 맛을 순하게 하지만, 많은 양을 넣으면 본래의 재료가 갖고 있는 맛을 상실하기 때문에 적당량을 넣어 조리한다.

ⓔ 식초(酢, す, 스) : 신맛을 내는 조미료로 청량감, 소화흡수, 비린 맛 제거, 단백질 응고, 방부작용, 살균작용, 갈변방지, 식욕촉진을 한다. 식초 맛을 부드럽게 하는 재료의 맛으로는 짠맛, 단맛, 우마미가 있으며, 식초에는 단백질을 응고시키는 요소도 있고, 단백질로 되어 있는 세균도 동시에 변화시켜 보존성이 있다.

양조식초 (浄蔵酢, じょうぞうす, 죠우죠우스)	곡류, 알코올, 과실 등을 원료로 초산을 발효시켜 만들고, 풍미를 가지고 있으며 가열해도 풍미가 살아 있음
천연 식초 (天然酢, てんねんす, 텐렌스)	향기가 좋은 유자, 레몬, 스다치, 가보스 등의 과즙을 식초로 사용되며, 초회요리 등 무침요리에 사용됨
합성식초 (合成酢, ごうせいす, 고우세이스)	양조식초에 초산, 빙초산, 조미료를 희석하여 만들어 좀 더 자극적이며, 가열하면 풍미는 날아가고 산미만 남는 특징이 있음

ⓕ 소금(塩, 시오) : 염화나트륨을 주성분으로 다른 물질에 없는 짠맛을 가지고 있으며, 조미 역할, 부패방지(방부작용), 삼투압작용, 탈수작용, 단백질의 응고, 색의 안정, 단맛 증가 등의 역할을 한다.

② 곁들임(あしらい, 아시라이) 재료 준비 : 일식 곁들임 재료는 주재료에 첨가해서 시각적인 눈으로 보는 일식 조리와 주재료와의 조화로 맛을 한층 좋게 하며 식욕을 돋는 역할을 한다.

㉠ 초간장(ポン酢, 폰즈) : 등자나무(신맛 나는 과일, だいだい, 다이다이)에서 즙을 내 만들어 사용하거나 식초를 사용할 수 있다(간장, 다시물을 혼합하여 만든다).

㉡ 양념(薬味, やくみ, 야쿠미) : 무즙(卸, おろし, 오로시), 빨간무즙(赤卸, あかおろし, 아카오로시), 실파(ワケギ, 와케기), 레몬(レモン, 레몬) 등으로 만든다.

㉢ 모둠간장(合わせ醤油, あわせしょうゆ, 아와세쇼유)
- 깨간장(ゴマ醤油, ごましょうゆ, 고마쇼유) : 절구(스리바치)에 볶은 참깨를 곱게 갈면서 간장, 설탕을 서서히 넣어 잘 섞어 채소류 무침, 샤브샤브 소스 등으로 사용한다.
- 고추간장(辛子醤油, とうがらししょうゆ, 토우가라시쇼유) : 고추냉이(와사비) 또는 겨자에 간장, 맛술 등을 혼합하여 매콤한 맛의 소스를 완성한다.
- 땅콩간장(落花生醤油, らっかせいしょうゆ, 락가세이쇼유) : 볶은 땅콩을 믹서로 갈아 절구에 넣어 더욱 부드럽게 간 다음 간장과 설탕을 넣고 잘 섞어 채소류에 이용한다.

※ 가다랑어포(鰹節, かつおぶし, 가쓰오부시)
- 혼부시(本節)는 가다랑어를 손질한 후 석장뜨기 하여 고열로 쪄 건조시킨 후 대팻밥처럼 깎아 놓은 것을 말한다.
- 큰 가다랑어포의 등쪽을 오부시(雄節)라 하고, 배쪽을 메부시(雌節)라 하며, 작은 가다랑어포는 일반적으로 국물요리에 주로 이용되는데 가메부시(亀節)라 한다.
- 통가다랑어는 말린 상태가 좋고 무게가 있으며, 두드렸을 때 맑은소리가 나는 것이 좋다.
- 깎아 놓은 가다랑어포는 깨끗하고 투명한 빛깔을 내는 것이 좋으며, 검은색과 분홍색 피가 섞여 있는 것으로 피하는 것이 좋다.
- 휘발성이 있으므로 깎은 후 바로 사용 또는 밀봉하여 냉장보관한다.

※ 가다랑어포 이외에 참치포는 마구로부시(まぐろ節), 고등어포는 사바부시(鯖節), 정어리포는 이와시부시(鰯節)라 한다.

2 복어 부재료 손질

복어 부재료 손질이란 무, 배추, 당근, 대파, 생표고버섯, 미나리 등 다양한 채소와 복떡, 곁들임 재료를 손질하는 것이다.

> 참고
> - 입고된 채소는 납품될 때 들어온 포장지를 교체·보관하고 날짜 기록 및 선입선출한다(기록 순서대로 보관하며, 선입선출하도록 정리).
> - 냉장고에 보관할 때는 별도의 용기에 잘 담아 보관하고, 냉장고에 직접 닿아 냉해를 입지 않도록 한다.
> - 해조류를 데칠 때는 단시간에 데쳐 수용성 성분이 손실되지 않게 한다.
> - 채소류는 색, 맛, 신선도를 위하여 오래 저장하지 않도록 한다.
> - 생선을 조리할 때 비린내를 제거하기 위하여 물로 깨끗하게 씻고 마늘, 파, 생강, 미나리 등의 채소류와 간장, 된장, 우유, 청주, 식초, 레몬 등을 사용하여 비린내를 줄일 수 있다.

> 참고
> **식물성 식품의 색소 특징**
>
> | 종류 | 구분 | 특징 | 구성 | 분류 | 색소 | 변화 |
> |---|---|---|---|---|---|---|
> | 식물성 식품의 색소 | 지용성(불용성) 색소 | 색소가 물에 녹지 않고, 유기용매에 녹는다. | 식물체의 원형질의 색소체에 (엽록체) 존재 | 카로티노이드 (Carotenoid) | 황색, 주황색 | 산화에 약함 (당근의 색소 등) |
> | | | | | 클로로필 (Chlorophyll) | 녹색 | 시간이 지나면 갈색으로 변함 (김치, 오이지 등) |
> | | 수용성 색소 | 물에 색소가 녹는다. | 주로 세포액에 녹아 있다(액포). | 플라보노이드 (Flavonoid) 안토크산틴 | 노랑, 황색 | 산화하면 갈색으로 변함 |
> | | | | | 안토시아닌 (Anthocyanin) | 적색(산성), 자색(중성), 청색(알칼리성) | 적채, 딸기, 가지 등 |
>
> ※ 플라보노이드(Flavonoid)는 넓은 의미로 안토크산틴, 안토시아닌, 루코안토시아닌, 카테킨 등이 포함되지만, 좁은 의미로는 안토크산틴을 의미한다.

복어 곁들임 재료 선택 방법

① 무(大根, だいこん, 다이콩) : 머리(잎사귀 쪽) 부분이 밝은 녹색이고 탄력이 있고 묵직한 것이 좋다.
- 모양이 좋고 색깔이 희며, 싱싱한 무청이 있는 것이 좋다.
- 계절에 따라 품종 및 생산지역이 다르다.
- 95%의 수분과 비타민, 소화를 돕는 디아스타아제가 다량 함유되어 있다.
- 잎에는 칼슘과 카로틴이 풍부하고, 뿌리에는 비타민 C와 칼륨이 풍부하다.
- 껍질에는 모세혈관을 튼튼하게 하는 비타민 P(루틴)가 들어 있다.
- 냄비요리에는 은행잎 모양으로 자른 후 사용하고, 야쿠미에는 무즙으로 사용한다.
- 회, 니모노, 기리보시, 후로부키 등에 사용한다.

② 당근(人参, にんじん, 닝징) : 겉은 둥근 모양에 색상이 균일하고 단단하며, 탄력이 있는 것이 좋다.
- 속은 마디가 없고, 단단한 심이 없어야 좋다.
- 면역력이 강해져 피부나 점막이 튼튼해진다.
- 비타민 A, 칼슘, 식이섬유 등 영양이 풍부하다.
- 심장병, 폐암, 동맥경화 예방에 좋다.
- 당근은 70% 정도 데친 후 벚꽃 모양으로 만들어 냄비요리에 사용한다.

③ 대파(長葱, ながねぎ, 나가네기) : 대파, 실파, 쪽파, 움파, 세파 등으로 품종이 다양하다.
- 길이가 40cm 이상으로 길고 굵어서 대파라 한다.
- 지역에 따라 5~6월의 여름대파, 9~12 가을대파, 11~4월 겨울대파로 출하된다.

- 잎이 진한 녹색으로 흰 부분(연백부)이 있고, 무거운 것이 좋다.
- 잎사귀가 굵어 뻣뻣한 것은 좋지 않다.
- 흰 부분이 길고 단단하며, 윤기가 있는 것이 좋다.
- 파의 매운맛(알리신)에는 항산화작용이 있어 동맥경화 예방과 피로회복에 좋다.
- 비타민 A, B, B₂, 칼슘이 많다.
- 대파는 5~8cm 정도로 어슷썰기하여 주로 냄비요리에 사용한다.

④ 실파(浅葱, あさつき, 아사쯔키) : 실파는 실처럼 가늘어 실파라고 하는데, 5~6월이 제철이다.
- 짙은 녹색으로 균일하며, 부드럽고 깨끗해야 좋다.
- 아래 흰 부분이 윤기가 있고, 크기가 균일한 것이 좋다.
- 실파는 다른 파에 비해 쓴맛이 적어 양념장에 곁들여 주로 사용한다.
- 곱게 송송썰기하여 물에 헹구고, 체에 밭쳐 물기를 빼거나 거즈로 감싸 진액을 제거한 후 고슬고슬하게 준비해서 복어의 폰즈, 야쿠미에 주로 사용한다.

⑤ 쪽파(分葱, わけぎ, 와케기) : 쪽파는 11월 김장철이 제철로 파김치, 파전 등에 주로 이용된다.

⑥ 움파(蘖の葱, ひこばえのねぎ, 히코바에노네기) : 흰 부분이 짧고 잎 부분이 발달된 조선파로, 맛이 달고 진이 많아 구이요리와 국요리에 주로 이용된다.

⑦ 미나리(芹, せり, 세리) : 색이 선명하고 향이 많으며, 줄기가 가늘고 잎 길이가 반듯한 것이 좋다.
- 줄기가 세지 않고, 즉 마디가 없고 뿌리가 붙어 있는 것이 신선하다.
- 이른 봄에서 초여름까지가 제철이다.
- 아시아가 원산지로 잎에 비타민 C가 많다.
- 칼슘, 비타민 A와 C, 철분, 식이섬유 등 영양이 풍부하다.
- 식욕 촉진, 안정, 바이러스에 대한 저항력이 높아 감기 예방에도 좋다.
- 복어회, 껍질무침에는 줄기를 3~4cm 정도로, 냄비요리에는 5~7cm 정도로 사용한다.

⑧ 배추(白菜, はくさい, 학사이) : 잎 색감이 선명하고, 잎이 얇은 것이 좋다.
- 속이 차 있고, 묵직한 것이 좋다.
- 줄기는 하얗게 윤기가 나는 것이 좋다.
- 배추는 다른 채소에 비해 단백질이 비교적 많고, 비타민 C와 칼륨, 무기질이 풍부하다.
- 면역력 향상, 고혈압 예방, 피로회복에 좋다.

⑨ 레몬(レモン, 레몬) : 레몬은 흰 꽃이 5~10월에 핀다. 열매는 타원형이며 노랗게 익는다.
- 아열대 각지에서 재배된다. 레몬의 열매, 과즙에는 시트르산과 비타민 C가 많이 있어 신맛이 진하다.
- 향을 내거나 요리를 장식할 때 사용한다.

⑩ 표고버섯(椎茸, しいたけ, 시이타케) : 모양이 예쁘고 갓이 너무 피지 않는 것이 좋다.
- 대가 굵고 짧으며, 육질이 두꺼운 것이 좋다. 또한 주름살이 노란색인 것이 좋다.
- 표고버섯은 봄과 가을이 제철이다.
- 각종 비타민이 많고, 혈액 중 콜레스테롤을 저하시킨다.
- 생표고버섯은 중앙 부위에 칼집을 내서 별 모양을 만들어 냄비요리에 주로 사용한다.

⑪ 팽이버섯(えのき茸, えのきたけ, 에노키타케) : 팽이버섯은 무게가 가볍거나 길이가 너무 긴 것은 피하고, 무게가 무겁고 단단한 것이 좋다. 밑동을 잘라 찢어서 냄비요리에 주로 이용한다.

⑫ 생강(生姜, しょうが, 쇼가) : 열대아시아 원산의 생강과의 다년생 채소이다.
- 원난지를 중심으로 재배된다.
- 채소 생강은 진겔론, 쇼가올 등의 매운맛 성분을 다량 함유하고 있으며, 몸의 열을 높여주고 소화를 돕기 때문에 초생강으로 만들어 초밥요리와 곱게 채를 썰어 장어요리, 복어의 굳힘요리 등에 사용한다.

⑬ 고춧가루(唐辛子粉, とうがらし, 토우가라시) : 잘 익은 홍고추를 말려 빻은 가루로, 복어요리에서는 고운 가루를 무즙을 간 것과 함께 폰즈, 야쿠미에 주로 사용한다.

⑭ 유자(柚子, ゆず, 유즈) : 비타민 C, 크립토잔틴, 시트르신이 풍부하다. 크립토잔틴은 몸 안에 들어오면 비타민 A로 변하여 위장의 점막을 건강하게 만들어 주고, 감기 예방에 좋다.

⑮ 카보스(カボス, 카보스) : 유자의 일종으로 일본 오오이타현의 특산품이며, 비타민 C와 칼륨이 풍부하다. 복어요리에서는 껍질을 말려 향신료로 사용한다.

⑯ 영귤(酢橘, すたる, 스다치) : 비타민 C가 풍부하고 열매가 작으며, 감기 예방이나 피부 미용에 좋다. 주로 생선회, 생선구이, 국물요리에 사용한다.

⑰ 참깨(ゴマ, 고마) : 흰색, 검은색, 노란색이 있다. 세사민이 풍부하여 강한 항산화작용으로 간 기능을 회복시키고, 약 50%를 차지하는 c-리놀렌산의 불포화 지방산은 혈중 콜레스테롤 수치를 낮춰 동맥경화를 예방한다.

⑱ 참기름(ゴマ油, ごまあぶら, 고마아후라) : 식용 식물로 참깨의 씨를 볶아서 압착해서 짠 기름이다. 향기와 맛을 증가시키는 역할을 한다.

⑲ 두부(豆腐, とうふ, 토우후) : 두부는 냄비요리에, 유바는 튀김요리에 다양하게 사용한다.

⑳ 달걀(卵, たまご, 다마코)

구분	특징
달걀의 선택법	• 껍질이 까슬까슬한 것이 신선하다. • 노른자의 색이 선명하고, 견고하면 신선한 것이다. • 광택이 있는 것은 오래된 것이다.
영양분	비타민 A, B₁, B₂ 등이 많아 영양식품이다.
달걀의 성질	• 유화성 : 난황에는 레시틴이 많아 물과 기름을 잘 섞어 주어 마요네즈 등에 응용 • 기포성 : 난백의 기포로 튀김옷 또는 새우, 생선살과 섞어 부드럽게 응용 • 열 응고성 : 난황(65~67℃), 난백(70~80℃)에서 응고

※ 감자, 연근 등의 껍질을 얇게 벗기면 특유의 끈적끈적한 액이 있기 때문에 껍질을 조금 두껍게 벗겨 물에 잘 씻어 액을 씻어 내고 조리하는 것을 아꾸누끼(あくぬき)라고 한다.

복어 기본 손질법
① 복어는 흐르는 물에 씻어 어취를 제거한다.
② 복어의 가슴지느러미, 등지느러미, 배지느러미를 제거한다.
③ 복어의 입과 눈 사이에 칼을 넣어 주둥이를 잘라낸다. 이때 혀는 자르지 않아야 한다.
④ 복어를 옆으로 뉘여 눈과 배 껍질 사이로 칼을 넣고 반대쪽도 똑같이 칼을 넣어 껍질과 살을 분리한다.
⑤ 아가미 쪽에 양쪽으로 칼을 넣고, 가슴살과 내장을 분리한 다음 다시 아가미와 내장을 분리한다.
⑥ 내장에 정소(곤이)가 붙어 있으면 분리하여 식용으로 사용하고, 난소(알)가 붙어있으면 나머지 내장과 함께 폐기물 쓰레기로 버린다.
⑦ 복어의 안구를 제거하고, 머리와 목 부분에 칼을 넣어 몸통과 머리를 분리한다.
⑧ 복어 머리는 이등분하여 골수(뇌)를 제거하고, 몸통살의 배꼽 부분을 떼어내 실핏줄 등 이물질을 제거한다.
⑨ 흐르는 물에 5~6시간 담가 피와 독성분을 제거한다.
⑩ 복껍질은 이물질을 제거하고 칼로 가시를 제거한다.

※ 복어의 지느러미, 입 등은 소금으로 깨끗하게 씻어야 단백질의 일부를 응고시켜 수용성인 맛 성분이 빠져 나가는 것을 일부 방지한다. 원래 생선 종류는 씻은 후에는 물에 담가두면 안 되지만, 복어는 흐르는 물로 충분히 독성을 제거해야 한다.

부재료 손질
복어조리 시 사용되는 부재료인 복떡, 곁들임 양념, 채소를 용도별로 손질하고 구분하여 보관한다.

(1) 복어 종류와 품질판정법

① 복어(河豚, ふぐ)의 종류 : 복어는 난해성으로 세계 각지에 100~120여 종 이상이 있으며, 우리나라 근해에는 30~38여 종이 서식하는 것으로 알려져 있다. 주로 맹독을 지니고 있지만,

근육	탄력이 있고 살이 뼈에서 쉽게 떨어지지 않아야 신선하다.
탄력성	손가락으로 눌렀을 때 탄력이 있어 손가락 자국이 남지 않아야 신선하다.

ⓒ 화학적 선도 판정법

측정 종류	장점	단점
암모니아, 트리메틸아민, 인돌, 휘발성 염기질소, 휘발성 유기산, 히스타민 정량분석 등	실용성이 있음	시간과 비용 필요 (복잡한 실험 과정)

ⓒ 기타 선도 판정법

종류	특성
꽃게, 조개류, 활복어	• 살아 있는 것을 구입하여 조리한다. • 수족관에 오래 보관하지 않는다.
냉동생선(복어)	• (급)냉동으로 잘 보관되어 있고, 해동 후 바로 조리한다. • 해동 후 재냉동하지 않는다. • 수분이 빠져 있거나 마르지 않은 것이다.

⑨ 복어의 종류에 따른 관능검사 방법

외관	시각적인 요소(색깔, 빛깔, 모양)
풍미	미각, 취각(맛, 온도, 냄새)
질감	청각, 촉각, 씹는 소리, 씹는 느낌
영양가	열량소, 구성수, 조절소

⑩ 관능검사의 차이식별검사

종합적 차이식별검사	삼점검사	가장 많이 사용되는 검사로, 세 개의 시료를 주고 두 개의 시료는 같은 것으로 제공하고 한 개는 다른 것으로 제공해 차이점이 있는지 알아보는 검사
	일-이점검사	두 개의 검사물 중에서 주어진 기준 제품과 다른 하나를 골라내는 검사
특성 차이검사	이점비교검사	두 개의 검사물 간에 다른 점이 있는지 같은지 알아보는 검사

(2) 채소 손질

복어회와 냄비요리에 사용할 채소를 용도에 맞게 손질하여 최대한 신선하게 보관한다.

복어 조리와 함께 사용되는 채소 종류
배추(白菜, ハクサイ, 하쿠사이), 무(大根, ダイコン, 다이콘), 당근(人参, ニンジン, 닌징), 미나리(芹, セリ, 세리), 대파(大葱, ながねぎ, 나가네기), 실파(分葱, ワケギ, 와케기), 표고버섯(椎茸, しいたけ, 시이타케), 팽이버섯(えのき茸, えのきたけ, 에노키타케), 두부(豆腐, トウフ, とうふ) 등

(3) 복떡 굽기

복떡을 굽는 이유
주로 복어 냄비요리에 사용되는 흰(복) 떡은 쌀가루로 만들어 노화가 빨리 일어나 그대로 사용하면 형태가 변하므로 구워서 사용한다.

※ 참고로 구이용 쇠꼬챙이(가네구시)는 용도에 따라 여러 가지가 있는데, 은어, 빙어 등을 굽는 가느다란 꼬챙이(호소구시), 보통 사용하는 평평한 꼬챙이(나라비구시), 조개류, 새우 등을 구울 때는 납작한 꼬챙이(히라구시)를 사용한다.

① 복떡을 구울 때의 방법
　㉠ 사용량에 맞게 떡의 양을 계량한다.
　㉡ 복떡은 3cm 정도로 잘라 손질한다.
　㉢ 떡을 쇠꼬챙이에 꽂아서 구울 준비를 한다.
　㉣ 쇠꼬챙이에 꽂은 복떡을 직화로 색이 날 때까지 구워낸다.
　㉤ 구워낸 떡은 얼음물에 담가 형태가 변하지 않게 식혀낸다.
　㉥ 떡에 물기를 제거한 후 지리가 끓으면 복떡을 넣어서 완성한다.

② 복떡을 구울 때 주의사항
　㉠ 이물질이 혼입되거나 타지 않게 노릇하게 굽는다.
　㉡ 얼음물에 복떡을 식혀야 수월하고, 식감을 쫄깃하게 할 수 있다.
　㉢ 떡을 쇠꼬챙이에 꽂은 뒤 구우면서 꼬챙이를 살짝 돌려주어야 구워진 뒤 빼내기가 수월하다.

예상문제

01 복어 냄비 조리 시 부재료 채소가 아닌 것은?
① 파(葱, ねぎ, 네기)
② 팽이버섯(えのき茸, 에노키타케)
③ 표고버섯(椎茸, 시이타케)
④ 오이(胡瓜, キュウリ, 큐리)

해설 오이는 복어 냄비 조리의 채소가 아니다.

02 복어의 관능검사법이 아닌 것은?
① 일-이점검사　② 이점대비검사
③ 삼점검사　　　④ 사점검사

해설 사점검사는 존재하지 않는다.

03 식용이 가능한 복어의 종류가 아닌 것은?
① 까마귀복　　② 풀복어
③ 별복　　　　④ 잔무늬복어

해설 별복은 비식용 복어이다.

3 복어 양념장 준비

복어의 양념장 준비란 초간장(폰즈)과 양념(야쿠미: 빨간무즙, 실파, 레몬)을 용도에 맞게 만드는 것이다.

초간장의 정의
• 복어에서의 초간장은 폰즈 소스라고 불린다.
• 폰즈란 레몬, 라임, 오렌지 등의 과즙에 식초를 첨가하여 맛을 더해 보존성을 높인다. 흔히 폰즈 소스는 가다랑어 국물, 식초, 간장이 1:1:1 비율로 만들어진다.

정답
01 ④　02 ④　03 ③

(1) 초간장(ポン酢, ぽんず, 폰즈) 만들기

① 재료 : 다시마(昆布, 곤부), 가다랑어포(鰹節, 가쓰오부시), 간장(醬油, 쇼유), 식초(酢, 스), 유자, 레몬, 카보스, 영귤(스타치), 설탕 등

② 만드는 법
  ㉠ 조리에 필요한 만큼 양을 계량한다.
  ㉡ 냄비에 찬물과 깨끗이 닦은 다시마를 넣고 끓인다. 끓기 직전에 다시마를 건져내고 불을 끄고, 가쓰오부시를 넣어 다시마 국물을 만든다. 10분 후 면포(소창)에 걸러서 사용한다.
  ㉢ 다시국물, 식초, 간장을 1 : 1 : 1 비율로 넣고 레몬을 넣고 섞어준다.
  ㉣ 만들어둔 폰즈 소스에 가쓰오부시를 넣고 숙성한다.
  ㉤ 24시간 정도 숙성시킨 후 면포(소창)에 걸러 그릇에 담아낸다.

> **주의사항**
> - 맛과 향이 없어지지 않도록 약한 불에서 끓여낸다.
> - 다시마는 오래 끓이면 탁해지고 떫은맛이 난다.
> - 완성 후 면포(소창)를 이용하여 거를 때는 세게 짜지 말고, 맑게 거른다.

(2) 양념(薬味, やくみ, 야쿠미) 만들기

① 재료 : 무(大根, 다이콘), 실파(ワケギ, 와케기), 고춧가루(唐辛子粉, 도카라시), 레몬(レモン, 레몬) 등

② 만드는 법
  ㉠ 조리에 필요한 만큼 양을 계량한다.
  ㉡ 강판에 사용할 만큼 무를 갈아준다. 무는 매운맛을 제거하기 위해 고운 채에서 갈은 무를 2~3회 씻어준다.
  ㉢ 고운 고춧가루와 물기가 조금 있는 무 오로시를 섞어준다.
  ㉣ 실파의 파란 부분을 송송 썰어 찬물에 헹구어서 특유의 점액질을 제거한다.
  ㉤ 레몬을 손질한 후 그릇에 양념[야쿠미(빨간무즙, 실파참, 레몬)]을 담아낸다.

  ※ 빨간무즙(あかおろし, 아카오로시)을 모미지오로시(통무에 씨를 뺀 고추를 넣어서 강판에 갈아 만드는 것)라고도 한다.

> **채소를 강판에 갈은 즙(卸し, おろし, 오로시)**
> 무즙(大根卸し, だいこおろし, 다이콘오로시), 생강즙(쇼가오로시), 고추냉이즙(나마와사비오로시) 등을 '오로시'라 하는데, 오로시는 생선 특유의 냄새 제거와 해독작용 및 풍미증강 등에 효과가 있어 즐겨 사용한다.

(3) 조리별 양념장 만들기

① 참깨소스(ゴマのソース, 고마다레) 만들기 : 볶은 깨에 간장, 맛술 등의 양념을 넣어 맛을 내는 양념으로, 주로 담백한 냄비요리를 먹을 때 찍어 먹는다.
  ㉠ 재료 : 참깨(ゴマ, 고마), 간장(醬油, 쇼유), 맛술(みりん, 미림)

  ㉡ 소스 만들기
    • 조리에 필요한 재료들을 계량한다.
    • 깨를 볶아서 갈아준다.
    • 간장과 맛술을 넣어 소스를 완성한다.

> **주의사항**
> 이물질이 혼입되지 않게 하고 너무 질거나 거칠게 만들지 않도록 한다.

예상문제

01 복어요리에 사용하는 초간장 이름은?
① 고마다래 ② 폰즈 소스
③ 야꾸미 ④ 오리엔탈 소스

해설 고마다래는 참깨 소스, 폰즈 소스는 초간장 소스, 야꾸미는 곁들임 재료, 오리엔탈 소스는 주로 샐러드에 쓰인다.

02 양념(야꾸미) 만들기에서 들어가지 않는 재료는?
① 무 ② 배추
③ 고춧가루 ④ 실파

해설 무, 고춧가루, 실파만 사용된다.

03 초간장의 재료로 올바르지 않은 것은?
① 다시마, 식초 ② 식초, 레몬
③ 간장, 소금 ④ 가다랑어포, 간장

해설 **초간장의 구성 재료**
가다랑어포(鰹節, 가쓰오부시), 다시마(昆布, 곤부), 간장(醬油, 쇼유), 식초(酢, 스), 유자(柚子, 유즈), 레몬(レモン, 레몬), 카보스(カボス, 카보스), 영귤(酢橘, 스다치)

---

4 복어 껍질초회 조리

복어 껍질(河豚皮, ふぐかわ, 후구가와)초회(酢の物, すのもの, 스노모노) 조리란, 겉껍질과 속껍질로 손질하여 가시를 제거하고 데쳐 물기를 제거한 후 곱게 채를 썰어 미나리, 초간장(폰즈), 양념(야쿠미)과 무쳐내는 것이다.

(1) 복어 껍질 준비

복어 껍질에는 미끈한 점액질이 있고, 악취가 있기 때문에 굵은 소금과 솔로 껍질을 잘 씻어 주고 물에 헹구어 사용한다.
① 복 껍질 벗기기(관서지방은 1장, 관동지방은 2장으로 잘라 벗긴다)
② 복어 껍질은 속껍질과 겉껍질이 있는데, 데바칼을 이용해 둘을 분리하여 손질한다.
③ 껍질에 있는 가시들은 사시미칼로 밀어 가시를 제거한다.
④ 가시를 제거한 복어 껍질은 끓는 물에 데친 후 얼음물에 넣는다.

정답 01 ② 02 ② 03 ③

⑤ 젤라틴 성분이 많아 물기를 빠르게 제거한 후 냉장고에 넣어 건조한다.
⑥ 곱게 채를 썰어 복어 초회에 사용하도록 준비한다.

(2) 복어 초회 양념 만들기

① 무를 갈아 물에 매운맛을 씻어내고, 고춧가루와 혼합하여 아카오로시(빨간무즙)을 만든다.
② 실파는 잘게 썰어 물에 씻은 후 물기를 제거한다.
③ 다시마와 가쓰오부시로 일번 다시(다시마와 가쓰오부시로 맛을 낸 국물)를 만든 후 진간장과 식초, 레몬 등을 넣어 초간장을 만든다.
④ 만들어진 초간장에 실파와 아카오르시를 넣고 초회 양념을 완성한다.

(3) 복어 껍질 무치기

① 폰즈(초간장) 소스와 아카오로시(빨간무즙) 양념을 만든다.
② 복어 껍질을 데쳐 차게 식힌 후 채를 썰어 준비한다.
③ 미나리를 3~4cm 정도 길이로 썰어 준비한다.
④ 채 썬 복어 껍질과 미나리, 폰즈 소스, 양념을 넣고 무쳐 초회를 만들어 접시에 담는다.

※ 겉껍질과 속껍질의 사용 비율은 9 : 1 정도가 좋다.

참고

그릇 선택 및 주의사항
- 그릇은 작으면서도 좀 깊은 것이 좋다.
- 계절에 따라 그릇으로 유자, 감, 오렌지 등을 이용할 수 있다.
- 재료는 신선한 것으로 준비하고, 필요에 따라서 밑간 또는 가열을 한다.
- 익힌 재료는 차갑게 해서 제공한다.
- 요리는 먹기 직전에 무쳐서 제공한다.
- 초회는 미리 무쳐 놓으면 색감이 변하고 수분이 나오게 되어 색, 맛이 떨어진다.

양념(薬味, やくみ, 야쿠미)의 종류별 특징

종류	특징
이배초(二杯酢, にばいず, 니바이스)	간장, 청주, 맛술을 사용하여 채소류와 생선류 초회 소스로 사용
삼배초(三杯酢, さんばいず, 삼바이스)	국간장, 청주, 설탕을 사용하여 채소류의 초회 소스로 사용
도사초(土砂酢, どさず, 도사스)	삼배초에 맛술, 가쓰오부시를 추가하여 좀 더 고급스러운 소스로 사용
단초(甘酢, あまず, 아마스)	청주, 설탕, 맛술 사용

※ 남방초(남방즈), 매실초(바이니쿠즈), 고추냉이식초(와사비스), 깨식초(고마스), 생강식초, 사과식초, 겨자식초, 난황식초, 산초식초 등이 있다.

예상문제

01 주로 채소를 자를 때 사용하는 칼이며 돌려깎기에 적합한 칼은?
① 우스바 보우쵸우(うすばぼうちょう)
② 데바 보우쵸우(でばぼうちょう)
③ 사시미 보우쵸우(さしみぼうちょう)
④ 우나사키 보우쵸우(うなさきぼうちょう)

해설
- 우스바 보우쵸우 : 채소칼
- 데바 보우쵸우 : 뼈나 두꺼운 것을 자를 때 쓰는 칼
- 사시미 보우쵸우 : 사시미를 뜰 때 사용하는 칼
- 우나사키 보우쵸우 : 장어용 칼

02 일본 간장의 종류가 아닌 것은?
① 우스구치쇼유
② 시로쇼유
③ 코히쇼유
④ 나마쇼유

해설 일본 간장
간로간장(甘露醬油, 간로쇼유), 흰간장(白醬油, 시로쇼유), 생간장(生醬油, 나마쇼유), 타마리간장(たまりしょうゆ, 타마리쇼유), 엷은 간장(うすくちしょうゆ, 우스구치쇼유), 진간장(濃い口醬油, 코이구치쇼유) 등

5 복어 죽 조리

- 준비된 맛국물(일번다시)에 밥, 복어살, 달걀 등을 넣어 복어죽을 조리하는 것이다.
- 복어 냄비요리를 먹고 난 후 남은 국물에 밥을 넣고 끓인 후 마지막에 달걀을 풀고 김 채를 올리는 것이다.

(1) 복어 맛국물 준비

① 한국에서 서식하는 다시마(昆布, こんぶ, 곤부) 종류

종류	참다시마	애기다시마	개다시마
분포지역	한국 동해안, 일본	한국 동해 연안, 중국 연해, 일본 연해 등	한국 동해, 일본 홋카이도 등
서식장소	동해안 사근진 앞 연안(토종은 수심 20~40m, 일본 유입종은 수심 약 5m의 얕은 수역)	조간대 아래에 있는 바위나 돌	점심대(漸深帶)의 깊은 곳
크기	토종 약 1m, 일본 유입종 약 2m	길이 0.5~2m, 너비 5~9cm, 줄기 원기둥 모양 2~5cm	길이 1~2m, 너비 20~30cm
형태	전체 모양이 댓잎처럼 생겼으며, 몸은 부착기·줄기·엽상부로 나누어진다.	• 전체 모양이 긴 버들잎처럼 생겼으며, 잎의 길이 0.6~2m, 너비 5~9cm이다. • 줄기는 길이가 2~5cm로 원기둥 모양이고, 뿌리는 수염모양이다.	• 줄기는 긴 댓잎 모양의 엽상부로 되어 있고, 밑동은 둥글대(가운데 부분은 두껍다). • 뿌리는 섬유 모양이고, 밑동에서 돌려난다.
비고	토종이 양식보다 알긴산 등 각종 영양소의 함량이 높다.	황갈색 또는 밤색이다.	억세고 끈적끈적한 점질이 강하다(맛은 비교적 떨어짐).

② 건다시마의 성분

㉠ 단백질, 지방, 당질, 수분, 섬유, 회분, 철, 칼슘, 인, 요오드 등이 들어 있다.
㉡ 비타민 C가 많고 글루탐산, 프롤린과 알라닌 등이 있어 감칠맛을 준다.

ⓜ 담기(盛り, もり, 모리) : 그릇에 담고, 곱게 자른 김(하리노리)을 올려 완성한다.

② 복어 오카유(河豚のお粥, ふぐのおかゆ, 후구노오카유) 만들기

㉠ 복어 살(河豚身, ふぐのみ, 후구노미), 참나물(三つ葉, みつば, 미쯔바) 손질하기 : 복어 살을 얇게 저며 가늘게 썰고, 참나물 줄기는 끓는 물에 데쳐 찬물에 씻어 1cm로 썬다.

㉡ 김(海苔, のり, 노리)과 실파(浅葱, あさつき, 아사쯔키) 손질하기 : 김은 불에 살짝 구어 잘게(하리노리) 자르고, 실파는 송송 썰어 흐르는 물에 2~3회 씻어 체에 건져 물기를 제거한다.

㉢ 죽(お粥, おかゆ, 오카유) 끓이기
- 냄비에 다시마 맛국물, 밥을 넣고 중불로 한소끔 끓으면 거품을 걷어낸다.
- 손질한 복어 살을 넣고 죽의 농도가 될 때까지 천천히 끓인다.

㉣ 담기(盛り, もり, 모리)
- 소금, 간장(국)으로 밑간을 하고 불을 끈다.
- 달걀 또는 달걀노른자를 잘 풀어 넣고 뜸을 들인다.
- 걸쭉해지면 참나물 또는 실파를 넣고 그릇에 담아 자른 김을 올린다.

※ 기호에 따라 참기름, 깨 등을 첨가하여 먹는다.

③ 복어 정소(시라코, 이리)죽 오카유 조우스이 만들기

㉠ 정소의 불순물 제거(제독) : 복어의 정소는 불순물 등 실핏줄을 제거하고, 소금에 씻어 흐르는 물에 담가 여분의 불순물과 핏물을 제거한다.

㉡ 정소 준비하기 : 불순물이 제거(제독)된 정소는 자르거나 고운 체에 곱게 걸러 준비해둔다.

㉢ 정소 죽 끓이기 : 복어 오카유와 조우스이 만들기와 같은 방법으로 죽을 끓이며, 복어 살 대신 정소를 넣고 중불로 끓여 완성한다.

㉣ 담기 : 소금과 간장(국)으로 간을 하고 달걀 또는 달걀노른자를 풀어 걸쭉해지면 실파를 넣고 그릇에 담아 김을 올린다.

예상문제

01 복어 죽을 만들 때 들어가지 않는 식재료는?

① 쌀 ② 달걀
③ 방풍나물 ④ 참나물

해설 채소 재료로는 미나리, 참나물, 실파 등을 사용할 수 있다.

02 해산물이나 채소류를 넣어 끓인 다시 국물에 밥을 씻어 넣어 끓인 것으로, 쌀을 절약하려는 목적에서 만들어졌으나 훗날 여러 가지 재료를 넣어 먹게 된 음식은?

① 조우스이 ② 오카유
③ 미음 ④ 야끼니쿠

해설 현재는 채소죽, 전복죽, 굴죽, 버섯죽, 알죽 등 넣는 재료에 따라 다양한 종류의 죽을 만들 수 있다.

정답
01 ③ 02 ①

6 복어 튀김 조리

복어 튀김 조리란 깨끗하게 손질한 복어 살, 뼈에 양념(밑간)해서 전분, 박력분, 달걀노른자 등으로 튀김옷을 입혀 튀기는 것이다.

(1) 복어 튀김 재료 준비

① 기본조리용어

종류	특징
고로모	튀김을 튀기기 위하여 밀가루(박력분), 녹말가루(전분)를 이용하여 만든 반죽 옷
덴다시	튀김요리와 함께 제공하는 튀김 소스(다시 : 간장 : 맛술=4 : 1 : 1)
덴카츠	튀김(고로모아게)을 튀길 때 재료에서 떨어져 나오는 튀김 부스러기(우동이나 튀김덮밥의 곁들임으로 사용)
아게다시	조미한 간장조림 국물(다시 : 간장 : 맛술=7 : 1 : 1)을 튀김에 부어 먹는 요리
야쿠미	튀김요리에 튀김 소스(덴다시)와 함께 제공하여 요리의 풍미를 더해주는 곁들임(무즙, 실파, 생강즙, 레몬 등)

② 전분(녹말가루)

㉠ 포도당(글루코스)으로 구성되는 다당류로, 식물체에 의해 합성되고 세포 중에 전분입자로 존재한다.

㉡ 전분입자는 식물의 종류에 따라 각기 다른 크기와 모양을 하고 있다.

㉢ 식물체를 분쇄한 후 냉수에 담그면 전분입자만 아래로 침전하게 된다.

㉣ 건조한 전분입자는 흡습성이 높고, 풍건물(風乾物)에서는 20% 정도의 수분을 함유한다.

㉤ 찬물에는 잘 녹지 않지만, 더운물에는 부풀어 호화(糊化)한다.

㉥ 전분입자를 구성하는 다당은 2종으로 대별된다. 전분입자 알맹이의 골격을 이루며, 70~80%를 점하는 아밀로펙틴과 안으로 싸여 있는 아밀로스이다.

㉦ 전분입자에 물을 넣고 가열하면 다당구조가 길게 뻗은 쇄상(鎖狀)으로 되는데, 이것을 α-전분이라 한다.

㉧ 생(生)전분 상태의 다당은 글루코스 6개로 1회전하는 나선구조를 취하고 있고, β-전분이라고 한다.

㉨ 식물의 뿌리, 덩이줄기, 열매, 줄기, 씨 등의 전분을 가루로 만든 것으로, 요리에 사용되는 녹말은 죽, 크림 등에 농도를 조절하는 농후제 역할을 하며, 튀김 조리 시 밀가루와 혼합하거나 단독으로 사용하여 바삭한 튀김을 만들 때 사용한다.

참고

전분의 종류

분류	종류	성분
곡류	쌀, 밀, 옥수수	아미동(amidon)
콩류	강낭콩, 완두콩	
과실	밤, 도토리	
땅속식물	참마, 감자	페퀼(fécule)
이국적 식물	칡	

③ 밀가루의 분류 : 밀가루는 밀의 낟알을 분쇄하여 만든 가루로, 반죽을 했을 때 어느 정도 점탄성(粘彈性)을 가지고 있는가에 분류한다. 점탄성이 가장 강한 것부터 강력분, 중력분, 박력분으로 나눈다.

④ 복어 튀김 시의 손질
  ㉠ 복어는 깨끗하고, 독이 없도록 손질하여 수분을 제거한다.
  ㉡ 복어 살이 잘 익을 수 있도록 칼집을 넣어준다.
  ㉢ 실파는 얇게 썰어 준비한다.
  ㉣ 간장 15cc, 맛술 15cc, 청주 15cc, 참기름을 약간 넣고 복어 튀김용 소스를 만든다.
  ㉤ 복어 살을 소스에 1분간 절여 밑간을 한다.
  ㉥ 복어 살에 묻혀 있는 소스로 튀김을 튀길 때 방해가 되지 않게 하려면 체에 소스가 나오도록 받쳐준다.
  ㉦ 복어살의 잡내를 제거와 튀김의 느끼함을 제거하기 위해 유자 껍질을 다져서 복어 살에 묻힌다.

(2) 복어 튀김옷 준비

① 복어 튀김옷 준비하기
  ㉠ 분가루 : 밀가루(박력분)=1 : 1 비율로 섞어 준비한다.
  ㉡ 준비한 전분가루와 밀가루(박력분)의 농도조절에 유의하며, 준비한 복어 살을 버무려 준비한다.

② 튀김의 종류

종류	특징
스아게 (원형튀김)	식재료 그 자체를 아무것도 묻히지 않은 상태에서 튀겨, 재료가 가진 색과 형태를 그대로 살릴 수 있는 튀김이다.
고로모아게 (덴뿌라)	박력분이나 전분의 튀김옷(고로모)에 물을 넣어 만들고, 재료에 묻혀 튀기는 방식의 튀김을 말한다.
가라아게 (양념튀김)	양념한 재료를 그대로 튀기거나 박력분이나 전분만을 묻혀 튀긴 튀김 혹은 밑간을 한 뒤 튀기는 튀김을 말한다.
카와리아게 (변형튀김)	응용튀김을 말한다.

※ 복어 튀김은 가라아게로, 밑간을 한 뒤 전분이나 밀가루 등을 묻혀서 튀기는 요리이다. 일반적인 튀김 온도는 180℃ 전후이지만, 가라아게는 160℃ 전후의 온도로 튀기며, 재료의 종류나 크기, 조리방법에 따라 튀기는 시간과 온도의 차이가 있다.

창고
가라아게(양념튀김)의 종류

분류	지역(종류)	특징
지역별 분류	기후현(세키가라아게, 구로가라아게)	닭고기 → 톳, 표고버섯 가루를 묻혀 튀김(검은색)
	나가노현(산조쿠야키)	통다리살 닭고기 → 마늘, 간장 등으로 양념 → 전분을 묻혀 튀김
	나라현(다츠타아게)	닭고기 → 간장, 맛술 양념 → 전분을 묻혀 튀김
	니이가타현(한바이게)	뼈째 반으로 가른 닭고기 → 박력분(밀가루)을 얇게 묻혀 튀김
	미야자키현(치킨남방)	닭고기 양념튀김(치킨 가라아게) 맛술, 설탕, 단맛을 더한 식초 → 타르타르 소스
	아이치현 (데바사끼기가라아게)	닭 날개를 사용한 양념튀김 달콤한 소스, 소금, 후추, 산초, 참깨 등
지역별 분류	에히메현(센잔키)	닭을 뼈째 튀긴 양념튀김 • 중국의 루안자지(軟炸鶏)에서 유래 • 닭 뼈에서 우러난 감칠맛과 양념된 고기의 맛 특징 • 에히메현의 야끼도리 전문점에서 인기 있는 메뉴
	홋카이도 (가라아게, 잔기)	중국의 炸鶏(zha ji)로부터 유래한 양념튀김으로 홋카이도에서는 양념튀김을 '잔기'라고 함
식재료 분류	난코츠노 가라아게	닭 날개, 다리 부분의 연골을 사용한 양념튀김
	모모니쿠노 가라아게	닭 다리살 부위를 사용한 양념튀김
	무네니쿠노 가라아게	닭 넓적다리 부위를 사용한 양념튀김으로 육질이 부드럽고 담백한 맛
	토리노 가라아게	닭고기 양념튀김

(3) 복어 튀김 조리 완성(복어 튀김 완성 후 접시에 담기)

① 밀가루(박력분) : 전분가루=1 : 1의 비율로 섞어 밑간해 둔 복어 살에 묻혀 160℃ 전후 온도에 튀긴다.
② 계절에 맞는 그릇의 색이나 모양, 복어 튀김의 특성을 고려해 복어 튀김 접시를 고른다.
③ 튀겨 낸 복어 튀김은 체에 받쳐서 기름을 제거하고, 튀김이 눅눅해지지 않도록 한다.
④ 복어 튀김이 눅눅해지지 않도록 접시에 기름종이를 깔고 복어 튀김을 담는다.

예상문제

01 튀김요리의 종류가 아닌 것은?

① 스아게 ② 고로모아게
③ 가츠아게 ④ 가라아게

해설 튀김의 종류
스아게(원형튀김), 고로모아게(덴뿌라), 가라아게(양념튀김), 카와리아게(변형튀김)

02 식재료 그 자체를 아무것도 묻히지 않은 상태에서 튀겨 내 재료가 가진 색과 형태를 그대로 살릴 수 있는 튀김의 종류는?

① 스아게 ② 고로모아게
③ 가츠아게 ④ 가라아게

03 가라아게(양념튀김)의 튀김온도로 옳은 것은?

① 160℃ ② 170℃
③ 180℃ ④ 190℃

해설 보통의 튀김은 180℃ 정도에서 튀기지만, 양념이 있는 가라아게는 높은 온도에서는 타기 때문에 160℃ 정도가 적당하다.

정답
01 ③ 02 ① 03 ①

7 복어 회 국화모양 조리

복어의 살을 횟감용으로 전처리하여 얇게 떠 차가운 접시에 국화모양으로 담는 조리방법으로, 복어를 얇고 길게 잘라 둥근 접시에 국화모양으로 담는 방법을 '기쿠모리'라고 한다.

(1) 복어 살 전처리 작업

복어를 손질하는 방법에는 두장뜨기(にまいおろし, 니마이오로시), 세장뜨기(さんまいおろし, 삼마이오로시), 다섯장뜨기(ごまいおろし, 고마이오로시), 다이묘포뜨기(だいみょうおろし, 다이묘오로시)가 있다.

① 가장 기본적인 방법은 '세장뜨기'로 생선을 위쪽 살, 중앙 뼈, 아래쪽 살의 3장으로 분리하는 방법이다.

② '다이묘 포 뜨기' 방법은 전어, 학꽁치, 고등어 등을 생선의 머리쪽부터 중앙 뼈에 칼을 넣어 꼬리쪽으로 단번에 오로시하는 방법이다.

복어 살의 전처리

① 복어의 세장뜨기 과정
- 껍질을 제거하여 손질한 복어는 행주를 이용해 물기를 닦아준다.
- 머리는 오른쪽, 꼬리가 왼쪽 방향으로 놓고, 중앙 뼈의 윗쪽에 칼을 넣어 뼈와 살을 분리한다.
- 그대로 뒤집어 맞은편 등 쪽에도 칼을 넣은 뒤 포를 떠 중앙 뼈와 살을 분리한다.
- 중앙 뼈를 기준으로 등 쪽을 시작으로 포를 뜬다.
- 살을 발라낸 뼈는 5cm 정도로 잘라 잔 칼집을 내어 물에 담가 뼛속에 있는 복어 피를 제거한다.

② 회를 뜰 때 복어의 손질 과정 : 복어의 속살은 엷은 막으로 감싸져 있어 그대로 먹기에는 질기므로 횟감용으로는 부적합하다.
- 손질한 복어 살은 등이 도마에 닿게 놓고, 꼬리가 왼쪽 머리는 오른쪽으로 놓는다.
- 꼬리에서부터 비스듬히 칼을 넣고, 도마에 밀착시켜 머리 쪽으로 칼을 위아래로 움직여 수평으로 이동하면서 살에 붙어있는 얇은 막을 제거한다.
- 등지느러미 쪽 살의 주름막, 배꼽 부분에 있는 빨간 살과 함께 주변 주름막도 제거한다.
- 뼈에 붙어있는 복어 살 부분의 엷은 막을 제거한다.
- 손질이 끝난 복어 살은 얼음소금물에 잠시 담가 복의 냄새를 제거한다. 이후 마른행주에 감싸 수분을 제거하고, 수분이 제거된 뒤 횟감용으로 사용한다. 몸살에서 분리한 얇은 막은 버리지 말고 끓는 물에 데쳐 회에 곁들이거나 초무침요리, 냄비요리의 용도로 사용한다.

③ 비린내(어취) 제거방법 : 생선 비린내는 세포물질이 분해할 때 생긴다. 주로 생선의 악취성분인 트리메틸아민(TMO)은 무색의 강한 염기성이며, 수용성으로서 근육 중 수분과 혈액 속에 함유되어 있다. 생선이 살아 있을 때에는 트리메틸아민 옥사이드의 형태로 체내에 존재하다가 생선이 죽어 시간이 경과하면 세균의 환원효소에 의해 트리메틸아민으로 된다. 생선의 부패에 의해 증가하므로 신선도의 기준이 되며, 생선 조리 시 비린내를 억제하는 방법은 다음과 같다.

방법	특징
물로 씻기	생선 비린내(트리메틸아민)는 수용성 성분으로 물로 씻으면 비린내를 제거할 수 있다. 단, 생선을 썰어서 단면을 여러 번 물로 씻으면 맛과 영양성분까지 빠져나가므로 찬물로 살짝 씻는 것이 좋다.
산 첨가	트릴메탈아민은 산과 결합하면 냄새가 없어지는 물질을 생성한다. 그러므로 조리할 때 레몬즙, 유자즙, 식초와 같은 향채나 조미료를 첨가하면 비린내가 많이 줄어든다. ※ 생선회에 레몬이 같이 제공되는 것은 레몬의 향미와 함께 비린내를 제거하기 위한 목적이며, 생선초밥에 식초를 조미하는 것도, 생선초무침에 식초를 넣어 조리하는 것도 같은 목적이다.
간장과 된장 첨가	• 간장은 단백질의 응고와 더불어 글르불린이라는 성분을 생성시키면서 비린내도 함께 용출시킨다. 즉, 생선의 풍미를 살릴 뿐만 아니라 비린내 제거효과도 있다. • 된장의 콜로이드상 성분은 강한 흡착력을 갖고 있어 비린내를 흡착하여 비린맛을 못 느끼게 하는 특징이 있다.

(2) 복어 회 뜨기

복어는 콜라겐 성분이 매우 강하여 육질의 탄력이 강해 자르는 방법이 매우 중요하다. 회를 뜰 때는 칼의 길이가 긴 편이 유용하며, 최대한 얇게 뜨기(우스츠쿠리)의 숙련된 기술이 필요하다.

① 깨끗한 나무도마에 마름질한 횟감용 복어 살을 등 쪽이 도마에 닿게 하고, 45° 정도로 비스듬히 놓는다.

② 복어 살을 왼쪽 검지와 중지 손가락으로 살짝 눌러 고정시키면서 칼을 비스듬히 눕혀 칼날 전체를 사용하여 위에서 아래로 당기듯이 회를 뜬다.

③ 복어 회는 결의 방향과 직각이 되게 자르며, 자른 복어 회는 폭 2~3cm, 길이 6~7cm가 되게 한다.

④ 회 뜬 복어 살의 폭이 좁아지면 칼을 눕혀 폭을 늘리고, 길이가 길어지면 칼을 세워 길이를 줄여 일정한 모양의 회(다네)가 나오게 한다.

⑤ 회를 뜨면서 손과 칼에 묻은 점액질은 위생행주에 수시로 닦고, 도마도 위생행주로 수시로 닦아가며 청결을 유지한다.

(3) 복어 회 국화모양 접시에 담기

① 복어 회는 칼날 전체를 이용하여 꼬리 부분에서 머리 부분으로 당겨 썰며 시계 반대 방향으로 원을 그리듯이 일정한 간격으로 겹쳐 담는다.

② 안쪽에 담는 회는 바깥쪽보다 작은 크기의 국화모양으로, 원을 그리듯이 시계 반대 방향으로 겹쳐 담는다.

③ 접시 중앙에는 복어 회를 말아 꽃 모양으로 만들어 올린다.

④ 복어 살에 붙어있던 얇은 막은 끓는 물에 데친 뒤 데친 복어껍질과 함께 4cm 길이로 채 썰어 올리고, 말린 복어 지느러미를 나비모양으로 장식해 꽃모양으로 만든 복어 회 위에 놓아 국화 모양 접시 담기를 완성한다.

※ 기본적으로 접시는 원형 접시를 사용한다(사각 접시와 투명 유리 접시는 부적합함).

※ 무늬, 색이 있는 접시를 선택하며, 그림이 먹는 사람의 정면에 오도록 담는다.

※ 복어 회의 담는 방법은 기본적으로 오른쪽에서 왼쪽으로 담는 것이 기본이며, 그릇의 바깥쪽에서 앞쪽으로 담는다.

※ 접시에 담기는 국화모양, 학모양, 공작모양, 모란꽃 모양 등이 있다.

03

COOK CRAFTSMAN

통합모의고사

- 모의고사 1회(공통)
- 모의고사 2회(공통)
- 모의고사 3회(공통)
- 모의고사 4회(한식)
- 모의고사 5회(양식)
- 모의고사 6회(중식)
- 모의고사 7회(일식)
- 모의고사 8회(복어)

01회 모의고사(공통)

01 어패류의 부패속도에 대하여 가장 올바르게 설명한 것은?
① 해수어가 담수어보다 쉽게 부패한다.
② 얼음물에 보관하는 것보다 냉장고에 보관하는 것이 더 쉽게 부패한다.
③ 토막을 친 것이 통째로 보관하는 것보다 쉽게 부패한다.
④ 어류는 비늘이 있어서 미생물의 침투가 육류에 비해 늦다.
> 해설 어패류는 통째로 보관하는 것이 토막친 것보다 부패가 더디다.

02 어패류의 신선도 판정 시 초기부패의 기준이 되는 물질은?
① 삭시톡신(Saxitoxin)
② 베네루핀(Venerupin)
③ 트리메틸아민(Trimethylamine)
④ 아플라톡신(Aflatoxin)
> 해설 생선의 비린내는 트리메틸아민에 의한 것이다.

03 경구감염병과 비교하여 세균성 식중독이 가지는 일반적인 특성은?
① 소량의 균으로도 발병한다.
② 잠복기가 짧다.
③ 2차 발병률이 매우 높다.
④ 감염환(Infection Cycle)이 성립한다.
> 해설 식중독은 식품 중에 많은 양의 균에 의해 발병하며, 잠복기가 짧고 면역력은 없다.

04 다음 중 잠복기가 가장 긴 감염병은?
① 한센병
② 파라티푸스
③ 콜레라
④ 디프테리아
> 해설 한센병과 결핵은 잠복기가 가장 길다.

05 식품의 부패과정에서 생성되는 불쾌한 냄새물질과 거리가 먼 것은?
① 암모니아 ② 포르말린
③ 황화수소 ④ 인돌
> 해설 포르말린은 포름알데히드라는 기체를 물에 녹인 물질이다.

06 감칠맛 성분과 소재식품의 연결이 잘못된 것은?
① 베타인(Betaine) – 오징어, 새우
② 크레아티닌(Creatinine) – 어류, 육류
③ 카노신(Carnosine) – 육류, 어류
④ 타우린(Taurine) – 버섯, 죽순
> 해설 타우린 : 새우, 오징어, 문어, 조개류

07 생활쓰레기의 분류 중 부엌에서 나오는 동·식물성 유기물은?
① 주개
② 가연성 진개
③ 불연성 진개
④ 재활용성 진개
> 해설 주개
> 가정, 음식점, 호텔 등의 주방에서 나오는 음식물쓰레기를 말하며 육류, 채소, 과실, 곡류 등의 찌꺼기로서 부패하기 쉽고 냄새의 원인이 된다.

08 음식물과 함께 섭취된 미생물이 식품이나 체내에서 다량 증식하여 장관 점막에 위해를 끼침으로써 일어나는 식중독은?
① 독소형 식중독
② 감염형 식중독
③ 식물성 자연독 식중독
④ 동물성 자연독 식중독
> 해설 독소형 세균성 식중독, 식물성 자연독 식중독, 동물성 자연독 식중독은 섭취 즉시 발병한다.

09 살균이 불충분한 저산성 통조림 식품에 의해 발생되는 세균성 식중독의 원인균은?
① 포도상구균
② 젖산균
③ 클로스트리디움 보툴리늄
④ 병원성 대장균
> 해설 클로스트리디움 보툴리늄균은 소시지나 햄, 통조림에 증식하여 독소를 형성하여 섭취하면 호흡곤란, 언어장애 등을 일으킨다.

정답
01 ③ 02 ③ 03 ② 04 ① 05 ② 06 ④ 07 ① 08 ② 09 ③

10 살모넬라(Salmonella)에 대한 설명으로 틀린 것은?

① 그람음성, 간균으로 동·식물계에 널리 분포하고 있다.
② 내열성이 강한 독소를 생성한다.
③ 발육 적온은 37℃이며, 10℃ 이하에서는 거의 발육하지 않는다.
④ 살모넬라균에는 장티푸스를 일으키는 것도 있다.

해설) 살모넬라균은 열에 약하여 60℃에서 30분이면 사멸된다.

11 목화씨로 조제한 면실유를 식용한 후 식중독이 발생했다면 그 원인물질은?

① 솔라닌(Solanine)
② 리신(Ricin)
③ 아미그달린(Amygdalin)
④ 고시폴(Gossypol)

해설) 솔라닌(감자의 독성분), 리신(피마자의 독성분), 아미그달린(청매의 독성분)

12 방사능 강하물 중에서 식품의 오염과 관련하여 위생상 문제가 되는 것은?

① Sr-90, Cs-137
② C-14, Na-24
③ S-35, Ca-45
④ Sr-89, Zn-65

해설) Sr-90(화학적으로 칼슘과 비슷하기 때문에 몸에 축적), Cs-137(방사선원소)

13 황변미 중독은 14~15% 이상의 수분을 함유하는 저장미에서 발생하기 쉬운데, 그 원인 미생물은 무엇인가?

① 곰팡이
② 세균
③ 효모
④ 바이러스

해설) 황변미 중독의 오염 미생물은 푸른곰팡이다.

14 판매가 금지되는 동물의 질병을 결정하는 기관은?

① 보건소
② 관할 시청
③ 식품의약품안전처
④ 관할 경찰서

해설) 식품의약품안전처에서 판매가 금지되는 동물의 질병 결정을 담당하고 있다.

15 식품 등의 표시기준에 의한 성분명 및 함량의 표시대상 성분이 아닌 영양성분은?(단, 강조표시를 하고자 하는 영양성분은 제외)

① 트랜스지방
② 나트륨
③ 콜레스테롤
④ 불포화지방

해설) 표시대상 성분에는 열량, 탄수화물(당류), 단백질, 지방(포화지방산, 트랜스지방), 콜레스테롤, 나트륨 등이 있다.

16 공중보건의 사업단위로 가장 알맞은 것은?

① 개인
② 직장
③ 가족
④ 지역사회

해설) 공중보건 사업은 개인이 아닌 지역사회 인간집단을 대상으로 하며, 더 나아가 국민 전체를 대상으로 하므로 주어진 보기에서는 ④가 가장 알맞다.

17 일반적으로 냉방 시 가장 적당한 실내외의 온도차는?

① 5~7℃
② 9~11℃
③ 13~15℃
④ 17~19℃

해설) 냉방 시 실내외의 온도차는 5~7℃가 적당하다.

18 다수인이 밀집한 장소에서 발생하며, 화학적 조성이나 물리적 조성의 큰 변화를 일으켜 불쾌감, 두통, 권태, 현기증, 구토 등의 생리적 이상을 일으키는 군집독의 원인이 아닌 것은?

① 산소 부족
② 유해가스 및 취기
③ 일산화탄소 증가
④ 환기

해설) 군집독의 예방법이 환기이다

19 다음 중 물과 관련된 보건문제와 거리가 먼 것은?

① 레이노드(Raynaud's Disease)
② 수도열(Hannover Fever)
③ 기생충질병의 감염원
④ 중금속물질의 오염원

해설) 레이노드는 진동과 관련된 직업병이다.

20 질병을 매개하는 위생해충과 그 질병의 연결이 틀린 것은?

① 모기 – 사상충증, 말라리아
② 파리 – 장티푸스, 콜레라
③ 진드기 – 유행성 출혈열, 쯔쯔가무시증
④ 이 – 페스트, 재귀열

해설) 이(발진티푸스, 재귀열), 쥐(페스트)

21 다음 중 급속여과법에 해당되는 것은?

① 넓은 면적이 필요하다.
② 사면대치를 한다.
③ 역류세척을 한다.
④ 보통 침전법을 한다.

해설) 급속여과법은 약품 침전 시 사용하며, 역류세척을 한다. 사면대치법은 완속여과에 사용한다.

정답

10 ② 11 ④ 12 ① 13 ① 14 ③ 15 ④ 16 ④ 17 ① 18 ④ 19 ① 20 ④ 21 ③

35 효소적 갈변반응에 의해 색을 나타내는 식품은?

① 분말 오렌지 ② 간장
③ 캐러멜 ④ 홍차

해설 비효소적 갈변에는 마이야르 반응(간장), 캐러멜화 반응, 아스코르빈산 산화반응이 있다

36 효소에 대한 일반적인 설명으로 틀린 것은?

① 기질 특이성이 있다.
② 최적온도는 30~40℃ 정도이다.
③ 100℃에서도 활성은 그대로 유지된다.
④ 최적 pH는 효소마다 다르다.

해설 효소는 일반적으로 40℃ 이상의 고온, 강산이나 강알칼리성에서 활성을 잃어버려 불활성이 된다.

37 5대 영양소의 기능에 대한 설명으로 틀린 것은?

① 새로운 조직이나 효소, 호르몬 등을 구성한다.
② 노폐물을 운반한다.
③ 신체대사에 필요한 열량을 공급한다.
④ 소화·흡수 등의 대사를 조절한다.

해설 인체의 노폐물 운반은 물의 기능이다.

38 가식부율이 80%인 식품의 출고계수는?

① 1.25 ② 2.5
③ 4 ④ 5

해설 식품의 출고계수 = $\frac{100}{100-폐기율}$ = 1.25

39 직접원가에 속하지 않는 것은?

① 직접재료비
② 직접노무비
③ 직접경비
④ 일반관리비

해설 직접원가 = 직접재료비 + 직접노무비 + 직접경비

40 조리용 소도구의 용도가 옳은 것은?

① 믹서(Mixer) : 재료를 다질 때 사용
② 휘퍼(Whipper) : 감자껍질을 벗길 때 사용
③ 필러(Peeler) : 골고루 섞거나 반죽할 때 사용
④ 그라인더(Grinder) : 쇠고기를 갈 때 사용

해설 믹서(골고루 섞거나 반죽할 때), 휘퍼(거품을 낼 때), 필러(껍질을 벗길 때)

41 다량으로 전, 부침 등을 조리할 때 사용되는 기기로서 열원은 가스이며, 불판 밑에 버너가 있는 가열기는?

① 그리들 ② 살라만다
③ 만능 조리기 ④ 가스레인지 오븐

해설 · 살라만다 : 가스를 열원으로 하는 구이용 기기
· 가스레인지 오븐 : 가스를 연료로 하는 오븐

42 고구마 등의 전분으로 만든 얇고 부드러운 전분피로 냉채 등에 이용되는 것은?

① 양장피 ② 해파리
③ 한천 ④ 무

해설 양장피는 고구마 전분으로 만들며, 중국요리의 냉채에 사용된다.

43 전분의 호정화에 대한 설명으로 옳지 않은 것은?

① 호정화란 화학적 변화가 일어난 것이다.
② 호화된 전분보다 물에 녹기 쉽다.
③ 전분을 150~190℃에서 물을 붓고 가열할 때 나타나는 변화이다.
④ 호정화되면 덱스트린이 생성된다.

해설 전분의 호정화는 전분에 물을 가하지 않고 160℃ 이상으로 가열하여 덱스트린으로 분해되는 것을 말한다.

44 우유를 가열할 때 용기 바닥이나 옆에 눌어붙는 것은 주로 어떤 성분인가?

① 카제인(Casein) ② 유청(Whey) 단백질
③ 레시틴(Lecithin) ④ 유당(Lactose)

해설 우유 가열 시 바닥에 눌어붙는 주성분은 유청이다.

45 달걀에서 시간이 지남에 따라 나타나는 변화가 아닌 것은?

① 호흡작용을 통해 알칼리성으로 된다.
② 흰자의 점성이 커져 끈적끈적해진다.
③ 흰자에서는 황화수소가 검출된다.
④ 주위의 냄새를 흡수한다.

해설 달걀은 시간이 지남에 따라 달걀흰자의 점성이 약해져 수양난백이 많아진다.

46 냉동 중 육질의 변화가 아닌 것은?

① 육내의 수분이 동결되어 체적팽창이 이루어진다.
② 건조에 의한 감량이 발생한다.
③ 고기 단백질이 변성되어 고기의 맛을 떨어뜨린다.
④ 단백질 용해도가 증가된다.

해설 용해도는 고온처리를 하게 되면 증가된다.

정답
35 ④ 36 ③ 37 ② 38 ① 39 ④ 40 ④ 41 ④ 42 ① 43 ③ 44 ② 45 ② 46 ④

47 한천에 대한 설명으로 틀린 것은?

① 겔은 고온에서 잘 견디므로 안정제로 사용된다.
② 홍조류의 세포벽 성분인 점질성의 복합 다당류를 추출하여 만든다.
③ 30℃ 부근에서 굳어져 겔화된다.
④ 일단 겔화되면 100℃ 이하에서는 녹지 않는다.

해설 한천의 응고 온도는 38~40℃이다.

48 젓갈제조 방법 중 큰 생선이나 지방이 많은 생선을 서서히 절이고자 할 때 생선을 일단 얼렸다가 절이는 방법을 무엇이라 하는가?

① 습염법 ② 혼합법
③ 냉염법 ④ 냉동염법

해설 지방이 많고 큰 생선을 얼렸다가 절이는 방법을 냉동염법이라고 한다.

49 다음 중 발연점이 가장 높은 것은?

① 옥수수유 ② 들기름
③ 참기름   ④ 올리브유

해설 발연점이 높은 기름으로는 대두유, 면실유, 해바라기씨유, 카놀라유, 옥수수유 등이 있다.

50 유지의 발연점이 낮아지는 원인이 아닌 것은?

① 유리지방산의 함량이 낮은 경우
② 튀김하는 그릇의 표면적이 넓은 경우
③ 기름에 이물질이 많이 들어 있는 경우
④ 오래 사용하여 기름이 지나치게 산패된 경우

해설 유지는 가열횟수가 많거나 유리지방산의 양이 많을수록 발연점이 낮아지게 된다.

51 MSG(MonoSodium Glutamate)의 설명으로 틀린 것은?

① 아미노산계 조미료이다.
② pH가 낮은 식품에는 정미력이 떨어진다.
③ 흡습력이 강하므로 장기간 방치하면 안 된다.
④ 신맛과 쓴맛을 완화시키고 단맛에 감칠맛을 부여한다.

해설 MSG는 아미노산계 조미료로 pH가 낮은 식품에는 정미력이 떨어지며, 신맛과 쓴맛을 완화시키고 단맛과 감칠맛을 부여한다.

52 식품과 유지의 특성이 잘못 짝지어진 것은?

① 버터크림 – 크림성
② 쿠키 – 점성
③ 마요네즈 – 유화성
④ 튀김 – 열매체

해설 쿠키를 반죽 시 유지를 첨가하면 지방이 글루텐을 짧게 끊어주는 역할을 하는데, 이를 연화(쇼트닝성)라고 한다.

53 지방의 경화에 대한 설명으로 옳은 것은?

① 물과 지방이 서로 섞여 있는 상태이다.
② 불포화지방산에 수소를 첨가하는 것이다.
③ 기름을 7.2℃까지 냉각시켜서 지방을 여과하는 것이다.
④ 반죽 내에서 지방층을 형성하여 글루텐의 형성을 막는 것이다.

해설 경화유는 불포화지방산에 수소를 첨가하고 니켈을 촉매로 사용하여 포화지방산의 형태로 변화시킨 것이다(마가린, 쇼트닝).

54 유지를 가열할 때 유지 표면에서 엷은 푸른 연기가 나기 시작할 때의 온도는?

① 팽창점 ② 연화점
③ 용해점 ④ 발연점

해설 유지를 가열할 때 연기가 나기 시작하는 온도를 발연점이라 하며, 이때 발생한 푸른 연기 성분은 아크롤레인이다.

55 어류의 사후강직에 대한 설명으로 틀린 것은?

① 붉은살생선이 흰살생선보다 강직이 빨리 시작된다.
② 자기소화가 일어나면 풍미가 저하된다.
③ 담수어는 자체 내 효소의 작용으로 해수어보다 부패 속도가 빠르다.
④ 보통 사후 12~14시간 동안 최고로 단단하게 된다.

해설 어류의 강직현상이 나타나는 시기는 1~4시간이다.

56 가공 육제품의 내포장재인 케이싱(Casing)에 대한 설명으로 옳은 것은?

① 가식성 콜라겐(Collagen) 케이싱은 동물의 콜라겐을 가공하여 튜브상으로 제조된 인조 케이싱이다.
② 셀룰로오스(Cellulose) 케이싱은 목재의 펄프와 목화의 식물성 셀룰로오스를 가공하여 다양한 크기로 만든 것으로 천연의 가식성 케이싱이다.
③ 파이브로스(Fibrous) 케이싱은 비교적 큰 직경의 육제품에 이용되는 것으로 셀룰로오스를 주재료로 가공한 천연 케이싱이다.
④ 플라스틱(Plastic) 케이싱은 훈연제품에 이용되는 가식성 케이싱이다.

해설 가식성 콜라겐 케이싱(동물의 콜라겐을 가공하여 만든 인조 케이싱), 셀룰로오스·파이브로스(식물성 섬유로 만든 인조 케이싱), 플라스틱 케이싱(비가식성 인조 케이싱)

57 가자미식해의 가공원리는?

① 건조법 ② 당장법
③ 냉동법 ④ 염장법

해설 가자미식해는 염장법으로 만들어진다.

정답
47 ④ 48 ④ 49 ① 50 ① 51 ③ 52 ② 53 ② 54 ④ 55 ④ 56 ① 57 ④

58 밀가루를 반죽할 때 연화(쇼트닝)작용과 팽화작용의 효과를 얻기 위해 넣는 것은?

① 소금
② 지방
③ 달걀
④ 이스트

해설 소금(점성·탄성 증가), 달걀(영양성 증가, 색깔·향기·맛 증가), 이스트(팽창제)

59 아미노카르보닐화 반응, 캐러멜화 반응, 전분의 호정화가 가장 잘 일어나는 온도의 범위는?

① 20~50℃
② 50~100℃
③ 100~200℃
④ 200~300℃

해설 적정 반응온도
아미노카르보닐화 반응(155℃), 캐러멜화 반응(160~180℃), 전분의 호정화(160℃)

60 환자의 식단 작성 시 가장 먼저 고려해야 할 점은?

① 유동식부터 주는 원칙을 고려
② 비타민이 풍부한 식단 작성
③ 균형식, 특별식, 연식, 유동식 등의 식사 형태의 결정
④ 양질의 단백질 공급을 위한 식단의 작성

해설 환자의 특성에 따라 식사의 형태를 결정하게 된다.

정답
58 ② 59 ③ 60 ③

11 손에 상처가 있는 사람이 만든 크림빵을 먹은 후 식중독 증상이 나타났을 경우 가장 의심되는 식중독균은?

① 포도상구균
② 클로스트리디움 보툴리늄
③ 병원성 대장균
④ 살모넬라균

해설 포도상구균 식중독은 독소형 식중독으로 식품 취급자의 화농성 염증이 주된 원인이다.

12 화학물질을 조금씩 장기간에 걸쳐 실험동물에게 투여했을 때 장기나 기관에 어떠한 장해나 중독이 일어나는가를 알아보는 시험으로, 최대 무작용량을 구할 수 있는 것은?

① 급성 독성시험
② 만성 독성시험
③ 안전 독성시험
④ 아급성 독성시험

해설 만성 독성시험은 식품의 독성 평가를 위해 많이 사용하는 방법으로, 장기간에 걸쳐 시험이 이루어진다.

13 아플라톡신(Aflatoxin)에 대한 설명으로 틀린 것은?

① 기질수분 16% 이상, 상대습도 80~85% 이상에서 생성한다.
② 탄수화물이 풍부한 곡물에서 많이 발생한다.
③ 열에 비교적 약하여 100℃에서 쉽게 불활성화 된다.
④ 강산이나 강알칼리에서 쉽게 분해되어 불활성화 된다.

해설 아플라톡신은 열에 강하여 가열 후에도 식품에 존재할 수 있다.

14 장마가 지난 후 저장되었던 쌀이 적홍색 또는 황색으로 착색되어 있었다. 이러한 현상의 설명으로 틀린 것은?

① 수분함량이 15% 이상 되는 조건에서 저장할 때 특히 문제가 된다.
② 기후조건 때문에 동남아시아 지역에서 곡류 저장 시 특히 문제가 된다.
③ 저장된 쌀에 곰팡이류가 오염되어 그 대사산물에 의해 쌀이 황색으로 변한 것이다.
④ 황변미는 일시적인 현상이므로 위생적으로 무해하다.

해설 저장된 쌀에 푸른곰팡이가 번식하여 황변미 중독이 되면 인체에 유해한 물질을 만들어 내어 신장, 간장, 신경에 문제를 일으킨다.

15 질병으로 인하여 죽은 동물의 고기·뼈·젖·장기 또는 혈액을 식품으로 판매하거나 판매할 목적으로 채취, 수입, 가공, 사용, 조리, 저장 또는 운반하거나 진열하지 못하는 질병과 관련이 없는 것은?

① 리스테리아병 ② 살모넬라병
③ 선모충증   ④ 아니사키스

해설 도축이 금지되는 가축감염병이나 리스테리아병, 살모넬라병, 구간낭충, 선모충증 등은 동물의 몸 전부를 사용하지 못한다.

16 식품위생법령상에 명시된 식품위생감시원의 직무가 아닌 것은?

① 과대광고 금지의 위반 여부에 관한 단속
② 조리사·영양사의 법령준수사항 이행 여부 확인·지도
③ 생산 및 품질관리 일지의 작성 및 비치
④ 시설기준의 적합 여부의 확인·검사

해설 생산 및 품질관리일지의 작성 및 비치는 식품위생관리인의 직무이다.

17 국제연합의 보건 전문기관인 세계보건기구가 정식으로 발족된 해는?

① 1945년 ② 1948년
③ 1952년 ④ 1960년

해설 세계보건기구는 1948년에 설립되었다.

18 다음 중 대기오염을 유발시키는 행위는?

① 조리장의 쓰레기를 노천소각시킨다.
② 조리장의 음식물 쓰레기를 퇴비화하였다.
③ 튀김 후 기름을 화단에 묻었다.
④ 조리장의 열기를 후드로 배출시켰다.

해설 쓰레기를 소각하게 되면 대기오염이 유발된다.

19 활성오니법은 무엇을 하는 데 사용하는 방법인가?

① 대기오염 제거방법
② 도시하수 처리방법
③ 쓰레기처리방법
④ 상수도오염 제거방법

해설 활성오니법은 하수를 처리하는 방법이다.

20 각 수질 판정기준과 지표 간의 연결이 틀린 것은?

① 일반세균수 : 무기물의 오염지표
② 질산성질소 : 유기물의 오염지표
③ 대장균군수 : 분변의 오염지표
④ 과망간산칼륨 소비량 : 유기물의 간접적 지표

해설 일반세균수는 이질, 콜레라, 장티푸스, 파라티푸스 등 수인성 감염병의 원인이 되는 물의 세균에 의한 오염도를 판정하는 기준이다.

21 곤충을 매개로 간접전파되는 감염병과 가장 거리가 먼 것은?

① 재귀열
② 말라리아
③ 인플루엔자
④ 쯔쯔가무시증

해설 인플루엔자는 바이러스에 의한 호흡기 질환이다.

정답
11 ① 12 ② 13 ③ 14 ④ 15 ④ 16 ③ 17 ② 18 ① 19 ② 20 ① 21 ③

22 일산화탄소(CO)에 대한 설명으로 틀린 것은?

① 무색무취이다.
② 물체의 불완전 연소 시 발생한다.
③ 자극성이 없는 기체이다.
④ 이상고기압에서 발생하는 잠함병과 관련이 있다.

해설 잠함병과 관련이 있는 가스는 질소(N)이다.

23 다음 감염병 중 생후 가장 먼저 예방접종을 실시하는 것은?

① 백일해   ② 파상풍
③ 홍역   ④ 결핵

해설 결핵 예방접종은 생후 4주 이내에 실시해야 한다.

24 다음의 경구감염병 예방대책 중 감염경로 대책이라고 할 수 없는 것은?

① 식품취급자의 신체 및 손의 청결
② 환자의 조기발견과 격리
③ 위생해충과 쥐의 구제
④ 수도, 우물의 위생적 관리와 소독

해설 경구감염병은 수인성 감염병이기 때문에 위생 해충이나 쥐와는 관련이 없다.

25 민물수산물에 의해 감염되는 기생충을 설명한 것 중 잘못된 것은?

① 광절열두조충은 물벼룩, 송어로부터 감염된다.
② 폐디스토마는 다슬기, 민물게로부터 감염된다.
③ 간디스토마는 쇠우렁, 붕어, 잉어로부터 감염된다.
④ 요코가와흡충은 연어, 가재로부터 감염된다.

해설 요코가와흡충 → 제1중간숙주(다슬기) → 제2중간숙주(은어)

26 방사선 장애에 의해서 올 수 있는 대표적인 직업병은?

① 위암   ② 백혈병
③ 진폐증   ④ 골다골증

해설 방사선은 인체에 유익하지 않은 영향 중 하나이며, 일정 이상의 방사선에 전신이 노출될 경우에는 백혈구가 적어지면서 백혈병에 걸릴 확률이 높아진다.

27 조리장의 관리에 대한 설명 중 부적당한 것은?

① 충분한 내구력이 있는 구조일 것
② 배수 및 청소가 쉬운 구조일 것
③ 창문이나 출입구 등은 방서 · 방충을 위한 금속망, 설비구일 것
④ 바닥과 바닥으로부터 10cm까지의 내벽은 내수성 자재의 구조일 것

해설 조리장은 바닥과 바닥으로부터 1m까지의 내벽은 내수성 자재를 사용한다.

28 다음 중 5탄당에 해당하는 것은?

① 갈락토오스(Galactose)
② 만노오스(Mannose)
③ 크실로오스(Xylose)
④ 프룩토오스(Fructose)

해설
- 5탄당 : 크실로오스, 아라비노오스, 리보오스
- 6탄당 : 갈락토오스, 만노오스, 프룩토오스

29 전분을 구성하는 주요 원소가 아닌 것은?

① 탄소(C)   ② 수소(H)
③ 질소(N)   ④ 산소(O)

해설 전분의 최종분해산물은 포도당으로 탄소(C), 수소(H), 산소(O)로 이루어져 있다.

30 카제인(Casein)은 어떤 단백질에 속하는가?

① 당단백질   ② 지단백질
③ 유도단백질 ④ 인단백질

해설 우유의 카제인은 인단백질이다.

31 다음의 식단에서 부족한 영양소는?

밥, 시금칫국, 삼치조림, 김구이, 사과

① 단백질   ② 지질
③ 칼슘   ④ 비타민

해설 칼슘은 우유 및 유제품, 뼈째 먹는 생선에 많이 함유되어 있다.

32 영양결핍 증상과 원인이 되는 영양소의 연결이 잘못된 것은?

① 빈혈 – 엽산
② 구순구각염 – 비타민 B_{12}
③ 야맹증 – 비타민 A
④ 괴혈병 – 비타민 C

해설 비타민 B_2의 결핍증은 구순구각염이며, 비타민 B_{12}의 결핍증은 악성빈혈이다.

33 오이의 녹색 꼭지부분에 함유된 쓴맛 성분은?

① 이포메아마론(Ipomeamarone)
② 카페인(Caffeine)
③ 테오브로민(Theobromine)
④ 쿠쿠르비타신(Cucurbitacin)

해설 오이 꼭지의 쓴맛 성분은 쿠쿠르비타신이다.

정답

22 ④ 23 ④ 24 ③ 25 ④ 26 ② 27 ④ 28 ③ 29 ③ 30 ④ 31 ③ 32 ② 33 ④

34 철과 마그네슘을 함유하는 색소를 순서대로 나열한 것은?

① 안토시아닌, 플라보노이드
② 카로티노이드, 미오글로빈
③ 클로로필, 안토시아닌
④ 미오글로빈, 클로로필

해설 미오글로빈(육색소 – 철), 클로로필(녹색채소 – 마그네슘)

35 다음 색소 중 동물성 색소는?

① 헤모글로빈(Hemoglobin)
② 클로로필(Chlorophyll)
③ 안토시안(Anthocyan)
④ 플라보노이드(Flavonoid)

해설 헤모글로빈은 혈액 속에 들어 있는 혈색소이다.

36 과일의 갈변을 방지하는 방법으로 바람직하지 않은 것은?

① 레몬즙, 오렌지즙에 담가둔다.
② 희석된 소금물에 담가둔다.
③ -10℃ 온도에서 동결시킨다.
④ 설탕물에 담가둔다.

해설 과일의 갈변은 효소적 갈변으로 방지하는 방법에는 가열처리, 염장법, 당장법, 산장법, 아황산침지 등이 있다.

37 영양섭취기준 중 권장섭취량을 구하는 식은?

① 평균필요량+표준편차×2
② 평균필요량+표준편차
③ 평균필요량+충분섭취량×2
④ 평균필요량+충분섭취량

해설 권장섭취량=평균필요량+표준편차×2

38 다음 중 신선하지 않은 식품은?

① 생선 : 윤기가 있고 눈알이 약간 튀어나온 듯한 것
② 고기 : 육색이 선명하고 윤기 있는 것
③ 달걀 : 껍질이 반들반들하고 매끄러운 것
④ 오이 : 가시가 있고 곧은 것

해설 신선한 달걀은 껍데기 표면이 까칠까칠하다.

39 채소를 냉동하기 전 블랜칭(Blanching)하는 이유로 틀린 것은?

① 효소의 불활성화
② 미생물 번식의 억제
③ 산화반응 억제
④ 수분감소 방지

해설 채소를 냉동하기 전 블랜칭을 하면 효소의 불활성화, 미생물 번식의 억제, 산화반응 억제, 조직 연화, 부피감소 효과를 얻을 수 있다.

40 작업장에서 발생하는 작업의 흐름에 따라 시설과 기기를 배치할 때 작업의 흐름이 순서대로 연결된 것은?

㉠ 전처리　　　㉡ 장식 및 배식
㉢ 식기 세척·수납　　㉣ 조리
㉤ 식재료의 구매·검수

① ㉤→㉠→㉣→㉡→㉢
② ㉠→㉡→㉣→㉢→㉤
③ ㉤→㉣→㉡→㉠→㉢
④ ㉢→㉠→㉣→㉤→㉡

해설 작업의 흐름 순서
식재료의 구매·검수 → 전처리 → 조리 → 장식·배식 → 식기세척·수납

41 각 식품의 보관요령으로 틀린 것은?

① 냉동육은 해동·동결을 반복하지 않도록 한다.
② 건어물은 건조하고 서늘한 곳에 보관한다.
③ 달걀은 깨끗이 씻어 냉장 보관한다.
④ 두부는 찬물에 담갔다가 냉장시키거나 찬물에 담가 보관한다.

해설 달걀을 씻어 보관하면 표면의 큐티클이 벗겨져 미생물이 침입하게 된다.

42 두류의 조리 시 두류를 연화시키는 방법으로 틀린 것은?

① 1% 정도의 식염용액에 담갔다가 그 용액으로 가열한다.
② 초산용액에 담근 후 칼슘, 마그네슘 이온을 첨가한다.
③ 약알칼리성의 중조수에 담갔다가 그 용액으로 가열한다.
④ 습열 조리 시 연수를 사용한다.

해설 칼슘과 마그네슘 이온은 두류의 응고제로 사용된다.

43 전분의 노화에 영향을 미치는 인자의 설명 중 틀린 것은?

① 노화가 가장 잘 일어나는 온도는 0~5℃이다.
② 수분함량 10% 이하인 경우 노화가 잘 일어나지 않는다.
③ 다량의 수소이온은 노화를 저지한다.
④ 아밀로오스의 함량이 많은 전분일수록 노화가 빨리 일어난다.

해설 다량의 수소이온은 전분의 노화를 촉진시킨다.

44 다음 중 보존성에 대한 설명으로 틀린 것은?

① 수확 혹은 가공된 식품이 식용으로서 적합한 품질과 위생상태를 유지하는 성질을 말한다.
② 유통과정, 소매점의 상품관리에 의해서는 보존기간이 변동될 수 없다.
③ 장기저장이 가능한 통·병조림이라도 온도나 광선의 영향에 의해 품질변화가 일어난다.
④ 신선식품은 보존성이 짧은 것이 많아 상품의 온도관리에 따라 그 보존기간이 크게 달라진다.

해설 유통과정이나 소매점의 상품관리에 따라 보존기간이 변동될 수 있다.

정답
34 ④　35 ①　36 ③　37 ①　38 ③　39 ④　40 ①　41 ③　42 ②　43 ③　44 ②

56 다음 중 식품위생법에서 다루는 내용은?

① 영양사의 면허 결격사유
② 디프테리아 예방
③ 공중이용시설의 위생관리
④ 가축감염병의 검역 절차

해설 디프테리아 예방, 공중이용시설의 위생관리, 가축감염병의 검역절차는 공중보건법에서 다룬다.

57 하수의 처리방법 중 혐기성 분해처리에 해당하는 것은?

① 부패조
② 활성오니법
③ 살수여과법
④ 산화지법

해설
- 혐기성 분해처리 : 부패조처리법, 임호프탱크법
- 호기성 분해처리 : 활성오니법과 살수여과법

58 수라상의 찬품 가짓수는?

① 5첩
② 7첩
③ 9첩
④ 12첩

해설 한국의 전통적인 상차림에서 수라상은 진지상을 높여서 부르는 말인데, 12첩 반상 차림으로 흰밥, 붉은 팥밥, 미역국, 곰탕, 조치, 전골 등의 기본찬품과 12가지 찬물들로 구성된다.

59 비타민 A의 전구물질로 당근, 호박, 고구마, 시금치에 많이 들어 있는 성분은?

① 안토시아닌
② 카로틴
③ 리코펜
④ 에르고스테롤

해설 카로틴은 비타민 A의 전구체이다.

60 완전 단백질(Complete Protein)이란?

① 필수아미노산과 불필수아미노산을 모두 함유한 단백질
② 함유황아미노산을 다량 함유한 단백질
③ 성장을 돕지는 못하나 생명을 유지시키는 단백질
④ 정상적인 성장을 돕는 필수아미노산이 충분히 함유된 단백질

해설 완전 단백질은 동물의 성장과 생명유지에 반드시 필요한 아미노산을 모두 함유한 단백질을 말한다.

정답
56 ① 57 ① 58 ④ 59 ② 60 ④

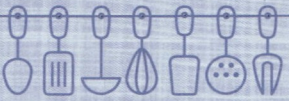

03회 모의고사(공통)

01 경구감염병과 비교하여 세균성 식중독이 가지는 일반적인 특성은?

① 소량의 균으로도 발병한다.
② 잠복기가 짧다.
③ 2차 발병률이 매우 높다.
④ 감염환(Infection Cycle)이 성립한다.

해설 식중독은 식품 중에 많은 양의 균에 의해 발병하며, 잠복기가 짧고 면역력은 없다.

02 다음 중 기생충과 중간숙주와의 연결이 틀린 것은?

① 간흡충 – 쇠우렁이, 참붕어
② 요꼬가와흡충 – 다슬기, 은어
③ 폐흡충 – 다슬기, 게
④ 광절열두조충 – 돼지고기, 쇠고기

해설 광절열두조충의 제1중간숙주는 물벼룩, 제2중간숙주는 연어, 송어이다.

03 석탄산수(페놀)에 대한 설명으로 틀린 것은?

① 염산을 첨가하면 소독 효과가 높아진다.
② 바이러스와 아포에 약하다.
③ 햇볕을 받으면 갈색으로 변하고 소독력이 없어진다.
④ 음료수의 소독에는 적합하지 않다.

해설 석탄산은 햇볕이나 유기물질 등에도 소독력이 약화되지 않는다.

04 일반적으로 사용되는 소독약의 희석농도로 가장 부적합한 것은?

① 알코올 : 75%의 에탄올
② 승홍수 : 0.01%의 수용액
③ 크레졸 : 3~5%의 비누액
④ 석탄산 : 3~5%의 수용액

해설 승홍은 0.1%의 수용액 형태로 사용한다.

05 식품첨가물의 사용목적이 아닌 것은?

① 식품의 기호성 증대
② 식품의 유해성 입증
③ 식품의 부패와 변질을 방지
④ 식품의 제조 및 품질 개량

해설 식품첨가물은 식품의 제조, 가공, 보존 등 여러 가지 필요에 의해 식품에 첨가하는 물질로 식품의 기호성 증대, 식품의 부패와 변질방지, 식품의 제조 및 품질개량 등으로 사용된다.

06 다음 중 당 알코올로 충치예방에 가장 적당한 것은?

① 맥아당   ② 글리코겐
③ 펙틴   ④ 소르비톨

해설 소르비톨은 당 알코올로 충치예방에 효과가 있다.

07 HACCP인증 집단급식업소(집단급식소, 식품접객업소, 도시락류 포함)에서 조리한 식품은 소독된 보존식 전용용기 또는 멸균비닐봉지에 매회 1인분 분량을 담아 몇 ℃ 이하에서 얼마 이상의 시간 동안 보관하여야 하는가?

① 4℃ 이하, 48시간 이상
② 0℃ 이하, 100시간 이상
③ -10℃ 이하, 200시간 이상
④ -18℃ 이하, 144시간 이상

해설 HACCP 인증 집단급식업소의 보존식은 -18℃ 이하에서 144시간 이상 보관한다.

08 다음 중 일반적으로 사망률이 가장 높은 식중독은?

① 살모넬라 식중독
② 장염비브리오 식중독
③ 클로스트리디움 보툴리늄 식중독
④ 포도상구균 식중독

해설 살모넬라 식중독(치사율 0.1%), 장염비브리오 식중독(치사율 40~60%), 클로스트리디움 보툴리늄 식중독(치사율 70%), 포도상구균 식중독(치사율 0%)

09 식중독에 관한 설명으로 틀린 것은?

① 자연독이나 유해물질이 함유된 음식물을 섭취함으로써 생긴다.
② 발열, 구역질, 구토, 설사, 복통 등의 증세가 나타난다.
③ 세균, 곰팡이, 화학물질 등이 원인물질이다.
④ 대표적인 식중독은 콜레라, 세균성이질, 장티푸스 등이 있다.

해설 콜레라, 세균성이질, 장티푸스는 소화기계 감염병이다.

10 다음 중 돼지고기에 의해 감염될 수 있는 기생충은?

① 선모충
② 간흡충
③ 편충
④ 아니사키스충

해설 돼지고기에 의해 감염될 수 있는 기생충은 유구조충(갈고리촌충), 선모충이 있다.

정답
01 ② 02 ④ 03 ③ 04 ② 05 ② 06 ④ 07 ④ 08 ③ 09 ④ 10 ①

11 Cholinesterase의 작용을 억제하여 마비 등 신경독성을 나타내는 농약류는?

① DDT
② BHC
③ Propoxar
④ Parathion

해설 콜린에스테라제의 작용을 억제하는 것은 유기인계 농약(다이아지논, 말라티온, 파라티온 등)이다.

12 곰팡이독소(Mycotoxin)에 대한 설명으로 틀린 것은?

① 곰팡이가 생산하는 2차 대사산물로 사람과 가축에 질병이나 이상 생리작용을 유발하는 물질이다.
② 온도 24~35℃, 수분 7% 이상의 환경조건에서는 발생하지 않는다.
③ 곡류, 견과류와 곰팡이가 번식하기 쉬운 식품에서 주로 발생한다.
④ 아플라톡신(Aflatoxin)은 간암을 유발하는 곰팡이 독소이다.

해설 곰팡이 독소 생육의 최적조건은 수분 16% 이상, 습도 85%, 온도는 25~29℃이다.

13 식품에서 흔히 볼 수 있는 푸른곰팡이는?

① 누룩곰팡이속(Aspergillus)
② 페니실리움속(Penicllium)
③ 거미줄곰팡이속(Rhizopus)
④ 푸사리움속(Fusarium)

해설 페니실리움속 곰팡이는 황변미 중독을 일으키는 푸른곰팡이다.

14 식품 등의 표시기준상 "유통기한"의 정의는?

① 해당 식품의 품질이 유지될 수 있는 기한을 말한다.
② 해당 식품의 섭취가 허용되는 기한을 말한다.
③ 제품의 출고일로부터 대리점으로의 유통이 허용되는 기한을 말한다.
④ 제품의 제조일로부터 소비자에게 판매가 허용되는 기한을 말한다.

해설 제품의 제조일로부터 소비자에게 판매가 허용되는 기한을 말한다.

15 영업허가를 받거나 신고를 하지 않아도 되는 경우는?

① 주로 주류를 조리·판매하는 영업으로서 손님이 노래를 부르는 행위가 허용되는 영업을 하려는 경우
② 총리령이 정하는 식품 또는 식품첨가물의 완제품을 나누어 유통을 목적으로 재포장·판매하려는 경우
③ 방사선을 쪼여 식품의 보존성을 물리적으로 높이려는 경우
④ 식품첨가물이나 다른 원료를 사용하지 아니하고 농산물을 단순히 껍질을 벗겨 가공하려는 경우

해설 영업허가를 받아야 하는 업종은 식품첨가물 제조업, 식품조사처리업, 단란주점영업, 유흥주점영업이 있다.

16 다음 중 동·식물체에 자외선을 쪼이면 활성화되는 비타민은?

① 비타민 A
② 비타민 D
③ 비타민 E
④ 비타민 K

해설 자외선은 체내에서 비타민 D를 합성한다.

17 공기 중에 일산화탄소가 많으면 중독을 일으키게 되는데, 중독 증상의 주된 원인은?

① 근육의 경직
② 조직세포의 산소 부족
③ 혈압의 상승
④ 간세포의 섬유화

해설 일산화탄소는 혈중 헤모글로빈과의 친화력이 산소에 비해 200~300배 강하므로 혈액과 세포 내에 산소가 결핍된다.

18 가정하수, 공장폐수, 유수를 모두 한꺼번에 배제하기 위해 설치한 관은?

① 오수관
② 우수관
③ 합류관
④ 복규관

해설 비나 눈, 생활하수, 공장폐수를 모두 한 번에 해결하는 관을 합류관이라고 한다.

19 수질오염 중 부영양화 현상에 대한 설명으로 틀린 것은?

① 혐기성 분해로 인한 냄새가 난다.
② 물의 색이 변한다.
③ 수면에 엷은 피막이 생긴다.
④ 용존산소가 증가한다.

해설 부영양화는 강, 바다, 호수와 같은 수중생태계의 영양물질이 증가되어 조류가 급격하게 증식하는 것을 말하며, 이때 용존산소의 양은 줄어들게 된다.

20 우리나라 농촌에서 공중보건학상 가장 우선적으로 시행되어야 할 사항은?

① 감염병관리
② 모자보건
③ 가족계획
④ 상수도관리

해설 농촌에서 가장 우선적으로 시행되어야 할 것은 상수도관리이다.

21 리케차에 의해서 발생되는 감염병은?

① 세균성이질
② 파라티푸스
③ 발진티푸스
④ 디프테리아

해설 세균성이질, 파라티푸스, 디프테리아는 세균에 의해 발생되는 감염병이다.

22 세균의 감염에 의하여 일어나는 경구감염병은?

① 인플루엔자
② 후천성 면역결핍증
③ 유행성 일본뇌염
④ 콜레라

해설 세균의 감염에 의하여 일어나는 경구감염병은 장티푸스, 파라티푸스, 콜레라, 세균성이질이 있다.

정답
11 ④ 12 ② 13 ② 14 ④ 15 ④ 16 ② 17 ② 18 ③ 19 ④ 20 ④ 21 ③ 22 ④

36 다음 식품의 변화에 관한 설명 중 옳은 것은?

① 일부 유지가 외부로부터 냄새를 흡수하지 않아도 이취현상을 갖는 것은 산패이다.
② 원인의 단백질이 물리·화학적 작용을 받아 고유의 구조가 변하는 것은 변향이다.
③ 당질은 180~200℃의 고온으로 가열하였을 때 갈색이 되는 것은 효소적 갈변이라 한다.
④ 메일라드 반응, 캐러멜화 반응 등은 비효소적 갈변이다.

해설 유지가 효소, 자외선, 금속, 수분, 온도, 미생물 등에 의해 변하는 현상을 산패라고 하며, 단백질이 화학적 작용으로 변하는 것은 변성이라고 한다. 당질이 갈색으로 변하는 반응은 캐러멜화 반응으로 비효소적 갈변이다.

37 영양소에 대한 설명 중 틀린 것은?

① 영양소는 식품의 성분으로 생명현상과 건강을 유지하는 데 필요한 요소이다.
② 건강은 신체적, 정신적, 사회적으로 건전한 상태를 말한다.
③ 물은 체조직 구성요소로서 보통 성인 체중의 2/3를 차지하고 있다.
④ 조절소는 열량을 내는 무기질과 비타민을 말한다.

해설 열량소는 탄수화물, 단백질, 지방이 있으며, 무기질과 비타민은 열량을 내지 않는다.

38 식단작성의 순서가 바르게 연결된 것은?

| A. 영양필요량 산출 | B. 식품량 산출 |
| C. 3식 영양배분 | D. 식단표 작성 |

① B - C - A - D
② D - A - B - C
③ A - B - C - D
④ C - D - A - B

해설 표준식단의 작성순서 : 영양기준량의 산출 → 식품섭취량의 산출 → 3식의 배분 결정 → 음식수 및 요리명 결정 → 식단작성주기 결정 → 식량배분계획 → 식단표 작성

39 총비용과 총수익(판매액)이 일치하여 이익도 손실도 발생되지 않는 기점은?

① 매상선점
② 가격결정점
③ 손익분기점
④ 한계이익점

해설 손익분기점은 총수익과 총비용이 일치하는 지점, 이익도 손실도 발생하지 않는 지점, 판매 총액이 모든 원가와 비용만 만족시킨 지점이다.

40 침수 조리에 대한 설명으로 틀린 것은?

① 곡류, 두류 등은 조리 전에 충분히 침수시켜 조미료의 침투를 용이하게 하고 조리시간을 단축시킨다.
② 불필요한 성분을 용출시킬 수 있다.
③ 간장, 술, 식초, 조미액, 기름 등에 담가 필요한 성분을 침투시켜 맛을 좋게 해준다.
④ 당장법, 염장법 등은 보존성을 높일 수 있고, 식품을 장시간 담가둘수록 영양성분이 많이 침투되어 좋다.

해설 침수 조리는 건조식품의 조리 시 식품을 불리게 되면 조직이 연화되어 조미료의 침투가 용이해지며, 맛을 증가시켜 준다. 불미성분의 제거에도 효과적이다.

41 다음 중 배식하기 전 음식이 식지 않도록 보관하는 온장고 내의 유지 온도로 가장 적합한 것은?

① 15~20℃
② 35~40℃
③ 65~70℃
④ 105~110℃

해설 온장고의 온도는 65~70℃가 적당하다.

42 미숫가루를 만들 때 건열로 가열하면 전분이 열분해 되어 덱스트린이 만들어진다. 이 열분해 과정을 무엇이라고 하는가?

① 호화
② 노화
③ 호정화
④ 전화

해설 전분의 호정화는 전분에 물을 가하지 않고 160℃ 이상으로 가열하여 덱스트린으로 분해되는 것을 말한다.

43 전분의 이화학적 처리 또는 효소 처리에 의해 생산되는 제품이 아닌 것은?

① 가용성 전분
② 고과당 옥수수시럽
③ 덱스트린
④ 사이클로덱스트린

해설 덱스트린은 유산균에 의해 생성된 식이섬유소이다.

44 김치 저장 중 김치조직의 연부현상이 나타났다. 그 이유에 대한 설명으로 가장 거리가 먼 것은?

① 조직을 구성하고 있는 펙틴질이 분해되기 때문에
② 미생물이 펙틴 분해효소를 생성하기 때문에
③ 용기에 꼭 눌러 담지 않아 내부에 공기가 존재하여 호기성 미생물이 성장·번식하기 때문에
④ 김치가 국물에 잠겨 수분을 흡수하기 때문에

해설 김치조직의 연부현상은 조직 내에 펙틴질이 분해되어 조직이 연해지는 현상이다.

45 난황에 들어 있으며, 마요네즈 제조 시 유화제 역할을 하는 성분은?

① 레시틴
② 오브알부민
③ 글로불린
④ 갈락토오스

해설 달걀노른자의 레시틴은 마요네즈를 만들 때 유화제로 사용된다.

정답
36 ④　37 ④　38 ③　39 ③　40 ①　41 ③　42 ③　43 ③　44 ④　45 ①

46 밀가루 반죽에 달걀을 넣었을 때 달걀의 작용으로 틀린 것은?

① 반죽에 공기를 주입하는 역할을 한다.
② 팽창제의 역할을 해서 용적을 증가시킨다.
③ 단백질 연화작용으로 제품을 연하게 한다.
④ 영양, 조직 등에 도움을 준다.

해설 제품의 연화는 지방의 역할이다.

47 분리된 마요네즈를 재생시키는 방법으로 가장 적합한 것은?

① 새로운 난황에 분리된 것을 조금씩 넣으며, 한 방향으로 저어준다.
② 기름을 더 넣어 한 방향으로 빠르게 저어준다.
③ 레몬즙을 넣은 후 기름과 식초를 넣어 저어준다.
④ 분리된 마요네즈를 양쪽 방향으로 빠르게 저어준다.

해설 분리된 마요네즈를 재생시킬 때는 노른자를 넣고 저어준다.
※ 마요네즈 제조 시 안정된 마요네즈를 형성하기 위해서는 약간 더운 기름을 사용한다.

48 생선의 육질이 육류보다 연한 주된 이유는?

① 콜라겐과 엘라스틴의 함량이 적으므로
② 미오신과 액틴의 함량이 많으므로
③ 포화지방산의 함량이 많으므로
④ 미오글로빈 함량이 적으므로

해설 어패류는 육류에 비해 결합조직(콜라겐, 엘라스틴)이 적어 육질이 연하다.

49 생선의 조리 시 식초를 적당량 넣었을 때 장점이 아닌 것은?

① 생선의 가시를 연하게 해준다.
② 어취를 제거한다.
③ 살을 연하게 하여 맛을 좋게 한다.
④ 살균 효과가 있다.

해설 식초를 사용하면 어취가 제거되고, 생선살을 단단하게 하는 효과가 있다.

50 가공치즈(Processed cheese)의 설명으로 틀린 것은?

① 자연치즈에 유화제를 가하여 가열한 것이다.
② 일반적으로 자연치즈보다 저장성이 크다.
③ 약 85℃에서 살균하여 Pasteurized Cheese라고도 한다.
④ 자연치즈를 원료로 사용하지 않는다.

해설 자연치즈(Natural Cheese)를 이용하여 식품위생법이 인정하는 식품첨가물을 첨가하여 분쇄, 혼합, 가열한 후 녹여서 유화한 것을 말한다.

51 다음 중 지방의 산패 촉진인자가 아닌 것은?

① 빛   ② 지방분해효소
③ 비타민 E   ④ 산소

해설 유지의 산패 촉진원인은 습기, 열, 산소, 광선, 금속, 효소이다.

52 냉동육에 대한 설명으로 틀린 것은?

① 냉동육은 일단 해동 후에는 다시 냉동하지 않는 것이 좋다.
② 냉동육의 해동 방법에는 여러 가지가 있으나 냉장고에서 해동하는 것이 좋다.
③ 냉동육은 해동 후 조리하는 것이 조리시간을 단축시킬 수 있다.
④ 냉동육은 신선한 고기보다 더 좋은 맛과 질감을 갖는다.

해설 냉동육보다 신선한 고기가 더 좋은 맛과 질감을 갖는다.

53 젓갈의 숙성에 대한 설명으로 틀린 것은?

① 농도가 묽으면 부패하기 쉽다.
② 새우젓의 용염량은 60% 정도가 적당하다.
③ 자기소화 효소작용에 의한 것이다.
④ 세균에 의한 작용도 많다.

해설 염장법 소금의 농도는 20~25%가 적당하다.

54 인덕션(Induction) 조리기기에 대한 내용으로 틀린 것은?

① 조리기기 상부의 표면은 매끈한 세라믹 물질로 만들어져 있다.
② 자기전류가 유도 코일에 의하여 발생되어 상부에 놓인 조리기구와 자기마찰에 의한 가열이 되는 것이다.
③ 상부에 놓이는 조리기구는 금속성 철을 함유한 것이어야 한다.
④ 가열속도가 빠른 반면 열의 세기를 조절할 수 없는 단점이 있다.

해설 인덕션 조리기기는 고효율의 조리기기로 열의 세기도 쉽게 조절 가능하다.

55 우유의 살균방법으로 130~150℃에서 0.5~5초간 가열하는 것은?

① 저온살균법
② 고압증기멸균법
③ 고온단시간살균법
④ 초고온순간살균법

해설
- 저온살균법 : 60~65℃에서 30분간 가열 후 급랭(예 우유, 술, 주스, 소스)
- 초고온순간살균법 : 130~140℃에서 2~4초간 가열 후 급랭(예 우유, 과즙)
- 고온단시간살균법 : 70~75℃에서 15~20초 내에 가열 후 급랭(예 우유, 과즙)

56 예비조리식 급식제도의 일반적인 장점은?

① 다량 구입으로 비용을 절감할 수 있다.
② 음식을 데우는 기기가 있으면 덜 숙련된 조리사를 이용할 수 있다.
③ 가스, 전기, 물 사용에 대한 관리비가 다른 제도에 비해서 적게 든다.
④ 음식의 저장이 필요 없으므로 분배비용을 최소화할 수 있다.

해설 예비조리식 급식제도의 경우 음식을 데우는 기기가 있으면 덜 숙련된 조리사를 이용하여도 무관하다.

정답
46 ③ 47 ① 48 ① 49 ③ 50 ④ 51 ③ 52 ④ 53 ② 54 ④ 55 ④ 56 ②

57 설탕용액에 미량의 소금을 가하였을 때 단맛이 증가하는 현상은?

① 맛의 상쇄 ② 맛의 변조
③ 맛의 대비 ④ 맛의 발현

해설 원래의 맛에 다른 맛을 첨가하여 원래의 맛이 상승하는 현상을 맛의 대비라고 한다.

58 다음 중 사용이 허가된 발색제는?

① 폴리아크릴산나트륨
② 알긴산 프로필렌 글리콜
③ 카르복시메틸스타치나트륨
④ 아질산나트륨

해설 아질산나트륨은 육류의 발색제로 사용된다.

59 식품위생법령상 영업의 허가 또는 신고와 관련하여 아래의 경우와 같은 분류에 속하는 것은?(단, 각 내용은 해당 법령에 의함)

- 양곡가공업 중 도정업을 하는 경우
- 수산물가공업등록을 받아 당해 영업을 하는 경우
- 주류제조의 면허를 받아 주류를 제조하는 경우

① 수산물의 냉동·냉장을 제외하고 식품을 얼리거나 차게 하여 보존하는 경우
② 휴게음식점영업과 제과점영업
③ 식품첨가물이나 다른 원료를 사용하지 아니하고 농·임·수산물을 단순히 자르거나 껍질을 벗겨 가공하되, 위생상 위해 발생의 우려가 없고 식품의 상태를 관능으로 확인할 수 있도록 가공하는 경우
④ 방사선을 쬐어 식품의 보존성을 높이는 경우

해설 영업신고 대상 업종
식품제조·가공업, 즉석판매·제조·가공업, 용기·포장류 제조업, 식품운반업, 식품소분·판매업, 휴게음식점영업, 일반음식점영업, 위탁급식영업, 제과점영업

60 열원의 사용방법에 따라 직접구이와 간접구이로 분류할 때 직접구이에 속하는 것은?

① 오븐을 사용하는 방법
② 프라이팬에 기름을 두르고 굽는 방법
③ 숯불 위에서 굽는 방법
④ 철판을 이용하여 굽는 방법

해설 직접구이는 직접 불 위에서 굽는 방법이다.

정답
57 ③ 58 ④ 59 ③ 60 ③

11 단백질의 특성에 대한 설명으로 틀린 것은?

① C, H, O, N, S, P 등의 원소로 이루어져 있다.
② 단백질은 뷰렛에 의한 정색반응을 나타내지 않는다.
③ 조단백질은 일반적으로 질소의 양에 6.25를 곱한 값이다.
④ 아미노산은 분자 중 아미노기와 카르복실기를 갖는다.

해설 단백질의 정색반응은 단백질의 알칼리성 수용액에 황산구리용액을 떨어뜨리면 자색을 나타내는 반응을 말한다.

12 다음 중 박력분에 대한 설명으로 맞는 것은?

① 경질의 밀로 만든다.
② 다목적으로 사용된다.
③ 탄력성과 점성이 약하다.
④ 마카로니, 식빵 제조에 알맞다.

해설 박력분은 연질의 밀로 만들어지며, 탄력성과 점성이 약하여 튀김, 비스킷, 케이크 등을 만들 때 쓰인다.

13 식품의 신맛에 대한 설명으로 옳은 것은?

① 신맛은 식욕을 증진시켜 주는 작용을 한다.
② 식품의 신맛 정도는 수소이온농도와 반비례한다.
③ 동일한 pH에서 무기산이 유기산보다 신맛이 더 강하다.
④ 포도, 사과의 상쾌한 신맛 성분은 호박산(Succinic Acid)과 이노신산(Inosinic Acid)이다.

해설 신맛은 수소이온의 농도와 비례하고 동일 pH에서 유기산이 더 시며, 포도의 신맛은 주석산, 사과의 신맛은 사과산이다.

14 다음 유지 중 건성유는?

① 참기름
② 면실유
③ 아마인유
④ 올리브유

해설 참기름, 면실유는 반건성유이고, 올리브유는 불건성유이다.

15 생선 육질이 쇠고기 육질보다 연한 것은 주로 어떤 성분의 차이에 의한 것인가?

① 미오신(Myosin)
② 헤모글로빈(Hemoglobin)
③ 포도당(Glucose)
④ 콜라겐(Collagen)

해설 콜라겐이 열에 의해 젤라틴화되어 수용성이 되므로 근육섬유가 뭉그러져 고기가 연해진다.

16 마이야르(Maillard) 반응에 대한 설명으로 틀린 것은?

① 식품은 갈색화가 되고 독특한 풍미가 형성된다.
② 효소에 의해 일어난다.
③ 당류와 아미노산이 함께 공존할 때 일어난다.
④ 멜라노이딘 색소가 형성된다.

해설 마이야르 반응은 비효소적 갈변현상이다.

17 다음 중 비타민 D_2의 전구물질로 프로비타민 D로 불리는 것은?

① 프로게스테론(Progesterone)
② 에르고스테롤(Ergosterol)
③ 시토스테롤(Sitosterol)
④ 스티크마스테롤(Stimasterol)

해설 에르고스테롤은 자외선에 노출시키면 비타민 D_2가 된다.

18 전자레인지를 이용한 조리에 대한 설명으로 틀린 것은?

① 음식의 크기와 개수에 따라 조리시간이 결정된다.
② 조리시간이 짧아 갈변현상이 거의 일어나지 않는다.
③ 법랑제, 금속제 용기 등을 사용할 수 있다.
④ 열전달이 신속하므로 조리시간이 단축된다.

해설 전자레인지에는 법랑이나 금속제 용기를 사용할 수 없다.

19 식초의 기능에 대한 설명으로 틀린 것은?

① 생선에 사용하면 생선살이 단단해진다.
② 붉은 비트(Beets)에 사용하면 선명한 적색이 된다.
③ 양파에 사용하면 황색이 된다.
④ 마요네즈 만들 때 사용하면 유화액을 안정시켜 준다.

해설 양파의 플라보노이드 색소와 산이 만나게 되면 백색을 유지하고, 알칼리성에서 황색으로 된다.

20 다음 당류 중 단맛이 가장 강한 것은?

① 맥아당
② 포도당
③ 과당
④ 유당

해설 당류의 감미도 순서
과당 > 전화당 > 설탕 > 포도당 > 맥아당 > 갈락토오스 > 유당

21 한국인 영양섭취기준(KDRIs)의 구성요소가 아닌 것은?

① 평균필요량
② 권장섭취량
③ 하한섭취량
④ 충분섭취량

해설 한국인 영양섭취기준의 구성요소
평균필요량, 권장섭취량, 충분섭취량, 상한섭취량

22 약과를 반죽할 때 필요 이상으로 기름과 설탕을 많이 넣으면 어떤 현상이 일어나는가?

① 매끈하고 모양이 좋아진다.
② 튀길 때 둥글게 부푼다.
③ 튀길 때 모양이 풀어진다.
④ 켜가 좋게 생긴다.

해설 기름과 설탕을 필요 이상으로 넣고 약과를 반죽하면 기름에 튀길 때 약과가 풀어져 모양이 생기지 않는다.

정답
11 ② 12 ③ 13 ① 14 ③ 15 ④ 16 ② 17 ② 18 ③ 19 ③ 20 ③ 21 ③ 22 ③

23 병원성 미생물의 발육과 그 작용을 저지 또는 정지시켜 부패나 발효를 방지하는 조작은?

① 산화 ② 멸균
③ 방부 ④ 응고

> 해설 미생물의 증식을 억제시켜 부패의 진행을 억제시키는 것을 방부라고 한다.

24 인수공통감염병으로 그 병원체가 바이러스(Virus)인 것은?

① 발진열 ② 탄저
③ 광견병 ④ 결핵

> 해설 인수공통감염병은 사람과 동물이 같이 감염되는 감염병을 말하며, 광견병은 바이러스가 병원체이다.

25 다음 중 병원체가 세균인 질병은?

① 폴리오 ② 백일해
③ 발진티푸스 ④ 홍역

> 해설 병원체가 세균인 질병
> 콜레라, 성홍열, 디프테리아, 백일해, 페스트, 이질, 파라티푸스, 유행성 뇌척수막염, 장티푸스, 파상풍, 결핵, 폐렴, 한센병, 수막구균성 수막염 등

26 식품의 신선도 또는 부패의 이화학적 판정에 이용되는 항목이 아닌 것은?

① 히스타민 함량
② 당 함량
③ 휘발성 염기질소 함량
④ 트리메틸아민 함량

> 해설 휘발성 염기질소의 함량(육류), 트리메틸아민 함량과 히스타민 함량(생선류)

27 노로바이러스에 대한 설명으로 틀린 것은?

① 발병 후 자연치유되지 않는다.
② 크기가 매우 작고 구형이다.
③ 급성 위장관염을 일으키는 식중독 원인체이다.
④ 감염되면 설사, 복통, 구토 등의 증상이 나타난다.

> 해설 노로바이러스
> 사람에게 장염을 일으키는 바이러스이며, 대부분의 사람은 1~2일이면 증세가 호전된다.

28 칼슘과 단백질의 흡수를 돕고 정장 효과가 있는 당은?

① 설탕 ② 과당
③ 유당 ④ 맥아당

> 해설 유당은 동물의 유즙에 함유되어 있으며, 칼슘의 흡수를 돕고 유산균의 정장작용에 관여한다.

29 플라보노이드계 색소로 채소와 과일 등에 널리 분포해 있으며 산화방지제로도 사용되는 것은?

① 루테인(Lutein)
② 케르세틴(Quercetin)
③ 아스타산틴(Astaxanthin)
④ 크립토산틴(Cryptoxanthin)

> 해설 플라보노이드계 색소로 채소와 과일 등에 들어 있는 케르세틴은 식품의 변질 방지를 위한 식품첨가물로 산화방지제로 사용한다.

30 다음 중 견과류에 속하는 식품은?

① 호두 ② 살구
③ 딸기 ④ 자두

> 해설 견과류는 단단한 과피로 싸여 있는 나무열매를 말하는 것으로 호두, 밤, 땅콩, 아몬드 등이 이에 해당된다.

31 밀가루 반죽에 첨가하는 재료 중 반죽의 점탄성을 약화시키는 것은?

① 우유 ② 설탕
③ 달걀 ④ 소금

> 해설 설탕은 밀가루 반죽의 점탄성을 약화시킨다.

32 식소다(중조)를 넣고 채소를 데치면 어떤 영양소의 손실이 가장 크게 발생하는가?

① 비타민 A, E, K
② 비타민 B_1, B_2, C
③ 비타민 A, C, E
④ 비타민 B_6, B_{12}, D

> 해설 중조를 넣고 채소를 데치면 비타민 B_1, 비타민 B_2의 손실이 일어나며, 비타민 C도 파괴된다.

33 장티푸스, 디프테리아 등이 수십 년을 한 주기로 대유행되는 현상은?

① 추세 변화
② 계절적 변화
③ 순환 변화
④ 불규칙 변화

> 해설 수십 년을 주기로 대유행하는 현상을 추세 변화(장기 변화)라고 한다.

34 일산화탄소(CO)에 대한 설명으로 틀린 것은?

① 헤모글로빈과의 친화성이 매우 강하다.
② 일반 공기 중 0.1% 정도 함유되어 있다.
③ 탄소를 함유한 유기물이 불완전연소 할 때 발생한다.
④ 제철, 도시가스 제조 과정에서 발생한다.

> 해설 일산화탄소는 물체의 불완전연소 시 발생한다.

정답
23 ③ 24 ③ 25 ② 26 ② 27 ① 28 ③ 29 ② 30 ① 31 ② 32 ② 33 ① 34 ②

35 다음 중 이타이이타이병의 유발물질은?

① 수은(Hg)
② 납(Pb)
③ 칼슘(Ca)
④ 카드뮴(Cd)

해설 수은(미나마타병), 납(빈혈, 신장장애), 크롬(자극성 피부염, 폐암)

36 중금속과 중독증상의 연결이 잘못된 것은?

① 카드뮴 – 신장기능 장애
② 크롬 – 비중격천공
③ 수은 – 홍독성 흥분
④ 납 – 섬유화 현상

해설 납 중독은 복통, 구토, 설사 및 중추신경장애를 일으킨다.

37 WHO에 의한 건강의 정의를 가장 잘 나타낸 것은?

① 질병이 없으며, 허약하지 않은 상태
② 육체적·정신적 및 사회적 안녕의 완전 상태
③ 식욕이 좋으며, 심신이 안락한 상태
④ 육체적 고통이 없고, 정신적으로 편안한 상태

해설 건강이란 육체적·정신적·사회적으로 완전히 안녕한 상태를 말한다.

38 다음 중 먹는 물 소독에 가장 적합한 것은?

① 염소제
② 알코올
③ 과산화수소
④ 생석회

해설 우리나라의 먹는 물 소독에는 염소가 사용된다.

39 식품위생법규상 수입식품의 검사결과 부적합한 식품에 대해서 수입 신고인이 취해야 하는 조치가 아닌 것은?

① 수출국으로의 반송
② 식품 외 다른 용도로의 전환
③ 관할 보건소에서 재검사 실시
④ 다른 나라로의 반출

해설 수입식품 검사결과 부적합 판정을 받은 식품에 대하여는 관세청과 협의 후 폐기·반송·식용 외 용도 전환 등 필요한 조치를 취하도록 한다.

40 다음 중 부패의 의미를 가장 잘 설명한 것은?

① 비타민 식품이 광선에 의해 분해되는 상태
② 단백질 식품이 미생물에 의해 분해되는 상태
③ 유지 식품이 산소에 의해 산화되는 상태
④ 탄수화물 식품이 발효에 의해 분해되는 상태

해설 부패
단백질을 주성분으로 하는 식품에 혐기성 세균이 번식하여 유해성 물질이 생성되는 현상이다.

41 과거에는 단무지, 면류 및 카레분 등에 사용하였으나 독성이 강하여 현재 사용이 금지된 색소는?

① 아우라민(염기성 황색 색소)
② 아마란스(식용 적색 제2호)
③ 타트라진(식용 황색 제4호)
④ 에리스로진(식용 적색 제3호)

해설 아우라민은 독성이 강하며, 두통을 유발시켜 사용이 금지 된 색소로 예전에는 단무지, 면류, 카레분에 사용되었다.

42 다음 중 살모넬라에 오염되기 쉬운 대표적인 식품은?

① 과실류
② 해초류
③ 난류
④ 통조림

해설 살모넬라 식중독의 원인식품은 닭고기나 달걀 등이 있다.

43 다음 중 항히스타민제 복용으로 치료되는 식중독은?

① 살모넬라 식중독
② 알레르기성 식중독
③ 병원성 대장균 식중독
④ 장염비브리오 식중독

해설 알레르기성 식중독은 미생물에 의해 생성된 히스타민이라는 물질이 축적되어 일어나는 식중독이다. 항히스타민제를 투여하면 치료가 된다.

44 토마토의 붉은색을 나타내는 색소는?

① 카로티노이드
② 클로로필
③ 안토시아닌
④ 탄닌

해설 당근, 늙은호박, 토마토의 색은 카로티노이드 색소이다.

45 다음 중 결합수의 특징이 아닌 것은?

① 용질에 대해 용매로 작용하지 않는다.
② 자유수보다 밀도가 크다.
③ 식품에서 미생물의 번식과 발아에 이용되지 못한다.
④ 대기 중에서 100℃로 가열하면 쉽게 수증기가 된다.

해설 100℃로 가열하면 쉽게 수증기가 되는 것은 자유수의 특징이다.

46 다음의 식단에서 부족한 영양소는?

보리밥, 시금치된장국, 달걀부침, 콩나물무침, 배추김치

① 탄수화물
② 단백질
③ 지방
④ 칼슘

해설
- 보리밥 : 탄수화물
- 시금치된장국 : 비타민 A
- 달걀부침 : 단백질, 지방
- 콩나물무침 : 비타민 C
- 배추김치 : 비타민 C

정답
35 ④ 36 ④ 37 ② 38 ① 39 ③ 40 ② 41 ① 42 ③ 43 ② 44 ① 45 ④ 46 ④

58 육류의 부패 과정에서 pH가 약간 저하되었다가 다시 상승하는 것과 연관이 있는 것은?

① 암모니아
② 비타민
③ 지방
④ 글리코겐

해설 육류 부패 과정에서 pH가 약간 저하될 때 염기성 물질은 증가하는데, 염기성 물질 중 하나가 암모니아이다.

59 두부를 새우젓국에 끓였을 때 좋은 현상은?

① 물에 끓이는 것보다 단단해진다.
② 물에 끓이는 것보다 부드러워진다.
③ 물에 끓이는 것보다 구멍이 많이 생긴다.
④ 물에 끓이는 것보다 색깔이 진하게 된다.

해설
- 새우젓 내장에는 강력한 소화효소가 들어 있다.
- 단백질 분해효소인 프로테아제와 지방 분해효소인 리파아제는 두부의 단백질을 부드럽게 하여 끓일수록 색깔이 하얗게 된다.

60 고기를 연하게 하기 위해 사용하는 과일에 들어있는 단백질 분해효소로 틀린 것은?

① 피신
② 브로멜린
③ 파파인
④ 아밀라이제

해설 과일에 들어있는 단백질 분해효소에는 배즙, 생강의 프로테아제, 파인애플의 브로멜린, 무화과의 피신, 파파야의 파파인 등이 있다.

정답
58 ① 59 ② 60 ④

05회 모의고사 (양식)

01 세계보건기구(WHO)의 주요 기능이 아닌 것은?

① 국제적인 보건사업의 지휘 및 조정
② 회원국에 대한 기술지원 및 자료공급
③ 세계식량계획 설립
④ 유행성 질병 및 감염병 대책 후원

해설 세계식량계획은 유엔 세계식량계획(WFP)에서 수립한다.

02 생균을 이용하여 인공능동면역이 되며, 면역획득에 있어서 영구면역성인 질병은?

① 세균성 이질
② 폐렴
③ 홍역
④ 임질

해설 영구면역이 되는 질병으로는 두창, 홍역, 수두, 유행성 이하선염, 백일해, 성홍열, 페스트, 황열, 콜레라 등이 있다.

03 병원성 미생물의 발육과 그 작용을 저지 또는 정지시켜 부패나 발효를 방지하는 조작은?

① 산화
② 멸균
③ 방부
④ 응고

해설 미생물의 증식 및 부패의 진행을 억제시키는 것을 방부라고 한다.

04 어패류 매개 기생충 질환의 가장 확실한 예방법은?

① 환경위생 관리
② 생식금지
③ 보건교육
④ 개인위생 철저

해설 어패류에 의해 매개되는 기생충은 생식을 금하는 것이 가장 좋은 예방법이다.

05 역성비누에 대한 설명으로 틀린 것은?

① 양이온 계면활성제이다.
② 살균제, 소독제 등으로 사용된다.
③ 자극성 및 독성이 없다.
④ 무미·무해하나 침투력이 약하다.

해설 역성비누는 무미·무해하고, 침투력이나 살균력이 강하다.

06 수분 70g, 당질 40g, 섬유질 7g, 단백질 5g, 무기질 4g, 지방 2g이 들어 있는 식품의 열량은?

① 141kcal
② 144kcal
③ 165kcal
④ 198kcal

해설 탄수화물, 단백질은 1g당 4kcal, 지질은 1g당 9kcal이다.
∴ (40×4)+(2×9)+(5×4)=198kcal

07 다음과 같은 자료에서 계산한 제조원가는?

- 직접재료비 : 32,000원
- 직접노무비 : 68,000원
- 직접경비 : 10,500원
- 제조간접비 : 20,000원
- 판매경비 : 10,000원
- 일반관리비 : 5,000원

① 130,500원
② 140,500원
③ 145,500원
④ 155,500원

해설 제조원가=직접원가(직접재료비+직접노무비+직접경비)+간접원가(제조간접비)
=32,000+68,000+10,500+20,000=130,500원

08 단백질 함량이 14% 정도인 밀가루로 만드는 것이 가장 좋은 식품은?

① 버터케이크
② 튀김
③ 마카로니
④ 과자류

해설
- 강력분 : 글루텐 13% 이상으로 식빵, 마카로니, 스파게티면 등에 이용
- 중력분 : 글루텐 10~13%로 만두피, 국수 등에 이용
- 박력분 : 글루텐 10% 이하로 케이크, 과자류, 튀김 등에 이용

09 밀폐된 포장식품에서 식중독이 발생했다면 주로 어떤 균에 의해서 발생하는가?

① 살모넬라균
② 대장균
③ 아리조나균
④ 클로스트리디움 보툴리늄균

해설 클로스트리디움 보툴리늄균은 햄, 소시지, 통조림 등 포장식품이 원인식품이다.

정답
01 ③ 02 ③ 03 ③ 04 ② 05 ④ 06 ④ 07 ① 08 ③ 09 ④

10 쌀뜨물 같은 설사를 유발하는 경구감염병의 원인균은?

① 살모넬라균 ② 포도상구균
③ 장염비브리오균 ④ 콜레라균

> **해설** 콜레라는 세균에 의한 감염병이며, 쌀뜨물 같은 설사를 유발한다.

11 다음 중 식품첨가물과 주요 용도의 연결이 바르게 된 것은?

① 안식향산 – 착색제
② 토코페롤 – 표백제
③ 질산나트륨 – 산화방지제
④ 피로인산칼륨 – 품질개량제

> **해설** 안식향산(보존료), 토코페롤(산화방지제), 질산나트륨(발색제)

12 식품위생법규상 우수업소의 지정기준으로 틀린 것은?

① 건물은 작업에 필요한 공간을 확보하여야 하며, 환기가 잘 되어야 한다.
② 원료처리실, 제조가공실, 포장실 등 작업장은 분리·구획되어야 한다.
③ 작업장, 냉장시설, 냉동시설 등에는 온도를 측정할 수 있는 계기가 눈에 잘 보이지 않는 곳에 설치되어야 한다.
④ 작업장의 바닥, 내벽 및 천장은 내수처리를 하여야 하며, 항상 청결하게 관리되어야 한다.

> **해설** 작업장, 냉장시설, 냉동시설 등에는 알아보기 쉬운 곳에 온도를 측정할 수 있는 계측기를 설치하여야 한다.

13 식품 등의 표시기준상 열량 표시에서 몇 kcal 미만을 "0"으로 표시할 수 있는가?

① 2kcal ② 5kcal
③ 7kcal ④ 10kcal

> **해설** 열량 5kcal 미만을 '0'으로 표시할 수 있다.

14 일반적인 잼의 설탕 함량은?

① 15~25% ② 35~45%
③ 60~70% ④ 90~100%

> **해설** 잼 만들 때 당분의 농도는 60~65%이다.

15 18 : 2 지방산에 대한 설명으로 옳은 것은?

① 토코페롤과 같은 항산화성이 있다.
② 이중결합이 2개 있는 불포화지방산이다.
③ 탄소수가 20개이며, 리놀렌산이다.
④ 체내에서 생성되므로 음식으로 섭취하지 않아도 된다.

> **해설** 18 : 2 지방산은 불포화지방산 중 리놀레산이며, 이중결합이다.

16 인산을 함유하는 복합지방질로서 유화제로 사용되는 것은?

① 레시틴 ② 글리세롤
③ 스테롤 ④ 글리콜

> **해설** 난황 속의 레시틴은 유화제이다.

17 식품의 관능적 요소를 겉모양, 향미, 텍스처로 구분할 때 겉모양(시각)에 해당하지 않는 것은?

① 색채 ② 점성
③ 외피 결합 ④ 점조성

> **해설** 점성은 겉모양에 해당하지 않는다.

18 못처럼 생겨서 정향이라고도 하며 양고기, 피클, 청어절임, 마리네이드 절임 등에 이용되는 향신료는?

① 클로브 ② 코리앤더
③ 캐러웨이 ④ 아니스

> **해설** 클로브
> 정향이라고 불리며, 각종 육류요리와 피클 등에 들어가는 향신료이다.

19 다음 유화상태 식품 중 유중수적형 식품은?

① 우유 ② 생크림
③ 마가린 ④ 마요네즈

> **해설** 유중수적형 식품으로는 마가린과 버터가 있다.

20 푸른 채소를 데칠 때 색을 선명하게 유지시키며, 비타민 C의 산화도 억제해주는 것은?

① 소금 ② 설탕
③ 기름 ④ 식초

> **해설** 클로로필은 산성에서 불안정하고, 알칼리성에서 안정하기 때문에 소금을 넣어 데치면 색이 선명해진다.

21 다음 중 비교적 가식부율이 높은 식품으로만 나열된 것은?

① 고구마, 동태, 파인애플 ② 닭고기, 감자, 수박
③ 대두, 두부, 숙주나물 ④ 고추, 대구, 게

> **해설** 가식부율
> 먹을 수 있는 부분의 중량이다. 버리는 부분은 폐기량이라고 한다.

22 우리나라의 4대 보험에 해당하지 않는 것은?

① 생명보험 ② 고용보험
③ 산재보험 ④ 국민연금

> **해설** 우리나라의 4대 보험
> 국민연금, 건강보험, 고용보험, 산재보험

정답
10 ④ 11 ④ 12 ③ 13 ② 14 ③ 15 ② 16 ① 17 ② 18 ① 19 ③ 20 ① 21 ③ 22 ①

32 다음 중 효소가 아닌 것은?
① 말타아제(Maltase) ② 펩신(Pepsin)
③ 레닌(Rennin) ④ 유당(Lactose)

해설 유당은 갈락토오스와 포도당이 결합되어 만들어진 이당류이다.

33 양파를 가열 조리 시 단맛이 나는 이유는?
① 황화아릴류가 증가하기 때문
② 가열하면 양파의 매운맛이 제거되기 때문
③ 알리신이 티아민과 결합하여 알리티아민으로 변하기 때문
④ 황화합물이 프로필 메르캅탄(Propyl mer-captan)으로 변하기 때문

해설 양파를 가열 조리하면 황화합물이 프로필 메르캅탄으로 변하여 단맛이 나게 된다.

34 음식을 제공할 때 온도를 고려해야 한다. 다음 중 맛있게 느끼는 식품의 온도가 가장 높은 것은?
① 전골 ② 국
③ 커피 ④ 밥

해설 전골은 끓여가며 먹는 음식이다.

35 어패류에 소금을 넣고 발효 숙성시켜 원료 자체 내 효소의 작용으로 풍미를 내는 식품은?
① 어육소시지 ② 어묵
③ 통조림 ④ 젓갈

해설 어패류에 소금을 넣고 발효 숙성시킨 식품은 젓갈이다.

36 육류, 채소 등 식품을 다지는 기구를 무엇이라고 하는가?
① 초퍼(Chopper) ② 슬라이서(Slicer)
③ 채소절단기(Cutter) ④ 필러(Peeler)

해설
- 필러 : 식품 껍질을 벗길 때
- 채소절단기 : 채소를 자를 때
- 슬라이서 : 일정한 두께로 저밀 때

37 근육의 주성분이며, 면역과 관계가 깊은 영양소는?
① 비타민 ② 지질
③ 단백질 ④ 무기질

38 일반적으로 폐기율이 가장 높은 식품은?
① 소살코기 ② 달걀
③ 생선 ④ 곡류

해설 먹지 못하고 버리는 부분의 중량을 폐기율이라고 하며, 생선의 폐기율이 가장 높다.

39 병원체가 인체에 침입한 후 자각적·타각적 임상증상이 발병할 때까지의 기간은?
① 세대기 ② 이환기
③ 잠복기 ④ 감염기

해설 잠복기
병원체가 사람 또는 동물의 체내에 침입하여 발병할 때까지의 기간

40 자외선이 인체에 미치는 영향에 대한 설명으로 틀린 것은?
① 살균작용과 피부암을 유발한다.
② 체내에서 비타민 D를 생성시킨다.
③ 피부결핵이나 관절염에 유해하다.
④ 신진대사 촉진과 적혈구 생성을 촉진시킨다.

해설 자외선은 관절염 치료에 효과적이다.

41 다음 중 중간숙주의 단계가 하나인 기생충은?
① 간디스토마 ② 폐디스토마
③ 무구조충 ④ 광절열두조충

해설 무구조충의 중간숙주가 하나이다.

42 아질산염과 아민류가 산성조건 하에서 반응하여 생성하는 물질로 강한 발암성을 갖는 물질은?
① N-Nitrosamine
② Benzopyrene
③ Formaldehyde
④ Poly Chlorinated Biphenyl

해설 육류 발색제인 아질산염은 산성 조건일 때 식품 성분과 결합하여 발암물질인 N-Nitrosamine(니트로사민)을 생성한다.

43 다음 중 사용이 허가된 산미료는?
① 구연산 ② 계피산
③ 말톨 ④ 초산에틸

해설 산미료
식품에 신맛을 부여하기 위하여 사용되는 첨가물로, 허가된 산미료는 구연산·주석산·젖산·초산 등이 있다.
※ 착향료 : 계피산, 말톨, 초산에틸

44 달걀의 가공 특성이 아닌 것은?
① 열응고성 ② 기포성
③ 쇼트닝성 ④ 유화성

해설
- 열응고성 : 응고하기 쉬운 성질(흰자 60℃, 난황 70℃ 응고)
- 기포성 : 난백은 풀어지기 쉬운 성질, 빵 제조 시 팽창제로 이용
- 유화성 : 난황은 마요네즈 제조 시 유화성분으로 이용

정답
32 ④ 33 ④ 34 ① 35 ④ 36 ① 37 ③ 38 ③ 39 ③ 40 ③ 41 ③ 42 ① 43 ① 44 ③

45 강력분을 사용하지 않는 것은?
① 케이크
② 식빵
③ 마카로니
④ 피자

해설 강력분
빵이나 파스타를 만들 때 쓰이는 밀가루이며, 글루텐의 함량이 12~16%이다.
※ 케이크를 만들 때에는 글루텐의 함량이 낮고 탄력성과 점성이 약한 박력분을 사용하는 것이 알맞다. 박력분은 케이크 외에도 쿠키, 튀김과 같은 음식을 만들 때 사용하는 것이 좋다.

46 채소 샐러드용 기름으로 적합하지 않은 것은?
① 올리브유
② 경화유
③ 콩기름
④ 유채유

해설 경화유
식물성 기름을 동물성화한 것으로 융점이 낮아 샐러드용 기름으로 적합하지 않다.

47 달걀을 삶았을 때 난황 주위에 일어나는 암 녹색의 변색에 대한 설명으로 옳은 것은?
① 100℃의 물에서 5분 이상 가열 시 나타난다.
② 신선한 달걀일수록 색이 진해진다.
③ 난황의 철과 난백의 황화수소가 결합하여 생성된다.
④ 낮은 온도에서 가열할 때 색이 더욱 진해진다.

해설 녹변현상
난백의 황화수소가 난황의 철과 결합하여 황화 제1철을 만들 때 일어나며, 발생 조건은 다음과 같다.
• 15분 이상 가열하였을 때
• 오래된 달걀일 때
• 온도가 높을 때
• 삶은 후 찬물에 담가 식히지 않았을 때

48 우리 음식인 갈비찜을 하는 조리법과 비슷하며, 오랫동안 은근한 불에 끓이는 서양식 조리법은?
① 브로일링
② 로스팅
③ 팬브로잉
④ 스튜잉

해설 스튜잉
약간 질긴 고기를 약한 불에서 은근하게 오랫동안 끓이는 방법이다.

49 빵을 비롯한 밀가루 제품에서 밀가루를 부풀게 하여 적당한 형태를 갖추게 하기 위하여 사용되는 첨가물은?
① 팽창제
② 유화제
③ 피막제
④ 산화방지제

해설 팽창제에는 이스트, 베이킹파우더, 중조 등이 있다.
• 유화제 : 액체를 잘 혼합시키기 위하여 사용하는 첨가물이다.
• 피막제 : 과일의 선도를 장시간 유지하게 하기 위하여 표면 피막을 만들어 호흡작용을 적당히 제한하고, 수분의 증발을 방지하기 위하여 사용되는 첨가물이다.
• 산화방지제 : 식품의 산화에 의한 변질현상을 방지하기 위해 사용한다.

50 난백에 기포가 생기는 것에 영향을 주는 것은?
① 난백에 거품을 낼 때 식초를 조금 넣으면 거품이 잘 생긴다.
② 난백에 거품을 낼 때 녹인 버터를 1큰술 넣으면 거품이 잘 생긴다.
③ 머랭을 만들 때 설탕은 맨 처음에 넣는다.
④ 난백은 0도에서 가장 안정적이고 기포가 잘 생긴다.

해설 난백에 산을 첨가하면 기포가 잘 생성된다.

51 열이 조리에 미치는 영향으로 틀린 것은?
① 녹말의 젤라틴화
② 단백질 응고
③ 물의 증발
④ 삼투압

해설 삼투압은 소금 등을 통해 일어나며, 열과는 상관이 없다.

52 버터 대용품으로 생산되고 있는 식물성 유지는?
① 쇼트닝
② 마가린
③ 마요네즈
④ 땅콩버터

해설
• 버터는 동물성 지방으로, 마가린은 옥수수 등에서 얻는 식물성 지방으로 생산된다.
• 마가린은 버터에 비해 비타민 A의 함량이 높고 불포화 지방산을 많이 함유하고 있지만, 트랜스 지방도 많이 들어 있다.

53 유화(Emulision)와 관련이 적은 식품은?
① 버터
② 마요네즈
③ 두부
④ 우유

해설 유화식품은 아이스크림, 마요네즈, 버터, 치즈, 우유, 크림 등이 있다.

54 달걀의 조리 중 상호관계가 틀린 것은?
① 응고성 – 달걀찜
② 유화성 – 마요네즈
③ 기포성 – 스펀지케이크
④ 가소성 – 수란

해설 수란은 달걀의 응고성을 이용한 것이다.

55 기본썰기에서 0.3×0.3×2.5~5cm의 막대 모양으로 써는 방법이 옳은 것은?
① 퐁뇌프
② 알리메트
③ 쥘리엔느
④ 바토네

56 수프를 담을 때 고려하여야 할 사항으로 틀린 것은?
① 적절한 양을 담아야 한다.
② 접시의 온도는 고려하지 않아도 된다.
③ 고객의 편리성을 고려해야 한다.
④ 식재료를 잘 조합하여 다양한 맛이 나게 담는다.

해설 수프는 차가운 수프와 뜨거운 수프가 있기 때문에 접시의 온도를 신경 써 담아야 한다.

정답
45 ① 46 ② 47 ③ 48 ④ 49 ① 50 ① 51 ④ 52 ② 53 ③ 54 ④ 55 ③ 56 ②

57 육류 조리 시의 향미성분이 틀린 것은?

① 핵산분해물질
② 유기산
③ 유리 아미노산
④ 전분

> 해설 전분은 향미성분과는 거리가 멀다. 전분은 농도를 맞추는 데 사용된다.

58 육류 조리 과정 중 색소의 변화 단계가 옳은 것은?

① 미오글로빈-메트미오글로빈-옥시미오글로빈-헤마틴
② 메트미오글로빈-옥시미오글로빈-미오글로빈-헤마틴
③ 미오글로빈-옥시미오글로빈-메트미오글로빈-헤마틴
④ 옥시미오글로빈-메트미오글로빈-미오글로빈-헤마틴

> 해설 육류 조리 시 색소의 변화는 미오글로빈이 산소와 결합하여 옥시미오글로빈을 거쳐서 메트미오글로빈이 된다. 더 가열을 하게 되면 메트미오글로빈의 글로빈이 변성되어 헤마틴으로 변한다.

59 육류를 가열할 때 일어나는 변화 중 틀린 것은?

① 중량 증가
② 풍미의 생성
③ 비타민의 손실
④ 단백질의 응고

> 해설 가열에 의한 육류의 변화는 결합조직의 연화, 지방의 융해, 색이 회갈색으로 변화, 비타민의 손실, 구수한 맛 등의 현상이 있다.

60 육류 조리 시 열에 의한 변화로 옳은 것은?

① 불고기는 열의 흡수로 부피가 증가한다.
② 스테이크는 가열하면 질겨져서 소화가 잘 되지 않는다.
③ 미트로프(Meatloaf)는 가열하면 단백질이 응고, 수축, 변성된다.
④ 소꼬리의 젤라틴이 콜라겐화된다.

> 해설 **가열의 의한 고기의 변화**
> 단백질 응고, 고기의 수축분해, 결합조직의 연화, 지방의 융해, 색의 변화, 맛의 변화, 영양의 변화

정답
57 ④ 58 ③ 59 ① 60 ③

09 알칼리성 식품에 대한 설명으로 옳은 것은?

① Na, K, Ca, Mg이 많이 함유되어 있는 식품
② S, P, Cl이 많이 함유되어 있는 식품
③ 당질, 지질, 단백질 등이 많이 함유되어 있는 식품
④ 곡류, 육류, 치즈 등의 식품

해설 무기질의 종류에 따라 알칼리성 식품과 산성 식품으로 나누어진다.
- 알칼리성 식품은 Na(나트륨), K(칼륨), Ca(칼슘), Mg(마그네슘), Fe(철), Cu(구리) 등을 많이 함유하고 있는 식품으로 주로 해조류, 과일류, 채소류 등이다.
- 산성 식품은 S(황), P(인), Cl(염소) 등을 많이 함유하고 있는 식품으로 곡류, 육류, 어류 등이다.

10 우유의 균질화(Homogenization)에 대한 설명이 아닌 것은?

① 지방구의 크기를 0.1~2.2μm 정도로 균일하게 만들 수 있다.
② 탈지유를 첨가하여 지방의 함량을 맞춘다.
③ 큰 지방구의 크림층 형성을 방지한다.
④ 지방의 소화를 용이하게 한다.

해설 우유 균질처리의 목적은 지방구가 시간이 지남에 따라 뭉쳐서 크림층을 형성하는 것을 방지하기 위함이다. 우유의 균질화(Homogenization)에 의해서 맛이 부드러워지고 우유의 색은 더욱 희게 된다. 또한, 지방구의 크기를 0.1~2.2μm(마이크로미터) 정도로 작고 균일하게 만들어 지방의 소화를 용이하게 한다.

11 레드캐비지로 샐러드를 만들 때 식초를 조금 넣은 물에 담그면 고운 적색을 띠는 것은 어떤 색소 때문인가?

① 안토시아닌(Anthocyanin)
② 클로로필(Chlorophyll)
③ 안토잔틴(Anthoxanthin)
④ 미오글로빈(Myoglobin)

해설 안토시아닌(Anthocyanin)
플라보노이드 중의 하나로 채소, 과일, 꽃 등의 적색, 자색 등의 색소로 산성(식초물)에서는 고운 적색, 중성에서는 보라색, 알칼리(소다첨가)에서는 청색을 띠는 특성을 가지고 있다.

12 섬유소와 한천에 대한 설명 중 틀린 것은?

① 산을 첨가하여 가열하면 분해되지 않는다.
② 체내에서 소화되지 않는다.
③ 변비를 예방한다.
④ 모두 다당류이다.

해설 채소에 포함되어 있는 섬유소는 알칼리와 산에 영향을 받는데, 산을 첨가하면 섬유소는 질기게 된다. 한천에 산을 첨가하면 한천을 소분자 물질로 분해하여서 망상구조를 만드는 힘이 약해지므로 겔의 형성능력이 저하된다.

13 탄수화물의 분류 중 5탄당이 아닌 것은?

① 갈락토스(Galactose)
② 자일로스(Xylose)
③ 아라비노스(Arabinose)
④ 리보오스(Ribose)

해설 탄수화물은 가수분해에 의해 생성되는 당분자의 수에 따라 단당류, 소당류, 다당류로 분류된다. 식품에 있어서 중요한 단당류는 5탄당과 6탄당이다.
- 5탄당 : D-자일로스(D-Xylose), L-아라비노스(L-Arabinose), D-리보오스(D-Ribose)
- 6탄당 : D-포도당(D-Glucose), D-과당(D-Fructose), D-만노스(D-Mannose), D-갈락토오스(D-Galactose)

14 CA저장에 가장 적합한 식품은?

① 육류
② 과일류
③ 우유
④ 생선류

해설 CA저장(Controlled Atmosphere Storage)
호흡과 증산작용이 대체로 왕성한 채소류나 과일류의 저장에 주로 이용된다. 과실을 저장실에 넣게 되면 실내의 산소량은 감소하고 상대적으로 이산화탄소 생성량은 증가하는데, 효과적인 CA저장 시 가스조성은 이산화탄소 2~5%, 산소는 2~3%, 저장실 내부 온도는 0~4℃로 유지하는 게 좋다.

15 황함유 아미노산이 아닌 것은?

① 트레오닌(Threonine)
② 시스틴(Cystine)
③ 메티오닌(Methionine)
④ 시스테인(Cysteine)

해설 식품의 아미노산

분류(성질)	명칭
중성-지방족	알라닌, 글리신, 이소루이신, 루이신, 발린
중성-하이드록시	세린, 트레오닌
중성-함황	시스테인, 시스틴, 메티오닌
중성-아마이드	아스파라긴, 글루타민
중성-방향족	페닐알라닌, 트립토판, 티로신
산성	아스파르트산, 글루탐산
염기성	아르기닌, 히스티딘, 리신
기타	하이드록시프롤린, 프롤린

아미노산의 종류

식품 중의 단백질은 체내에서 가수분해 되어 아미노산(Amino Acids)으로 흡수되고, 우리 몸에서 필요한 단백질로 다시 합성된다.

16 조리와 가공 중 천연색소의 변색요인과 거리가 먼 것은?

① 산소
② 효소
③ 질소
④ 금속

해설 천연색소는 조리와 가공 중 pH, 산소, 효소, 금속이온, 수분, 열과 빛 등에 의해 변색된다.

17 근채류 중 생식하는 것보다 기름에 볶는 조리법을 적용하는 것이 좋은 식품은?

① 무
② 고구마
③ 토란
④ 당근

해설 녹황색 채소는 지용성 비타민 A를 많이 함유하여 열에 비교적 안정적이므로, 기름을 이용한 조리법을 사용하면 영양분 흡수가 더 잘된다.

정답
09 ① 10 ② 11 ① 12 ④ 13 ① 14 ② 15 ① 16 ③ 17 ④

18 식품검수방법의 연결이 틀린 것은?

① 화학적 방법 : 영양소의 분석, 첨가물, 유해성분 등을 검출하는 방법
② 검경적 방법 : 식품의 중량, 부피, 크기 등을 측정하는 방법
③ 물리학적 방법 : 식품의 비중, 경도, 점도, 빙점 등을 측정하는 방법
④ 생화학적 방법 : 효소반응, 효소 활성도, 수소이온농도 등을 측정하는 방법

해설 검경적(檢境的) 방법
검경에 의해 식품의 세포나 조직의 모양, 미생물의 존재를 확인하는 방법

19 한천젤리를 만든 후 시간이 지나면 내부에서 표면으로 수분이 빠져나오는 현상은?

① 삼투현상(Osmosis)
② 이장현상(Sysnersis)
③ 님비현상(NIMBY)
④ 노화현상(Retrogradation)

해설 이장현상
젤에 포함되어 있는 분산매가 젤 바깥쪽으로 분리되어 나오는 현상

20 중금속과 중독 증상의 연결이 잘못된 것은?

① 카드뮴 – 신장기능장애
② 크롬 – 비중격천공
③ 수은 – 홍독성 홍분
④ 납 – 섬유화현상

해설 납(Pb) 중독 증상
뇨(소변) 중에 코프로포피린 검출, 권태, 체중 감소 등

21 디피티(D.P.T) 기본접종과 관계없는 질병은?

① 디프테리아
② 풍진
③ 백일해
④ 파상풍

해설 디피티(D.P.T)
디프테리아(Diphtheria), 백일해(Pertussis), 파상풍(Tetanus)의 약자이며, 전신성 질병으로 모두 세균이 일으킨다.

22 식품공전에 규정되어 있는 표준온도는?

① 10℃
② 15℃
③ 20℃
④ 25℃

해설 식품공전상 규정 온도
표준온도 : 20℃, 상온 : 15~25℃, 실온 : 1~35℃, 미온 : 30~40℃

23 훈연 시 발생하는 연기 성분에 해당하지 않는 것은?

① 페놀(Phenol)
② 포름알데히드(Formaldehyde)
③ 개미산(Formic acid)
④ 사포닌(Saponin)

해설 훈연 시 발생하는 연기 성분
포름알데히드, 개미산, 메틸알코올, 페놀 등이 있으며, 이 성분은 살균작용을 한다.

24 알칼리성 식품에 해당하는 것은?

① 송이버섯
② 달걀
③ 보리
④ 쇠고기

해설
• 알칼리성 식품 : 과일류, 해조류, 우유 등
• 산성식품 : 고기류, 어패류, 곡류, 김(해조류 중 유일), 견과류 등

25 탄수화물 식품의 노화를 억제하는 방법과 가장 거리가 먼 것은?

① 항산화제의 사용
② 수분 함량 조절
③ 설탕의 첨가
④ 유화제의 사용

해설 전분의 노화 억제방법
• α전분을 80℃ 이상으로 유지하면서 급속 건조시킨다.
• 0℃ 이하로 얼려 급속 탈수한 후 수분함량을 15% 이하로 유지한다.
• 설탕이나 환원제, 유화제를 다량 첨가한다.

26 카로티노이드(Carotenoid) 색소와 소재식품의 연결이 틀린 것은?

① 베타카로틴(β-carotene) – 당근, 녹황색채소
② 라이코펜(Lycopene) – 토마토, 수박
③ 아스타잔틴(Astaxanthin) – 감, 옥수수, 난황
④ 푸코크잔틴(Fucoxanthin) – 다시마, 미역

해설 카로티노이드(Carotenoid) 색소
• 황색이나 오렌지색 색소로 당근, 고구마, 호박, 토마토 등 황색, 녹색 채소에 들어있다.
• 물에 불용성(지용성)인 색소이다.
• 산·알칼리, 열에 비교적 안정적이며 산화되기 쉽다.

27 육류 조리 시 향미 성분과 관계가 먼 것은?

① 질소함유물
② 유기산
③ 유리아미노산
④ 아밀로오스

해설 육류의 정미성분으로는 핵산, 유기산, 유리아미노산, 펩티드 등의 질소화합물이 있다.

28 동물성 식품의 냄새 성분과 거리가 먼 것은?

① 아민류
② 암모니아류
③ 시니그린
④ 카르보닐 화합물

해설 동물성 식품의 냄새성분은 휘발성 아민류, 암모니아류, 카르보닐 화합물 등이다.

정답
18 ② 19 ② 20 ④ 21 ② 22 ③ 23 ④ 24 ① 25 ① 26 ③ 27 ④ 28 ③

29 설탕을 포도당과 과당으로 분해하여 전화당을 만드는 효소는?

① 아밀라아제(Amylase)
② 인버타아제(Invertase)
③ 리파아제(Lipase)
④ 피타아제(Phytase)

해설 당의 전화당
당 용액에 산이나 산성염을 가하여 가열하거나 효소(인버타아제, Invertase)를 첨가하면 글루코오스(Gloucose)와 과당(Fructose)으로 가수분해되는 현상

30 체내에서 열량원으로 사용되기보다 여러 가지 생리적 기능에 관여하는 것은?

① 탄수화물, 단백질
② 지방, 비타민
③ 비타민, 무기질
④ 탄수화물, 무기질

해설 식품 중에 함유된 영양소
- 몸의 활동에 필요한 에너지 공급(열량소) : 탄수화물, 지방, 단백질
- 몸의 발육을 위하여 몸의 조직을 만드는 성분 공급(구성소) : 단백질, 무기질
- 체내에 섭취된 것이 몸에 유효하게 사용되기 위해 보조적인 작용(조절소) : 무기질, 비타민, 물

31 냉매와 같은 저온 액체 속에 넣어 냉각, 냉동시키는 방법으로 닭고기 같은 고체 식품에 적합한 냉동법은?

① 침지식 냉동법
② 분무식 냉동법
③ 접촉식 냉동법
④ 송풍 냉동법

해설
- 침지식 냉동법 : 식품 자체나 식품의 포장을 냉매에 직접 침지시키는 방법으로 닭고기 같은 고체 식품에 적합하다.
- 분무식 냉동법 : 초냉매 액체는 –196℃의 끓는점을 가진 액체 질소와 –79℃에서 끓는 이산화탄소 등을 식품에 직접 살포하는 방식으로 새우, 양송이 등을 하나씩 분리하여 매우 빠른 속도로 냉동시키는 방식이다.
- 접촉식 냉동법 : 냉동 후에 식품포장을 찬 선반에 놓거나 냉관으로 액체를 통과시키는 방식이다.
- 송풍 냉동법 : 식품을 수레나 컨베이어에 실어 0~–45℃의 찬 공기를 냉동방이나 터널에 빨리 순환시키는 방식이다.

32 전분 호화에 영향을 미치는 인자와 가장 거리가 먼 것은?

① 전분의 종류
② 가열온도
③ 수분
④ 회분

해설 전분의 호화에 영향을 미치는 요인
전분의 종류 · 내부 구조와 크기 · 형태, 아밀로오스와 아밀로펙틴의 함량, 수분함량, 온도, pH, 염류 등

33 환기효과를 높이기 위한 중성대(Neutral Zone)의 위치로 가장 적합한 것은?

① 방바닥 가까이
② 방바닥과 천장의 중간
③ 방바닥과 천장 사이의 1/3 정도의 높이
④ 천장 가까이

해설 중성대(Neutral Zone)
실내로 들어오는 공기는 하부로 나가는 공기는 상부로 이동하고, 그 중간에 압력 0의 지대가 형성한다. 중성대는 천장 가까이 형성되는 것이 환기량이 크고, 방바닥 가까이 있으면 환기량이 적다.

34 감자, 고구마 및 양파와 같은 식품에 뿌리가 나고 싹이 트는 것을 억제하는 효과가 있는 것은?

① 자외선 살균법
② 적외선 살균법
③ 일광 소독법
④ 방사선 살균법

해설 방사선조사
식품의 숙도지연, 살균, 살충, 발아억제 등의 목적으로 이용

35 식품첨가물에 대한 설명으로 틀린 것은?

① 보존료는 식품의 미생물에 의한 부패를 방지할 목적으로 사용된다.
② 규소수지는 주로 산화방지제로 사용된다.
③ 과산화벤조일(희석)은 밀가루 이외의 식품에 사용하여서는 안 된다.
④ 과황산암모늄은 밀가루 이외의 식품에 사용하여서는 안 된다.

해설 규소수지
거품 생성을 방지하거나 감소시키는 식품첨가물로 사용

36 다음 중 식품의 가공 중에 형성되는 독성물질은?

① Tetrodotoxin
② Solanine
③ Nitrosoamine
④ Trypsin Inhibitor

해설 Nitrosoamine(니트로소아민)
발암성이 있으며, 식품 속에 존재하는 아질산염으로부터 사람의 체내에서도 생성됨

37 식품을 제조 · 가공업소에서 직접 최종 소비자에게 판매하는 영업의 종류는?

① 식품운반업
② 식품소분 · 판매업
③ 즉석판매 제조 · 가공업
④ 식품보존업

해설 즉석판매 제조 · 가공업
식품을 제조, 가공업소 내에서 직접 최종 소비자에게 판매하는 영업

정답
29 ② 30 ③ 31 ① 32 ④ 33 ④ 34 ④ 35 ② 36 ③ 37 ③

50 과실 저장고의 온도, 습도, 기체의 조성 등을 조절하여 장기간 동안 과실을 저장하는 방법은?

① 산 저장
② 자외선 저장
③ 무균포장 저장
④ CA 저장

해설 가스 저장법(CA저장)
장기간 과일과 채소를 저장하는 방법으로 냉장과 병행하여 과일과 채소의 호흡을 억제시키는 방법

51 소금의 종류 중 불순물이 가장 많이 함유되어 있고, 가정에서 배추를 절이거나 젓갈을 담글 때 주로 사용하는 것은?

① 호염
② 재제염
③ 식탁염
④ 정제염

해설 호염
천일염으로 불순물을 함유하고 있으며, 배추를 절이거나 젓갈을 담글 때 사용한다.
• 재제염 : 꽃소금으로 천일염을 깨끗한 물에 녹여 불순물을 제거하고 다시 가열하여 결정시킨 것으로, 조리할 때 사용함
• 식탁염 : 염화나트륨이 99% 이상의 것
• 정제염 : 공정을 거쳐서 불순물이 없는 순수한 소금

52 푸른색 채소의 색과 질감을 고려할 때 데치기의 가장 좋은 방법은?

① 식소다를 넣어 오랫동안 데친 후 얼음물에 식힌다.
② 공기와의 접촉으로 산화되어 색이 변하는 것을 막기 위해 뚜껑을 닫고 데친다.
③ 물을 적게 하여 데치는 시간을 단축시킨 후 얼음물에 식힌다.
④ 많은 양의 물에 소금을 약간 넣고 데친 후 얼음물에 식힌다.

해설 푸른색 채소를 데칠 때 물의 양은 채소의 5배 정도가 적당하다.

53 튀김옷에 대한 설명으로 잘못된 것은?

① 글루텐의 함량이 많은 강력분을 사용하면 튀김 내부에서 수분이 증발되지 못하므로 바삭하게 튀겨지지 않는다.
② 달걀을 넣으면 달걀 단백질이 열응고됨으로써 수분을 방출하므로 바삭하게 튀겨진다.
③ 식소다를 소량 넣으면 가열 중 이산화탄소를 발생함과 동시에 수분도 방출되어 튀김이 바삭해진다.
④ 튀김옷에 사용하는 물의 온도는 30℃ 전후로 해야 튀김옷의 점도를 높여 내용물을 잘 감싸고 바삭해진다.

해설 튀김옷은 차가운 물을 사용해야 튀김이 바삭하다.

54 튀김 중 기름으로부터 생성되는 주요 화합물이 아닌 것은?

① 중성지방(Tridlyceride)
② 유리지방산(Free fatty acid)
③ 하이드로과산화물(Hydroperoxide)
④ 알코올(Alcohol)

해설 중성지방
글리세롤과 지방산의 에스테르 화합물로, 생체 내 피하지방의 주성분이다.

55 튀김유의 보관방법으로 바람직하지 않은 것은?

① 공기와의 접촉을 막는다.
② 튀김찌꺼기를 여과해서 제거한 후 보관한다.
③ 광선의 접촉을 막는다.
④ 사용한 철제 팬의 뚜껑을 덮어 보관한다.

해설 유지의 산패 원인은 열·산소·광선·금속·효소이다.

56 튀김기름을 여러 번 사용하였을 때 일어나는 현상이 아닌 것은?

① 불포화지방산의 함량이 감소한다.
② 흡유량이 작아진다.
③ 튀김 시 거품이 생긴다.
④ 점도가 증가한다.

해설 반복 사용한 튀김기름은 흡유량이 증가한다.

57 단시간에 조리되므로 영양소의 손실이 가장 적은 조리방법은?

① 튀김
② 볶음
③ 구이
④ 조림

해설 튀김은 고온에서 단시간 조리하는 방법으로 영양소 손실이 적다.

58 튀김에 대한 설명으로 맞는 것은?

① 기름의 온도를 일정하게 유지하기 위해 가능한 적은 양의 기름에 보관한다.
② 기름은 비열이 낮기 때문에 온도가 쉽게 변화한다.
③ 튀김에 사용했던 기름은 철로 된 튀김용 그릇에 담아 그대로 보관한다.
④ 튀김 시 직경이 넓고, 얇은 용기를 사용하면 온도 변화가 적다.

해설 기름의 비열은 0.47 정도로 낮아 온도 변화가 심하므로 두꺼운 용기를 사용하여 온도의 변화를 적게 해야 한다.

59 겨자를 갤 때 매운맛을 가장 강하게 느낄 수 있는 온도는?

① 20~25℃
② 30~35℃
③ 40~45℃
④ 50~55℃

해설 겨자의 매운맛을 내는 시니그린의 최적온도는 40~45℃이다.

60 매운맛을 내는 성분의 연결이 옳은 것은?

① 겨자 – 캡사이신(Capsaicin)
② 생강 – 호박산(Succinic Acid)
③ 마늘 – 알리신(Allicin)
④ 고추 – 진저롤(Gingerol)

해설
• 겨자 – 시니그린
• 생강 – 진저론
• 고추 – 캡사이신

정답
50 ④ 51 ① 52 ④ 53 ④ 54 ① 55 ④ 56 ② 57 ① 58 ② 59 ③ 60 ③

07회 모의고사 (일식)

01 독미나리에 함유된 유독성분은?

① 무스카린(Muscarine)
② 솔라닌(Solanine)
③ 아트로핀(Atropine)
④ 시큐톡신(Cicutoxin)

해설
- 무스카린(Muscarine) : 독버섯
- 솔라닌(Solanine) : 감자
- 아트로핀(Atropine) : 가지과 식물의 잎사귀와 뿌리

02 중금속에 관한 설명으로 옳은 것은?

① 해독에 사용되는 약을 중금속 길항약이라고 한다.
② 중금속과 결합하기 쉽고 체외로 배설하는 약은 없다.
③ 중독증상으로 대부분 두통, 설사, 고열을 동반한다.
④ 무기중금속은 지질과 결합하여 불용성 화합물을 만들고 산화작용을 나타낸다.

해설 중금속
- 체내에 흡수되면 배출이 바로 되지 않고 단백질과 결합하여 불용성 화합물을 만들어 부식시킨다.
- 증상으로는 소화기장애, 신장장애, 빈혈, 중추신경장애 등이 있고, 원인은 수은, 납, 구리 등이다.
- 길항약(디메르캅롤(BAL), 에틸렌디아민테트라아세트산(EDTA), D-페니실아민, 디플록사민)은 중금속과 결합하기 쉽고 몸 밖으로 배출 및 해독을 시킨다.

03 알칼리성 식품에 해당하는 것은?

① 육류
② 곡류
③ 해조류
④ 어류

해설
- 알칼리성 식품 : 주로 해조류, 채소류 등
- 산성 식품 : 주로 곡류, 육류 등

04 효소에 의한 갈변을 억제하는 방법으로 옳은 것은?

① 환원성물질 첨가
② 기질 첨가
③ 산소 접촉
④ 금속이온 첨가

해설 갈변현상의 방지
환원성물질 첨가를 통한 산소제거, 공기 대신 질소 등으로 대체, 효소의 작용 억제, pH를 낮추는 방법 등

05 구매한 식품의 재고관리 시 적용되는 방법 중 최근에 구입한 식품부터 사용하는 것으로 가장 오래된 물품이 재고로 남게 되는 것은?

① 선입선출법
② 후입선출법
③ 총평균법
④ 최소-최대관리법

해설 재료소비의 계산
- 선입선출법 : 먼저 들어온 재료부터 소비하는 방법
- 총평균법 : 일정기간 동안 보유한 매입합계액을 매입수량의 합계로 나눠서 원가를 계산하는 방법

06 김에 대한 설명 중 옳은 것은?

① 붉은 색으로 변한 김은 불에 잘 구우면 녹색으로 변한다.
② 건조김은 조미김보다 지질함량이 높다.
③ 김은 칼슘 및 철, 칼륨이 풍부한 알칼리성 식품이다.
④ 김의 감칠맛은 단맛과 지미를 가진 Cystine, Mannit 때문이다.

해설
- 탄수화물인 한천이 가장 많이 들어 있고, 비타민 A를 다량 함유하고 있다.
- 감미와 지미를 가진 아미노산의 함량이 높아 감칠맛을 낸다.
- 저장 중에 색소가 변화되는 것은 피코시안(청색)이 피코에리트린(홍색)으로 되기 때문이며, 햇빛에 의해 더욱 영향을 받는다.

07 간디스토마는 제2중간숙주인 민물고기 내에서 어떤 형태로 존재하다가 인체에 감염을 일으키는가?

① 피낭유충(Metacercaria)
② 레디아(Redia)
③ 유모유충(Micracidium)
④ 포자유충(Sporocyst)

해설
- 간디스토마(간흡충) : 제1중간숙주 - 왜우렁이, 쇠우렁이 & 제2중간숙주 - 민물고기, 잉어(참붕어)
- 전파 : 충란 → 제1중간숙주 → 제2중간숙주 → 인체감염(피낭유충) → 장관을 통하여 간에 기생

08 업종별 시설기준으로 틀린 것은?

① 휴게음식점에는 다른 객석에서 내부가 보이도록 하여야 한다.
② 일반음식점의 객실에는 잠금장치를 설치할 수 있다.
③ 일반음식점의 객실 안에는 무대장치, 우주볼 등의 특수조명시설을 설치하여서는 아니 된다.
④ 일반음식점에는 손님이 이용할 수 있는 자동반주장치를 설치하여서는 아니 된다.

해설 일반음식점의 객실에는 잠금장치를 설치할 수 없다.

09 수질의 오염 정도를 파악하기 위한 BOD(생물화학적 산소요구량) 측정 시 일반적인 온도와 측정기간은?

① 10℃에서 10일간
② 20℃에서 10일간
③ 10℃에서 5일간
④ 20℃에서 5일간

해설 BOD(생물화학적 산소요구량) 측정 시 일반적으로 20℃에서 5일간 측정한다.

정답
01 ④ 02 ① 03 ③ 04 ① 05 ② 06 ④ 07 ① 08 ② 09 ④

10 사람이 평생 동안 매일 섭취하여도 아무런 장해가 일어나지 않는 최대량으로 1일 체중 kg당 mg수로 표시하는 것은?

① 최대무작용량(NOEL)
② 1일 섭취허용량(ADI)
③ 50% 치사량(LD50)
④ 50% 유효량(ED50)

> **해설** 1일 섭취허용량(ADI)
> 사람이 평생 동안 매일 섭취해도 아무런 장해가 일어나지 않는 최대량을 1일 체중 kg당 mg수로 표시하는 것

11 생선 및 육류의 초기부패 판정 시 지표가 되는 물질에 해당되지 않는 것은?

① 휘발성염기질소(VBN)
② 암모니아(Ammonia)
③ 트리메틸아민(Trimethylamine)
④ 아크롤레인(Acrolein)

> **해설** 아크롤레인
> 지방이 탈 때 나는 자극적인 냄새의 성분으로, 상당한 독성을 지니고 있다.

12 오래된 과일이나 산성 채소 통조림에서 유래되는 화학성 식중독의 원인물질은?

① 칼슘
② 주석
③ 철분
④ 아연

> **해설** 주석
> • 통조림의 관 내면에 도포시켜 철의 용출을 지연시킬 목적으로 사용된다.
> • 과일, 과즙통조림의 경우 미숙한 과일 표면에 함유된 아질산이온이나 제조용수 속의 질산이온이 개관 후 방치되었을 때 산소에 의해 주석이 용출된다.

13 탄수화물의 조리가공 중 변화되는 현상과 가장 관계 깊은 것은?

① 거품생성
② 호화
③ 유화
④ 산화

> **해설** 탄수화물의 조리가공 중 변화되는 현상에 해당하는 것은 호화이다.

14 색소를 보존하기 위한 방법 중 틀린 것은?

① 녹색채소를 데칠 때 식초를 넣는다.
② 매실지를 담글 때 소엽(차조기 잎)을 넣는다.
③ 연근을 조릴 때 식초를 넣는다.
④ 햄 제조 시 질산칼륨을 넣는다.

> **해설** 녹색채소에 들어있는 엽록소는 산에 약하므로 식초를 사용하면 누런 갈색이 된다.

15 어떤 단백질의 질소함량이 18%라면 이 단백질의 질소계수는 약 얼마인가?

① 5.56
② 6.30
③ 6.47
④ 6.67

> **해설** 질소계수는 (100/질소함량)의 공식에 넣어서 알 수 있는데 질소함량이 18%라면 100/18이 된다.
> 100/18 = 5.555 = 5.56
> 질소함량이 18%인 단백질의 질소계수는 5.56이다.

16 맥아당은 어떤 성분으로 구성되어 있는가?

① 포도당 2분자가 결합된 것
② 과당과 포도당 각 1분자가 결합된 것
③ 과당 2분자가 결합된 것
④ 포도당과 전분이 결합된 것

> **해설** 맥아당은 포도당 2분자가 결합된 것이다.

17 소화흡수가 잘 되도록 하는 방법으로 가장 적절한 것은?

① 짜게 먹는다.
② 동물성 식품과 식물성 식품을 따로따로 먹는다.
③ 식품을 잘고 연하게 조리하여 먹는다.
④ 한꺼번에 많은 양을 먹는다.

> **해설** 소화흡수가 잘 되려면
> • 가급적이면 싱겁게 조리하고, 동물성과 식물성 식품을 골고루 함께 섭취한다.
> • 식품을 잘고 연하게 조리하여 먹을수록 소화효소가 활성화되기 쉽고, 적은 양으로 나누어 먹을수록 좋다.

18 다음의 상수처리 과정에서 가장 마지막 단계는?

① 급수
② 취수
③ 정수
④ 도수

> **해설** 상수처리 순서
> 수원 → 취수 → 도수 → 정수 → 급수

19 음식물이나 식수에 오염되어 경구적으로 침입되는 감염병이 아닌 것은?

① 유행성 이하선염
② 파라티푸스
③ 세균성 이질
④ 폴리오

> **해설** • 소화기계감염병(경구감염 – 물, 음식물 원인) : 파라티푸스, 세균성 이질, 폴리오
> • 유행성 이하선염은 볼거리라고도 하며, 바이러스에 의한 급성 감염병이다.

20 식품의 위생과 관련된 곰팡이의 특징이 아닌 것은?

① 건조식품을 잘 변질시킨다.
② 대부분 생육에 산소를 요구하는 절대 호기성 미생물이다.
③ 곰팡이독을 생성하는 것도 있다.
④ 일반적으로 생육속도가 세균에 비하여 빠르다.

> **해설** • 곰팡이(Filamentous) : 진균류 중에서 균사체를 발육기관으로 하는 것으로 발효식품이나 항생물질에 이용된다(예 누룩, 푸른곰팡이)
> • 곰팡이 생육 최적 온도 : 0~25℃
> • 세균 : 구균, 간균, 나선균의 형태로 나뉘며, 2분법으로 증식한다.
> • 곰팡이의 번식력은 세균보다 강하지는 않다.

정답
10 ② 11 ④ 12 ② 13 ② 14 ① 15 ① 16 ① 17 ③ 18 ① 19 ① 20 ④

32 생선을 조리할 때 생선의 냄새를 없애는 데 도움이 되는 재료로 가장 거리가 먼 것은?

① 식초 ② 우유
③ 설탕 ④ 된장

> 해설 생선의 냄새를 없애는 데 도움이 되는 재료는 우유, 식초, 된장, 고추장, 술, 생강 등이 있다.

33 구이에 의한 식품의 변화 중 틀린 것은?

① 살이 단단해진다.
② 기름이 녹아 나온다.
③ 수용성 성분의 유출이 매우 크다.
④ 식욕을 돋우는 맛있는 냄새가 난다.

> 해설 수용성 성분의 유출은 끓이기의 단점이다.

34 생선을 후라이팬이나 석쇠에 구울 때 들러붙지 않도록 하는 방법으로 옳지 않은 것은?

① 낮은 온도에서 서서히 굽는다.
② 기구의 금속면을 테프론(Teflon)으로 처리한 것을 사용한다.
③ 기구의 표면에 기름을 칠하여 막을 만들어준다.
④ 기구를 먼저 달구어서 사용한다.

> 해설
> • 생선을 후라이팬이나 석쇠에 들러붙지 않게 구우려면 높은 온도에서 구워야 한다.
> • 낮은 온도로 생선을 구울 경우 껍질이 다 떨어져 모양새가 좋지 않으므로 석쇠에 구울 경우 높은 온도로 달구어 기름을 발라서 사용하도록 한다.

35 어취 제거방법에 대한 설명으로 틀린 것은?

① 식초나 레몬즙을 이용하여 어취를 약화시킨다.
② 된장, 고추장의 흡착성은 어취 제거 효과가 있다.
③ 술을 넣으면 알코올에 의하여 어취가 더 심해진다.
④ 우유에 미리 담가두면 어취가 약화된다.

> 해설 생강, 술, 설탕, 간장, 양파, 파, 마늘 등을 생선과 함께 사용하면 생선 비린내 제거에 효과적이다.

36 홍조류에 속하며, 무기질이 골고루 함유되어 있고 단백질도 많이 함유된 해조류는?

① 김 ② 미역
③ 우뭇가사리 ④ 다시마

> 해설 해조류의 분류
>
> | 녹조류 | 파래, 청태, 청각 |
> |---|---|
> | 갈조류 | 미역, 다시마, 톳 |
> | 홍조류 | 우뭇가사리, 김 |
>
> ※ 김은 단백질과 무기질의 함량이 특히 높은 해조류이다.

37 생선의 신선도를 판별하는 방법으로 잘못된 것은?

① 생선의 육질이 단단하고 탄력성이 있는 것이 신선하다.
② 눈의 수정체가 투명하지 않고 아가미색이 어두운 것은 신선하지 않다.
③ 어체의 특유한 빛을 띠는 것이 신선하다.
④ 트리메틸아민(TMA)이 많이 생성된 것이 신선하다.

> 해설 생선이 오래되면 트리메틸아민이 발생하는데, 이것이 생선 비린내의 원인물질이다.

38 생선의 조리방법에 관한 설명으로 옳은 것은?

① 선도가 낮은 생선은 양념을 담백하게 하고 뚜껑을 닫고 잠깐 끓인다.
② 지방함량이 높은 생선보다는 낮은 생선으로 구이를 하는 것이 풍미가 더 좋다.
③ 생선조림은 오래 가열해야 단백질이 단단하게 응고되어 맛이 좋아진다.
④ 양념간장이 끓을 때 생선을 넣어야 맛 성분의 유출을 막을 수 있다.

> 해설 파, 마늘, 생강 등으로 만든 양념간장은 생선이 익은 후에 넣어야 어취 제거 효과가 있다.

39 일본요리 기본양념인 조미료의 사용 순서로 옳은 것은?

① 사(さ) → 시(し) → 스(す) → 세(せ) → 소(そ)
② 소(そ) → 스(す) → 시(し) → 세(せ) → 사(さ)
③ 사(さ) → 소(そ) → 스(す) → 세(せ) → 시(し)
④ 사(さ) → 소(そ) → 세(せ) → 스(す) → 시(し)

> 해설 사(さ) ↔ 청주(さけ, 사케), 설탕(さとう, 사토우)
> 시(し) ↔ 소금(しお, 시오)
> 스(す) ↔ 식초(す, 스)
> 세(せ) ↔ 간장(しょうゆ, 쇼우)
> 소(そ) ↔ 된장(みそ, 미소)

40 일식 국물요리와 거리가 먼 것은?

① 해삼 맑은국 ② 일본 된장국
③ 조개 맑은국 ④ 도미 맑은국

> 해설 맛국물의 종류에는 일본식 된장국, 조개 맑은국, 도미 맑은국 등이 있다.

41 냄비의 바닥 표면이 평평하게 되어 있고 손잡이가 없기 때문에 포개어 사용할 수 있기 때문에 수납이 용이하고 씻을 때도 편리한 장점이 있지만, 뜨거운 냄비를 집는 집게가 필요한데 이 집게의 이름으로 옳은 것은?

① 하시 ② 얏또꼬
③ 얏또고나베 ④ 구시

> 해설 하시는 젓가락을 말하며, 구시는 꼬챙이를 말한다.

정답
32 ③ 33 ③ 34 ① 35 ③ 36 ① 37 ④ 38 ④ 39 ① 40 ① 41 ②

42 다음 ( )에 들어갈 말로 옳은 것은?

지역의 특징이나 개인의 식성을 맞춰 최근에는 다양한 배합 비율의 ( )가 만들어지는데, 일반적으로 산초, 진피(귤껍질), 고춧가루, 삼씨(마자유), 파란김(青海苔, 아오노리), 검은깨, 생강의 7종류로 만들어진다.

① 이찌미
② 니찌미
③ 상찌미
④ 시찌미

해설 시찌미(七味)
- 일본의 시찌미는 지역에 따라서 배합, 배분이 다른 특징이 있다.
- 관서지방의 시찌미는 산초의 비율이 높아 향이 강하다.
- 관동지방의 시찌미는 산초의 배합이 없거나 적다.
- 지역의 특징이나 개인의 식성을 맞춰 최근에는 다양한 배합 비율의 시찌미가 만들어지고 있다.
- 일반적으로 산초, 진피(귤껍질), 고춧가루, 삼씨(마자유), 파란김(?海苔, 아오노리), 검은깨, 생강의 7종류로 만들어진다.

43 국물이 있는 면 종류의 그릇 선택 및 고명 올리기에 대한 설명 중 틀린 것은?

메뉴명	올바른 그릇	고명 올리는 방법	고명의 종류
① 온 우동	깊이가 있고 넓이가 적당한 그릇	부재료의 색상과 양을 고려하여 보기 좋게 담는다.	대파(실파), 붉은어묵(가마보꼬), 덴까스 등
② 온 메밀국수	깊이가 있고 넓이가 적당한 그릇	부재료의 색상과 양을 고려하여 보기 좋게 담는다.	실파, 하리노리, 덴까스 등
③ 냄비우동	깊이가 있고 넓이가 적당한 그릇	쑥갓은 제공 직전에 올린다.	대파, 차슈 등
④ 튀김우동	토기냄비(질그릇)	새우튀김은 제공 직전에 올린다.	대파, 붉은어묵(가마보꼬), 달걀, 새우튀김

해설

메뉴명	올바른 그릇	고명 올리는 방법	고명의 종류
온 우동	깊이가 있고 넓이가 적당한 그릇	부재료의 색상과 양을 고려하여 보기 좋게 담는다.	대파(실파), 붉은어묵(가마보꼬), 덴까스 등
온 메밀국수	깊이가 있고 넓이가 적당한 그릇	부재료의 색상과 양을 고려하여 보기 좋게 담는다.	실파, 하리노리, 덴까스 등
냄비우동	토기냄비(질그릇)	쑥갓은 제공 직전에 올린다.	대파, 붉은어묵(가마보꼬), 달걀, 쑥갓
튀김우동	토기냄비(질그릇)	새우튀김은 제공 직전에 올린다.	대파, 붉은어묵(가마보꼬), 달걀, 새우튀김
소면	깊이가 있고 넓이가 적당한 그릇	달걀을 풀어서 올리는 경우가 많다.	붉은어묵(가마보꼬), 대파(실파), 곱게 자른 김(하리노리)
라멘	깊이가 있고 넓이가 적당한 그릇	부재료의 색상과 양을 고려하여 보기 좋게 담는다.	대파, 차슈 등

44 쌀의 특징으로 틀린 것은?

① 찹쌀(Glutinous Rice)은 광택이 없고 불투명하다.
② 멥쌀은 아밀로오스가 없고 아밀로펙틴이 100%로 점성이 매우 강하여 찰떡이나 인절미 등에 이용된다.
③ 멥쌀(Nonglutinous Rice)은 점성이 많은 아밀로펙틴이 80% 정도, 아밀로오스가 20% 정도 함유되어 있어 밥을 지었을 때 끈기가 있어 주식으로 이용된다.
④ 멥쌀(Nonglutinous Rice)은 광택이 있고 반투명하다.

해설 쌀의 특징
- 멥쌀(Nonglutinous Rice) : 광택이 있고 반투명하며, 점성이 많은 아밀로펙틴이 80% 정도, 아밀로오스가 20% 정도 함유되어 있어 밥을 지었을 때 끈기가 있어 주식으로 이용된다.
- 찹쌀(Glutinous Rice) : 광택이 없고 불투명하며, 아밀로오스가 없고 아밀로펙틴이 100%로 점성이 매우 강하여 찰떡이나 인절미 등에 이용된다.

45 냄비의 종류에서 손잡이가 직각으로 되어 있는 작은 프라이팬으로 모양으로 밥 위에 올리는 과정에서 힘을 적게 주기 위해 턱이 낮고 가벼운 장점이 있는 냄비의 종류는?

① 타마고야키나베
② 돈부리나베
③ 스끼야끼나베
④ 아게나베

해설 ※ 스끼야끼나베
- 전골냄비라고도 한다.
- 쇠로 만들어져 두껍고 무거우며, 녹슬 수 있는 단점이 있다.

※ 타마고야키나베
- 다시마끼 팬이라고도 하며, 사각으로 된 형태가 대부분이고 재질은 구리 재질이 좋다.
- 사용 전에 기름에 팬의 길을 들여 사용하고, 사용 후에도 기름을 얇게 발라 보관한다.
- 안쪽에 도금되어 있으며, 고온에 약하므로 과열로 굽는 것을 피한다.

※ 아게나베(揚鍋: あげなべ, 아게나베)
- 튀김 전용용 냄비로, 두껍고 깊이와 바닥이 평평한 구리합금, 철이 좋다.
- 바닥이 평평하여야 기름의 온도가 일정하게 유지된다.

46 아카오로시, 모미지오로시에 이용되는 채소는?

① 배추
② 무
③ 양파
④ 대파

해설 빨간무즙(아카오로시, 모미지오로시)
- 고추즙(고춧가루)에 무즙을 개어 빨간색을 띤 무즙을 말한다.
- 붉은 단풍을 물들인 것처럼 아름다운 적색을 띠므로, 모미지라고도 한다.
- 폰즈, 초회에 곁들여 사용한다.

47 찜 조리의 설명 중 틀린 것은?

① 찜을 하기 때문에 식으면서 수분이 빠져나가면서 딱딱해진다.
② 증기에서 수증기로 만든 요리를 말한다.
③ 모양과 형태가 변하지 않고 본연의 맛이 날아가지 않게 하는 가열 조리법이다.
④ 일식 찜 조리는 생선류, 조개류, 채소류 등 다양한 식재료를 이용하여 찜을 하는 조리법이다.

해설 찜 조리를 하기 때문에 식어도 수분이 충분하여 딱딱하지 않다.

48 일식 조리용어 중 틀린 것은?

① 눌림상자(오시바코)
② 강판(오로시가네)
③ 뼈뽑기(호네누키)
④ 초밥 버무리는 통(샤리비츠)

해설 강판(오로시가네), 눌림상자(오시바코), 뼈뽑기(호네누키), 초밥통(샤리비츠), 김발(마키스), 초밥 버무리는 통(한기리) 등

정답: 42 ④ 43 ③ 44 ② 45 ② 46 ② 47 ① 48 ④

49 양념간장구이(데리야끼)에 대한 설명으로 틀린 것은?

① 처음에는 간장을 조금 발라 굽고, 어느 정도 익으면 3~4번 정도 더 발라가며 구워 완성한다.
② 구이 재료를 데리(양념간장)로 발라 가며 굽는 구이이다.
③ 양념간장에 구이 재료를 재웠다가 굽는 구이이다.
④ 일반적으로 간장 1 : 청주 1 : 맛술 1의 비율로 기호에 따라 설탕을 가미한다.

해설
- 구이 재료를 데리(양념간장)로 발라 가며 굽는 구이이다.
- 일반적으로 간장 1 : 청주 1 : 미림(맛술) 1의 비율로 기호에 따라 설탕을 가미한다.
- 처음에는 간장을 조금 발라 굽고, 어느 정도 익으면 3~4번 정도 더 발라가며 구워 완성한다.

50 일식 칼에서 뼈를 자르는 뼈자름용 칼의 일본어 표기로 옳은 것은?

① 사시미보초　② 데바보초
③ 우수바보초　④ 우나기보초

해설 일식 칼에는 생선회를 자르는 사시미보초, 뼈를 자르는 데바보초, 채소를 자르는 우수바보초, 장어를 손질하는 우나기보초가 있다.

51 김에 쓰이는 글루텐 함량이 적은 밀가루로 옳은 것은?

① 강력분　② 중력분
③ 박력분　④ 소맥분

해설 글루텐 함량이 적을수록 바삭한 튀김이 된다.
※ 글루텐 함량은 강력분 32%, 중력분 24%, 박력분 18%이다.

52 굳힘요리에서 참깨두부요리를 만들기 위한 응고제로 가장 올바른 것은?

① 한천　② 젤라틴
③ 칡전분　④ 감자전분

해설 참깨두부의 응고제로는 칡전분(구즈)을 사용한다.

53 일본 회요리에서 생선 특유의 비린내를 없애주며, 소화작용을 도와주고 계절의 풍미를 주어 아름답게 연출해 주는 일본식 용어로 옳은 것은?

① 폰즈　② 야쿠미
③ 모미지오로시　④ 츠마

해설 츠마란 회요리에 곁들이는 일종의 첨가식이다. 일본에서는 아내라는 의미의 츠마라는 말을 많이 썼는데, 이는 회요리에서는 항상 츠마가 같이 한다는 의미로 사용된다.
※ 폰즈는 초간장, 야쿠미는 양념, 모미지오로시는 빨간무즙을 의미한다.

54 냄비 국물요리의 구성에 해당하는 것과 거리가 먼 것은?

① 주재료(완다네)　② 부재료(쯔마)
③ 향(스이구치)　④ 곁들임(츠마)

해설 곁들임은 생선회 조리에 사용되는 재료이다.

55 다음에서 ( )에 가장 잘 맞는 것은?

( )의 원형은 가마쿠라 시대부터 시작되었다고 알려져 있으며, 원래는 생선을 얇게 썰어 익히지 않고 먹는 어부들의 즉석요리였다고 한다.

① 사시미　② 국물요리
③ 철판요리　④ 샤브샤브

해설 우리나라에서는 날생선 그대로 먹는 것을 회라 통칭하며, 사시미는 일반적으로 널리 통용되는 용어이다.

56 메뉴관리 중 다음의 설명과 가장 가까운 용어는?

서양요리의 주방장 스페셜과 비슷한 것으로, 주방장의 실력을 믿고 주방장이 추천하는 요리를 즐기는 것이다.

① 회석요리　② 오마카세
③ 카이세키　④ 정식요리

해설 메뉴관리 중 오마카세에 대한 설명이다.

57 굳힘요리에서 복어껍질굳힘을 만들기 위한 응고제로 가장 올바른 것은?

① 한천　② 젤라틴
③ 칡전분　④ 감자전분

해설 우유두부의 응고제로는 한천, 참깨두부의 응고제로는 칡전분이 사용된다.

58 냉장고의 올바른 해동방법에 대한 설명으로 옳은 것은?

① 0℃ 이하 냉장고에서 52시간 이내 실시
② 5℃ 이하 냉장고에서 62시간 이내 실시
③ 10℃ 이하 냉장고에서 72시간 이내 실시
④ 21℃ 이하 냉장고에서 82시간 이내 실시

해설 냉장고 해동 : 10℃ 이하 냉장고에서 72시간 이내 실시

59 유수의 올바른 해동방법에 대한 설명으로 옳은 것은?

① 21℃ 이하 흐르는 물에서 1시간 이내 실시
② 21℃ 이하 흐르는 물에서 2시간 이내 실시
③ 21℃ 이하 흐르는 물에서 3시간 이내 실시
④ 21℃ 이하 흐르는 물에서 4시간 이내 실시

해설 유수해동 : 21℃ 이하 흐르는 물에서 2시간 이내 실시

60 일본요리에서 불 조절은 매우 중요한 기술이며, 반드시 밑간을 해야 하는 방법으로 샐러맨더, 오븐, 철판 등을 사용하는 조리방법과 거리가 먼 것은?

① 구이　② 야끼
③ 스노　④ 굽기

해설 구이는 가열조리 방법 중 가장 오래된 조리법으로, 불이 직접 닿는 직화구이와 오븐과 같은 대류나 재료를 싸서 직접 열을 차단하여 굽는 간접구이가 있다.

정답
49 ③　50 ②　51 ③　52 ③　53 ④　54 ④　55 ①　56 ②　57 ②　58 ③　59 ②　60 ③

필기 과목명	출제 문제수	주요항목	세부항목	세세항목
		10. 중식 밥조리	1. 밥조리	1. 밥 준비 2. 밥 짓기 3. 요리별 조리하여 완성
		11. 중식 면조리	1. 면조리	1. 면 준비 2. 반죽하여 면 뽑기 3. 면 삶아 담기 4. 요리별 조리하여 완성
		12. 중식 냉채조리	1. 냉채조리	1. 냉채 준비 2. 냉채 조리 3. 냉채 완성
		13. 중식 볶음조리	1. 볶음조리	1. 볶음 준비 2. 볶음 조리 3. 볶음 완성
		14. 중식 후식 조리	1. 후식조리	1. 후식 준비 2. 더운 후식류 조리 3. 찬 후식류 조리 4. 후식류 완성

출제기준(일식)

필기 과목명	출제 문제수	주요항목	세부항목	세세항목
		5. 일식 기초 조리실무	3. 식생활 문화	1. 일본 음식의 문화와 배경 2. 일본 음식의 분류 3. 일본 음식의 특징 및 용어
		6. 일식 무침조리	1. 무침조리	1. 무침재료 준비 2. 무침조리 3. 무침담기
		7. 일식 국물조리	1. 국물조리	1. 국물재료 준비 2. 국물우려내기 3. 국물요리 조리
		8. 일식 조림조리	1. 조림조리	1. 조림재료 준비 2. 조림하기 3. 조림담기
		9. 일식 면류조리	1. 면류조리	1. 면 재료 준비 2. 면 조리 3. 면 담기
		10. 일식 밥류 조리	1. 밥류조리	1. 밥 짓기 2. 녹차 밥 조리 3. 덮밥 류 조리 4. 죽 류 조리
		11. 일식 초회조리	1. 초회조리	1. 초회재료 준비 2. 초회조리 3. 초회담기
		12. 일식 찜조리	1. 찜조리	1. 찜재료 준비 2. 찜조리 3. 찜담기
		13. 일식 롤 초밥조리	1. 롤 초밥조리	1. 롤 초밥재료 준비 2. 롤 양념초 조리 3. 롤 초밥 조리 4. 롤 초밥 담기
		14. 일식 구이조리	1. 구이조리	1. 구이재료 준비 2. 구이조리 3. 구이담기

출제기준(복어)

필기 과목명	출제 문제수	주요항목	세부항목	세세항목
		5. 복어 기초 조리실무	3. 식생활 문화	1. 복어 음식의 문화와 배경 2. 복어 음식의 분류 3. 복어 음식의 특징 및 용어
		6. 복어 부재료손질	1. 복어와 부재료손질	1. 복어 종류와 품질 판정법 2. 채소 손질 3. 복떡 굽기
		7. 복어 양념장 준비	1. 복어 양념장 준비	1. 초간장 만들기 2. 양념 만들기 3. 조리별 양념장 만들기
		8. 복어 껍질초회조리	1. 복어 껍질 초회조리	1. 복어껍질 준비 2. 복어초회 양념 만들기 3. 복어껍질 무치기
		9. 복어 죽조리	1. 복어 죽 조리	1. 복어 맛국물 준비 2. 복어 죽재료 준비 3. 복어 죽 끓여서 완성
		10. 복어 튀김조리	1. 복어 튀김조리	1. 복어 튀김재료 준비 2. 복어 튀김옷 준비 3. 복어 튀김조리 완성
		11. 복어 회 국화모양조리	1. 복어 회 국화모양 조리	1. 복어 살 전처리 작업 2. 복어 회뜨기 3. 복어 회 국화모양 접시에 담기
		12. 복어 선별· 손질관리	1. 복어 선별· 손질관리	1. 복어 기초 손질하기 2. 복어 식용부위 손질하기 3. 복어 제독 처리하기 4. 복어 껍질 작업하기 5. 복어 독성부위 폐기하기

CHAPTER 01 위생관리

반드시 알아야 할 핵심개념
개인위생관리, 미생물의 종류와 특성, 식물과 기생충병, 살균 및 소독, HACCP, 감염병의 종류

음식 위생관리는 음식 조리작업에 필요한 위생 관련 지식을 이해하고 개인위생, 식품위생, 주방(조리장)위생을 관리하여 조리작업을 위생적으로 수행할 수 있는 관리능력이다. 즉, 조리작업의 수행에 있어서 작업자의 위생을 유지하고 고려하기 위해 필요한 능력이다.

 **참고**

위생관리의 필요성
식중독 예방, 식품위생법 및 행정처분 강화, 상품의 가치 상승, 점포의 청결한 이미지, 브랜드 이미지 관리, 고객만족, 매출증진 등

위생관리 능력단위 범위
개인위생관리, 식품유통기한 준수, 위생적 취급기준, 종사자 건강진단 실시, 원산지표시, 식품위생법 준수, 시설·설비 청결상태관리, 방충·방서시설 구비 및 관리, 유해물질관리 등

 **참고**

올바른 손 씻기 10단계
① 흐르는 따뜻한 물에 손을 적신다.
② 손을 씻기 위해 충분한 양의 비누를 발라 거품을 낸다(세척력이 좋은 보통비누로 먼저 씻은 후 살균력이 좋은 역성비누 사용).
③ 손바닥과 손바닥을 문지른다.
④ 손가락을 마주잡고 문지른다.
⑤ 손바닥과 손등을 마주보고 문지른다.
⑥ 엄지손가락으로 다른 쪽 손바닥을 돌려주면서 문질러준다.
⑦ 손바닥을 마주대고 손깍지를 끼고 문질러준다.
⑧ 손깍지를 끼고 손바닥을 서로 비비면서 양 손바닥과 손톱 밑을 문지르면서 깨끗하게 씻는다.
⑨ 비눗기를 완전히 씻어낸다.
⑩ 1회용 핸드타올 또는 자동손건조기를 사용한다.

※ 올바른 손 씻기로 질병의 60% 정도를 예방할 수 있기 때문에 30초 이상 비누 또는 세정제를 이용하여 손가락, 손등까지 깨끗하게 씻고 흐르는 물로 잘 헹궈야 한다.

1 개인 위생관리

(1) 위생관리기준

① 조리복, 조리모, 앞치마, 조리안전화 등을 항상 위생적으로 청결하게 착용
② 두발, 손, 손톱 등 신체청결 유지 및 위생습관 준수
③ 손톱은 짧고 청결하게 유지하며, 매니큐어 칠하지 않기
④ 짙은 화장, 시계, 반지, 귀걸이 등의 장신구 착용금지
⑤ 조리 전, 중, 후에 항상 손을 깨끗이 세척(손 세척은 30초 이상)
⑥ 조리과정 중 머리, 코 등 신체부위를 만지지 않기
⑦ 조리과정 중 기침, 재채기하지 않기(마스크 착용)
⑧ 작업장 근무수칙 준수(흡연, 음주, 취식 등 금지)

 **참고**

종업원이 조리에 참여하지 않아야 할 경우
- 설사, 복통, 구토, 감기, 기침환자, 황달증상, 발진현상, 피부병 또는 화농성질환자, 베인 부위 등 손에 상처가 있는 자, 건강상태가 좋지 않은 자
- 콜레라, 장티푸스, 파라티푸스, 세균성이질, 장출혈성 대장균 감염증, A형 감염
- 결핵(비전염성인 경우 제외)
- B형간염(감염의 우려가 없는 비활동성 간염은 제외)
- 작업자로서 별도의 허가를 받지 않은 자
- 건강진단을 받지 않은 자 : 식품영업자 및 그 종업원은 식품위생법 제40조에 따라 건강진단을 1년마다 받아야 한다(총리령).

(2) 식품 위생에 관련된 질병

대분류	중분류	소분류	원인균 또는 물질
미생물	세균성	감염형	살모넬라균, 장염비브리오균, 병원성 대장균, 웰치균 등 음식물에서 증식한 세균
		독소형	포도상구균, 클로스트리디움 보툴리누스 등 음식물에서 세균이 증식할 때 발생하는 독소에 의한 식중독
	바이러스성	공기, 물 접촉 등	노로바이러스, 간염 A바이러스, 간염 E바이러스 등
화학물질	자연독	식물성	감자의 솔라닌, 독버섯의 무스카린 등
		동물성	복어의 테트로도톡신, 모시조개의 베네루핀 등
		곰팡이 독소	황변미의 시트리닌 등 식품을 부패, 변질 또는 독소를 만들어 인체에 해를 줌.
		알레르기성	꽁치, 고등어의 히스타민 등
	화학성	혼입독	잔류농약, 식품첨가물, 포장재의 유해물질(구리, 납 등), 오염식품의 중금속 등

예상문제

01 개인 위생관리 기준으로 틀린 것은?

① 짙은 화장, 시계, 반지 등의 장신구 착용을 금지한다.
② 조리 전, 중, 후에 항상 손을 깨끗하게 10초 이상 씻는다.
③ 조리과정 중 머리, 코 등 신체 부위를 만지지 않는다.
④ 두발, 손톱, 손 등 신체 청결을 유지한다.

해설 손 씻기는 30초 이상 비누 또는 세정제를 이용하여 깨끗하게 씻고 흐르는 물로 잘 헹궈야 한다.

정답 01 ②

ⓒ 계절적 변화 : 1년을 주기로 계절적으로 반복·유행하는 감염병으로, 소화기계 감염병(여름), 호흡기계 감염병(겨울) 등이 있다.
ⓓ 불규칙 변화 : 돌발적인 발생으로 유행하는 수인성 감염병과 환경오염성 질병 등이 있다.

보균자
① 건강보균자(병균은 있으나 증상이 없음 → 가장 위험)
② 잠복기보균자
③ 병후보균자(증상과 병균이 있음)
※ 건강보균자는 병원체를 지니고 있으나 증상이 나타나지 않아 감염병을 관리하는 데 있어 가장 관리하기가 어렵다.

3) 식품과 기생충병

① 채소류를 매개로 하여 감염되는 기생충(중간숙주 없음)

회충	분변으로 오염된 채소, 불결한 손을 통해 충란이 사람의 소장에서 75일 만에 성충이 됨 • 증상 : 복통, 간담 증세가 있고 구토, 소화장애, 변비 등의 전신 증세 • 예방법 : 분변의 위생적 처리, 청정채소의 보급, 위생적인 식생활, 환자의 정기적인 구충제 복용, 채소는 흐르는 물에 5회 이상 씻은 후 섭취함
구충 (십이지장충)	충란이 부화, 탈피한 유충이 경피침입 또는 경구침입하여 소장 상부에 기생함 • 증상 : 빈혈증, 소화장애 등 • 예방법 : 회충과 같으나 인분을 사용한 밭에 맨발로 들어가지 말아야 함
요충	성숙한 충란이 사람의 손이나 음식물을 통하여 경구침입, 항문 주위 산란 • 증상 : 항문소양증, 집단감염(가족 내 감염률 높음) • 예방법 : 침구 및 내의의 청결함 유지함
동양모양선충	경구감염 또는 경피감염, 내염성이 강해서 절임채소에서도 발견됨 • 증상 : 장점막에 염증, 복통, 설사, 피곤감, 빈혈 • 예방법 : 분변의 위생적 처리, 청정채소를 섭취함
편충	경구 감염되어 맹장부위에 기생함 • 따뜻한 지방에 많은데, 우리나라에서도 감염률이 높음 • 예방법 : 분변의 위생적 처리, 손 청결, 청정채소를 섭취함

② 육류로부터 감염되는 기생충(중간숙주 1개)

유구조충 (갈고리촌충)	• 감염경로 : 돼지 → 사람 • 예방대책 : 돼지고기 생식 또는 불완전 가열한 것의 섭취 금지, 분변에 의한 오염방지
무구조충 (민촌충)	• 감염경로 : 소 → 사람 • 예방대책 : 소고기의 생식금지, 분변에 의한 오염방지
선모충	• 감염경로 : 돼지·개 → 사람 • 예방대책 : 돼지고기를 75℃ 이상 가열 후 섭취
톡소플라스마	• 감염경로 : 돼지, 개, 고양이, 사람 • 예방대책 : 돼지고기 생식금지, 고양이 배설물에 의한 식품오염방지
만손열두촌충	• 감염경로 : 개구리, 뱀, 닭의 생식 • 예방대책 : 생식금지

※ 중간숙주가 없는 기생충 : 회충, 구충, 요충, 편충
※ 중간숙주가 1개인 기생충 : 무구조충(민촌충), 유구조충(갈고리촌충), 선모충, 만손열두촌충

③ 어패류로부터 감염되는 기생충(중간숙주 2개)

기생충	제1중간숙주	제2중간숙주
간흡충(간디스토마)	왜우렁이	담수어(붕어, 잉어)
폐흡충(폐디스토마)	다슬기	민물게, 민물가재
횡천흡충(요코가와흡충)	다슬기	담수어(은어)
아니사키스	갑각류	오징어
광절열두조충(긴촌충)	물벼룩	연어, 송어

※ 사람이 중간숙주 구실을 하는 기생충 : 말라리아원충

[위생동물의 특징 및 예방대책]

쥐	• 질환 : 기생충질환(선모충증, 아메바성 이질), 세균성 질환(살모넬라증, 서교열, 페스트, 와일씨병), 리케차성 질환(발진열, 쯔쯔가무시증), 바이러스성 질환(유행성 출혈열) 등이 있다. • 예방대책 : 서식처 제거, 방서장치 설치, 식당·식량창고·쓰레기장 등 환경개선 등이 있다.
파리	• 질환 : 소화기계 감염병(장티푸스, 파라티푸스, 콜레라, 이질, 식중독 등), 호흡기계 감염병(디프테리아, 결핵 등), 기생충질환(회충, 편충, 요충 등의 유발 가능), 기타 감염병(소아마비, 화농성 질환 등)이 있다. • 예방대책 : 서식처 제거, 발생원 제거 및 초기에 구제, 화학적으로는 접촉제·훈증제·분무제 등의 살충제를 사용한다.
바퀴벌레	• 질환 : 호흡기계 감염병(결핵, 디프테리아), 소화기계 감염병(콜레라, 장티푸스, 살모넬라, 세균성 이질, 소아마비, 유행성 간염 등), 기생충 질병(회충, 구충, 민촌충, 아메바성 이질 등)이 있다. • 예방대책 : 살충제 살포(페니트로티온), 훈증법, 연무법, 잔류분무 등이 있다.
모기	• 질환 : 일본뇌염(작은빨간집모기), 말라리아(중국얼룩날개 모기), 사상충증, 황열, 뎅기열 등 유발, 흡혈로 인한 피해(피부 교자, 수면 방해 등)를 일으킨다. • 예방대책 : 발생지 제거, 하수구, 고인물 등을 장시간 방치를 금하고, 유충과 성충 구제, 살충제 살포 등이 있다.
벼룩, 이, 빈대	• 질환 : 벼룩은 페스트로 재귀열의 원인이며, 이는 발진티푸스의 원인이 된다. 빈대는 재귀열의 원인이다. • 예방대책 : 예방대책 : 세탁, 세발, 청결, 살충제 살포 등을 한다.
진드기	• 질환 : 유행성 출혈열, 양충병(쯔쯔가무시증), 재귀열, Q열 등이 있다. • 예방대책 : 예방대책 : 청결(신체, 주거, 의복), 가열살충(의복, 침구), 건조(13% 이하의 수분) 등을 한다.

예상문제

01 채소류를 매개로 감염될 수 있는 기생충이 아닌 것은?

① 회충　　　　② 아니사키스
③ 구충　　　　④ 편충

해설 채소가 매개인 기생충에는 회충, 구충, 편충, 요충, 동양모양선충이 있다.

정답
01 ②

> **참고**
> 아우라민(Auramin), 로다민(Rodamine) 등은 독성이 강하여 사용이 금지된 착색료이다.

- 발색제(색소고정제) : 자체 무색이어서 스스로 색을 나타내지 못하지만, 식품 중의 색소성분과 반응하여 그 색을 고정(보존)하거나 또는 발색하는 데 사용한다.

육류 발색제	아질산나트륨(아질산염) → 니트로사민(발암물질) 생성
과채류 발색제	황산제1철, 황산제2철, 염화제1철, 염화제2철

> **참고**
> - 아질산나트륨($NaNO_2$), 질산나트륨($NaNO_3$)=질산소다, 질산칼륨(KNO_3)은 소시지, 햄 등의 육류 가공품과 명란젓, 연어알 등의 발색제로 사용된다.
> - 과량 복용하면 구토, 무력, 호흡곤란 등을 유발하며, 특히 아질산나트륨($NaNO_2$)은 단백질과 위에서 함께 반응하여 나이트로사민(Nitrosamine)이라는 발암물질을 형성하므로 식품 첨가제로서 엄격한 규제를 따른다.

- 착향료 : 식품의 냄새를 없애거나 강화하기 위하여 사용한다.
  - 멘톨(파인애플향, 포도맛향, 자두맛향)
  - 바닐린(바닐라향)
  - 벤질알코올
  - 계피알데히드(계피 : 착향 목적 외에 사용금지)
- 표백제 : 원래 색을 없애거나 퇴색을 방지, 흰 것을 더 희게 하기 위해 사용한다.

산화제	과산화수소, 치아염소산나트륨, 치아염소산칼슘
환원제	(아)황산염, 무수아황산

> **참고**
> 롱가릿(Rongalite), (삼)염화질소(Cl_3N), 형광표백제(螢光漂白劑) 등은 독성이 강하여 사용이 금지된 표백제이다.

ⓒ 품질유지 또는 품질개량에 사용되는 첨가제
- 유화제(계면활성제) : 혼합이 잘 되지 않는 2종류의 액체를 유화시키기 위하여 사용하는 첨가물

합성유화제	글리세린지방산에스테르, 솔비탄지방산에스테르, 폴리소르베이트
천연유화제	레시틴

- 품질개량제(결착제) : 식품의 결착력을 증대시키고 식품의 변색 및 변질을 방지시키는 첨가물(맛의 조성, 식품의 풍미 향상, 식품조직의 개량)
  - 종류 : 복합인산염
- 소맥분 개량제 : 밀가루의 표백 및 숙성기간을 단축시켜 제빵 효과 및 저해물질을 파괴시키며, 살균 효과도 있는 첨가물
  - 종류 : 과산화벤조일(밀가루), 브롬화칼륨, 과황산암모늄, 이산화염소, 과붕산나트륨

- 증점제(호료) : 식품에 결착성(점착성)을 증가시켜 교질상 미각을 증진시키는 첨가물

천연호료	카제인, 구아검, 알긴산, 젤란검, 카라기난
합성호료	알긴산나트륨, 알긴산암모늄, 알긴산칼슘, 변성전분, 카제인나트륨

- 피막제 : 과일의 선도를 장시간 유지하게 하기 위하여 표면에 피막을 만들어 호흡작용을 적당히 제한하고, 수분의 증발을 방지하기 위하여 사용되는 첨가물

초산비닐수지	피막제 이외의 껌 기초제로도 사용
모르폴린지방산염	과채 표피(특히 감귤류)
천연피막제	밀납, 석유 왁스, 카나우바 왁스, 쌀겨 왁스

ⓐ 식품의 제조·가공과정에서 필요한 첨가제

식품제조용 첨가제	황산, 수산화나트륨(복숭아, 밀감 등의 통조림 제조 시 박피제)
소포제	거품을 없애기 위하여 사용되는 첨가물(규소수지, 실리콘수지)
팽창제	밀가루 제품 제조 시 반죽을 팽창시키는 목적으로 사용[효모(천연), 명반, 탄산수소나트륨, 탄산수소암모늄, 탄산암모늄]

ⓔ 영양강화제 및 기타 첨가물
- 영양강화제 : 식품의 영양강화를 목적으로 사용되는 첨가물(비타민, 무기질, 아미노산)
- 이형제 : 빵을 빵틀로부터 잘 분리해 내기 위해 사용(유동파라핀, 잔존량 0.1% 이하)하는 첨가물
- 껌 기초제 : 껌에 적당한 점성과 탄력성을 갖게 하여 그 풍미를 유지하기 위한 첨가물
  - 초산비닐수지(피막제로도 사용)
  - 에스테르껌, 폴리부텐, 폴리이소부틸렌(껌 기초제 이외로는 사용할 수 없음)
- 추출제 : 일종의 용매로서 천연식품 중에서 성분 용해·추출하기 위해 사용되는 첨가물(n-헥산)

2) 식품첨가물 규격기준

판매를 목적으로 하는 식품 또는 식품첨가물에 관한 사항은 식품의약품안전처장이 고시한다.

제조·가공·사용·조리·보존 방법에 관한 기준과 성분에 관한 규격 등이다.

3) 유해물질

① 중금속 유해물질과 중독증상

금속명	주요 중독경로	중독증상
납(Pb)	환약, 먹거리(통조림), 수도관, 기구	시력약화, 빈혈, 복통, 팔과 손의 마비, 뇌중독, 중추신경장애, 혈액장애, 만성중독
카드뮴(Cd)	공장폐수, 광산폐수, 쌀의 오염, 공해, 도기의 유약성분, 오염된 어패류	이타이이타이병, 보행곤란, 뼈의 변형, 골연화증, 신장기능 장애, 단백뇨

ⓢ 예방대책 : 손에 상처나 화농(고름)이 있는 사람은 식품 취급을 금지한다.

② 클로스트리디움 보툴리누스 식중독

㉠ 원인균 : 보툴리늄균(A, B, C, D, E, F, G형 중 A, B, E형이 원인균)

㉡ 원인독소 : 뉴로톡신(Neurotoxin, 신경독소)은 열에 의해 파괴

㉢ 증상 : 신경마비증상

㉣ 원인식품 : 살균이 불충분한 통조림, 햄, 소시지 등 가공품

㉤ 잠복기 : 식후 12~36시간

㉥ 예방대책 : 통조림 및 소시지 등의 위생적 보관과 가공처리 철저

세균성 식중독과 소화기계 감염병의 차이

세균성 식중독	소화기계 감염병(경구 감염병)
• 식중독균에 오염된 식품을 섭취하여 발병 • 식품에 많은 양의 균 또는 독소에 의해 발병 • 살모넬라 외에는 2차 감염이 없음 • 짧은 잠복기 • 면역이 되지 않음	• 감염병균에 오염된 식품과 물의 섭취로 경구감염 • 식품에 적은 양의 균으로 발병 • 2차 감염됨 • 긴 잠복기 • 면역이 됨

(2) 자연독 식중독

1) 동물성 식중독

① 복어 중독

㉠ 원인독소 : 테트로도톡신(Tetrodotoxin)

㉡ 치사량 : 2mg

㉢ 독성시기 : 봄철 5~6월 산란기에 가장 강함

㉣ 독성이 있는 부위 : 난소 > 간 > 내장 > 피부

※ 복어독은 끓여도 파괴되지 않음

㉤ 증상 : 식후 30분~5시간 만에 발병하여 지각마비, 근육마비, 구토, 호흡곤란, 의식불명되어 사망에 이르며, 치사율은 50~60%이다.

㉥ 예방대책 : 복어는 전문 조리사만이 요리하도록 하고 유독부위를 완벽히 제거 후 섭취한다.

② 검은 조개, 섭조개(홍합) 중독

㉠ 원인독소 : 삭시톡신(Saxitoxin)

㉡ 증상 : 신체마비, 호흡곤란, 치사율 10%

③ 모시조개, 굴, 바지락

㉠ 원인독소 : 베네루핀(Venerupin)

㉡ 증상 : 구토, 복통, 변비, 치사율 44~50%

2) 식물성 식중독

① 감자 중독

㉠ 독성물질 : 감자의 발아한 부분 또는 녹색 부분에 솔라닌(Solanine)

※ 부패한 감자에는 셉신(Sepsine)이란 독성물질이 생성되어 중독을 일으킨다.

㉡ 예방대책 : 감자의 싹트는 부분과 녹색 부분은 제거해야 하며, 감자 보관 시 서늘한 곳에 보관한다.

② 독버섯 중독

㉠ 독소 및 증상

• 무스카린(Muscarine) : 강한 독성으로 구토, 설사, 현기증, 시력장애, 의식불명 예 광대버섯, 파리버섯, 땀버섯

• 무스카리딘(Muscaridine) : 교감신경 자극, 뇌 증상, 불안정

• 아마니타톡신(Amanitatoxin), 팔린(Phaline) : 콜레라 증세, 혈변, 청색증 예 알광대버섯, 흰알광대버섯, 독우산광대버섯

• 뉴린(Neurine), 콜린(Choline) : 구토, 설사, 호흡곤란, 혼수상태

• 파실로신(Phaline), 파실로시빈(Psilocybin) : 환각작용의 뇌 증상

• 아가리시산(Agaricic Acid) : 위장형 중독

• 필지오린(Pilzhyioin) : 위장 증상

㉡ 독버섯 중독의 종류

• 위장형 중독 : 무당버섯, 화경버섯(증상 : 구토, 설사, 복통 등의 위장장애)

• 콜레라형 중독 : 마귀곰보버섯, 알광대버섯(증상 : 경련, 헛소리, 혼수상태)

• 신경계 장애형 중독 : 파리버섯, 광대버섯, 미치광이버섯 (증상 : 중추신경장애, 광증, 근육경련)

• 혈액형 중독(증상 : 콜레라형 위장장애, 용혈작용, 황달)

독버섯 감별법
① 세로로 쪼개지지 않는 것 ② 고약한 냄새가 나는 것
③ 색깔이 짙고 색이 화려한 것 ④ 줄기 부분이 거친 것
⑤ 쓴 맛 또는 매운 맛 ⑥ 은수저를 검은색으로 변색시키는 것

③ 기타 유독물질

㉠ 청매, 살구씨, 복숭아씨 : 아미그달린(Amygdalin)

㉡ 독미나리 : 시큐톡신(Cicutoxin)

㉢ 목화씨 : 고시폴(Gossypol)

㉣ 피마자 : 리신(Ricin)

㉤ 독보리 : 테무린(Temuline)

㉥ 오디 : 아코니틴(Aconitine)

ⓛ 위해평가가 끝나기 전까지 예방조치가 필요한 식품 등에 대하여는 판매하거나 판매할 목적으로 채취·제조·수입·가공·사용·조리·저장·소분·운반 또는 진열하는 것을 일시적으로 금지할 수 있다. 다만, 국민건강에 급박한 위해가 발생하였거나 발생할 우려가 있다고 식품의약품안전처장이 인정하는 경우에는 그 금지조치를 하여야 한다.

ⓒ 식품의약품안전처장은 일시적 금지조치를 하려면 미리 심의위원회의 심의·의결을 거쳐야 한다. 다만, 국민건강을 급박하게 위해할 우려가 있는 경우에는 먼저 일시적 금지조치를 한 뒤 지체 없이 심의위원회의 심의·의결을 거칠 수 있다.

ⓔ 심의하는 경우 대통령령으로 정하는 이해관계인의 의견을 들어야 한다.

ⓜ 식품의약품안전처장은 사후 심의위원회의 심의·의결에서 위해가 없다고 인정된 식품 등에 대하여는 지체 없이 일시적 금지조치를 해제하여야 한다.

ⓗ 위해평가의 대상, 방법 및 절차, 그 밖에 필요한 사항은 대통령령으로 정한다.

8) 식품위생감시원

① 관계 공무원의 직무와 그 밖에 식품위생에 관한 지도 등의 관리를 위해 식품의약품안전처(대통령령으로 정하는 그 소속 기관을 포함), 특별시·광역시·특별자치시·도·특별자치도 또는 시·군·구에 식품위생감시원을 두며 대통령령으로 정한다.

② 식품위생감시원의 직무
  ⓐ 식품 등의 위생적 취급에 관한 기준의 이행지도
  ⓑ 수입·판매 또는 사용 등이 금지된 식품 취급 여부에 관한 단속
  ⓒ 규정에 따른 표시 또는 광고기준의 위반 여부에 관한 단속
  ⓓ 출입·검사에 필요한 식품 등의 수거
  ⓔ 시설기준의 적합 여부의 확인·검사
  ⓕ 영업자 및 종업원의 건강진단 및 위생교육의 이행 여부의 확인·지도
  ⓖ 조리사·영양사의 법령 준수사항 이행 여부의 확인·지도
  ⓗ 행정처분의 이행 여부의 확인
  ⓘ 식품 등의 압류·폐기 등
  ⓙ 영업소의 폐쇄를 위한 간판 제거 등의 조치
  ⓚ 그 밖에 영업자의 법령 이행 여부에 관한 확인·지도

식품위생감시원의 임명
식품의약품안전처장, 시·도지사 또는 시장·군수·구청장

9) 영업

① 시설기준에 적합한 시설(총리령으로 정함)
  ⓐ 식품·식품첨가물의 제조업, 가공업, 운반업, 판매업 및 보존업
  ⓑ 기구 또는 용기·포장의 제조업
  ⓒ 영업의 세부 종류 그 범위 : 대통령령

② 허가를 받아야 하는 영업 및 허가관청
  ⓐ 식품조사처리업 : 식품의약품안전처장의 허가
  ⓑ 단란주점영업, 유흥주점영업 : 특별자치시장·특별자치도지사 또는 시장·군수 또는 구청장의 허가

③ 영업신고를 해야 하는 업종 : 특별자치시장·특별자치도지사 또는 시장·군수·구청장에게 신고
  ⓐ 즉석판매제조·가공업
  ⓑ 식품운반업
  ⓒ 식품소분·판매업
  ⓓ 식품냉동·냉장업
  ⓔ 용기·포장류 제조업(자신의 제품을 포장하기 위하여 용기·포장류를 제조하는 경우는 제외)
  ⓕ 휴게음식점영업, 일반음식점영업, 위탁급식영업 및 제과점영업

④ 영업등록을 해야 하는 업종 : 특별자치시장·특별자치도지사 또는 시장·군수·구청장에게 등록(주류 제조 – 식품의약품안전처장에게 등록)
  ⓐ 식품제조·가공업
  ⓑ 식품첨가물제조업

식품접객업의 종류와 정의
① 휴게음식점영업 : 다류, 아이스크림 등을 조리·판매하거나 패스트푸드점, 분식점 형태의 영업 등 음식류를 조리·판매하는 영업으로 음주행위가 허용되지 않는 영업
② 일반음식점영업 : 음식류를 조리·판매하는 영업, 식사와 함께 음주행위가 허용되는 영업
③ 단란주점영업 : 주류를 조리·판매하는 영업으로 손님이 노래하는 행위가 허용되는 영업
④ 유흥주점영업 : 주류를 조리·판매하는 영업으로서 유흥종사자를 두거나 유흥시설을 설치할 수 있고 손님이 노래를 부르거나 춤을 추는 행위가 허용되는 영업
⑤ 위탁급식영업 : 집단급식소를 설치·운영하는 자와의 계약에 의하여 그 집단급식소 내에서 음식류를 조리하여 제공하는 영업
⑥ 제과점영업 : 빵, 떡, 과자 등을 제조·판매하는 영업으로서 음주행위가 허용되지 않는 영업

⑤ 건강진단대상자
  ⓐ 직접 종사하는 영업자 및 그 종업원(다만, 완전 포장된 식품 또는 식품첨가물을 운반 또는 판매하는 데 종사하는 자를 제외)
  ⓑ 영업 시작 전 또는 영업에 종사하기 전에 미리 받아야 한다.

⑥ 영업에 종사하지 못하는 질병의 종류
  ⓐ 콜레라, 장티푸스, 파라티푸스, 세균성이질, 장출혈성 대장균 감염증, A형 간염
  ⓑ 결핵(비감염성인 경우 제외)

㉠ 농수산물

㉡ 농수산물 가공품(국내에서 가공한 가공품은 제외)

㉢ 농수산물 가공품(국내에서 가공한 가공품에 한정)의 원료

② 식품접객업 및 집단급식소 중 대통령령으로 정하는 영업소나 집단급식소를 설치·운영하는 자는 농수산물이나 그 가공품을 조리하여 판매·제공, 보관·진열하는 경우 그 농수산물이나 그 가공품의 원료에 대하여 원산지(쇠고기는 식육의 종류를 포함) 표시. 다만, 원산지인증의 표시한 경우는 원산지를 표시한 것으로 보며, 쇠고기는 식육의 종류를 별도로 표시함

③ 표시대상·표시를 하여야 할 자·표시기준은 대통령령, 표시방법과 그 밖에 필요한 사항은 농림축산식품부와 해양수산부의 공동 부령으로 정함

6) 거짓 표시 등의 금지(제6조)

① 누구든지 다음 행위를 하여서는 안 된다.

㉠ 원산지 표시를 거짓으로 하거나 이를 혼동하게 할 우려가 있는 표시를 하는 행위

㉡ 원산지 표시를 혼동하게 할 목적으로 그 표시를 손상·변경하는 행위

㉢ 원산지를 위장하여 판매하거나, 원산지 표시를 한 농수산물이나 그 가공품에 다른 농수산물이나 가공품을 혼합하여 판매하거나 판매할 목적으로 보관이나 진열하는 행위

② 농수산물이나 그 가공품을 조리하여 판매·제공하는 자는 다음 행위를 하여서는 안 된다.

㉠ 원산지 표시를 거짓으로 하거나 이를 혼동하게 할 우려가 있는 표시를 하는 행위

㉡ 원산지를 위장하여 조리·판매·제공하거나, 조리하여 판매·제공할 목적으로 농수산물이나 그 가공품의 원산지 표시를 손상·변경하여 보관·진열하는 행위

㉢ 원산지 표시를 한 농수산물이나 그 가공품에 원산지가 다른 동일 농수산물이나 그 가공품을 혼합하여 조리·판매·제공하는 행위

③ ①이나 ②에 필요한 사항은 농림축산식품부와 해양수산부의 공동 부령으로 정한다.

④ 대규모점포를 개설한 자는 임대의 형태로 운영되는 점포(임대점포)의 임차인 등 운영자가 ① 또는 ②의 어느 하나에 해당하는 행위를 하도록 방치하여서는 아니 된다.

⑤ 방송채널사용사업자는 해당 방송채널 등에 물건 판매중개를 의뢰하는 자가 ① 또는 ②의 어느 하나에 해당하는 행위를 하도록 방치하여서는 아니 된다.

7) 과징금(제6조의2)

① 농림축산식품부장관, 해양수산부장관, 관세청장, 특별시장·광역시장·특별자치시장·도지사 또는 특별자치도지사(시·도지사)는 제6조 ① 또는 ②를 2년간 2회 이상 위반한 자에게 그 위반금액의 5배 이하에 해당하는 금액을 과징금으로 부과·징수할 수 있으며, 횟수는 합산한다.

② 위반금액은 각 위반행위별 판매금액을 모두 더한 금액을 말한다. 다만, 통관단계의 위반금액은 각 위반행위별 수입 신고 금액을 모두 더한 금액을 말한다.

③ ①에 따른 과징금 부과·징수의 세부기준, 절차, 그 밖에 필요한 사항 : 대통령령

④ 과징금을 납부기한까지 내지 아니하면 국세 또는 지방세 체납처분의 예에 따라 징수

8) 원산지 표시 등의 조사(제7조)

① 농림축산식품부장관, 해양수산부장관, 관세청장이나 시·도지사는 대통령령으로 정하는 바에 따라 관계 공무원으로 하여금 원산지 표시 대상 농수산물이나 그 가공품을 수거하거나 조사하게 한다. 이 경우 수거 또는 조관세청장사 업무는 수입하는 농수산물이나 농수산물 가공품(국내에서 가공한 가공품은 제외)에 한정한다.

② 해당 영업장, 보관창고, 사무실 등에 출입하여 확인·조사 등을 할 수 있으며, 영업과 관련된 장부나 서류의 열람을 할 수 있다.

③ 수거·조사·열람을 하는 때에는 정당한 사유 없이 이를 거부·방해·기피해서는 안 된다

④ 관계 공무원은 그 권한을 표시하는 증표를 관계인에게 내보여야 하며, 출입 시 성명·출입시간·출입목적 등이 표시된 문서를 관계인에게 교부하여야 한다.

⑤ 매년 인력·재원 운영계획을 포함한 자체 계획(자체 계획)을 수립한 후 그에 따라 실시하여야 한다.

⑥ 평가 결과(자체 계획에 따른 추진 실적, 그 밖에 원산지 표시 등의 조사와 관련하여 평가가 필요한 사항)를 자체 계획에 반영하며, 기준 및 절차에 관한 사항은 대통령령으로 정한다.

9) 영수증 거래명세서 등의 비치(제8조)

매입일부터 6개월간 비치·보관

10) 원산지 표시 등의 위반에 대한 처분 등(제9조)

① 농림축산식품부장관, 해양수산부장관, 관세청장 또는 시·도지사는 제5조나 제6조를 위반한 자에 대하여 다음 각 호의 처분을 할 수 있다. 다만, 제5조 ③을 위반한 자에 대한 처분은 ㉠에 한정한다.

㉠ 표시의 이행·변경·삭제 등 시정명령

㉡ 위반 농수산물이나 그 가공품의 판매 등 거래행위 금지

② 농림축산식품부장관, 해양수산부장관, 관세청장 또는 시·도지사는 다음 각 호의 자가 제5조 또는 제6조를 위반하여 농수산물이나 그 가공품 등의 원산지 등을 2회 이상 표시하지 아니하거나 거짓으로 표시함에 따라 ①에 따른 처분이 확정된 경우 처분과 관련된 사항을 공표해야 한다.

온열인자의 종류	설명
기온	지상 1.5m에서 측정하는 건구온도를 말하며 하루 중 최고온도는 오후 2시경, 최저온도는 일출 전이며, 쾌감온도는 18±2℃이다.
기습	쾌적한 습도는 40~70%(건조하면 호흡기 질환, 습하면 피부질환 유발)이다.
기류	1초당 1m 이동할 때가 건강에 좋다(쾌감기류).
복사열	대류를 통해서 열이 전달되지 않고 열이 직접 이동하는 열

ⓒ 기온역전현상 : 상부기온이 하부기온보다 높을 때 발생한다.
 LA스모그, 런던스모그

ⓒ 실외의 기온 측정 : 지상 1.5m에서 건구온도를 측정한다.
- 최고온도 : 오후 2시경 측정
- 최저온도 : 일출 전 측정

ⓔ 불감기류 : 공기의 흐름이 0.2~0.5m/sec로 약하게 이동하며, 사람들이 바람부는 것을 감지하지 못하는 것을 말한다.

ⓜ 불쾌지수(Discomfort Index, DI) : 건구온도, 습구온도를 알아야 측정할 수 있다.
- DI 70 : 10% 정도 주민이 불쾌감을 느낌
- DI 75 : 50% 정도 주민이 불쾌감을 느낌
- DI 80 : 거의 모든 주민이 불쾌감을 느낌
- DI 86 이상 : 견딜 수 없는 불쾌감을 느낌

불쾌지수 측정에 필요한 요소
- 건구온도(건구온도계 : 실외의 기온 측정)
- 습구온도(카타온도계 : 실내의 기온 측정)

카타온도계
기류 측정의 미풍계로도 사용한다.

4) 공기의 조성

공기를 구성하는 기체의 비율(%)
질소(N) > 산소(O_2) > 아르곤(Ar) > 이산화탄소(CO_2) > 기타 원소
(78%)   (21%)   (0.9%)   (0.03%)   (0.07%)

① 질소(N) : 공기 중에 질소가 약 78%가 존재한다.
② 산소(O_2) : 공기 중에 약 21%(가장 원활함)가 존재하며 산소의 양이 10% 이하가 되면 호흡곤란, 7% 이하가 되면 질식사하게 된다.
③ 이산화탄소(CO_2) : 실내공기오염 측정지표로 이용되며, 위생학적 허용한계는 0.1%(1,000ppm)로 7% 이상은 호흡곤란, 10% 이상은 질식할 수 있다.

ppm(part per million)
ppm은 1/1,000,000을 나타내는 약호이다(100만분의 1을 나타낸다).
1ppm=0.0001%, 1%=10,000ppm

④ 일산화탄소(CO)
㉠ 탄소성분의 불완전 연소할 때 발생하는 무색, 무미, 무취, 무자극성 기체(연탄이 타기 시작할 때와 꺼질 때 자동차 배기가스 등에서 발생)
㉡ 혈중 헤모글로빈과의 결합력이 산소(O_2)에 비해 250~300배 강해 조직 내의 산소결핍을 유발하여 중독을 일으킨다.
㉢ 위생학적 허용한계 : 8시간 기준 – 0.01%(100ppm) / 1,000ppm 이상 – 생명의 위험

⑤ 아황산가스(SO_2, 이산화황)
㉠ 실외공기(대기)오염의 측정지표로 사용된다.
㉡ 중유의 연소과정에서 발생한다.  자동차의 배기가스
㉢ 호흡곤란과 호흡기계 점막의 염증, 농작물의 피해, 금속을 부식시킨다.

- 실내공기오염 측정지표 : 이산화탄소(CO_2)
- 실외공기오염 측정지표 : 아황산가스(SO_2)

군집독(실내공기 오염)
- 환기가 이루어지지 않는 밀폐된 실내(공연장, 강연장)에 다수인이 장시간 밀집되어 있을 경우 두통, 구토 등을 느끼는 증상
- 원인 : 산소 부족, 구취, 체취, 공기의 이화학적 조성변화
- 예방 : 실내공기 환기

공기 중 먼지에 의해 진폐증이 유발될 수 있다.

⑥ 공기의 자정작용
㉠ 공기의 희석작용
㉡ 강우, 강설에 의한 세정작용
㉢ 산소(O_2), 오존(O_3), 과산화수소(H_2O_2) 등에 의하여 산화작용
㉣ 자외선에 의한 살균작용(자외선)
㉤ 식물의 탄소동화작용

공기의 자정작용에 소독작용은 포함되지 않는다.

5) 대기오염

① 대기오염원 : 자동차의 배기가스, 공장의 매연, 연기, 먼지 등
② 대기오염물질 : 아황산가스, 일산화탄소, 질소산화물, 옥시탄트(광화학 스모그 형성)
③ 대기오염에 의한 피해 : 호흡기계 질병 유발, 식물의 고사, 건물의 부식 등

6) 상·하수도

① 상수도 : 상수를 운반하는 시설을 상수도라 한다.

4) 급만성 감염병관리

① 감염병 발생의 요인과 대책

㉠ 감염원(병원체, 병원소) : 병독이나 병원체를 직접 인간에게 가져오는 감염병의 원인이 될 수 있는 모든 것
- 병원체 : 세균, 바이러스, 리케차, 진균, 기생충 등
- 병원소 : 인간, 동물, 토양, 먼지 등
- 감염원에 대한 대책 : 환자, 보균자를 색출하여 격리시킨다.

㉡ 감염경로(환경)
- 병원체가 새로운 숙주(사람)에게 전파하는 과정이 있어야만 질병이 성립되므로 음식물 전파, 공기전파, 접촉전파, 매개전파, 개달물 전파로 인해 질병이 전파된다.
  ※ 개달물은 물, 우유, 식품, 공기, 토양을 제외한 모든 비활성 매체로 환자가 쓰던 의복, 침구, 완구, 책, 수건 등 모든 것
- 감염경로에 대한 대책 : 손을 자주 소독한다.

㉢ 숙주의 감수성 및 면역성
- 자주 감염병이 유행하더라도 병원체에 대한 저항성 또는 면역성을 가지게 되면 감염병은 발생하지 않는다.
- 숙주의 감수성에 대한 대책 : 질병에 대한 저항력의 증진, 예방접종을 한다.

감수성 지수
두창, 홍역(95%) > 백일해(60~80%) > 성홍열(40%) > 디프테리아(10%) > 소아마비(0.1%), 폴리오(0.1%)

5) 질병의 원인별 분류

① 양친에게서 감염되거나 유전되는 질병

㉠ 감염병 : 매독, 두창, 풍진

㉡ 비감염성 질환 : 혈우병, 당뇨병, 알레르기, 정신발육지연, 색맹, 유전적 농아 등

② 식사의 부적합으로 일어나는 질병

㉠ 과식이나 과다 지방식 : 비만증, 관상동맥, 심장질환, 고혈압, 당뇨병

㉡ 식염의 과다 및 자극성 식품 : 고혈압

㉢ 뜨거운 음식을 섭취 : 식도암, 후두암 및 위암의 발생률이 높음

㉣ 특수영양소(비타민, 무기질) 결핍증 : 각기병(비타민 B₁), 구루병(비타민 D), 빈혈(철분), 펠라그라증(피부병 : 나이아신 부족), 갑상선종(요오드 부족 : 다시마, 해조류, 갈조류에 많음), 충치(불소 결핍), 반상치(불소 과다)

6) 병원체에 대한 면역력 증강

질병이 체내에 침입하면 방어할 수 있는 능력을 길러주는 것으로 선천적 면역과 후천적 면역이 있다.

① 선천적 면역 : 종속면역, 인종면역, 개인차 특이성에 따른 면역이다.

② 후천적 면역 : 능동면역, 수동면역으로 나뉜다.

후천적 면역				
능동면역	자연능동면역	질병 감염 후 획득된 면역	예 홍역, 수두, 유행성 이하선염, 백일해, 성홍열, 발진티푸스, 장티푸스, 페스트, 황열, 콜레라
	인공능동면역	예방접종으로 획득된 면역	예 결핵(BCG 접종 후 생긴 면역), 두창, 탄저, 장티푸스, 백일해, 일본뇌염, 파상풍, 콜레라, 파라티푸스
수동면역	자연수동면역	모체로부터 받는 면역	예 태반이나 수유로 받는 면역
	인공수동면역	혈청제제의 접종으로 획득되는 면역	예 인체감마 글로불린 주사

7) 감염병의 분류

① 병원체에 따른 감염병의 분류

바이러스(Virus)	• 호흡기 계통 : 인플루엔자, 홍역, 유행성 이하선염, 풍진 • 소화기 계통 : 급성회백수염(소아마비, 폴리오), 유행성 간염
세균(Bacteria)	• 호흡기 계통 : 한센병, 디프테리아, 성홍열, 폐렴, 결핵, 백일해 • 소화기 계통 : 장티푸스, 파라티푸스, 콜레라, 세균성 이질
리케차(Rickettsia)	발진티푸스, 발진열, 양충병
스피로헤타성	와일씨병, 서교증, 재귀열, 매독
원충성	말라리아, 아메바성 이질, 트리파노소마(수면병)

② 예방접종을 하는 감염병의 종류

연령		예방접종의 종류
기본접종	4주 이내	BCG(결핵 예방접종, 생균 백신)
	2개월	경구용 소아마비, DPT(디프테리아-D, 백일해-P, 파상풍-T)
	4개월	경구용 소아마비, DPT
	6개월	경구용 소아마비, DPT
	15개월	홍역, 볼거리, 풍진(13~15세 여아만 접종해도 된다)
	18개월	결핵, 두창, 폴리오
	3~15세	일본뇌염

※ 디피티(DPT)는 디프테리아(Diphtheria), 백일해(Pertussis), 파상풍(Tetanus)이다.

정기예방접종
결핵(BCG), 디프테리아(D), 백일해(P), 파상풍(T), 홍역, 소아마비, 유행성 이하선염, 풍진, B형 간염

임시예방접종
일본뇌염, 장티푸스, 인플루엔자, 유행성 출혈열

③ 잠복기에 따른 감염병의 분류

㉠ 잠복기간이 긴 것 : 한센병, 결핵(잠복기가 가장 길며 일정하지 않음), 매독, 임질, 에이즈(AIDS)

㉡ 잠복기간이 짧은 것 : 콜레라(잠복기가 가장 짧음), 이질, 성홍열, 파라티푸스, 디프테리아, 뇌염, 황열, 인플루엔자

CHAPTER 02 안전관리

반드시 알아야 할 핵심개념
안전관리의 정의, 재난의 원인 4요소, 주방 내 안전사고 3요인, 안전교육의 목적, 응급상황 시 행동단계, 개인안전관리, 작업장 환경관리, 작업장 안전관리

조리사가 주방에서 일어날 수 있는 사고와 재해에 대하여 사전에 예측하여 안전기준 확인, 안전수칙준수 등으로 안전예방 활동을 하는 것이다.

① 주방에서 안전관리 대상은 개인안전, 주방 환경, 조리장비 및 기구, 가스, 위험물(가열된 기름, 뜨거운 물), 소화기, 전기 등이다.
② 안전지침은 조리작업에 수반하는 장비 및 수작업 등에 대한 안전사고 예방·사고발생 시 대처 방법이다.

> **참고**
>
> ① 재난의 원인 4요소 : 인간(Man), 기계(Machine), 매체(Media), 관리(Management)
> ② 주방 내 안전사고 3요인 : 인적 요인, 물적 요인, 환경적 요인
>   - 인적 요인 : 정서적 요인, 행동적 요인, 생리적 요인
>   - 물적 요인 : 각종 기계, 장비, 시설물 등의 요인
>   - 환경적 요인 : 주방의 환경적 요인, 주방의 물리적 요인, 주방의 시설적 요인
> ③ 재해 발생의 원인
>   - 부적합한 지식
>   - 부적절한 태도와 습관
>   - 불충분한 기술
>   - 불안전한 행동
>   - 위험한 환경
> ④ 안전교육의 목적 : 안전교육의 목적은 상해, 사망 또는 재산의 피해를 일으키는 불의의 사고를 예방하는 것이다.
> ⑤ 응급상황 발생 행동요령
>   - 호흡마비, 심장마비와 같은 응급상황은 5분이 생명과 직결되기 때문에 매우 중요(5분 내 응급조치 필요)
>   - 심각한 외상 발생 시 최초 1시간이 생명과 직결되기 때문에 상황이 발생한 현장에서 응급조치 필요
> ⑥ 응급상황 시 행동단계 : 현장조사(check) → 119신고(call) → 처치 및 도움(care)
> ⑦ 안전교육의 필요성
>   - 안전 불감증 의식 변화, 안전에 대한 국민의식 변화, 사업주의 안전경영, 근로자의 안전수칙 준수 등 필요
>   - 외부적인 위험으로부터 자신의 신체와 생명을 보호
>   - 물체에 대한 사람들의 비정상적인 접촉으로 인한 직업병과 산업재해 예방
>   - 과거의 재해경험으로 쌓은 지식과 함께 안전문화 교육을 통한 기계·기구·설비와 생산기술의 안전적 사용
>   - 교육을 통한 사업장의 위험성이나 유해성에 관한 지식, 기능 및 태도의 안전한 변화 이행

1 개인 안전관리

(1) 개인 안전사고 예방 및 사후 조치

① 안전풍토 : 근로자들이 작업환경에서 안전에 대해 갖고 있는 통일된 인식을 말하는데, 조직구성원들의 행동 및 태도, 구성원 상호 간의 의사소통, 교육 및 훈련, 개인의 책임감, 안전행동 사고율 등에 영향을 준다.
② 재해 발생의 원인 : 부적합한 지식과 태도의 습관, 불안전한 행동, 불충분한 기술, 위험한 작업환경
③ 안전사고 예방 과정 : 위험요인 제거 → 위험요인 차단 → 위험사건 오류 예방 → 위험사건 오류 교정 → 위험사건 발생 이후 재발 방지 조치 제한(심각도)

(2) 작업 안전관리

안전관리는 조리작업의 수행에 있어서 작업자는 물론 시설의 안전을 유지하고 관리하기 위하여 필요로 한다.

칼	칼 사용의 방법
사용안전	• 칼을 사용할 때는 정신 집중과 안정된 자세로 작업 • 칼을 실수로 떨어뜨렸을 때는 잡지 말고 피할 것 • 본래 목적 이외에 사용하지 말 것
이동안전	• 주방에서 칼을 들고 다른 장소로 옮기지 않을 것 • 만약, 옮길 경우에는 칼끝을 정면으로 하지 말고 지면을 향하게 할 것 • 칼날을 뒤로 가게 하여 옮길 것
보관안전	• 칼은 정해진 장소의 안전함에 넣어서 보관할 것 • 칼을 보이지 않는 곳, 싱크대 등에 두지 말 것

※ 주방에서의 안전장비는 조리복, 조리안전화, 앞치마, 조리모, 안전장갑 등이다.

2 장비·도구 안전작업

(1) 조리장비·도구 안전관리 지침

안전관리의 대상은 개인안전, 조리장비 및 기구, 주방환경, 전기, 소화기가스, 위험물(가열된 기름, 뜨거운 물) 등을 말한다.

① 조리장비·도구의 안전관리 지침
  ㉠ 사용방법을 숙지하고 전문가의 지시에 따라 사용해야 한다.
  ㉡ 조리장비, 도구에 무리가 가지 않도록 유의한다.
  ㉢ 이상이 생기면 즉시 사용을 중지하고 조치를 취한다.
  ㉣ 전기 사용 장비는 수분을 피하고 전기사용량, 사용법을 확인 후 사용한다.
  ㉤ 모터에 물, 이물질 등이 들어가지 않도록 하고 청결하게 관리한다.
  ㉥ 장비의 사용용도 이외에는 사용을 금한다.

$$Aw = \frac{P(\text{식품의 수증기})}{P_0(\text{순수한 물의 최대 수증기압})}$$

㉠ 순수한 물의 활성도는 1이다(물의 Aw=1).
㉡ 수분활성도가 작다는 것은 그 식품 중에 미생물이 사용할 수 있는 자유수의 함량이 낮다는 것을 의미하므로, 미생물이 성장하기 힘든 조건이 되어 식품의 저장성을 높일 수 있다.
㉢ 일반식품의 수분활성도는 항상 1보다 작다.
(일반식품의 Aw<1)

- 과일, 채소, 신선한 생선 : Aw=0.98~0.99
- 육류의 Aw=0.80 ~ 0.88
- 곡류·두류의 Aw=0.60 ~ 0.64

(2) 탄수화물

① 탄수화물의 특성

구성요소	C(탄소), H(수소), O(산소)
1g당 열량	4kcal
1일 총 섭취 열량/소화율	65%/98%
최종분해산물	포도당
소화효소	말타아제, 락타아제, 프티알린, 아밀롭신, 사카라아제

※ 탄수화물 과잉 섭취 시 간과 근육에 글리코겐으로 저장된다.

칼로리(열량)
① 식품의 성분 중 당질, 지방, 단백질(3대 열량소)이 칼로리의 급원이 되며, 이들이 체내에서 연소되어 열을 발생하여 체온을 유지한다.
② 칼로리는 열량을 재는 단위로서, 1kcal는 1ℓ의 물을 1℃ 높이는 데 필요한 열량이다.
③ 단백질·탄수화물 4kcal, 지방 9kcal, 알코올 7kcal의 열량을 낸다.

② 탄수화물의 분류 : 가수분해하여 생성된 당의 분자수에 따라 분류된다.
㉠ 단당류 : 탄수화물의 가장 간단한 구성단위로 더 이상 가수분해 또는 소화되지 않는다.

포도당(Glucose)	탄수화물의 최종분해산물로 포유동물의 혈액에 0.1% 함유되어 있다.
과당(Fructose)	특히 벌꿀에 많이 함유되어 있고 단맛이 가장 강하다.
갈락토오스(Galactose)	단독으로 존재하지 못하고 유당에 함유되어 결합상태로만 존재하며, 젖당의 구성성분으로 포유동물의 유즙에 존재한다(우뭇가사리의 주성분).

※ 올리고당 (소당류) : 단맛이 나며, 충치를 만들지 않는다는 점이 일반당류와 다른 특징이다.

㉡ 이당류 : 단당류 2개가 결합된 당이다.

맥아당(Maltose, 엿당)	• 포도당 2분자가 결합된 것 • 엿기름에 많으며, 물엿의 주성분
서당(Sucrose, 자당, 설탕)	• 설탕은 자당이라고도 부르며, 포도당과 과당이 결합된 것 • 서당을 160℃ 이상으로 가열하면 캐러멜화하여 갈색 색소인 캐러멜이 됨 예 과일, 사탕수수, 사탕무에 함유
유당(Lactose, 젖당)	• 갈락토오스와 포도당으로 구성됨. • 포유류의 유즙에 존재하는 것으로 감미가 거의 없음 • 유산균과 젖산균의 정장작용 • 칼슘(Ca)의 흡수를 도움

㉢ 다당류 : 단당류가 2개 이상 또는 그 이상이 결합된 것으로 분자량이 큰 탄수화물이며, 물에 용해되지 않고 단맛도 없다.

전분(Starch)	주로 곡류에 함유되어 있는 전분(식물성 전분)
글리코겐(Glycogen)	동물의 저장 탄수화물로 간이나 근육, 조개류에 함유되어 있음
섬유소(Cellulose)	• 인간의 소화액 중에는 섬유소를 분해하는 효소가 없으므로 이를 소화하지 못함 • 장 점막을 자극해서 소화운동을 촉진시켜 변비를 예방함
펙틴(Pectin)	• 소화되지 않는 다당류로 세포막과 세포막 사이에 있는 층에 주로 존재함 • 뜨거운 물에 풀리며 설탕과 산의 존재로 겔(gel)화될 수 있음 예 잼과 젤리 • 각종 과실류와 감귤류의 껍질 등에 그 함량이 많음
이눌린(Inulin)	과당의 결합체로 다알리아에 많이 함유되어 있음 예 도라지
갈락탄	한천에 들어 있는 소화되지 않는 다당류임
덱스트린	• 뿌리나 채소즙에 많음 • 전분의 가수분해 과정에서 얻어지는 중간산물임
아가(Agar)	우뭇가사리와 한천에 함유되어 있음

- 백색 전분은 아밀로오즈가 20%, 아밀로펙틴이 80%이고, 찹쌀 전분은 아밀로펙틴이 100%이다.
- 전화당 : 설탕을 가수분해할 때 얻어지는 포도당과 과당의 혼합물이며, 벌꿀에 많다.

③ 탄수화물의 기능
㉠ 에너지 공급원(1g당 4kcal의 에너지가 발생함)으로 전체 열량의 65%를 당질에서 공급한다(지방 20%, 단백질 15% 공급하는 것이 가장 이상적임).
㉡ 단백질 절약작용을 한다.
㉢ 장내 운동성을 돕는다.
㉣ 지방의 완전연소에 관여한다.

④ 탄수화물의 과잉증과 결핍증
㉠ 과잉증 : 비만증, 소화불량 등
㉡ 결핍증 : 체중감소, 발육불량 등

당질의 감미도
과당 > 전화당 > 설탕 > 포도당 > 맥아당 > 갈락토오즈 > 젖당(유당)

갈변현상의 방지
① 열처리(Blanching, 데치기)에 의한 효소의 불활성화
② 산소 제거하고 공기 대신 질소, 이산화탄소로 대체
③ -10℃ 이하로 하여 효소의 작용 억제
④ 철(Fe), 구리(Cu)로 된 용기나 기구의 사용 금지
⑤ 설탕, 소금물에 담가 보관
⑥ 효소의 최적 조건을 변화시키기 위해서 pH를 낮춤

② 비효소적 갈변
  ㉠ 캐러멜화(Caramel) : 당류를 180℃로 가열하면 점조성을 띠는 적갈색 물질로 변하는 현상
  ㉡ 아미노-카르보닐(Amino-carboyl) 반응 : 마이야르 반응, 식빵, 간장, 된장의 갈변
  ㉢ 아스코르빈산(Ascorbic acid) 산화반응 : 오렌지, 감귤류 과일 주스(pH 낮을수록 갈변현상 큼)

(9) 식품의 맛과 냄새

① 식품의 맛
  ㉠ 헤닝(Henning)의 기본적인 맛

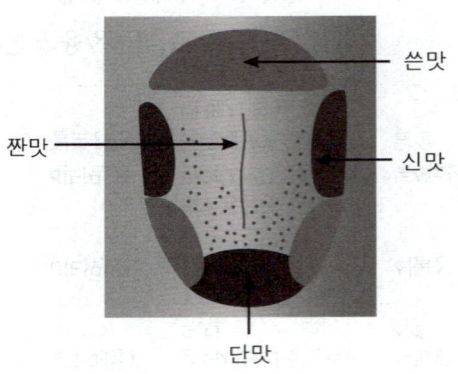

- 단맛
  - 천연감미료 : 포도당, 과당, 젖당, 전화당, 유당, 맥아당
  - 인공감미료 : 사카린, 솔비톨, 아스파탐
- 신맛(산미료)
  - 산이 해리되어 생성된 수소이온의 맛으로 생성
  - 초산(식초), 젖산(요구르트), 사과산(사과), 주석산(포도), 구연산(딸기, 감귤류), 호박산(조개)
- 짠맛 : 식염(염화나트륨)
- 쓴맛 : 소량의 쓴맛은 식욕을 촉진한다.
  - 카페인 : 커피, 초콜릿
  - 모르핀 : 양귀비
  - 휴물론 : 맥주
  - 니코틴 : 담배
  - 데오브로민 : 코코아
  - 헤스페리딘 : 귤껍질
  - 큐커비타신 : 오이껍질

※ 쿠쿠르비타신 : 오이꼭지의 성분

㉡ 기타의 맛

맛난맛	이노신산 : 가다랭이 말린 것, 멸치, 소고기 글루탐산 : 다시마, 된장, 간장 시스테인, 리신 : 육류, 어류 호박산 : 조개류 타우린 : 새우, 오징어, 문어, 조개류
매운맛	캡사이신 : 고추
떫은맛	탄닌 : 감
아린맛 (쓴맛+떫은맛)	두릅, 죽순, 고사리, 고비, 우엉, 토란(사용 전에 물에 담가 이 맛을 제거한 후 사용함)
금속맛	철, 은, 주석 등 금속이온의 맛(수저, 포크)

㉢ 맛의 현상

- 맛의 대비(강화) : 서로 다른 정미성분을 섞었을 때 주정미성분의 맛이 강화되는 현상(단맛에 소량의 짠맛이, 짠맛에 소량의 신맛이 존재할 경우 주성분이 강하게 느껴지는 현상)
  예 설탕용액에 소금을 넣으면 단맛이 증가한다.
  예 단팥죽에 소금을 넣었더니 팥의 단맛이 증가한다.
- 맛의 억제(손실현상) : 서로 다른 정미성분을 섞었을 때 주정미성분의 맛이 약화되는 현상
  예 커피에 설탕을 넣어주면 쓴맛이 단맛에 의해 억제된다.
- 맛의 변조 : 한 가지 정미성분을 맛본 직후 다른 정미성분이 정상적으로 느껴지지 않는 경우
  예 쓴 한약을 먹은 후 물을 마시면 물맛이 달게 느껴진다.
  예 오징어 먹은 후 귤을 먹으면 쓰게 느껴진다.

※ **미맹현상** : PTC는 극히 쓴 물질인데 이 용액의 쓴맛을 전혀 느끼지 못하는 사람을 지칭한다.

- 맛의 순응(피로) : 같은 정미성분을 계속 맛볼 경우 미각이 둔해져 역치가 높아지는 현상
- 맛의 상쇄 : 두 종류의 정미 성분이 섞여 있을 경우 각각의 맛보다는 조화된 맛을 느끼는 현상
  예 김치의 짠맛과 신맛, 청량음료의 단맛과 신맛의 조화
- 맛의 온도 : 일반적으로 혀의 미각은 10~40℃에서 잘 느낄 수 있고 30℃ 전후에서 가장 예민하게 느끼며, 온도의 상승에 따라 매운맛은 증가하고, 온도 저하에 따라 쓴맛은 심하게 감소한다.

종류	온도(℃)
단맛	20~50℃
짠맛	30~40℃
쓴맛	40~50℃
신맛	25~50℃
매운맛	50~60℃

② 기타 특수성분
  ㉠ 생선 비린내 성분 : 트리메틸아민(동물성 냄새)
  ㉡ 참기름 성분 : 세사몰
  ㉢ 고추의 매운맛 : 캡사이신

- ⓐ 해조류 : 요오드(I)가 많아 갑상선 치료에 도움이 되며, 탄수화물이 포함되어 있으나 열량원으로는 이용되지 못한다.
  - 갈조류 : 미역, 다시마, 톳
  - 녹조류 : 파래, 청각
  - 홍조류 : 김, 우뭇가사리
- ② 동물성 식품
  - ㉠ 육류 : 쇠고기, 돼지고기, 닭고기 등으로 단백질 함량이 높고, 무기질로는 P(인), S(황), Cl(염소) 등을 포함하고 있다.
  - ㉡ 우유류 : 영양학적으로 완전식품이다.
    - 예 우유, 분유, 탈지분유, 치즈, 발효유 등
  - ㉢ 난류 : 단일식품으로는 단백가가 우수한 식품이다.
    - 예 달걀, 오리알, 메추리알 등
  - ㉣ 어패류 : 동물성 단백질의 공급원이다. 예 생선, 조개 등
- ③ 유지식품
  - ㉠ 식물성 유지 : 필수 지방산의 공급원이다.
    - 식물성 유지 : 식물에서 채취하는 유지로 상온에서 액상인 것
      - 예 식용유, 대두유, 참기름, 들기름, 올리브유
    - 식물성 지방 : 식물에서 채취하는 유지로 상온에서 고체상인 것
      - 예 마가린
  - ㉡ 동물성 유지 : 상온에서 고체상의 지방이다. 예 버터, 라드(돼지기름)
  - ㉢ 가공유지(경화유) : 불포화지방산에 니켈(Ni)과 백금을 촉매로 수소를 첨가시켜 포화지방산으로 만든 고체형의 기름 예 마가린, 쇼트닝
    - ※ 불포화지방산+H(수소)+니켈·백금(촉매)=딱딱한 기름(고체) 쇼트닝, 마가린
- ④ 기타 식품
  - ㉠ 기호식품 : 영양소는 거의 또는 전혀 함유하고 있지 않으나 식품에 색깔, 냄새, 맛을 부여하여 식욕을 증진시키는 물질 예 청량음료, 차, 커피 등
  - ㉡ 즉석식품 : 조리에 시간과 수고가 들어가지 않고 간단한 방법으로 바로 먹을 수 있는 장점이 있으나 영양이 불균형한 단점이 있으며, 인스턴트식품이라고도 한다.
    - 예 통조림, 냉동식품, 라면, 건조채소, 즉석스프 등
  - ㉢ 강화식품 : 손실된 영양소를 보충하여 강화하거나 원래 없었던 성분을 보충하여 영양가를 높인 식품을 말한다. 예 강화미, 강화밀(비타민 B_1 강화), 강화빵, 강화우유(비타민 D), 강화된장 등

(1) 영양소의 기능 및 영양소 섭취기준

① 영양소(5가지 기초 식품군)

구별	구성	주요 식품군	급원식품
1군	단백질	육류, 어류, 알류, 콩류	쇠고기, 돼지고기, 닭고기, 생선, 조개, 콩, 두부, 달걀 등
2군	칼슘	우유 및 유제품, 뼈째 먹는 생선	멸치, 뱅어포, 잔생선, 새우, 우유, 분유 등
3군	비타민, 무기질	채소류 및 과일류	시금치, 쑥갓, 당근, 상추, 배추, 사과, 딸기, 김 등
4군	탄수화물	곡류 및 감자류	쌀, 보리, 콩, 팥, 밀, 감자, 고구마, 토란, 과자, 빵 등
5군	지방	유지류	면실유, 참기름, 들기름, 쇼트닝, 버터, 마가린, 호두 등

② 영양섭취기준 : 한국인의 건강을 최적의 상태로 유지하고 질병을 예방하는 데 도움이 되도록 필요한 영양소 섭취 수준을 제시하는 기준이다.

한국인 영양섭취기준에서는 만성질환이나 영양소의 과다 섭취에 관한 우려와 예방의 필요성을 고려하여 다음 4가지의 섭취기준을 제시하였다.

- ㉠ 평균필요량(EAR) : 대상집단을 구성하는 건강한 사람들의 절반에 해당하는 사람들의 일일필요량을 충족시키는 영양소의 값이다.
- ㉡ 권장섭취량(RI) : 평균필요량에 표준편차의 2배를 더하여 정한 영양소의 값이다.
- ㉢ 충분섭취량(AI) : 영양소 필요량에 대한 정확한 자료가 부족하거나 필요량의 중앙값 및 표준편차를 구하기 어려워 권장섭취량을 산출할 수 없는 경우 제시한다.
- ㉣ 상한섭취량(UL) : 인체 건강에 유해영향이 나타나지 않는 최대 영양소 섭취 수준으로서, 과량 섭취 시 건강에 악영향의 위험이 있다는 자료가 있는 경우에 설정이 가능하다.

[한국인 영양섭취기준(KDRIs)의 에너지 적정 비율]

영양소	1~2세	3~19세	20세
탄수화물	50~70%	55~70%	55~70%
단백질	7~20%	7~20%	7~20%
지방	20~35%	15~30%	15~25%
n-3 불포화지방산	0.5~1.0%	0.5~1.0%	0.5~1.0%
n-6 불포화지방산	4~8%	4~8%	4~8%

③ 식단 작성
- ㉠ 식단 작성의 의의와 목적

의의	사람에게 필요한 영양을 균형적으로 보급하며, 영양의 필요량에 알맞은 음식을 준비하여 합리적인 식습관과 영양지식을 기초로 한 식사의 계획
목적	• 알맞은 영양의 공급 • 시간과 노력의 절약 • 식품비의 조절과 절약 • 바람직한 식습관의 형성 • 기호의 충족

- ㉡ 식단 작성의 필요조건

영양면	식사 구성안의 식품군을 고루 이용하고, 영양필요량에 알맞은 식품과 양을 정한다.
경제면	신선하고 값이 저렴한 식품 등의 선택으로 각 가정의 경제사정을 참작한다.
기호면	편식 교정을 위하여 광범위한 식품 또는 조리를 선택하고 적당한 조미료를 사용 한다.
능률면	음식의 종류, 조리법은 주방의 시설과 설비 및 조리기구 등을 고려해서 선택하고, 인스턴트식품이나 가공식품을 효율적으로 이용한다.
지역적인 면	지역 실정에 맞추어 그 지역에서 생산되는 재료를 충분히 활용한다.

- ㉢ 식단 작성의 순서
  - 영양기준량의 산출 : 한국인 영양섭취기준량(KDRIs)을 적용하여 성별, 연령별, 노동 강도를 고려해서 산출한다.
  - 식품 섭취량의 산출
  - 3식의 배분 결정 : 하루에 필요한 섭취 영양량에 따른 식품량을 1일 단위로 계산하여 3식의 단위식단 중 주식은 1 : 1 : 1, 부식은 1 : 1 : 2(3 : 4 : 5)로 하여 수립한다.

ⓒ 휘퍼(Whipper) : 거품을 내는 기기
ⓔ 슬라이서(Slicer) : 일정한 두께로 잘라내는 기기
ⓜ 혼합기(Mixer) : 식품의 혼합, 교반 등에 사용되는 기기
ⓑ 그리들(Griddle) : 두꺼운 철판 밑으로 열을 가열하여 철판을 뜨겁게 달구어 조리하는 기기로, 전이나 햄버거, 부침요리에 사용
ⓢ 샐러맨더(Salamander) : 가스 또는 전기를 열원으로 하는 구이용 기기(생선구이, 스테이크 구이용)
ⓞ 브로일러(Broiler) : 복사열을 직·간접으로 이용하여 구이요리를 할때 적합하며 석쇠에, 구운 모양을 나타내는 시각적 효과로 스테이크 등의 메뉴에 이용
ⓩ 인덕션(Induction) : 자기전류가 유도코일에 의하여 발생하여 상부에 놓은 조리기구와 자기마찰에 의해 가열이 되는 기기(상부에 놓이는 조리기구는 금속성 철을 함유한 것이어야 함)

※ 배식하기 전 음식이 식지 않도록 보관하는 온장고 내의 유지 온도 : 65~70℃

(3) 검수를 위한 설비 및 장비 활용 방법

① 검수대의 조도는 540Lux 이상을 유지한다.
② 검수공간을 충분하게 확보한다.
③ 검수대에 공산품, 육류, 농산물, 수산물 등을 구분할 수 있도록 설비한다.
④ 냉장, 냉동품을 바로 보관할 수 있도록 설비한다.
⑤ 검수대는 위생적으로 안전하도록 청결하게 관리하고 세척, 소독을 실시한다.
⑥ 검수에 필요한 저울, 계량기, 칼, 개폐기 등 검수를 위한 필요한 장비 및 기기를 구비하여 활용한다.

검수원의 자격조건
① 식재료의 기본적인 전문 상식이 있을 것
② 식재료의 특수성에 관한 전문적인 지식이 있을 것
③ 식재료의 평가 및 감별할 수 있는 지식과 능력이 있을 것
④ 식재료의 유통경로와 검수업무 등의 처리절차를 잘 알고 있을 것
⑤ 검수일지 작성 및 기록보관 업무를 잘 알고 있을 것
⑥ 업무에 있어서의 공정성과 도덕성, 신뢰도가 있을 것

예상문제

01 식품을 구입할 때 식품감별이 잘못된 것은?
① 과일이나 채소는 색깔이 고운 것이 좋다.
② 육류는 고유의 선명한 색을 가지며 탄력성이 있는 것이 좋다.
③ 어육 연제품은 표면에 점액질의 액즙이 없는 것이 좋다.
④ 토란은 겉이 마르지 않고 잘랐을 때 점액질이 없는 것이 좋다.

해설 토란은 겉이 마르지 않고 잘랐을 때 끈적거리는 점액질이 있어야 신선하다.

02 식품감별 중 아가미 색깔이 선홍색인 생선은?
① 부패한 생선
② 초기 부패의 생선
③ 점액이 많은 생선
④ 신선한 생선

해설 신선한 생선은 아가미의 색이 선홍색이다.

03 어류의 신선도에 관한 설명으로 틀린 것은?
① 어류는 사후경직 전 또는 경직 중이 신선하다.
② 경직이 풀려야 탄력이 있어 신선하다.
③ 신선한 어류는 살이 단단하고 비린내가 적다.
④ 신선도가 떨어지면 조림이나 튀김 조리가 좋다.

해설 신선한 생선은 눈알이 돌출되어 있으며 아가미의 색은 선홍색이어야 한다. 비늘은 고르게 잘 밀착되어 있어야 하며, 광택이 있고 눌렀을 때 탄력이 있으며 냄새가 나지 않아야 한다.

04 식품의 감별법으로 옳은 것은?
① 돼지고기는 진한 분홍색으로 지방이 단단하지 않은 것
② 고등어는 아가미가 붉고 눈이 들어가고 냄새가 없는 것
③ 달걀은 껍데기가 매끄럽고 광택이 있는 것
④ 쌀은 알갱이가 고르고 광택이 있으며, 경도가 높은 것

해설 신선한 돼지고기의 색은 담홍색이며, 생선은 눈이 튀어나오고 냄새가 없으며, 아가미는 선홍색인 것이 좋다. 달걀은 껍데기가 까칠까칠한 것이 신선하다.

3 원가

(1) 원가의 의의 및 종류

1) 원가의 정의

① 원가는 제품의 제조·판매·봉사의 제공을 위해서 소비된 경제가격이며, 음식에 있어서의 원가란 음식을 만들어 제공하기 위해 소비된 경제가격을 말한다.
② 원가계산의 기간
  ㉠ 정의 : 원가계산 실시의 시간적 단위를 말한다.
  ㉡ 원칙 : 1개월을 원칙으로 하나, 경우에 따라 3개월 또는 1년에 한 번씩 실시하기도 한다.
③ 원가계산의 목적 : 적정한 판매가격을 결정하고 경영능률을 증진시키는 데 목적이 있다.
  ㉠ 가격결정의 목적 : 제품의 판매가격을 결정할 목적으로 원가를 계산한다.
  ㉡ 원가관리의 목적 : 원가의 절감을 위해 원가관리의 기초자료 제공을 위하여 원가를 계산한다.
  ㉢ 예산편성의 목적 : 예산편성에 따른 기초자료 제공을 위하여 원가를 계산한다.
  ㉣ 재무제표의 작성 : 기업의 외부 이해관계자에게 보고하기 위한 기초자료 제공을 위하여 원가를 계산하여 재무제표를 작성한다.

정답 01 ④ 02 ④ 03 ② 04 ④

3) 조리의 특징

① 한식 : 조미료의 배합이 우수하고, 독특한 양념(마늘, 양파, 고추)을 사용하여 조리
② 양식 : 조리법이 다채롭고 향신료(후추, 올리브유, 월계수잎) 등을 많이 사용해서 조리
③ 중식 : 재료의 사용 범위가 넓고 강한 불을 사용해서 조리
④ 일식 : 요리에 계절감을 담고 해산어류를 이용한 담백한 요리(회, 초밥)
⑤ 복어 : 복어 내장 분리 철저(복어 자격증 취득자 조리 가능)

4) 조리과학에 이용되는 기초단위

① 열효율
  ㉠ 열량 = 발열량 × 열효율
  ㉡ 연료의 경제성 = 발열량 × 열효율 ÷ 연료의 단가

열효율의 크기
전기(65%) > 가스와 석유(50%) > 연탄(40%) > 숯(30%)

② 효소 : 효소의 본체는 단백질로 각종 화학반응에 촉매작용을 한다.
③ 잠열 : 증발·융해 등 물질상태 변화에 의해 열을 흡수 또는 방출하는 작용이다.
④ 점성 : 식품이 액체 상태에서 가지고 있는 끈끈함의 정도를 말하며, 점성이 클수록 액체가 끈끈해지며, 온도가 낮아져도 점성이 높아진다.
⑤ 표면장력 : 액체가 스스로 수축하여 표면적을 가장 작게 가지려는 힘을 말한다.
  ㉠ 온도가 감소할수록 표면장력은 증가한다.
  ㉡ 표면장력을 증가시키는 것은 설탕이며, 낮추는 것은 지방·알코올·단백질이다.
  ㉢ 표면장력이 작을수록 거품이 잘 일어난다(맥주 거품).
⑥ 콜로이드 : 어떤 물질에 0.1~0.001μ 정도의 미립자가 녹지 않고 분산되어 있는 상태이다.
  ㉠ 졸(Sol) : 액체 상태로 분산(흐를 수 있는 것)
    예 우유, 된장즙, 잣죽, 마요네즈 등
  ㉡ 겔(Gel) : 반고체 상태로 분산(흐름성이 없는 것)
    예 어묵, 두부, 도토리묵, 족편 등
⑦ 수소이온 : 농도 pH 7을 기준으로 하여 그 보다 낮은 수는 산성이고 높은 수는 알칼리성이며, pH 7은 중성이다.

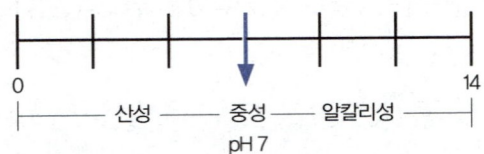

⑧ 삼투압
  ㉠ 농도가 다른 두 액체, 즉 진한 용액과 엷은 용액 사이에는 항상 같은 농도가 되려는 성질이 있는데, 이때 생기는 압력이 삼투압이다.
  ㉡ 농도가 낮은 곳에서 높은 곳으로 이동되는 현상을 말한다.
  ㉢ 채소, 생선절임, 김치 등에 삼투압을 이용한다.

삼투압에 따른 조미순서
설탕 > 소금 > 간장 > 식초

⑨ 용해도
  ㉠ 용액 속에 녹을 수 있는 물질의 농도
  ㉡ 용해속도는 온도 상승에 따라 증가하고, 용질의 상태, 결정의 크기, 삼투, 교반 등에 영향 받음

⑩ 팽윤·용출·확산
  ㉠ 팽윤 : 수분을 흡수하여 몇 배로 불어나는 현상
  ㉡ 용출 : 재료 중의 성분이 용매로 녹아 나오는 현상
  ㉢ 확산 : 용액의 농도가 부분에 따라 다르면 이동이 일어나서 자연히 농도가 같아지는 현상

⑪ 폐기량과 정미량
  ㉠ 폐기량 : 조리 시 식품에 있어서 버리는 부분의 중량
  ㉡ 폐기율 : 식품의 전체 중량에 대한 폐기량을 퍼센트(%)로 표시한 것
  ㉢ 정미량 : 식품에서 폐기량을 제외한 부분으로 가식부위(먹을 수 있는 부위)를 중량으로 나타낸 것
  ㉣ 폐기부 이용 : 생선의 내장 등은 살코기부분보다 단백질, 비타민 A, 비타민 B_1, 비타민 B_2가 많음

5) 조리 조작의 용어

① 분쇄(가루 만들기) : 건조된 식품을 가루로 만드는 조작
② 마쇄(갈기) : 식품을 갈거나 으깨거나 체에 밭쳐내는 조작
③ 교반(젓기) : 재료를 섞는 조작
④ 압착, 여과 : 식품의 고형물과 즙액을 분리시키는 조작
⑤ 성형 : 식품을 먹기 좋고 모양 있게 만드는 조작

예상문제

01 다음 중 조리를 하는 목적으로 적합하지 않은 것은?
① 소화흡수율을 높여 영양효과를 증진
② 식품 자체의 부족한 영양성분을 보충
③ 풍미, 외관을 향상시켜 기호성을 증진
④ 세균 등의 위해요소로부터 안전성 확보

해설 조리는 식품의 영양효율을 증가시키지만, 부족한 영양성분을 보충해 주지는 않는다.

정답
01 ②

(1) 농산물의 조리 및 가공·저장

1) 쌀

① 벼의 구조 : 벼의 낱알 비율은 현미 80%, 왕겨 20%로써 현미는 벼를 탈곡하여 왕겨층을 벗겨낸 것으로 호분층, 종피, 과피, 배아, 배유로 구성되어 있고, 호분층과 배아에 단백질, 지질, 비타민이 많이 함유되어 있다.

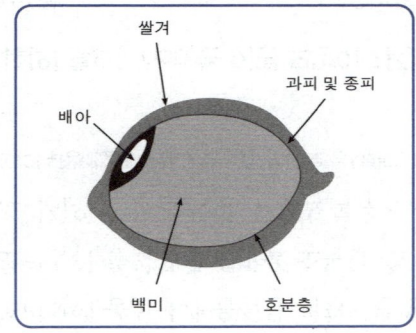

② 쌀의 종류

㉠ 현미 : 쌀에서 왕겨만 벗겨낸 것으로 영양은 좋으나 섬유소를 포함하고 있어 소화·흡수율이 낮다.

㉡ 백미 : 우리가 주로 사용하는 일반쌀로 현미를 도정하여 배유만 남은 것을 말하며, 섬유소의 제거로 소화율은 높지만 배아의 손실로 영양가는 낮다.

- 백미의 소화율 : 현미의 소화율이 90%인데 비해 백미는 98%로 소화율이 더 높다.
- 백미의 분도 : 쌀에서 깎여지는 부분(단백질, 지방, 섬유 및 비타민 B_1, B_2 감소됨)

[도정에 의한 분류]

도정도	도정률(%)	도감률(%)	소화율(%)
현미	100	0	90
5분 도미(쌀겨층의 50% 제거)	96	4	90
7분 도미(쌀겨층의 70% 제거)	94	6	97
10분 도미(백미)	92	8	98

※ 현미에서 10분 도미로 도정도가 높아질수록 영양가는 낮아지고 소화율, 당질의 양은 증가한다.

③ 쌀의 수분함량 : 쌀의 수분함량은 14~15%이며, 최대흡수율은 20~30%로 밥을 지었을 경우 수분 함량은 65% 정도이다.

※ 밥 짓기 : 밥맛을 좋게 하기 위하여 0.03% 정도의 소금을 넣으며 밥맛이 좋아진다.

④ 쌀 종류에 따른 물의 분량 : 물의 분량은 쌀의 종류와 수침 시간에 따라 다르며 잘된 밥의 양은 쌀의 2.5배 정도가 된다.

쌀의 종류	쌀의 중량에 따른 물의 양	쌀의 부피에 따른 물의 양
백미(보통)	쌀 중량의 1.5배	쌀 부피의 1.2배
햅쌀	쌀 중량의 1.4배	쌀 부피의 1.1배
찹쌀	쌀 중량의 1.1~1.2배	쌀 부피의 0.9~1.0배
불린 쌀	쌀 중량의 1.2배	쌀 부피와 1.0배 동량

※ 쌀 불리는 시간 : 찹쌀 50분, 멥쌀 30분

※ 밥 뜸들이는 시간 : 5~15분(15분 정도가 가장 좋다)

⑤ 쌀의 가공품

㉠ 건조쌀(Alpha Rice) : 뜨거운 쌀밥을 고온건조시켜 수분함량을 10% 정도로 한 것으로 여행 시나 비상식량으로 사용한다.

㉡ 팽화미(Popped Rice) : 고압의 용기에 쌀을 넣고 밀폐시켜 가열하면 용기 속의 압력이 올라간다. 이때 뚜껑을 열면 압력이 급히 떨어져서 수배로 쌀알이 부풀게 되는데 이것을 튀긴쌀 또는 팽화미라고 한다(튀밥, 뻥튀기).

㉢ 인조미 : 고구마 전분, 밀가루, 쇄미 등을 5 : 4 : 1의 비율로 혼합한 것이다.

㉣ 종국류 : 감주, 된장, 술 제조에 쓰이고, 그 밖에 증편, 식혜, 조청 등을 만드는 데 사용한다.

㉤ 주조미 : 미량의 쌀겨도 남기지 않고 도정한 쌀이다.

※ 쌀의 저장 정도 : 백미 → 현미 → 벼(저장하기가 가장 좋음)

⑥ 정맥

㉠ 압맥 : 보리쌀의 수분을 14~16%로 조절하여 예열통에 넣고 간접적으로 60~80℃로 가열시킨 후 가열증기나 포화증기로써 수분을 25~30%로 하고 롤러로 압축한 쌀

㉡ 할맥 : 보리의 골에 들어 있는 섬유소를 제거한 쌀

㉢ 맥아

단맥아	고온에서 발아시켜 싹이 짧은 것(맥주 양조용에 사용)
장맥아	비교적 저온에서 발아시킨 것[식혜나 물엿(소포제) 제조에 사용]

2) 서류

① 감자

㉠ 감자의 갈변 : 감자에 함유되어 있는 티로신(Tyrosin)이 티로시나아제(Tyrosinase)에 의해 산화되어 멜라닌을 생성하기 때문에 감자를 썰어 공기 중에 놓아두면 갈변한다.

㉡ 티로신은 수용성이므로 물에 넣어두면 감자의 갈변을 억제할 수 있다.

㉢ 전분함량에 따른 감자의 전분

점질감자	감자를 찌거나 구울 때 부서지지 않고, 기름을 써서 볶는 요리에 적당하다(조림, 샐러드).
분질감자	감자를 굽거나 찌거나 으깨어 먹는 요리에 적당하다(매시드 포테이토).

※ 매시드 포테이토 : 감자를 삶아서 으깨어 우유, 버터, 소금으로 맛을 낸 요리

② 고구마 : 단맛이 강하며 수분이 적고 섬유소가 많다.

③ 토란 : 주성분인 당질로 특유의 토란 점질물이 있으며, 토란의 점질물은 열전달을 방해하고, 조미료의 침투를 어렵게 하므로 물을 갈아가면서 삶아야 이를 방지할 수 있다.

④ 마 : 마의 점질물은 글로불린(Globulin) 등의 단백질과 만난(Manan)이 결합된 것으로, 마를 가열하면 점성이 없어진다. 생식하면 효소를 많이 함유하고 있으므로 소화가 잘 된다.

③ 소고기나 양고기는 기름의 융점이 높아 뜨거운 요리에 적합하고 돼지고기, 닭고기, 오리고기는 융점이 낮아 햄이나 소시지 같은 가공품으로 제조할 수 있다.

④ 편육은 끓는 물에 삶고, 생강은 고기가 익은 후에 넣는 것이 좋다.

3) 육류의 연화법

① 기계적 방법 : 고기를 근육결 반대로 썰거나, 칼로 다지거나, 칼집을 넣는 방법

② 단백질 분해효소(연화효소) 첨가 : 배즙, 생강의 프로테아제(Protease), 파인애플의 브로멜린(Bromelin), 무화과의 피신(Ficin), 파파야의 파파인(Papain)

③ 육류 동결 : 고기를 얼리면 세포의 수분이 단백질보다 먼저 얼어서 팽창하여 세포가 터지게 되어 고기가 부드러워진다.

④ 육류의 숙성 : 숙성기간을 거치면 단백질 분해효소의 작용으로 고기가 연해진다.

⑤ 설탕 첨가 : 설탕을 첨가 시 육류 단백질을 연화시킨다.

⑥ 육류의 가열 : 결체조직이 많은 고기는 장시간 물에 끓이면 연해진다.

※ 상강육(Marbling) : 고기의 근육 속에 지방이 서리가 내린 것처럼 얼룩 형태로 산재한 것(예 안심, 등심, 채끝살)

육류의 숙성
① 저온숙성(Aging) : 0~3℃ 온도, 85~100% 상대습도에서 6~11일간 저장, 숙성하면 근육 내 단백질 분해효소들에 의한 자기소화 과정을 통해, 14~22%의 연도향상 효과(도축 및 냉장유통 시스템이 열악하면 장기간의 저장성 숙성이 어려움)
② 고온숙성(지연냉장) : 10~20℃ 온도에서 도살 후 10시간까지 숙성하면 저온단축을 방지하고, 단백질 분해효소들에 의한 자기소화를 통해, 7~47%의 연도향상 효과(도축장 시설 및 작업자의 철저한 위생관리가 필요)
※ 소 도체의 경우 냉도체 등급판정으로 적용 어려움

4) 가열에 의한 고기의 변화

① 단백질의 응고, 고기의 수축 분해

② 결합조직의 연화 : 장시간 물에 넣어 가열했을 때 고기의 콜라겐·젤라틴으로 변화된다.

③ 지방의 융해 : 지방에 열이 가해지면 융해된다.

④ 색의 변화 : 가열에 의해 미오글로빈은 공기 중의 산소와 결합하여 옥시미로글로빈이 된다(고기의 선홍색 → 회갈색).

⑤ 맛의 변화 : 고기를 가열하면 구수한 맛을 내는 전구체가 분해되어 맛을 낸다.

⑥ 영양의 변화 : 열에 민감한 비타민들은 가열 중에 손실이 크다.

5) 육류의 조리방법

습열 조리	찜, 국, 조림(장정육, 양지육, 사태육, 업진육, 중치육)
건열 조리	구이, 산적(등심, 갈비, 안심, 홍두깨살, 대접살, 채끝살)

6) 고기의 가열 정도와 내부 상태

가열 정도	내부 온도	내부 상태
레어(Rare)	55~65℃	고기의 표면을 살짝 구워 자르면 육즙이 흐르고, 내부는 생고기에 가깝다.
미디움(Medium)	65~70℃	고기 표면의 색깔은 회갈색이나 내부는 연한 붉은색 정도이며, 자른 면에 약간의 육즙이 있다.
웰던(Well-done)	70~80℃	고기의 표면과 내부 모두 갈색으로 육즙은 거의 없다.

7) 축산 가공학

① 우유의 가공과 저장
  ㉠ 우유를 데울 때 : 뚜껑을 열고 저어가며 이중냄비에 데우기(중탕)
  ㉡ 크림 : 우유에서 유지방만을 분리해낸 것
  ㉢ 버터 : 우유에서 유지방을 모아 굳힌 것으로 지방 85% 이하, 수분 18% 이하, 유당 무기질 등으로 구성된 것(크림성)
  ㉣ 분유 : 우유를 농축하여 건조(분무식 건조법)시킨 것(전지분유, 탈지분유, 조제분유)
  ㉤ 치즈 : 우유를 젖산균에 의하여 발효시키고 레닌(Rennin)을 가하여 응고시킨 후, 유청을 제거한 것
  ㉥ 요구르트 : 우유가 젖산 발효에 의하여 응고된 것
  ㉦ 아이스크림 : 우유 및 유제품에 설탕, 향료와 버터, 달걀, 젤라틴, 색소 등 기타 원료를 넣어 저어가면서 동결시켜 만든 것

8) 달걀의 조리

① 달걀의 구성 : 달걀은 껍질, 난황(노른자), 난백(흰자)으로 구성되어 있으며, 난백은 90%가 수분이고 나머지는 단백질이 많다. 난황은 단백질, 다량의 지방과 인(P)과 철(Fe)이 들어 있으며 약 50%가 고형W분이다. 난백은 농후난백과 수양난백으로 나뉘며, 달걀의 1개 무게는 50~60g 정도이다.

② 녹변현상 : 달걀은 너무 오래 삶거나 뜨거운 물속에 담가두면 달걀노른자 주위가 암녹색 띠를 형성하게 되는데, 이러한 현상을 녹변현상이라고 한다. 이것은 난백에서 유리된 황화수소(H2S)가 난황 중의 철분(Fe)과 결합하여 황화제1철(FeS)을 만들기 때문에 나타나는 현상이다.

달걀의 녹변현상이 잘 일어나는 조건
• 달걀 가열시간이 길수록
• 달걀 가열온도가 높을수록
• 신선한 달걀이 아닐 경우
• 삶은 후 찬물에 담그지 않은 경우

③ 난백의 기포성
  ㉠ 오래된 달걀(농후한 난백보다 난백이 수양성인 것이 거품이 잘 일어남)일수록 기포가 잘 일어난다.
  ㉡ 난백은 30℃에서 거품이 잘 일어난다(실온에서 보관한 달걀).

② 채소류 : 냉동 전에 가열처리되어 있으므로 조리 시 지나치게 가열하지 말고 동결된 채로 단시간에 조리한다.

③ 과일류 : 먹기 직전에 포장된 채로 흐르는 물에서 해동하거나 반동결된 상태로 먹는다.

④ 튀김 : 동결된 상태로 높은 온도에서 튀기거나 오븐에 데운다.

⑤ 빵, 케이크 : 자연해동이나 오븐에 데운다.

⑥ 조리 냉동식품 : 플라스틱 필름으로 싼 것은 끓는 물에서 그대로 약 10분간 끓이고, 알루미늄에 넣은 것은 오븐에서 약 20분간 데운다.

(6) 조미료와 향신료

1) 조미료

① 소금 : 음식의 맛을 내는 기본 조미료로서 음식의 간을 맞추고 식품을 절이는 데 쓰인다.

② 간장 : 간장의 성분은 아미노산과 당이 있고 유기산이 들어 있어 향미를 준다.

③ 식초
  ㉠ 입맛을 돋우고 생선의 살을 단단하게 하기도 한다.
  ㉡ 작은 생선에 소량 첨가하면 뼈까지 부드러워진다.
  ㉢ 생강에 넣으면 적색이 되고, 난백의 응고를 돕는다(수란).

④ 설탕 : 음식에 단맛을 주고 고농도에서는 방부성이 있고 근육섬유를 분해하는 성질이 있어 고기의 육질을 부드럽게 한다.

⑤ 기름 : 기름은 음식에 고소함과 부드러운 맛을 준다.

조미료의 첨가 순서
설탕 → 소금 → 간장 → 된장 → 식초 → 참기름

2) 향신료

① 후추 : 후추의 매운맛을 내는 조미료로 차비신(Chavicine) 성분이 생선의 비린내와 육류의 누린내를 감소시킨다.

② 고추 : 매운맛을 내는 캡사이신(Capsaicin)이 소화와 혈액순환을 촉진하며 방부작용도 한다.

③ 겨자 : 매운맛 성분인 시니그린(Sinigrin)이 분해되어 자극성이 강하며 특유의 향을 가지고 있고, 40℃에서 매운맛을 내므로 따뜻한 곳에서 발효를 시키는 것이 좋다.

④ 생강 : 생강의 매운맛은 진저론(Zingerone)으로 생선과 고기의 비린내, 누린내를 없애는데 많이 사용되며, 살균효과도 있어 생선회와 함께 곁들이기도 한다. 생선요리 시에는 생선살이 익은 후에 생강을 넣어야 어취 제거 효과가 있다.

⑤ 파 : 파의 매운맛은 황화아릴로서 휘발성 자극의 방향과 매운맛을 갖고 있다.

⑥ 마늘 : 알리신(Allicin) 성분이 독특한 냄새와 매운맛을 내며 자극성과 살균력이 강하다.

⑦ 기타 : 깨소금, 계피, 박하, 카레, 월계수잎 등이 사용된다.

염장법
소금에 절이는 방법으로 삼투압 작용을 이용한다. (소금 농도 10% 이상으로 20~25% 적당) 예 해산물, 채소, 육류

당장법
진한 설탕 용액 중에 담그는 방법(설탕 농도 50% 이상)으로, 약간의 산을 첨가해 주면 저장이 더 잘된다. 예 젤리, 잼, 가당연유

산저장법
초산, 젖산, 구연산 등을 이용하여 식품을 저장하는 방법으로, 미생물의 생육에 필요한 pH 범위를 벗어나게 하는 것이다. 예 보통 식초(초산 농도 3~4% 함유)

가스저장법(CA저장)
숙성을 늦추기 위하여 식품을 이산화탄소(CO_2)나 질소(N) 등 산소가 적은 기체 속에 저장하여 호흡작용을 억제하고, 호기성 부패세균의 번식을 저지하는 저장법이다. 예 과일, 채소, 알류 등의 저장

방사선 조사에 의한 조사
방사선 조사는 코발트 60(^{60}CO), 세슘 137(^{137}CS) 등 방사선 동위원소에서 나오는 감마선·X-선·전자선 등을 각종 농수축산물과 가공식품에 쬐어 변질 또는 부패를 일으키는 미생물, 효소, 곤충 등을 사멸 또는 불활성화해서 식품을 보존하는 저장법이다. 예 코발트 60(^{60}CO), 세슘 137(^{137}CS), 선

종합처리에 의한 조리방법
① 훈연법
  • 훈연에서 사용하는 나무 : 수지가 적은 나무(떡갈나무, 참나무, 벗나무)
  • 훈연에 사용 부적절한 나무 : 전나무, 향나무, 소나무
  • 훈연법 시 발생하는 연기성분 : 페놀, 포름알데히드, 개미산
  • 대표적 식품 : 소세지, 햄, 베이컨, 훈제연어
② 염건법 : 소금 첨가 후 건조한 식품(굴비)
③ 조미법 : 소금이나 설탕을 첨가하여 가열처리한 조미 가공품
④ 밀봉법 : 수분 증발, 수분 흡수, 해충의 침범, 공기(산소)의 차단(통조림, 레토르트파우치, 진공포장)

발효처리에 의한 방법
• 세균, 효모에 의한 응용 : 김치, 요구르트, 청국장, 식초, 주류, 빵 등
• 곰팡이의 응용 : 간장, 된장

통조림 저장법
① 통조림의 특징
  ㉠ 오래 저장할 수 있다.
  ㉡ 저장과 운반, 수송이 편리하며 대량 생산이 가능하다.
  ㉢ 위생적이며 값이 저렴하다.
  ㉣ 내용물을 조리·가공하지 않고 그대로 먹을 수 있다.
② 통조림 깡통의 특징
  ㉠ 철판에 3%의 주석을 도금해서 만든다[깡통 : 납, 주석/옹기독(항아리) : 납, 카드뮴].
  ㉡ 내용물을 쉽게 식별할 수 없어서 외관상의 변질만 알아볼 수 있다.
  ㉢ 용기와 식품 간의 화학적 반응이 있을 수 있다.
  ㉣ 수송이 간편하며 땜질로 완전차단하기 때문에 식품의 변질없이 오랫동안 보관이 가능하다.
  ㉤ 한 번 사용하면 재사용할 수 없다.
③ 통조림 가공순서
  ㉠ 탈기용기 : 용기 안의 공기를 제거하는 방법
  ㉡ 밀봉용기 : 용기 안을 진공으로 유지시켜 내용물의 변질 방지
  ㉢ 살균 : 클로스트리디움 보툴리누스균을 고온 장시간 살균법으로 살균
    • 저온살균 : 60~85℃에서 15~30분간 살균 예 잼, 주스, 소스, 맥주, 가당우유
    • 가압살균 : 100℃ 정도에서 살균 예 닭고기, 쇠고기, 소라, 고등어
  ㉣ 냉각 : 물에 넣어 40℃ 정도로 냉각시키어 내용물의 품질과 빛깔의 변화를 방지한다.
  ㉤ 포장 : 내용물이 든 통조림을 포장한다.

CHAPTER 01 한식

> **반드시 알아야 할 핵심개념**
> 한식 기본 썰기 종류, 고명, 육수, 습열 조리, 건열 조리, 초계탕, 어채

1 한식 기초 조리실무

(1) 기본 칼 기술 습득

① 칼의 종류와 사용용도

칼의 종류	사용용도
아시아형	• 칼날 길이는 18cm 정도로 보통이다. • 칼등은 곡선이고 칼날은 직선이다. • 다른 칼에 비해 부드럽고 반듯하게 자르기가 좋다. 예 채썰기 • 안정적인 칼로 동양 조리에 적당하다. • 우리나라, 아시아지역에서 많이 사용한다.
서구형	• 칼날 길이는 20cm 정도로 다소 길다. • 칼등과 칼날이 곡선이어서 칼끝에서 만난다. • 힘을 들이지 않고 자르기가 편하다. • 주로 일반 칼 또는 회칼로 많이 사용한다.
다용도칼	• 칼날 길이는 16cm 정도로 적은 편이다. • 칼등이 곧게 되어있고 칼날은 둥글게 곡선 모양이다. • 일반적으로 칼을 자유롭게 움직이면서 다양한 작업을 할 때 사용한다. • 도마에서 뼈를 발라낼 때 사용한다.

칼의 용도에 따른 분류
• 한식 칼, 양식 칼, 일식 칼, 중식 칼 등
• 과도, 조각도를 포함한다.

② 숫돌의 종류

종류	특징(용도)
300~400 # (거친숫돌, 굵은숫돌)	• 새 칼의 형상 조절 및 깨진 칼끝의 형태 수정 • 칼날이 두껍고 이 빠진 칼을 갈 때 사용함 • 고운숫돌, 마무리 숫돌을 단계별로 사용해야 함
1,000~2,000 # (고운숫돌, 중간숫돌)	보통 칼 갈기와 굵은 숫돌로 간 것을 조금 부드럽게 갈 때 사용함
4,000~6,000 # (마무리숫돌)	부드럽게 손질된 칼날을 윤기와 광이 나게 마무리함

칼 가는 방법
① 숫돌로 칼 갈기 : 수평 맞추기 → 전처리하기(물에 30~60분 정도 담가놓기) → 숫돌고정(젖은 행주, 고정틀) → 사전확인(칼날의 상태) → 칼 갈기(15° 각도로 손끝으로 칼 표면을 누르면서 갈기) → 갈린 상태 확인(손, 손톱, 채소류, 종이 등) → 칼 세척(세제, 행주)
② 쇠 칼갈이 봉으로 갈기 : 잡기(45° 방향으로 기울기) → 문지르기(한쪽당 3회 정도) → 칼 세척(닦기)

③ 기본 썰기

종류	칼질의 방법
밀어썰기	• 피로도와 소리가 작아 가장 기본이 되는 칼질 방법 • 칼을 높이 들지 않고 반복하여 1초에 3회 정도로 왕복으로 썰기함 • 무, 오이, 양배추 등을 채썰기 할 때 사용함
칼끝 대고 밀어썰기	• 밀어썰기와 작두썰기를 합한 방법 • 힘이 분산되지 않고 한 곳으로 집중되어 썰기 편리함 • 질긴 고기류를 썰기에는 적절하지만, 두꺼운 채소를 썰기에 부적절함
작두썰기	• 칼끝에 대고 눌러 써는 방법 • 27cm 이상 큰 칼로 하는 것이 편리함 • 무, 단호박 등 두꺼운 채소류를 썰기에는 부적절함
칼끝썰기	• 한식에서 다질 때 많이 사용함 • 양파를 곱게 썰거나 다질 경우 양파가 흩어지지 않게 칼끝을 이용함
후려썰기	• 손목의 스냅을 이용하여 1초에 3~5회 정도로 빠르고 힘이 적게 들게 함 • 연속적인 동작으로 많은 양을 썰 때 사용함 • 단점은 칼 소리가 크게 남
당겨썰기	• 오징어 채썰기, 파 채썰기 등에 적당함 • 칼끝을 도마에 대고 손잡이를 약간 들었다 당기며 눌러 써는 방법
당겨서 눌러썰기	• 내려치듯이 당겨 썰고 그대로 살짝 눌러 써는 방법 • 김밥을 썰 때 칼에 물을 묻히고 내려치듯이 당겨 썰고 그대로 눌러 김이 썰리게 하는 방법
당겨서 밀어붙여썰기	• 주로 두꺼운 회를 썰 때 많이 사용 • 생선살을 일정한 간격으로 썰어 가지런하게 놓기에 편리함
당겨서 떠내어썰기	탄력이 좋은 회 등의 생선살을 일정한 두께로 썰 때 사용함
뉘어썰기	• 오징어에 칼질을 넣을 때 주로 사용함 • 칼을 45° 정도 눕혀 칼집을 넣을 때 사용함
밀어 깎아썰기	• 우엉을 깎아썰기 할 때 사용함 • 무를 모양 없이 썰 때 사용함
돌려 깎아썰기	엄지손가락 방향으로 칼날을 붙이고, 일정한 간격으로 돌려가며 칼질하는 방법
톱질하듯 썰기	• 부서지지 않게 조심스럽게 톱질하듯이 왔다갔다 썰기 • 잘 부서지는 것을 썰 때 사용함
손톱으로 잡아썰기	통마늘, 은행처럼 작고 모양이 불규칙하여 잡기가 나쁜 재료를 손톱 끝으로 고정시켜 써는 방법

④ 식재료 썰기 : 식재료는 조리에 알맞은 크기와 모양으로 맞춰 일정하게 썰어 사용하고, 썰기의 목적은 칼을 이용하여 조리 목적에 맞게 잘라서 사용하는 것이다.

썰기의 요령 및 목적
• 모양과 크기를 용도에 맞게 정리하여 조리하기 쉽게 썰기
• 먹기 쉽고 씹기 편하게 썰기
• 소화하기 쉽게 썰기
• 조리 시 열 전달과 양념의 침투를 좋게 썰기
• 먹지 못하는 부분 제거

정답
01 ④ 02 ② 03 ③ 04 ① 05 ② 06 ② 07 ① 08 ② 09 ④ 10 ①

2 한식 밥 조리

쌀이 주가 되거나 다른 곡류나 육류, 채소류, 어패류, 견과류 등을 섞어서 물을 붓고 불 조절하여 호화시키는 조리로, 흰밥, 현미밥, 잡곡밥, 오곡밥, 영양밥, 굴밥, 비빔밥, 무밥, 콩나물밥, 곤드레밥, 김치밥 등이 있다. 일반적으로 탄수화물 65~70%, 단백질 9~15%, 지질 2~3%를 함유하고 있다.

(1) 밥 재료 준비
쌀과 잡곡 필요량에 맞게 계량하여 씻어 용도에 맞게 손질한 뒤 불린다(밥 재료의 품질 확인).

(2) 밥 조리
① 세척은 3~5회 정도 맑은 물이 나올 때까지 하는데, 단시간에 흐르는 물에서 한다.
② 세척은 전분, 수용성 단백질, 지방, 비타민 B₁, 향미물질 등의 손실을 최소화하기 위해 큰 체로 씻는다.
③ 재료특성과 조리도구에 따라 물의 양을 조절한다.
④ 밥의 종류와 특성에 따라 조리 방법을 다르게 한다.

※ 온도 상승기(강한 화력에서 10~15분 정도 가열) → 비등기(중간 화력에서 5분 정도 유지) → 증자기(약한 화력에서 15~20분 정도) → 뜸 들이기(15분 정도) → 밥 뒤적이기

참고

밥 짓는 요령
- 밥을 할 때 묵은 쌀 보다는 햅쌀로 하고, 물은 쌀 중량의 1.2~1.5배, 부피의 1.0~1.2배 정도를 넣는다.
- 쌀에 흡수되는 최대수분흡수량은 20~30%이고, 밥의 수분함량은 65% 정도이다.
- 밥을 지을 때 물은 pH가 7~8이고, 0.03% 정도의 소금을 넣어 밥맛을 좋게 한다.
- 다된 밥의 중량은 쌀의 2.2~2.5배 정도이다.

(3) 밥 담기
① 조리 종류와 색, 형태, 분량, 인원수 등에 따라 그릇을 선택해서 담는다.
② 밥의 종류와 특성에 따라 그릇을 알맞게 선택한다.
③ 조리 종류에 따라 고명을 곁들일 수 있다.
④ 먹는 시간을 고려해 따뜻하게 담아낸다.

예상문제

01 쌀의 호화를 돕기 위해 밥을 짓기 전에 침수시키는데, 최대수분흡수량으로 옳은 것은?
① 20~30% ② 5~10%
③ 55~65% ④ 70~80%

해설 쌀에 흡수되는 최대수분흡수량은 20~30%이고 밥의 수분함량은 65%이다.

02 밥 짓기에 대한 설명으로 틀린 것은?
① 쌀을 미리 물에 불리는 것은 가열 시 열전도를 위해서다.
② 밥물은 쌀 중량의 2.5배, 부피의 1.5배 정도로 붓는다.
③ 쌀전분이 완전히 α화 되려면 98℃ 이상에서 20분 정도 걸린다.
④ 밥맛을 좋게 하기 위해 0.03% 정도 소금을 넣을 수 있다.

해설 물은 쌀 중량의 1.5배, 부피의 1.2배이다.

03 밥의 냄새와 향미가 좋은 뜸들이기 시간은?
① 5분 ② 15분
③ 25분 ④ 35분

해설 올바른 밥 짓기
- 온도 상승기 : 20~25%의 수분을 흡수한 쌀이 60~65℃ 정도에서 호화가 시작되어 70℃ 정도에서 진행되며, 강한 화력에서 10~15분 정도 끓인다.
- 비등기 : 내부 온도는 100℃ 정도의 중간 화력에서 5분 정도 유지한다.
- 증자기 : 내부 온도 98~100℃가 유지되도록, 15~20분 정도 유지 후 물이 없어지면 불을 끈다.
- 뜸들이기 : 뜸을 들이는 시간은 쌀의 경도가 5분 정도일 때 가장 높고, 15분 정도일 때 가장 낮기 때문에 15분 정도 뜸을 들인다.
※ 중간 또는 뜸들인 후 밥 뒤적이기

3 한식 죽 조리

한 가지 곡류나 곡류와 함께 채소류, 육류, 어패류, 견과류 등을 섞어 물을 붓고 불을 조절하면서 호화되게 조리하는 것으로, 장국죽, 호박죽, 닭죽, 전복죽, 녹두죽, 팥죽, 콩죽, 아욱죽, 방풍죽, 잣죽, 채소죽, 깨죽, 흑임자죽 등이 있다. 또한 부재료를 볶거나 첨가하여 끓일 수도 있다.

(1) 죽 재료 준비
① 주재료가 되는 쌀이나 곡류, 부재료를 필요량에 맞게 계량하여 불린다.
② 쌀은 씻어서 물에 1~2시간 이상 충분히 불려서 물기를 제거한다.
③ 조리법에 따라 재료를 알맞게 손질하고 갈거나 분쇄할 수 있다.

참고

채소류
① 채소류의 특성
  ㉠ 수분이 85~95%로 칼로리는 매우 적은 편
  ㉡ 셀룰로오스, 헤미셀룰로오스 등의 섬유질로 변통을 좋게 함
  ㉢ 알칼리성 식품으로 칼륨, 나트륨, 칼슘, 마그네슘, 철, 황 등이 다량 함유
  ㉣ 어류나 산성을 중화

② 채소류의 영양

종류	영양
당근	• 선명한 선홍색에 표면이 고르고 매끈하며, 단단한 것이 좋음 • 녹황색 채소로 베타카로틴이 풍부하여 비타민 A의 주요 급원 • 비타민 A, B, C, 철분, 인, 식이섬유 등 함유
오이	• 비타민 A, K, C 함유 • 칼륨이 312mg/100g 함유 체내 노폐물 배설작용 • 오이의 쓴맛 성분은 '쿠쿠르비타신(Cucurbitacin C)' • 비타민 C 산화효소가 있어 비타민 C를 파괴함

정답 01 ① 02 ② 03 ②

> - 전은 기름의 섭취를 많이 하는 조리법으로, 전유어(煎油魚), 전유화(煎油花), 전유아, 전, 저냐 등으로 부르며, 제사에 사용한 전은 '간남(肝南)'이라고 하였다.
> - 적(炙)은 재료를 양념하여 꼬치에 작게 꿰어 굽는 음식으로, 꼬치에 꿰인 처음 재료와 마지막 재료가 같아야 한다. 또한 석쇠로 굽는 직화구이와 팬에 굽는 간접구이로 구분한다.
> - 전류 : 생선전, 육원전, 호박전, 표고버섯전, 깻잎전, 파전, 묵전, 녹두전, 장떡, 메밀전병 등이 있다.
> - 적류 : 섭산적, 화양적, 지짐누름적, 김치적, 두릅산적, 파산적, 떡산적, 사슬적 등이 있다.
>
> **산적**
> 섭산적, 해물산적, 두릅산적처럼 익히지 않은 재료를 양념하여 꼬챙이에 꿰어서 옷을 입히지 않고 굽는 것이다.
>
> **누름적(누르미)**
> 김치적, 두릅적, 지짐누름적처럼 재료를 양념하여 꼬치에 꿰어 전을 부치듯이 밀가루와 달걀물을 입혀 속 재료가 잘 익도록 누르면서 지지는 방법과 화양적처럼 재료를 양념하여 익힌 다음 꼬치에 꿰는 방법이 있다.

(1) 전 · 적 재료 준비

① 조리도구, 재료를 준비하고 식재료는 재료에 따라 전처리 준비를 한다.
② 전 · 적의 전처리란 다듬기, 씻기, 자르기, 수분 제거 등 밑손질을 말한다.
③ 전 · 적에 사용하는 기름은 발연점이 높은 대두유, 옥수수유, 포도씨유, 카놀라유 등의 기름을 사용한다.
④ 한 번 사용한 기름은 산화되기 때문에 폐유용기에 처리한다.
⑤ 전의 속 재료는 육류, 해산물, 두부 등을 다지거나 으깨서 양념하여 사용한다.
⑥ 전은 여러 가지 재료를 사용하여 만드는 것이 가능하여 형태, 종류, 조리법이 다양하다.
⑦ 농산물은 세척 및 염소 농도를 50~100ppm 정도로 하여 살균작용, 미생물 사멸과 제품의 갈변을 억제하게 한다.

> **전처리 음식 재료의 장점과 단점**
>
> | 구분 | 특징 |
> |---|---|
> | 전처리 음식 재료의 장점 | • 작업공정, 공간의 편리성
• 조리시간의 단축
• 재고 관리의 편리성
• 음식물 쓰레기 처리의 용이성과 비용절감
• 인력부족에 대한 대체 가능 |
> | 전처리 음식 재료의 단점 | • 세척, 소독 과정에서 소독제를 사용함으로써 잔류물 가능
• 화학적 위해요소 처리 과정에서 화학적 물질(살충제, 살균제 등) 유입 가능
• 화학제 사용에 대한 기준 및 철저한 관리 필요
• 전처리 음식 재료 처리 과정에서 병원균 발생 가능 |
>
> **전 · 적 조리 종류에 맞는 도구**
>
> | 구분 | 특징 |
> |---|---|
> | 프라이팬 | • 가볍고 코팅이 쉽게 벗겨지지 않는 것
• 사용 후에 바로 세척하여 기름때가 눌어붙지 않게 할 것
• 주물로 된 프라이팬은 사용 전에 불에 달구고, 기름을 바르는 과정을 반복해서 관리
• 금속 조리기구, 젓가락, 숟가락, 수세미 등과 함께 사용금지 |
> | 번철(Griddle, 그리들) | • 두께가 10mm 정도 철판으로 대량 조리로 사용
• 철판에 식품이 달라붙지 않도록 조리를 시작하기 전에 예열
• 청소는 80℃ 정도에서 기름때를 닦고 관리 |
> | 석쇠 | • 사용하기 전 반드시 예열
• 기름을 바른 후에 식품을 올려 달라붙지 않게 주의 |

(2) 전 · 적 조리

① 주재료에 따라 꼬치를 활용하거나 소를 채워 전의 형태를 만든다.
② 재료와 조리에 따라 기름의 종류와 온도, 양, 온도를 조절해가며 만든다.
③ 불의 세기를 처음에는 센 불로 팬을 달구고 재료를 올리고 나서 중 · 약 불로하여 천천히 부친다.
④ 전 · 적 조리 방법 : 전처리(재료를 지지기 좋은 크기로 하여 얇게 저미거나 채썰기, 다지기) → 조미(소금, 후추) → 밀가루, 달걀물 입히기 → 번철, 프라이팬에 기름을 두르고 부쳐내기 → 부쳐낸 전은 겹치지 않도록 펴서 식히거나 따뜻하게 70℃으로 이상 제공 → 초간장을 곁들이기

※ 지짐은 빈대떡, 파전처럼 재료를 밀가루 푼 것에 섞어서 직접 기름에 지져내는 음식이다.

⑤ 전을 반죽할 때 재료 선택 방법

구분	방법
달걀흰자, 전분 사용	• 전을 얇은 모양이 아닌 두꺼운 모양을 만들 때 • 딱딱하지 않고 부드럽고 바삭하게 만들 때 • 흰색 전을 만들고 싶을 때
멥쌀가루, 찹쌀가루, 밀가루 사용	반죽 농도가 묽어서 전의 모양이 형성되지 않고 어려움이 있을 때에는 밀가루, 쌀가루를 추가로 사용함
달걀과 멥쌀가루, 찹쌀가루, 밀가루 사용	전의 모양과 점성을 높이고 싶을 때 사용함
속재료를 더 넣어 사용	전이 넓게 쳐지게 될 경우 속 재료를 더 넣어 사용

(3) 전 · 적 담기

① 조리한 전 · 적은 기름을 제거하여 담아낸다.
② 전 · 적 조리를 색, 풍미, 모양을 유지하여 담아낸다.

※ 음식 담는 원칙 및 주의할 점
- 음식의 외관, 재료의 크기, 색깔, 균형, 맛 등을 고려하여 담는다.
- 접시의 내원을 벗어나지 않게 70~80% 정도로 담는다.
- 재료별 특성에 맞게 일정한 공간을 두어 담는다.
- 획일적인 것보다 일정한 질서와 간격을 두어 담는다.
- 소스와 곁들임 재료는 음식의 색상이나 모양을 더 보완하도록 담는다.
- 고명은 간단하고 깔끔하게 담는다.
- 식사하는 사람이 먹기에 편리하게 담는다.
- 찬 음식은 12~15℃, 따뜻한 음식은 65~70℃ 정도를 유지하는 것이 좋다.

※ 구이의 열원

구분	특징
직접구이, 석쇠구이 (Broiling, 브로일링)	• 복사열로 석쇠나 브로일러를 사용하며, 조리할 식품을 직접 불 위에 올려 굽는 방법이다. • 열원이 위에서 나와 굽는 상방 가열법(Over Heat), 아래 열에서 굽는 하방 가열법(Under Heat), 양쪽에서 열원이 있는 쌍방 가열법(Between Heat)이 있다. • 재료에 따라 다르지만, 열원과 식품과의 거리는 8~10cm 정도로 한다. • 육류, 어패류(새우, 전복 등) 등 단백질 식품으로 수분을 70~80% 정도 함유하고 있는 것은 센 불에서 굽는다. • 김, 마른오징어 등 수분이 적은 식품과 고구마, 감자 등 전분이 있는 식품은 약한 불에 천천히 굽는다.
간접구이, 철판구이 (Gridling, 그리들링)	• 전도열로 구이를 하는 방법으로 철판(Gridle)구이, 프라이팬 구이 등이 있다. • 많은 양의 구이를 할 때에는 철판구이가 효과적이며, 사용 후 위생관리를 잘 하여야 한다.

참고

재료의 연화

구분	특징
수소이온농도(pH)	pH 5~6보다 낮거나 높게 한다(젖산 생성, 산 첨가).
단백질 가수분해 효소 첨가(연육제)	키위의 액티니딘(Actinidin), 파인애플의 브로멜린(Bromelin), 무화과 열매의 피신(Ficin), 파파야의 파파인(Papain), 배 단백질 분해효소인 프로테스(Protease) 등
설탕 첨가	단백질의 열 응고를 지연시켜 단백질 연화작용을 한다(많이 첨가하면 탈수작용).
염 첨가	인산염용액(0.2M), 식염용액(1.2~1.5%)의 수화작용
밑손질	만육기(Meat Chopper)와 칼로 두드리거나 고기 결 반대로 썰기한다.

(3) 구이 담기

① 조리 종류와 색, 형태, 분량, 인원수 등에 따라 그릇을 선택하여 담는다.
② 조리한 음식이 부서지지 않도록 담는다.
③ 구이 종류에 따라 온도를 유지하여 담고, 조리 종류에 따라 고명을 장식한다.
④ 구이는 75℃ 이상 따뜻하게 관리한다.

예상문제

01 구이에 의한 식품의 변화 중 틀린 것은?

① 기름이 녹아 나온다.
② 살이 단단해진다.
③ 수용성 성분의 유출이 매우 크다.
④ 식욕을 돋우는 맛있는 냄새가 난다.

해설 수용성 성분의 유출은 끓이기의 단점이다.

02 가열 조리 중 건열 조리로 옳은 조리법은?

① 찜   ② 구이
③ 삶기   ④ 조림

해설 조림, 삶기, 찜은 습열 조리법이다.

03 얇게 썬 소고기를 양념하지 않고 즉석에서 석쇠나 철판에 구우면서 소금, 후추를 뿌려서 간을 하는 구이요리는?

① 방자구이   ② 간장구이
③ 양념구이   ④ 석쇠구이

10 한식 숙채 조리

채소를 손질하여 물에 데치거나 삶은 후 양념으로 무침, 볶음을 하는 조리방법이다.

참고

• 숙채류 : 고사리나물, 도라지나물, 애호박나물, 오이나물, 시금치나물, 숙주나물, 비름나물, 취나물, 무나물, 방풍나물, 고비나물, 깻잎나물, 콩나물, 머위나물, 시래기나물 등
• 기타 채류 : 잡채, 원산잡채, 어채, 탕평채, 월과채, 죽순채, 칠절판, 구절판 등

(1) 숙채 재료 준비

① 조리도구, 재료를 준비하여 필요량에 맞게 계량한다.
② 식재료 숙채의 종류에 따라 알맞게 손질하여 전처리한다.
③ 숙채 조리의 전처리란 다듬기, 씻기, 삶기, 데치기, 자르기를 말한다.
④ 시금치는 끓는 물에 소금을 넣고 살짝만 데쳐야 색 변색이 없다.
⑤ 시금치에는 수산성분이 있기 때문에 데칠 때 뚜껑을 열고 데쳐야 한다.
⑥ 데친 시금치는 빠르게 찬물에 식혀 건진다(담가 두면 비타민C가 용출된다).

(2) 숙채 조리

① 조리법에 따라서 재료를 데치거나 삶는다.
② 양념장 재료를 비율대로 조절·혼합하여 재료에 잘 배합되도록 무치거나 볶는다.
③ 숙채 양념장은 간장, 깨소금, 참기름, 들기름 등을 혼합하여 만든다.
④ 겨자장을 곁들일 수 있다.
⑤ 채소를 삶거나 데치거나 볶는 등 익혀서 조리하는 것은 재료 특유의 떫은맛이나 쓴맛을 없애고, 부드러운 식감을 주기 위해서다.

※ 숙채조리 조리법

구분	조리법	특징
습열 조리법	데치기	녹색 채소는 선명한 푸른색을 띠게 하고, 비타민 C의 손실이 적게 한다.
	끓이기, 삶기	채소를 데칠 때 나물로서 적합한 질감 정도가 있을 정도로 데쳐야 한다.
	찌기	가열된 수증기로 재료를 익히며, 모양이 유지되고 끓이기나 삶기보다 수용성 영양소 손실이 적다.
건열 조리법	볶기	프라이팬이나 냄비에 기름을 두르고 재료가 타지 않게 조리한다. 지용성 비타민이 흡수가 되고, 수용성 영양소의 손실이 적다.

정답
01 ③   02 ②   03 ①

(1) 기본 칼 기술 습득

① 칼의 구조

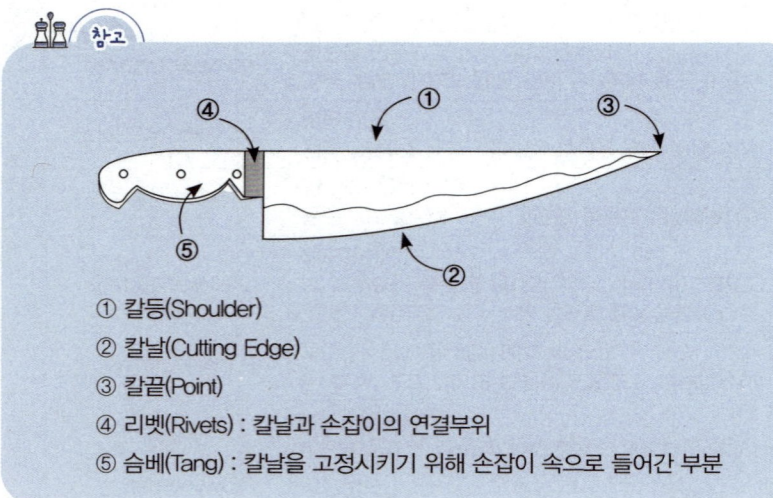

① 칼등(Shoulder)
② 칼날(Cutting Edge)
③ 칼끝(Point)
④ 리벳(Rivets) : 칼날과 손잡이의 연결부위
⑤ 슴베(Tang) : 칼날을 고정시키기 위해 손잡이 속으로 들어간 부분

② 칼날에 의한 분류

구분	용도
직선날(Straight Edge)	일반적으로 많은 종류의 칼로 사용되고 있는 날
물결날(Scalloped Edge)	제과에서 바게트빵을 쉽게 자를 수 있는 날
칼 옆면에 홈이 파인 날(Hollowed Edge)	훈제연어 등을 자를 때 칼 옆면에 재료가 잘 붙지 않도록 만들어진 날

③ 칼의 종류에 따른 분류

구분	용도
주방장의 칼(Chef's Knife)	일반적으로 조리사들이 많이 사용
껍질 벗기는 칼(Paring Knife)	채소, 과일의 껍질을 벗길 때 사용
고기 써는 칼(Carving Knife)	연회장 등에서 덩어리 고기를 썰어 제공할 때 사용
살 분리용 칼(Bone Knife)	식육처리사가 육류, 가금류를 분리(뼈, 살)할 때 사용
뼈 절단용 칼(Cleaver Knife)	단단하지 않은 뼈가 있는 식재료를 자를 때 사용
생선손질용 칼(Fish Knife)	뼈에서 생선살을 분리 또는 부위별로 자를 때 사용
훈제연어 자르는 칼(Salmon Knife)	훈제연어 등을 얇게 자를 때 사용
치즈 자르는 칼(Cheese Knife)	치즈를 자를 때 사용
다지는 칼(Mezzaluna or Mincing Knife)	파슬리 등 허브를 다질 때 사용
빵칼(Bread Knife)	바게트빵을 자를 때 사용

④ 칼 잡는 방법

㉠ 칼등에 검지를 올려서 잡는 방법 : 주로 칼의 뒷부분이 아닌 앞쪽 끝부분을 사용하기 위해서 잡는 방법
㉡ 칼등에 엄지를 올려 잡는 방법 : 칼날 손잡이의 바로 앞부분을 이용하여 단단한 식재료를 자를 때 사용하는 방법(칼날에 다치지 않도록 주의 필요)
㉢ 칼의 양면을 엄지와 검지 사이로 잡는 방법 : 칼의 날을 엄지와 검지를 이용하여 잡고, 칼날의 중앙부를 많이 사용하는 방법

⑤ 칼을 관리하는 방법

㉠ 칼을 들고 이동하지 않으며, 이동할 때는 칼끝이 아래로 향하게 한다.
㉡ 식재료를 썰 때만 칼을 사용한다.
㉢ 조리작업이 끝나면 칼을 제일 먼저 세척하여 보관한다.
㉣ 안전하고 눈에 잘 띄는 곳에 보관한다.

⑥ 칼 연마 방법

구분	방법
숫돌에 연마 (칼날 보호)	숫돌을 물에 30분 이상 충분히 담가 놓기 → 숫돌 밑에 움직이지 않도록 젖은 행주 또는 틀 깔기 → 연마하는 도중 숫돌에 물을 뿌려 마르는 것을 방지 → 칼날의 끝을 숫돌에 대고 칼등을 살짝 들어 각도를 약 15° 정도를 유지하며 갈기 → 칼날 전체를 반복하여 골고루 갈기 → 칼날의 한쪽 면을 갈고 반대편도 갈기 → 칼 세척 → 물기 제거
스틸에 연마 (빠른 연마)	칼 손잡이에서 칼끝 방향으로 스틸과 약간의 각도를 주고 밀기 → 밀듯이 반복 → 반대쪽도 동일하게 반복 → 칼 닦기 ※ 작업 중 급할 때 임시로 연마할 때 사용하는 방법으로, 주로 육류나 가금류 손질에 사용

(2) 조리기구의 종류와 용도

① 자르거나 가는 용도로 쓰이는 조리기구

도구	용도
에그 커터(Egg Cutter)	• 삶은 달걀을 슬라이스할 때 사용 • 반으로 자르는 것과 반달 모양의 6등분으로 자르는 것에 사용
제스터(Zester)	레몬, 오렌지, 유자 등 색깔 있는 부분만 길게 실처럼 벗길 때 사용
베지터블 필러(Vegetable Peeler)	채소의 껍질을 벗길 때 사용(무, 오이, 당근, 감자 등)
스쿱(Scoop, 볼 커터, Ball Cutter)	채소, 과일을 원형이나 반원형으로 만드는 도구로 사용[채소(무, 당근 등), 과일(수박, 메론 등)]
자몽 나이프(Grapefruit Knife)	반으로 자른 자몽을 통째로 돌려가며 과육만 발라낼 때 사용(양식조리의 조식)
만돌린(Mandoline, 채칼)	채로 다용도로 썰 때 사용(감자, 당근 등)
그레이터(Grater)	원하는 형태로 갈 때 사용(치즈, 채소류 등)
다양한 커터(Assorted Cutter)	원하는 모양대로 눌러 자르거나 커터 안에 재료를 채워 형태를 유지할 때 사용(채소류, 디저트 등)
롤 커터(Roll Cutter)	얇은 반죽을 자를 때 사용(피자, 파스타 등)
푸드밀(Food Mill)	완전히 익힌 재료를 잘게 분쇄할 때 사용(고구마, 감자, 당근 등)

② 담고 섞는 등의 조리기구

종류	용도
시노와(Chinois)	스톡, 소스, 수프를 고운 형태로 거를 때 사용
차이나 캡(China Cap)	• 삶은 식재료를 거를 때 사용 • 토마토소스처럼 입자가 조금 있게 거를 때 사용
콜랜더(Colander)	양이 많은 식재료의 물기를 거를 때 사용
스키머(Skimmer)	스톡, 소스 안의 뜨거운 식재료를 건져낼 때 사용
미트 텐더라이저(Meat Tenderizer)	스테이크 등의 육질을 연하게 하거나 두드려서 모양을 잡을 때 사용
시트 팬(Sheet Pan)	식재료를 담아 보관 시 또는 카트(Cart)에 끼워 옮길 때 사용
호텔 팬(Hotel Pan)	다양한 형태의 크기가 있고, 음식물을 보관할 때 사용
래들(Ladle)	다양한 모양과 크기로 소스, 드레싱, 육수 등을 뜰 때 사용

구분	특징
짤주머니(Pastry Bag)	• 생크림 등을 넣고 모양을 있게 짤 때 사용 • 스터프트에그(Stuffed Egg)를 만들 때 사용
달걀 절단기(Egg Slicer)	• 달걀을 삶은 후 일정한 모양으로 썰 때 사용 • 카나페를 만들 때 많이 사용
고운 체(Meas Skimmer)	• 음식을 거를 때 사용 • 고운 것과 거친 것을 용도에 맞게 사용
꼬치(Skewer)	조리 시 모양이 흐트러지지 않도록 사용(고정)

전채 조리의 기본 조리방법

① 데침(Blanching) : 10배의 물을 넣고 물이 끓으면 넣고 얼음물 또는 찬물에 헹구는 방법
② 포칭(Poaching) : 스톡, 쿠르 부용(Court Bouillon)에 잠기도록 하여 뚜껑을 덮지 않고 75~80℃에 삶는 방법
③ 삶기(Boiling) : 찬물이나 끓는 물에 넣고 100℃에서 끓이는 방법
④ 튀김(Deep Fat Frying) : 영양손실이 적은 조리법으로, 식용 기름에 165~180℃에서 튀기는 방법
⑤ 볶음(Saute) : 팬을 이용하여 버터, 식용유를 넣고 채소나 고기류 등을 200℃ 정도의 고온에서 살짝 볶는 방법
⑥ 굽기(Baking) : 오븐이나 샐러맨더(Salamander) 기계에서 건조한 열로 굽는 방법으로, 생선·육류·채소류를 굽는 방법
⑦ 석쇠에 굽기(Grilling) : 직접구이로 석쇠에 줄무늬를 내서 오븐에서 굽는 방법
⑧ 그라탱(Gratin) : 식품에 치즈, 크림, 달걀 등을 올려 샐러맨더에서 색을 내는 방법

(1) 전채 재료 준비

① 조리에 맞는 적절한 콩디망(Condiments)을 준비한다.
② 다진 챠빌(Chervil), 오이, 양파, 피망은 작은 주사위 모양으로 자르고, 올리브유와 식초는 3:1 비율로 넣고 소금과 후추로 간을 해서 '베지터블 비네그레트'를 만들어 준비한다.
③ 달걀노른자에 식용유를 조금씩 넣으면서 거품기로 저어 유화시키고, 농도가 생기면 식초, 레몬, 소금, 후추로 간하여 '마요네즈'를 만들어 준비하다.
④ 토마토케첩에 다진 케이퍼, 홀스래디쉬, 백포도주, 핫소스를 섞어 레몬주스, 소금, 후추로 간을 해 '칵테일소스'를 만들어 준비한다.
⑤ 발사믹식초와 꿀을 넣고 1/3로 졸여 식힌 후 올리브유를 조금씩 넣어가면서 유화시켜 레몬주스, 소금, 후추로 간을 해 '발사믹소스'를 만들어 준비한다.
⑥ 머스터드에 식초를 잘 썩어 소금, 후추로 간을 해 '머스터드 비네그레트 소스'를 만들어 준비한다.

(2) 전채 조리

① 다음에 나오는 요리에 기대감을 품을 수 있게 하기 위해서 주요리보다 소량으로 만든다.
② 전채요리는 콜드키친에서 업무를 권장하며, 조리실에 맞은 온도, 습도, 채광을 관리한다.

전채 조리의 7원칙

① 계절에 맞는 다양한 식재료를 사용해야 한다.
② 주요리보다 크기를 작게 하여 소량으로 만들어야 한다.
③ 주요리에 사용되는 재료와 중복(반복)된 조리법을 사용하지 않아야 한다.
④ 전채 조리는 신맛과 약간의 짠맛이 있어야 식욕을 자극해서 좋다.
⑤ 모양, 색, 맛이 어우러지는 예술성이 있어야 한다.
⑥ 다양한 조리법으로 영양적으로 균형이 잡히도록 한다.
⑦ 부드럽고 소화가 잘 되는 음식이여야 한다.

(3) 전채요리 완성

① 완성된 음식에 맞는 접시를 선택할 수 있다.
② 음식의 완성도를 떨어뜨리는 접시의 사용을 피하고, 색의 조화를 잘 생각하여 사용한다.
③ 요리의 모양, 균형, 색상, 향, 크기, 질감 등에 어울리는 접시를 선택하는 것이 중요하다.

접시 유형에 따른 느낌

• 원형 접시 : 기본, 부드러움, 완전함, 친밀한 느낌
• 삼각형 접시 : 날카롭고 빠르고 날카로운 느낌
• 사각형 접시 : 안정되고 세련된 느낌
• 타원형 접시 : 여성적, 기쁨, 우아한 느낌
• 마름모형 접시 : 안정, 정돈, 속도감 느낌
• 핑거볼(Finger Bowl) : 작은 볼에 꽃잎이나 레몬조각을 띄워 식후에 손가락을 씻는 용도

전채요리 담기의 고려사항

• 고객의 편리성
• 요리의 적당한 공간
• 내원을 벗어나지 않고 접시의 70~80% 정도
• 일정한 간격과 질서
• 소스(Sauce)는 적당하게
• 가니시(Garnish) 재료의 중복 금지
• 양과 크기가 주요리보다 작게
• 색깔과 맛, 풍미, 온도에 유의

조리용어

• 콩디망(Condiments) : 전채 조리와 어울리는 양념, 조미료, 향신료를 말한다[오일 앤 비네그레트(Oil Vinaigrette), 베지터블 비네그레트(Vegetable Vinaigrette), 마요네즈(Mayonnaise), 토마토 살사(Tomato salsa), 발사믹 소스(Balsamic sauce) 등]
• 베지타블 렐리시(Vegetable Relish) : 향미가 나는 채소, 재료들로 식욕을 돋우는 역할을 하는 것
• 콘디멘트(Condiments) : 전채 조리와 잘 어울리는 양념, 조미료, 향신료
• 푸드 스타일링(Food Styling) : 요리를 완성하여 접시에 모양을 내어 담는 것
• 테이블 스타일링(Table Styling) : 레스토랑 메뉴의 특징을 살려 테이블과 실내를 아름답게 연출하는 것

주방과 작업대의 위생·안전 관리하기

• 주방의 청소는 1일 1회 이상 쓸고 닦아 위생적인 공간 유지
• 주방은 각종 해충 방제를 위하여 정기적으로 소독을 실시
• 작업을 할 때마다 작업대는 시작 전후 소독제로 닦기
• 작업대 위에는 사용하지 않는 조리기물을 올려놓지 않기(조리 시 떨어질 위험 예방)
• 조리작업자 이외에는 외부인은 조리실 출입통제(금지)
• 쓰레기통은 뚜껑을 항상 덮고 쓰레기 음식물, 일반 및 재활용 등으로 구분하여 처리
• 사용 전·후 정리 정돈하기

구분	특징
해산물 조리 방법	① 보일링(Boiling, 끓이기) : 식재료를 육수나 물, 액체에 넣고 끓이는 방법 ② 포칭(Poaching, 삶기) : 비등점 이하의 온도(65~85℃)에서 끓는 물에 데쳐내는 방법으로, 거품이 생기지 않게 조리 ③ 스티밍(Steaming, 증기찜) : 200~220℃에서 찌는 조리 ④ 팬 프라이(Pan Frying) : 170℃에서 프라잉을 시작하며, 중간 이상의 온도에서 뚜껑을 덮지 않고 조리
채소 조리 방법	블랜칭(Blanching, 데치기) : 짧은 시간 내에 재빨리 익혀내기 위한 목적으로 사용하는 조리법
곡물 조리 방법	시머링(Simmering, 은근히 끓이기) : 85~93℃의 온도로 98℃가 넘지 않게 끓이는 방법

소테를 할 때 주의할 점
- 팬에 재료를 꽉 채우지 않는다.
- 재료는 팬에 낮은 온도에서 넣지 않는다.
- 조리 시 뚜껑을 덮지 않는다.
- 볶은 후 소스를 넣는다(소스에서 주재료를 익히지 않기).
- 조리 시 팬 밖으로 재료가 나오지 않게 한다.

(3) 샐러드요리 완성

샐러드의 관능평가 시 완성된 샐러드의 맛과 색깔, 풍미, 온도는 다양한 소스의 종류와 재료의 특성에 맞게 평가한다.

① 플레이팅(Plating) 기본 원칙
 ㉠ 용도에 맞는 접시, 볼 등을 선택한다.
 ㉡ 차가운 음식은 차가운 접시에, 뜨거운 음식은 뜨거운 접시에 담는다.
 ㉢ 완성된 음식을 균형, 색감, 모양을 맞춰 보기 좋게 담는다.
 ㉣ 음식 온도에 맞게 위생적으로 한 번에 담는다.
 ㉤ 먹음직스럽게 예술성 있게 최종적으로 담는다.
 ㉥ 먹기 편하게 담는다.
 ㉦ 접시의 내원을 벗어나지 않고 70~80%로 담는다.
 ㉧ 질서와 공간을 두어 담는다.
 ㉨ 불필요한 가니시보다는 주요리에 맞게 담는다.
 ㉩ 간단하면서도 깔끔하게 빠르게 담는다.
 ㉠ 소스의 양과 색상이 맞게 담는다.

② 플레이팅의 구성 요소
 ㉠ 통일성(Unity) : 중심 부분에 균형 있게 담기
 ㉡ 초점(Focal Point) : 메인음식과 가니시는 상하좌우 대칭을 고려하여 정확한 초점이 있게 담기
 ㉢ 흐름(Flow) : 접시에 담긴 음식은 통일성과 초점·균형들이 잘 나타나고, 마치 움직임이 있는 것을 연상되게 담기
 ㉣ 균형(Balance) : 재료와 음식 선택의 균형, 조리 방법의 균형, 질감의 균형, 향미의 균형, 색의 균형 등
 ㉤ 색(Color) : 자연스러운 색을 연출하여 신선함과 고품질을 연상하게 담기
 ㉥ 가니시(Garnish) : 본래의 요리가 가지고 있는 맛과 향이 조화롭게 보기 좋게 하기

③ 샐러드를 담을 때의 주의사항
 ㉠ 채소의 물기는 반드시 제거하고 담는다.
 ㉡ 주재료와 부재료의 크기를 생각해야 하며, 부재료가 주재료를 가리지 않게 한다.
 ㉢ 주재료와 부재료의 모양과 색상, 식감은 항상 다르게 준비한다.
 ㉣ 드레싱의 양이 샐러드의 양보다 많지 않게 담는다.
 ㉤ 드레싱의 농도가 너무 묽지 않게 한다.
 ㉥ 드레싱은 미리 뿌리지 말고 제공할 때 뿌린다.
 ㉦ 샐러드를 미리 만들면 덮개를 씌워서 채소가 마르는 일이 없도록 한다.
 ㉧ 가니시는 중복해서 사용하지 않도록 한다.

조리 용어
- 플레이팅(Plating) : 요리를 완성 후 요리에 잘 어울리게 접시나 볼 등에 모양, 색깔, 맛을 고려하여 균형 있게 담아내는 것
- 쿠르부용(Court Bouillon) : 어패류, 채소류를 포칭하는 데 사용되는 육수로 미르포아, 통후추, 타임, 딜, 바질 등 허브류와 레몬, 식초, 포도주가 첨가되기도 한다.
- 콜랜더(Colander) : 식재료, 음식물의 물기를 제거할 때 사용하는 조리기구

예상문제

01 샐러드의 기본 구성으로 틀린 것은?
① 바탕   ② 사이드
③ 가니시 ④ 드레싱

해설) 샐러드의 기본 구성요소
바탕(Base), 본체(Body), 드레싱(Dressing), 가니시(Garnish)이다.

02 드레싱을 사용하는 목적으로 틀린 것은?
① 강한 맛의 샐러드를 부드럽게 해준다.
② 소화와 식욕을 억제한다.
③ 순한 맛의 샐러드의 풍미를 향상시킨다.
④ 맛을 향상시킨다.

해설) 드레싱은 소화, 식욕을 촉진시킨다.

03 요리의 맛, 색, 모양 등을 조화를 이루게 담아 시각적으로도 음미할 수 있도록 하는 예술행위로 옳은 것은?
① 플레이팅   ② 스프레드
③ 마리네이드 ④ 미르포아

04 채소 샐러드용 기름으로 적합하지 않은 것은?
① 올리브유 ② 경화유
③ 콩기름   ④ 유채유

해설) 식물성 기름을 동물성화한 것으로 융점이 낮아 샐러드용 기름으로 적합하지 않다.

정답
01 ② 02 ② 03 ① 04 ②

③ 수프의 가니시 종류

종류	특성
수프에 첨가되는 형태(Garnish)	그 자체 내용물에 가니시로 넣은 형태
수프에 어울리는 형태(Toopping)	크루통, 잘게 썬 차이브 등
수프에 따로 제공되는 형태(Accompanish)	첨가하지 않고 따로 제공

조리용어
- 크루통(Croutons) : 빵을 작은 주사위 모양으로 썰어서 팬이나 오븐에서 바삭하게 구운 것
- 퀜넬(Quenell) : 가금류와 어류를 곱게 갈아 만든 타원형의 완자
- 농후제 : 소스나 수프의 농도를 조절하는 것으로 루(Roux), 전분, 달걀 등을 사용
- 베르마니(Beurre Manie) : 부드러운 버터에 밀가루를 섞은 것으로 소스나 수프의 농도를 맞출 때 사용

예상문제

01 수프의 구성 요소로 틀린 것은?
① 루   ② 육수
③ 허브   ④ 전분

해설 수프의 구성 요소
육수(Stock), 루(Roux), 곁들임(Garnish), 허브와 향신료(Herb & Spice)

02 토마토 크림스프를 만들 때 일어나는 우유의 응고현상으로 옳은 것은?
① 산에 의한 응고   ② 당에 의한 응고
③ 효소에 의한 응고   ④ 염에 의한 응고

해설 토마토 크림스프를 만들 때 산에 의해서 우유가 응고된다.

03 진한 수프(Thick Soup)의 종류로 틀린 것은?
① 크림   ② 콘소메
③ 퓌레   ④ 비스크

해설 맑은 수프(Clear Soup)는 농축하지 않은 맑은 스톡을 말하는데, 콘소메(Consomme), 미네스트롱(Minestrone) 등이 있다.

8 양식 육류 조리

양식 육류 조리는 육류, 가금류 등을 활용하여 육류, 가금류 조리와 곁들여지는 소스 등을 조리하는 것이다.

(1) 육류 재료 준비

① 육류의 종류 : 소고기(Beef), 송아지 고기(Veal), 돼지고기(Pork), 양고기(Lamb), 닭고기(Chicken), 오리고기(Duck), 거위고기(Goose), 칠면조고기(Turkey) 등
② 육류의 마리네이드 : 육질이 질긴 고기를 액체 또는 마른 재료로 밑간하여 재워서 육질을 부드럽게 하고, 조리 전 고기에 간이 배게 하거나 잡내를 잡는 역할을 한다.

향신료의 분류

분류	특징
사용 용도에 따른 분류	① 향초계(Herb) : 생잎을 그대로 사용하여 냄새 제거 또는 장식(로즈메리, 파슬리, 바질, 세이지, 타임 등) ② 향신계(Spice) : 특유의 강한 맛과 매운맛을 이용(후추, 마늘, 겨자, 산초 등) ③ 착색계(Coloring) : 음식에 색을 내주는 향신료의 종류로, 특유의 향은 있지만 맛, 향은 약함(파프리카, 샤프란, 터메릭 등) ④ 종자계(Seed) : 과실이나 씨앗을 건조시킨 것으로 육류에 많이 사용되며, 브레이징, 스튜에 사용함(캐러웨이 시드, 셀러리 시드 등)
사용 부위에 따른 분류	① 잎(Leaves) : 향신료의 잎을 사용(세이지, 타임, 민트, 파슬리, 로즈메리, 라벤더, 월계수 잎, 딜 등) ② 열매(Fruit) : 과실을 말려서 사용하는 것[검은 후추, 파프리카, 올스파이스(Allspice) 등] ③ 꽃(Flower) : 꽃을 사용(샤프란, 정향, 케이퍼 등) ④ 줄기와 껍질(Stalk and Skin) : 줄기 또는 껍질을 신선한 상태 또는 말려서 사용(레몬그라스, 차이브, 계피 등) ⑤ 뿌리(Root) : 뿌리를 사용하는 것[겨자(고추냉이), 생강, 마늘, 호스래디시 등] ⑥ 씨앗(Seed) : 씨앗을 건조시켜서 사용(큐민, 코리안더 씨, 흰 후추, 양귀비 씨 등)

(2) 육류 조리

육류 조리 방법에는 건열 조리(Dry Heat Cooking), 습열 조리(Moist Heat Cooking), 복합 조리(Combination Heat Cooking), 비가열 조리(No Heat Cooking) 등이 있다.

① 육류 조리 방법
㉠ 건열 조리(Dry Heat Cooking)

종류	특징
윗불구이(Broilling)	불이 위에서 내리쬐는 방식으로, 불 밑으로 재료를 넣어서 굽는 방식
석쇠구이(Grilling)	불이 밑에 있어서 불에 직접 굽는 방식
로스팅(Roasting)	오븐에 고기를 통째로 넣어서 150~220℃에서 굽는 방식
굽기(Baking)	육류, 빵, 케이크 등을 오븐에서의 대류작용으로 굽는 방식
소테, 볶기(Sauteing)	프라이팬에 기름을 두르고, 160~240℃에서 짧은 시간에 조리하는 방식
튀김(Frying)	기름에 튀기는 방식
그레티네이팅(Gratinating)	재료 위에 버터, 치즈, 설탕 등을 올려서 오븐, 샐러맨더 등에 넣어서 색깔을 내는 방식
시어링(Searing)	오븐에 넣기 전에 육류나 가금류를 팬에 짧은 시간 굽는 방식

㉡ 습열 조리(Moist Heat Cooking)

종류	특징
포칭(Poaching)	육류, 어패류, 가금류, 달걀 등을 끓는 물이나 스톡 등에 잠깐 넣어 익히는 방식
삶기, 끓이기(Boiling)	끓는 물이나 스톡에 재료 넣고 삶는 방식
시머링(Simmering)	소스나 스톡을 끓일 때 사용되며, 식지 않을 정도의 온도에서 조리하는 방식
찜(Steaming)	끓는 물에서 나오는 증기의 대류작용으로 조리하는 방식
데치기(Blanching)	끓는 물에 재료를 잠깐 넣었다가 찬물에 식히는 방식
글레이징(Glazing)	버터, 과일즙, 설탕, 꿀 등을 졸인 후 재료를 넣고 코팅하는 방식

정답 01 ④ 02 ① 03 ②

토마토 소스 (Tomato Sauce)	• 토마토, 채소류, 브라운 스톡, 농후제 또는 허브, 스파이스 등을 혼합하여 퓌레 형식으로 농도를 조절하여 만든다. • 이탈리아를 비롯한 유럽 전역에서 빠지지 않는 재료 중 하나이다.		
	토마토퓌레	토마토를 파쇄하여 그대로 조미하지 않고 농축시킨 것	
	토마토쿨리	토마토퓌레에 어느 정도 향신료를 가미한 것	
	토마토페이스트	토마토퓌레를 더 강하게 농축하여 수분을 날린 것	
	토마토홀	토마토를 데쳐 껍질만 벗겨 통조림으로 만든 것	
베샤멜 소스 (Bechamel Sauce)	• '우유 소스'라고도 한다. • 과거에는 송아지 벨루테에 진한 크림을 첨가하여 사용하였다. • 우유와 루(Roux)에 향신료를 가미한 소스로 달걀, 그라탕요리에 사용한다(버터를 두른 팬에 밀가루를 넣고 볶다가 색이 나기 직전에 향을 낸 차가운 우유를 넣고 만든 소스).		
홀렌다이즈 소스 (Hollandaise Sauce)	• '유지 소스'라고도 한다. • 기름의 유화작용을 이용해 만든 소스로 달걀노른자, 버터, 물, 레몬주스, 식초 등을 넣어 만든다. • 식용유 계통의 소스는 마요네즈와 비네그레트(Vinaigrette)와 버터 계통의 소스는 홀렌다이즈와 베르블랑(Vert Blanc)이다.		

※ 버터 소스
- 대표적인 것은 홀렌다이즈와 뵈르 블랑(beurre blanc)이라는 소스이다.
- 버터는 젖산균 첨가 여부에 따라 발효 버터와 천연 버터로 구분한다.
- 소금의 첨가 여부에 따라 무염 버터와 가염 버터로 나눌 수 있다.

※ 디저트 소스 : 디저트 소스로 크림소스와 리큐르 소스로 구분한다.
- 크림소스 : 모체 소스는 앙글레이즈 소스를 기본으로 한다.
- 리큐르 소스의 모체 소스로는 과일 소스가 있다.

※ 디저트의 종류 : 파이류(Pie), 케이크류(Cake), 푸딩류(Pudding), 셔벗(Sherbet), 과일류(Fruit), 젤라틴류(Gelatine), 아이스크림류(Ice cream), 치즈류(Cheese)

(3) 소스 완성

① 브라운 소스(Brown Sauce) : 좋은 재료의 사용과 재료를 볶는 과정에 탄내가 나지 않게 볶아야 한다. 진한 소스를 뽑기 위해서는 5일~7일 정도 끓인 소스가 고급 소스라고 할 수 있다.

② 벨루테 소스(Veloute Sauce) : 루(Roux)가 타지 않게 약한 불로 잘 볶아서 밀가루 고유의 고소한 맛을 끌어낼 수 있으며, 신선한 흰살생선을 사용해야 비린내가 나지 않는다.

③ 토마토 소스(Tomato Sauce) : 완성된 소스의 색이 먹음직스러운 붉은색을 띠어야 하며, 적당한 스파이스 향이 배합되어야 좋다.

④ 베샤멜 소스(Bechamel Sauce) : 우유와 루(Roux)에 향신료를 가미한 소스로 달걀, 그라탕 요리에 사용한다.

⑤ 홀렌다이즈 소스((Hollandaise Sauce) : 소스를 만들어서 따뜻하게 보관해야 하며, 다른 소스에 곁들여 사용하는 경우가 많아 농도에 유의해야 한다.

조리용어
- 육수 소스의 5가지 분류 : 송아지, 닭, 생선, 토마토, 우유.
- 육수 소스의 6가지 분류 : 송아지(갈색과 화이트 육수로 파생), 닭, 생선, 토마토, 우유
- 베르마니(Beurre Manie) : 부드러운 버터에 밀가루를 섞은 것으로, 소스나 수프의 농도를 맞출 때 사용

버터 소스
60℃ 이상의 온도로 가열할 경우 수분과 유분이 분리되어 사용할 수 없게 되기 때문에 보관 관리가 매우 중요하다.

마요네즈
마요네즈에서 파생되는 소스인 타르타르 소스, 다우젠 아일랜드 드레싱, 시저 드레싱 등도 산패되지 않도록 주의한다.

비네그레트
최상품의 엑스트라 버진 올리브유를 사용하여 소스에 풍미가 있게 한다.

소스를 용도에 맞게 제공하는 방법
- 소스는 주재료 요리의 맛을 더욱 좋게 하여야 한다.
- 소스의 향이 너무 강하면 주재료의 맛을 나쁘게 할 수 있다.
- 색감을 좋게 하기 위해 소스의 본연의 색이 변질되면 안 된다.
- 소스로 인하여 고품질 고기의 맛을 방해하지 않도록 농도, 맛, 양을 조절한다.
- 주재료의 맛이 부족한 요리의 경우에는 강한 소스가 필요하다.
- 튀김 종류의 소스는 바삭함에 방해되지 않게 직전에 뿌리거나 별도로 제공한다.

예상문제

01 소스의 종류에 따라 좋은 품질 선별법으로 틀린 것은?

① 벨루테 소스 : 약한 불로 볶아서 루가 타는 것을 막아야 한다.
② 브라운 소스 : 색깔을 잘 내기 위해 재료를 태우면서 볶아야 한다.
③ 홀렌다이즈 : 만든 후 따뜻하게 보관해야 한다.
④ 버터 소스 : 질 좋은 버터를 사용하며, 수분과 유분이 분리될 수 있어서 보관 관리가 중요하다.

해설 브라운 소스를 만들 때 탄내가 나지 않게 볶는 게 중요하다.

02 버터의 특성이 아닌 것은?

① 독특한 맛과 향기를 가져 음식에 풍미를 준다.
② 냄새를 빨리 흡수하므로 밀폐하여 저장하여야한다.
③ 유중수적형이다.
④ 성분은 단백질이 80% 이상이다.

해설 버터는 독특한 맛과 향기로 음식에 풍미를 주고 냄새를 빨리 흡수하기 때문에 밀폐해서 보관해야 하며, 유중수적형이다. 하지만 버터의 주성분은 지방이다.

03 다음 중 농후제 종류로 사용할 수 없는 것은?

① 전분　　　　　② 루
③ 뵈르 마니에　　④ 설탕

해설 설탕은 농후제의 역할을 하지 못한다.

정답
01 ②　02 ④　03 ④

```
면포에 거르기  (육수가 완성되면 내용물과 육수를 분리해주는데 보다
              투명하게 하기 위해 면포나 흡수지, 국자 등을 사용해
              기름기를 제거한다)
    ↓
육수냉각       (빨리 식히지 않으면 변질될 수 있으니 금속기물을 사용
              하는 것이 좋다)
    ↓
생산일자 기록  (용기 위에 만든 날짜를 적어 냉장은 3~4일 냉동은
저장           5~6개월 이내에 사용할 수 있도록 한다)
```

(3) 육수·소스 완성 및 보관

① 육수·소스 관리하기
  ㉠ 육수와 소스를 만들고 난 후에는 되도록 빠른 시간에 사용하도록 한다.
  ㉡ 보관해야 할 경우에는 빠른 시간에 냉각하여 냉장·냉동보관을 하여야 한다.
  ㉢ 냉장보관에서는 3~4일 정도, 냉동보관에서도 5~6개월이 넘지 않도록 주의한다.

② 육수·소스 보관 시 관리사항
  ㉠ 온도 관리
    • 온도에 의해 세균이 증식 및 사멸되기도 한다.
    • 세균은 0℃ 이하, 80℃ 이상에서 증식이 어렵다.
    • 대체로 고온보다는 저온에서 증식하기 쉽다.
    • 요리를 만든 후 60~65℃ 이상으로 가열해준 후 4℃ 이하로 냉각시켜 보관한다.
  ㉡ pH 관리
    • 세균은 중성 혹은 알칼리성에서 잘 증식한다.
    • 곰팡이는 산성에서 잘 증식한다.
    • pH 범위 안에서는 세균이 사멸되지 않고 존재한다.
    • pH 6.6~7.5 사이에서 증식이 왕성하다.
    • pH 4.6 이하로 떨어지면 증식이 정지된다.
    • 산성 재료인 식초, 레몬주스, 토마토 주스는 세균이 증식이 되지 않는 환경이다.

예상문제

01 세균이 사멸되는 pH 농도로 옳은 것은?
① pH 9.1
② pH 5.4
③ pH 5.0
④ pH 4.3

해설 세균이 사멸하는 농도는 pH 4.6 이하이다.

02 중식에서 대중적으로 사용되는 육수로 옳은 것은?
① 닭뼈
② 소뼈
③ 돼지뼈
④ 갑각류

해설 닭뼈는 대중적으로 사용되는 육수로, 뼈를 절단해서 육수를 내기도 하고 통째로 넣고 끓여 육수를 만들기도 한다.

정답 01 ④ 02 ①

4 중식 튀김 조리

육류, 어패류, 갑각류, 채소류, 두부류 등의 재료 특성을 이해하고, 손질하여 기름에 튀겨내는 조리법이다.

(1) 튀김 준비

① 레시피 및 튀김의 성질을 고려하여 재료를 선정하고, 준비된 주재료·부재료를 쓰임새에 맞게 준비한다.
② 버섯류, 채소류, 달걀, 설탕, 간장, 소홍주, 후춧가루, 소금, 참기름, 굴 소스, 두반장, 파기름, 고추기름 등을 준비한다.

식용 유지의 정의
식용 유지는 유지를 가지고 있는 식물 또는 동물로부터 얻은 원유를 제조 혹은 가공한 기름을 말한다. 그 종류에는 콩기름(대두유), 카놀라기름, 해바라기씨유, 팜유, 목화씨유, 땅콩기름, 옥수수유, 포도씨유, 올리브유, 참기름, 들기름 등이 있다.

유지	천연유지	식물성 유지	식물성 기름	건성유 : 잣기름, 들기름, 호두기름, 아마인유(아마기름, 아마)
				반건성유 : 콩기름(대두유), 옥수수유, 목화씨유, 참기름
				불건성유 : 올리브유, 피마자유, 땅콩기름
			식물지방	코코아유, 야자유(팜유)
		동물성 유지	동물성 기름	해산 동물유 : 어유, 간유, 고래유
				담수어 동물유 : 잉어유, 붕어유
				육산 동물유 : 우지, 양지
			동물지방	체지방 : 소기름, 돼지기름
				우유지방 : 버터
	가공 유지 : 마가린(버터 대용), 쇼트닝(라드의 대용품) - 빵, 쿠키, 케이크 등에 사용			

(2) 튀김 조리

① 기름을 이용한 중식 조리법

초(炒)	일정한 크기와 모양으로 만든 재료들을 기름에 살짝 넣고 불의 세기를 조절해가며 짧은 시간동안 뒤섞으며 익히는 조리법
폭(爆)	1.5cm 정육면체로 썰거나 재료에 칼집을 준 후 육수나 기름 혹은 뜨거운 물로 열처리한 후에 강한 불에서 빠르게 볶아내는 조리법
전(煎)	열을 가한 팬에 기름을 살짝 두른 후 손질한 재료들을 팬 위에 펼쳐 중간불이나 약불에서 한쪽 면 혹은 양쪽을 지져서 익히는 조리법
류(熘)	향신료 또는 조미료에 재운 재료들을 녹말이나 밀가루를 입혀 삶거나 찌거나 튀긴 후 조미료들을 사용해 소스를 만들어 재료 위에 부어주거나 버무려서 내는 조리법
첩(貼)	보통 세 가지 재료를 사용하며 한 가지는 곱게 다져 편을 낸 재료 위에 올리고 남은 한 재료로 덮은 후 편으로 썬 재료를 닿게 하여 바삭하게 지진 후 물을 부어 수증기로 익히는 조리법
작(炸)	팬에 기름을 넉넉하게 넣고 손질한 재료를 넣어 튀기는 조리법
팽(烹)	적당한 크기로 썰은 재료들을 밑간하여 지지거나 튀기거나 볶은 후 부재료와 조미료를 넣어 뒤섞으며 국물을 재료에 흡수시키는 조리법

※ 중식 튀김 조리법에는 작(炸)과 팽(烹)이 있다.

종류	면요리	요리의 특징
냉면	냉짬뽕	닭육수에 해산물을 데쳐내 냉짬뽕의 육수로 사용하고 파, 마늘, 양파, 호박, 죽순 등과 준비한 육수로 짬뽕국물을 만들고 차게 식힌다. 데쳐낸 해산물과 채썬 오이를 삶은 국수 위에 얹고 찬육수를 부어 만든 요리
	중국식 냉면	삶은 국수 위에 손질한 해산물, 삶은 고기, 오이, 시원한 냉면 육수를 부어 만든 요리

예상문제

01 면 삶아 담기의 과정 중 틀린 것은?
① 면 삶은 물이 충분히 끓여졌는지 확인한다.
② 면을 익힌 후 바로 씻어줄 찬물이 있는지 확인한다.
③ 면의 종류(기계면, 수타면)의 종류에 따라 익히는 시간이 다르다.
④ 면이 익으면 준비한 찬물에 한 번 씻는다.

 면이 익으면 준비한 찬물에 전분질이 어느 정도 씻겨나갈 때까지 씻어주어야 한다.

02 면을 반죽할 때 필요한 재료가 아닌 것은?
① 소금 ② 조미료
③ 물 ④ 밀가루

 밀가루(중력분), 소금, 물, 탄산수소나트륨 등이 필요하다.

9 중식 냉채 조리

맨 처음에 차갑게 나가는 전채요리이다.

> **냉채(冷菜)의 정의 및 특징**
> • 지역에 따라서 냉반(冷盤), 량반(凉盤), 냉훈(冷燻)이라고 부른다.
> • 중식에서는 맨 처음 요리는 4℃ 정도로 차갑게 해서 나가는데 이것을 냉채라고 한다.
> • 냉채는 처음으로 먹기 때문에 고객들이 소화가 잘 되게 메뉴 구성을 해야 한다.
> • 이후에 나오는 요리에 대해서도 기대감을 가지게 해야 하기 때문에 중요한 요리이다.
> • 냉채를 만드는 재료는 매우 신선해야 한다.
> • 냉채는 입에 넣고 오래 씹을수록 더 맛있게 느껴진다.

(1) 냉채 준비
① 냉채 만들 도구들과 냉채에 들어갈 재료, 양념, 담을 그릇 준비
② 장식을 할 무, 당근, 오이, 양파 등을 준비하고 조각할 칼과 장갑 준비
③ 베이스 국물에 양념들을 넣고 끓일 준비 및 양념에 담을 준비
④ 돼지껍질과 젤라틴을 준비한 후 수정처럼 만들 준비
⑤ 설탕, 찻잎, 쌀 등을 준비하고 훈제할 준비

(2) 냉채 조리
① **무치기** : 냉채 조리법 중 가장 기본적인 것으로 재료에 따라 생으로 무쳐도, 익혀서 무쳐도 되며 둘을 섞어서 무쳐도 된다. 맛은 상큼하고 뒷맛이 깔끔한 맛이 남도록 하는 것이 좋다.
② **장국물에 끓이기**
　㉠ 국물에 냉채에 사용할 재료를 향신료나 양념을 넣어서 끓이는 조리법이다.
　㉡ 재료를 장국물에 넣고 끓일 때 불을 약하게 조절하여 장시간 가열한다.
　㉢ 재료가 푹 잠기도록 여유 있게 장국물을 넣어 중간에 뚜껑을 열고, 장국물을 다시 붓지 않도록 한다.
③ **양념에 담그기** : 간장, 술, 설탕, 소금, 식초 등을 이용해 재료를 담가서 만드는 방법으로, 장시간 보관해도 맛이 잘 변하지 않기 때문에 장시간 보관 시 사용한다.
④ **수정처럼 만들기** : 돼지껍질이나 생선살, 닭고기 등 아교질 성분이 많은 것들을 끓인 후 차갑게 만들면 수정처럼 응고되는데, 그 원리를 이용해 냉채를 만든다.
⑤ **훈제하기** : 재료를 삶거나, 찌거나, 튀기는 방법을 이용하여 익힌 후 향신료나 찻잎, 설탕 등을 넣고 솥에 넣어 냉채에서 그 향이 나게 하는 방법이다.

(3) 냉채 완성
① **봉긋하게 쌓기** : 썰어 놓은 재료들을 한 번 데친 다음 냉채를 담는다. 가운데가 봉긋하게 올라오도록 담아준다.
② **평편하게 펴놓기** : 냉채에 사용하는 재료를 다 썰어준 다음 그릇에 평평하게 펴준다.
③ **쌓기** : 계단형태로 그릇에 쌓아 준다.
④ **두르기** : 재료를 썬 후 접시에 둘러주는 방식으로 올린다. 대부분 꽃 모양으로 둘러주고 꽃과 같은 장식을 해주기도 한다.
⑤ **형상화 하기** : 재료들을 이용해 동물이나 어떤 개체를 표현하기 위해 담는 방법이다. 오랜 시간이 소요될 수 있어 재료의 변질에 주의해야 한다.

>
> **냉채 조리의 구분**
> 냉채(양 차이)는 재료의 종류와 방법에 따라 구분된다.
> ① 고기류 : 오향장육, 쇼까(산동식 닭고기 냉채), 빵빵지(사천식 닭고기 냉채)
> ② 해물류 : 오징어냉채, 해파리냉채, 전복냉채, 관자냉채, 왕새우냉채, 삼선냉채, 삼품냉채, 오품냉채 등
> ③ 채소류, 버섯류 : 봉황냉채
> ※ 냉채요리에 어울리는 기초 장식은 오이 등을 이용하여 만들 수 있다.

참고

칼을 올바르게 가는 법
- 숫돌을 미리 물에 한 시간 전에 담가 물이 흡수되도록 한다.
- 칼판 위에 숫돌을 움직이지 않게 받침대에 고정시키거나 신문지, 수건 등으로 고정시킨다.
- 숫돌의 표면에 있는 이물질을 제거하고 물을 적신다.
- 오른손 둘째손가락을 칼등에 대고 숫돌에 수평으로 놓는다.
- 왼손 가운데 세 손가락을 갈고 싶은 부위에 얹어 누르고, 오른손과 왼손을 동시에 당겼다 밀었다를 반복한다(칼날이 자기 쪽을 향하게 하여 갈 때는 앞으로 밀 때 힘을 주고, 칼날이 바깥쪽을 향하게 하여 갈 때는 잡아당길 때 힘을 주어 칼날과 숫돌이 직접적인 마찰이 없도록 한다).
- 양면 칼을 갈 때에는 양면을 같은 횟수로 간다.
  ※ 생선회용 칼, 채소용 칼, 뼈자름용 칼 등의 혼야끼는 양면의 쇠가 같지만, 일반적으로는 양면의 쇠가 다르고 칼의 사용방법이 다르기 때문에 강한 쇠로 되어 있는 우측(칼 앞면) 쇠를 10~20번 정도 갈고 연한 쇠로 되어 있는 좌측(칼 뒷면)은 2~5번 정도 갈아야 한다.
- 칼을 갈고 나면 세척을 잘하고 물기를 잘 닦아 보관한다.

숫돌의 사용 방법
숫돌은 항상 평평하게 유지하고, 숫돌을 사용하기 전 최소한 30분~1시간 전에는 물을 충분히 흡수시켜 놓는다. 칼을 갈면서 나오는 흙탕물로 인해 칼이 갈아지는 것이므로 물은 가끔씩 뿌리고 많이 뿌리지 않도록 한다.

조리도의 관리 방법
- 조리도는 하루에 한 번 이상 가는 것을 원칙으로 한다.
- 칼을 간 후 숫돌 특유의 냄새를 제거할 때는 자른 무 끝에 헝겊을 감은 후 아주 가는 돌가루를 묻혀 칼을 닦지만, 일반적으로는 수세미를 이용해 비눗물 등으로 닦은 후 씻어 물기를 완전히 제거한 다음 마른종이에 싸서 칼집에 넣어 보관한다.
- 각자 자신의 조리도를 직접 관리하고 작업할 때에도 자신의 조리도를 사용한다.
- 조리도는 자신의 몸과 같이 관리하며, 다른 사람이 절대로 손댈 수 없도록 한다.

③ 기본 썰기(基本切り, きほんきり, 기혼키리)

채소의 기본 썰기는 시각적으로 식욕이 있고, 모양과 색감을 살려 부서지지 않도록 잘라야 한다.

둥글게 썰기 (輪切り, わぎり, 와기리)	원통형 썰기라고 하는데, 무·당근·오이, 레몬 등 둥근 재료를 끝에서부터 일정한 두께로 자르는 방법이다.
반달썰기 (半月切り, はんげつぎり, 항게쓰기리)	무, 당근, 레몬 등을 세로로 이등분하여 끝에서부터 일정한 두께 반달모양으로 자르는 방법이다.
은행잎 썰기 (銀杏切り, いちょうぎり, 이쵸기리)	둥근 원통형을 세로로 4등분하여 끝에서부터 적당한 두께로 은행잎 모양을 만들어 썰어주는 방법으로, 국물 조리에 주로 이용된다.
부채꼴모양 썰기 (地紙切り, じがみぎり, 지가미기리)	부채꼴 모양으로 자르는 방법이다.
어슷하게 썰기 (斜め切り, ななめぎり, 나나메기리)	엇비슷 썰기라고도 하는데, 길쭉하고 가는 재료인 당근·파·오이 등을 어슷하게 써는 방법이다.
곱게 썰기 (小口切り, こぐちぎり, 고구지기리)	잘게 썰기라고도 하는데, 대파·실파 등을 끝에서부터 0.1~0.3cm 정도 두께로 곱게 자르는 것을 말한다.
색종이모양 썰기 (色紙切り, しきしぎり, 시키시기리)	잘린 부분이 직사각형이 되도록 횡단면에서 얇게 자른다.
얇게 사각채 썰기 (短冊切り, たんざくぎり, 단자쿠기리)	무, 당근 등을 길이 4~5cm, 두께 1~2cm로 자르는 것을 말한다.
채썰기 (千六本切り, せんろっぽんぎり, 센롯풍기리)	성냥개비 정도 굵기로 썰어 성냥개비 두께로 썰기라고도 하며, 5~6cm 길이의 재료를 얇게 써는 것을 말한다.
채썰기(千切り, せんぎり, 셍기리)	무, 당근 등을 5~6cm로 썬 후 다시 세로로 얇고 가늘게 써는 것을 말한다.
얇게 돌려 깎기 (桂剝き, かつらむきぎり, 가쓰라무끼)	무, 당근, 오이 등을 길이 8~10cm로 잘라 감긴 종이를 풀듯이 얇게 돌려 깎기하는 것을 말한다.
바늘처럼 곱게 썰기 (針切り, はりぎり, 하리기리)	생강, 김 등을 가능한 얇게 돌려깎은 후 이것을 바늘모양으로 가늘게 채 썰어 사용한다.
용수철 모양 썰기 (縒り独活切り, よりうどぎり, 요리우도기리)	꼬아썰기라고도 하는데, 무·당근·오이 등을 얇게 돌려깎기 한 후 비스듬히 7~8mm 폭으로 자른 다음, 물에 넣으면 꼬아지는 것을 말한다.
멋대로 썰기 (乱切り, らんぎり, 란기리)	난도질 썰기라고도 하는데, 우엉·당근·무·연근 등의 재료를 돌려가며 엇비슷하게 썬 것을 말한다.
대나무(조릿대) 썰기 (笹がき, ささがき, 사사가키)	얇게 엇비슷 썰기라고도 하는데, 재료를 굴려 가면서 연필을 깎듯이 얇고 길게 깎는다. 주로 우엉을 썰 때 많이 사용한다.
잘게 썰기 (微塵切り, みじんぎり, 미징기리)	곱게 다져썰기라고도 하는데, 가느다랗게 채친 재료를 횡단면에서도 잘게 자른다.
그 외	• 사각 기둥 모양 썰기(拍子木切り, ひょうしぎぎり, 효시키기리) • 주사위 모양 썰기(賽の目切り, さいのめぎり, 사이노메기리) • 작은 주사위 썰기(霰切り, あられぎり, 아라레기리) • 양파 다지기(玉ねぎみじんぎり, 다마네기미징기리)

④ 모양썰기(飾り切り, かざりきり, 가자리기리)

각 없애는 썰기 (面取り, めんとり, 멘도리)	각돌려깎기, 모서리깎기라고도 한다. 무, 당근, 우엉 등 조림이나 끓임 요리를 할 때 모서리 부분을 매끄럽게 잘라준다.
국화꽃잎 모양 썰기 (菊花切り, きくかぎり, 키쿠카기리)	• 맨 밑 부분을 조금 남기고 가로·세로로 잘게 칼집을 넣어 3% 소금물에 담가 모양내어 펼친다. • 죽순을 길이 3~5cm로 잘라 지그재그로 껍질을 파도 모양처럼 얇게 썰어 모양을 만든다. • 무를 1.5~2.5cm 두께로 둥글게 잘라 껍질을 벗겨 칼끝을 바닥에 붙이고 칼 중앙 부분을 사용해 밑바닥을 조금 남기고 가로·세로로 조밀하게 칼집을 넣는다.
매화꽃 모양 썰기 (ねじ梅切り, ねじうめぎり, 네지우메기리)	매화꽃 모양 썰기는 당근을 정오각형으로 만든 후 오각형의 기둥면 가운데에 칼집을 넣은 후 벚꽃잎 모양으로 깎아주는 썰기이다.
꽃 연근 만드는 썰기 (花蓮根切り, はなれんこんぎり, 하나랭콩기리)	구멍과 구멍 사이에 두꺼운 부분에 칼집을 넣어 구멍을 따라서 둥글게 만들면서 깎아낸다. 횡단면부터 자른다.
오이 뱀뱃살 썰기 (蛇腹胡瓜切り, じゃばらきゅうりぎり, 자바라큐리기리)	자바라 모양 썰기라고도 하며, 오이 등의 재료 아래를 1/3 정도 남겨 잘려나가지 않게 하고, 얇고 엇비슷하게 썰어 적당한 길이로 자른 후 반대로 돌려 다시 자른다.
말고삐 썰기 (手綱切り, たづなぎり, 다즈나기리)	곤약 등을 1cm 두께로 잘라 중앙에 칼집을 넣어서 한 단을 접어 돌린다.
그 외	• 연근 돌려깎아 썰기(蛇籠蓮根切り, じゃかごれんこんぎり, 자카고랭콩기리) • 꽃 모양 썰기(花形切り, はなかたぎり, 하나카타기리) • 솔잎 모양 썰기(松葉切り, まつばぎり, 마쓰바기리) • 그물 모양 무 썰기(大根の網切り, ダイコンのあみぎり, 다이콘노아미기리)

2 일식 무침 조리

일식 무침 조리는 주재료의 식재료에 다양한 양념을 첨가하여 용도에 맞게 무쳐내는 조리법이다. 무침은 대개 삶아서 간을 들여 무치는 경우가 많지만, 날 것 그대로를 사용하는 경우도 있다.

(1) 무침 재료 준비

식재료 기초손질 및 무침양념과 곁들임 재료를 준비한다.

(2) 무침 조리

전처리된 식재료에 무침양념을 사용하여 용도에 맞게 무쳐낸다. 싱싱한 재료는 날 것으로 무치며, 삶아서 간을 하여 무치는 경우도 있다.

무침요리의 종류
참깨무침(고마아에), 된장무침(미소아에), 초무침(스아에), 초된장무침(스미소아에), 겨자무침(가라시아에), 산초순무침(기노메아에), 성게젓무침(우니아에), 해삼창자젓무침(고노와다아에), 흰두부무침(시라아에) 등이 있다.

(3) 무침 담기

용도에 맞는 기물을 선택하여 제공하기 직전에 무쳐서 색상에 맞게 담는다.

※ 무침요리 담기의 주의할 점
- 계절에 맞는 기물을 선택한다.
- 기물이 너무 화려하면 주요리를 어둡게 할 수 있기 때문에 음식이 화려할 수 있도록 색감을 고려한다.
- 무침요리 그릇은 양이 적고, 국물 또한 적기 때문에 작은 보시기 그릇 선택이 좋다.
- 기물선택은 3, 5, 7 등 홀수로 선택한다.
- 무침요리는 재료의 물기가 생기고 색이 변할 수 있기 때문에 제공 직전에 무치는 것이 매우 중요하다.

예상문제

01 무침요리에 대한 설명으로 거리가 가장 먼 것은?
① 무침요리는 제공 직전에 무쳐 제공하는 것이 좋다.
② 가능하면 화려한 기물을 선택하는 것이 좋다.
③ 기물선택은 3, 5, 7 등 홀수로 선택한다.
④ 무침요리 그릇은 양이 적고 국물 또한 적기 때문에 작은 보시기 그릇 선택이 좋다.

해설 기물이 너무 화려하면 주요리를 어둡게 할 수 있기 때문에 음식이 화려할 수 있도록 색감을 고려하여 선택한다.

02 무침요리의 종류를 일본어로 표현한 것과 거리가 먼 것은?
① 참깨무침(고마아에)
② 된장무침(미소아에)
③ 초무침(스미소아에)
④ 산초순무침(기노메아에)

해설 참깨무침(고마아에), 된장무침(미소아에), 초무침(스아에), 초된장무침(스미소아에), 겨자무침(가라시아에), 산초순무침(기노메아에), 성게젓무침(우니아에), 해삼창자젓무침(고노와다아에), 흰두부무침(시라아에) 등이 있다.

정답 01 ② 02 ③

3 일식 국물 조리

일식 국물 조리는 제철에 생산되는 주재료를 준비된 맛국물에 맛과 향을 중요시하여 만든 조리법이다.

(1) 국물 재료 준비

국물요리의 종류

종류	특징
맑은 국물요리	회석요리에서 제공되며, 다시마 맛국물을 이용하고 도미 맑은국, 조개 맑은국 등이 있다.
탁한 국물요리	주로 식사와 함께 제공되며, 일본 된장을 이용한 된장국물이 대표적이다.

국물요리의 구성

종류	특징
주재료(완다네)	국물요리의 주재료로서 어패류, 육류, 채소류 등이 있다.
부재료(완쯔마)	국물요리의 부재료로서 채소류, 해초류 등을 사용하며, 주재료와 상생이 어울리는 재료를 사용한다.
향채(스이구치)	• 계절에 맞는 향미 재료를 사용하여 국물요리의 풍미를 더해 주는 중요한 역할을 한다. • 유자, 카보스, 레몬, 산초잎, 참나물 등을 사용한다.

(2) 국물 우려내기

국물 재료의 종류에 따라서 불의 세기를 조절하고 우려내는 시간을 조절하며, 재료의 특성에 따라 끓는 물(온도)에 넣는 시간을 다르게 한다.

맛국물의 종류

종류	특징
다시마 국물(昆布出し, こんぶ出汁, 곤부다시)	다시마는 차가운 물에 은근히 우려내 사용하기도 하지만, 최근에는 불에 올려 다시물이 끓으면 불을 끄고 다시마를 면포(소창)에 걸러내어 사용하는 것이 일반적이다.
일번다시 (一番出汁, 이치반다시)	• 차가운 물에 다시마를 넣고 물이 끓으면 건져내고, 가다랑어포를 넣고 불을 끈 후 10~15분 후에 면포(소창)에 걸러 사용한다. • 다시마와 가다랑어포의 조화로 최고의 맛과 향을 지닌 국물로, 초회 및 국물요리, 냄비요리 등 일본요리의 전반에 주로 사용된다.
이번다시 (二番出汁, 니반다시)	일번다시에서 남은 재료에 가다랑어포를 조금 더 첨가하여 뽑아낸 국물로, 된장국이나 진한 맛의 조림요리 등에 사용된다.
니보시다시(煮干し出汁, 니보시다시)	니보시란, 쪄서 말린 것을 뜻하며 멸치, 새우 등 여러 가지 해산물을 이용하여 만든 맛국물로 조림, 찜, 된장국 등에 사용된다.

(3) 국물요리 조리

① 주재료, 부재료를 조리하고 맛국물을 조리한다.
② 향미 재료를 곁들여서 국물요리를 완성한다.
③ 맛국물의 종류에는 일번국물, 이번국물, 다시마국물, 가다랑어국물, 조미국물, 국물(즙류)요리, 일본식 된장국, 조개맑은국, 도미맑은국 등이 있다.

시찌미(七味)
- 일본의 시찌미는 지역에 따라서 배합, 배분이 다른 특징이 있다.
- 관서지방의 시찌미는 산초의 비율이 높아 향이 강하다.
- 관동지방의 시찌미는 산초의 배합이 없거나 적다.
- 지역의 특징이나 개개인의 식성을 맞춰 최근에는 다양한 배합 비율의 시찌미가 만들어지고 있다.
- 일반적으로 산초, 진피(귤껍질), 고춧가루, 삼씨(마자유), 파란김(青海苔, 아오노리), 검은깨, 생강의 7종류로 만들어진다.

예상문제

01 밀가루의 종류 및 용도에 대한 설명 중 틀린 것은?

① 강력분의 조리 종류는 식빵, 마카로니, 바게트, 피자도우, 소보로빵, 페이스트리 등이다.
② 중력분의 특징은 면 제조에 적합한 점탄성을 지니고 있기 때문에 우동 등의 면용으로 적당 하고 쫄깃한 요리, 쫀득한 느낌의 요리 등 주로 다목적으로 사용된다.
③ 박력분의 단백질량은 6.0~8.5% 정도이다.
④ 박력분의 조리 종류는 면류(우동, 국수 등), 만두피, 쫀득한 느낌의 케이크, 크래커, 파이크러스트 등이다.

 박력분의 조리 종류
튀김옷, 과자류, 카스테라, 케이크류, 머핀, 마들렌, 바삭한 식감의 쿠키 등

02 일본라멘의 종류에서 돼지 뼈로 맛을 낸 라멘은?

① 미소라멘 ② 시오라멘
③ 돈코츠라멘 ④ 쇼유라멘

- 일본라멘에는 돼지고기(챠슈), 파, 삶은 달걀 등의 여러 토핑을 얹는다.
- 라멘의 종류에는 일본식 간장으로 맛을 낸 '쇼유라멘', 된장으로 맛을 낸 '미소라멘', 소금으로 맛을 낸 '시오라멘', 돼지 뼈로 맛을 낸 '돈코츠라멘' 등이 대표적이다.

03 면요리의 종류에 맞는 맛국물에 대한 설명 중 틀린 것은?

① 소면은 맑고 담백한 맛국물을 준비한다.
② 라멘은 보통 다시물, 가다랑어포, 간장, 소금, 설탕, 맛술, 청주로 조미하여 돈코쯔 국물을 만든다.
③ 메밀국수(소바)에는 가께소바인지 자루소바인지에 따라 소바쯔유의 염도와 농도를 다르게 만든다.
④ 볶음우동(야끼우동)이나 볶음메밀구수(야끼소바)처럼 국물이 없는 요리는 볶을 때 진한 소스가 필요하다. 따라서 설탕과 간장을 1 : 3~1 : 4 정도로 혼합하여 끓여서 식혀두고 사용하는데, 이것을 모도간장이라고 한다.

- 우동에는 다시물, 가다랑어포, 간장, 소금, 설탕, 맛술, 청주로 조미하여 우동다시를 만든다.
- 라멘은 보통 돼지 뼈를 삶아서 돈코츠 국물을 준비하여 사용한다.

정답
01 ④ 02 ③ 03 ②

6 일식 밥류 조리

일식의 밥류 조리는 식사로 사용되는 다양한 밥 종류와 덮밥류, 죽류 등을 조리하는 조리법이다.

(1) 밥 짓기

쌀을 씻어 불려서 조리법(밥, 죽)에 맞게 물을 조절한 후 밥을 지어 뜸들이기를 한다.

쌀의 특징
- 멥쌀(Nonglutinous Rice) : 광택이 있고 반투명하며, 점성이 많은 아밀로펙틴이 80% 정도, 아밀로오스가 20% 정도 함유되어 있어 밥을 지었을 때 끈기가 있어 주식으로 이용된다.
- 찹쌀(Glutinous Rice)은 광택이 없고 불투명하며, 아밀로오스가 없고 아밀로펙틴이 100%로 점성이 매우 강하여 찰떡이나 인절미 등에 이용된다.

(2) 녹차 밥(お茶漬け, おちゃずけ, 오챠즈게) 조리

맛국물을 내고 메뉴에 맞게 기물을 선택하여 밥에 맛국물을 넣고 고명을 선택한다.

녹차 밥 조리 준비 사항
- 쌀은 밥 짓기 30분~1시간 전에 불려 체에 받쳐 놓는다.
- 녹차물과 맛국물을 1 : 1 정도로 한다.
- 녹차밥의 고명에 깨, 김, 와사비 등을 준비한다.
- 녹차덮밥의 종류에 따라 연어(사케), 매실(우메보시), 김(노리), 오차 등을 준비한다.

(3) 덮밥(丼物, どんぶりもの, 돈부리모노, 돈부리)류 조리

① 덮밥을 돈부리(どんぶり), 동(丼)으로 줄여 표기하기도 한다.
② 덮밥 소스는 덮밥용 맛국물과 양념간장, 재료에 맞게 준비한다.
③ 덮밥류 조리는 덮밥의 재료를 용도에 맞게 손질하고, 맛국물에 튀기거나 익힌 재료를 넣어 조리 또는 밥 위에 조리된 재료와 고명을 올려 완성한다.

덮밥용 맛국물 만들기
- 다시물에 간장, 맛술, 설탕 등을 조미하여 맛국물을 만든다.
- 맛국물 농도를 비교적 진하게 하여 다른 찬 없이 식사할 수 있도록 만든다.
- 진한 소스(타레)로 맛국물이 없이 장어덮밥처럼 만드는 경우도 있다.

덮밥의 종류
장어구이덮밥(鰻丼, 우나기동), 튀김덮밥(天丼, 덴동), 소고기덮밥(牛丼, 규동), 돈까스 덮밥(カツ丼, 카츠동), 돼지고기구이덮밥(豚丼, 부타동), 참치회덮밥(鉄火丼, 뎃카동), 회덮밥(海鮮丼, 카이센동), 닭조림달걀덮밥(親子丼, 오야코동), 카레덮밥(カレ丼, 가레동) 등

덮밥냄비(丼鍋, どんぶりなべ, 돈부리나베)
손잡이가 직각으로 되어 있는 작은 프라이팬 모양으로 밥 위에 올리는 과정에서 힘을 적게 주기 위해 턱이 낮고 가볍다.

덮밥 고명의 종류와 특성
색, 맛, 향을 보완하기 위해 주로 사용되는 고명으로 김, 참나물(미쯔바), 실파, 대파, 양파, 무순, 쑥갓, 고추냉이 등을 올려 음식의 조합과 아름다움을 추구한다.

02 찜요리의 화력 조절법이 틀린 것은?

① 약한 불로 찌는 요리 : 달걀찜(茶碗蒸し, 자완무시), 달걀두부(卵豆腐, 다마고도후) 등
② 중간 불로 찌는 요리 : 도미술찜(鯛酒蒸, 다이사까무시) 등
③ 강한 불로 찌는 요리 : 달걀찜(茶碗蒸し, 자완무시), 달걀두부(卵豆腐, 다마고도후) 등
④ 강한 불로 찌는 요리 : 전복술찜(鮑酒蒸し, 아와비사까무시), 대합술찜(大蛤酒蒸し, 하마구리사까무시) 등

해설 약한 불로 찌는 요리
- 달걀찜(茶碗蒸し, 자완무시), 달걀두부(卵豆腐, 다마고도후) 등
- 강한 불로 찌면 달걀 자체가 끓기 때문에 익으면서 구멍이 남아 보기 싫고, 맛도 없다.

03 된장찜(味そ蒸し, 미소무시)에 대한 설명이 틀린 것은?

① 빠른 시간 내에 쪄야 함
② 된장은 냄새를 제거하고 향기를 더해 줘서 풍미를 살리므로, 찜 조리에 많이 사용
③ 재료에 으깬 된장 등을 넣어서 혼합하여 찜한 요리
④ 폰즈(ポン酢)가 어울림

해설 술찜(酒蒸し, 사까무시)
도미, 대합, 전복, 닭고기 등에 소금을 뿌린 뒤 술을 부어 찐 요리[폰즈(ポン酢)가 어울림]

9 일식 롤 초밥 조리

일식 롤 초밥 조리는 초밥용 김, 밥, 생선, 채소류 등 다양한 식재료를 이용하여 롤 초밥을 조리하는 조리법이다.

초밥용 쌀의 특성
① 초밥용 쌀의 조건
- 밥을 지었을 때 맛과 향기(풍미)가 좋을 것
- 적당한 탄력과 끈기(찰기)가 있을 것
- 수분(배합초)의 흡수성이 좋을 것
- 전분의 구조가 단단하고 끈기가 있을 것
- 밥을 평상시보다 약간 되게 지을 것
- 고시히카리 품종이 좋음
② 초밥용 쌀의 선택
- 햅쌀보다는 묵은쌀이 좋음(햅쌀은 수분 흡수율이 낮아 좋지 않음)
- 햅쌀은 배합초를 뿌렸을 때 전분이 굳어지지 않고 남아 있어 질퍽한 밥이 됨
③ 초밥용 쌀의 보관
- 현미 상태로 서늘한 곳
- 약 12°C 정도의 냉장 보관
- 직전에 정미(도정)하여 사용
④ 밥 짓기(30~40분) : 초벌 씻기(재빨리 씻기) → 체에 거르기(1회) → 볼에 담기 → 비벼 씻기(1회) → 물에 씻기(2회) → 체에 거르기(2회) → 비벼 씻기(2회) → 물에 씻기(3회) → 체에 거르기(3회) → 체에 받치기 → 냉장고 보관(30분 정도) → 밥솥에 앉히기 → 물 조절하기(쌀 1 : 물 1) → 밥 짓기 → 뜸들이기(10분)
※ 쌀을 초벌 씻을 때는 재빨리 씻어야 잡맛이 스며들지 않음

롤 초밥의 종류
① 김초밥(巻ずし, 마키즈시)
- 굵게 말은 김초밥(太巻き, 후도마키) : 1~1.5장의 김 사용
- 가늘게 말은 김초밥(細巻き, 호소마키) : 0.5장의 김 사용
- 참치김초밥(데카마키), 오이김초밥(갑파마키) 등
② 손말이 김밥(手巻き, 데마키)
※ 기타 초밥 : 생선초밥(니기리즈시), 상자초밥(하코즈시), 군함초밥(군캉마키), 유부초밥(이나리즈시), 알초밥 등

좋은 김의 선택 방법
- 잘 말려 있는 것
- 냄새가 좋은 것
- 매끄럽고 감촉이 좋은 것
- 광택이 나는 것
- 일정한 두께로 약간 두꺼운 것

(1) 롤 초밥 재료 준비

초밥용 밥을 준비하고, 용도에 맞는 주재료, 부재료와 고추냉이(생, 가루)를 준비한다.

스시 재료의 준비
배합 초(스시즈), 주재료(다네), 생선의 포 뜨기, 달걀, 유부의 조리, 박고지조림, 오보로 만들기, 참치(마구로) 해동 등

냉동 참치의 식염수 해동법
- 여름철 식염수 해동은 18~25°C의 물에 3~5%의 식염수
- 겨울철 식염수 해동은 30~33°C의 물에 3~4%의 식염수
- 봄, 가을 식염수 해동은 27~30°C의 물에 3%의 식염수

(2) 롤 양념초 조리

초밥용 배합초의 재료를 준비하고, 배합초를 조리하여 용도에 맞게 다양한 배합초를 밥에 잘 뿌려 섞는다.

배합초 만들기
식초, 소금, 설탕 준비 → 은은한 불에서 식초에 소금, 설탕 넣기 → 천천히 저으면서 소금, 설탕 녹이기(식초, 소금, 설탕이 눋지 않게 녹이기) → 끓이지 않도록 주의(식초 맛이 날아감)

밥과 배합초의 비율
밥과 배합초의 비율은 밥 15 : 배합초 1 정도의 비율을 기본으로 하며, 김초밥은 배합초의 비율을 조금 더 적게 하고 생선초밥은 배합초의 비율을 조금 높게 하는 경우가 있다.

초밥을 고루 섞는 방법(배합초 뿌리기)
초 양념은 밥을 짓기 30분 전에 만들어 놓기(재료들이 잘 섞이기 때문) → 나무통(한기리)에 뜨거운 밥을 옮겨 담고 배합초를 뿌리기(밥이 식으면 흡수력이 떨어지므로) → 나무 주걱으로 살살 옆으로 자르는 식으로 밥알이 깨지지 않도록 섞기 → 한 번씩 밑과 위를 뒤집어 주면서 배합초가 골고루 섞이도록 함 → 밥에 배합초가 충분히 흡수되면 부채 등을 이용하여 밥에 남아있는 여분의 수분을 날려 보내기 → 초밥의 온도가 사람 체온(36.5°C) 정도로 식히기 → 보온밥통에 담아 사용(온도 유지)

(3) 롤 초밥 조리

롤 초밥의 모양과 양을 조절하여 신속한 동작으로 용도에 맞게 다양한 롤 초밥을 만든다.

정답 02 ③ 03 ④

CHAPTER 05 복어

반드시 알아야 할 핵심개념
복어 기초 손질법, 복어의 독(테트로도톡신), 복어죽(오카유, 조우스이), 튀김의 종류, 튀김 조리 용어, 초간장(폰즈), 양념장(야꾸미)

7 복어 기초 조리실무

복어 기초 조리실무는 복어 조리작업에 필요한 칼 다루기, 곁들임 만들기, 조리 방법, 복어 조리용어 등 기본적인 지식을 이해하고 기능을 익혀 조리업무에 활용하는 것이다.

> **참고**
> **복어 조리의 기본 준비사항 및 관리 능력**
> • 조리도구의 사용 전·중·후 세척 관리 능력
> • 조리도구를 정리·보관할 수 있는 능력
> • 양념, 곁들임을 준비하고 사용할 수 있는 능력
> • 복어 조리용어의 해설 능력
> • 복어 음식문화를 이해할 수 있는 능력
> • 복어 종류와 식용 가능한 복어의 선별 능력
> • 식용 가능한 복어의 부위별 선별 능력
> • 복어 품질의 검수 능력
> • 복어의 선도유지 능력
> • 복어의 보관 능력[냉장(0~5℃), 냉동(-50~-18℃ 이하)]
> • 복어 부산물(내장, 혈액 등)의 빠른 시간에 수거·운반 능력
> • 세제, 표백제 등 독성물질이 유입되지 않도록 하는 관리 능력

(1) 기본 칼 기술 습득

① 복어(일식) 조리도(칼)의 특징

㉠ 복어, 일식(和食, わしょく)에 사용되는 조리도는 폭이 좁고 길며, 종류가 다양하다.

㉡ 생선회용 칼, 뼈자름용 칼 등은 생선을 손질하기 좋게 예리해야 하기 때문에 칼날을 세울 때는 반드시 숫돌을 사용해야 한다.

㉢ 복어회용 칼은 회를 얇게 잘라야 하기 때문에 생선회용 칼과 비교해서 길이는 같지만, 두께는 얇고 가볍다.

㉣ 혼야키(本燒)는 칼 전체가 쇠를 수작업으로 만든 최고급품으로 사용감이 좋고 고가이다.

㉤ 지쯔키(地付き)는 철과 쇠를 붙여서 만들기 때문에 공정이 간단하고 뒤쪽이 닳기도 하며, 형태가 변하기도 쉽다.

② 칼의 종류와 용도

㉠ 채소용 칼(薄刃包丁, うすばぼうちょう, 우스바보쵸) : 칼날 길이가 18~20cm 정도로 주로 채소를 자르거나 손질할 때 또는 돌려깎기할 때 사용한다.

㉡ 생선회용 칼(刺身包丁, さしみぼうちょう, 사시미보쵸) : 생선회용 칼은 27~33cm 정도이지만, 27~30cm 정도의 칼을 일반적으로 사용한다.

㉢ 뼈자름용 칼(出刃包丁, でばぼうちょう, 데바보쵸) : 길이 18~21cm 정도의 칼로, 뼈자름용 칼 또는 절단칼이라고 하며, 생선을 손질할 때 사용하고 뼈를 자르거나 뼈에 붙은 살을 발라낼 때 사용한다.

㉣ 장어손질용 칼(鰻包丁, うなぎぼうちょう, 우나기보쵸) : 미끄러운 장어를 손질할 때 사용하는데, 모양에 따라 오사카형, 교토형, 도쿄형이 있다.

㉤ 기타 : 김초밥 자르는 칼(스시기리보쵸), 메밀국수 자르는 칼(소바기리보쵸) 등이 있다.

③ 생선회 자르는 법

자르는 법	특징	종류
평썰기 (히라즈쿠리, 平造り)	• 가장 많이 사용하는 방법으로, 부드럽고 두꺼운 생선을 자를 때 사용 • 칼 손잡이 부분에서 그대로 잡아당기듯이 각이 있도록 자르는 방법	참치회, 연어회, 방어회
깎아썰기 (소기즈쿠리, 削造り)	• 칼을 오른쪽으로 45° 각도로 눕혀서 깎아 내듯이 써는 방법 • 아라이(얼음물에 씻기)할 생선이나 모양이 좋지 않은 회를 자를 때 사용	농어(여름철)
각썰기 (가쿠즈쿠리, 角造り)	• 붉은살생선을 직사각형, 사각으로 자르는 방법 • 생선살 위에 산마를 갈아서 얹어 주는 방법 예 야마카케(山掛)	참치, 방어
잡아당겨 썰기 (히키즈쿠리, 引造り)	살이 부드러운 생선의 뱃살 부분을 써는 방법으로, 칼을 비스듬히 눕혀서 써는 방법	흰살생선의 뱃살
얇게 썰기 (우스즈쿠리, 薄造り)	• 복어, 도미처럼 탄력 있는 생선을 최대한 얇게 모양내어 써는 방법 • 국화 모양, 학 모양, 장미 모양, 나비 모양 등	복어, 도미
가늘게 썰기 (호소즈쿠리, 細造り)	• 칼끝을 도마에 대고 손잡이가 있는 부분을 띄어 위에서 아래로 가늘게 써는 방법 • 싱싱한 생선을 가늘게 썰어 씹는 맛을 느낌	광어, 도미, 한치
실 굵기 썰기 (이토즈쿠리, 絲造り)	• 실처럼 가늘게 써는 방법으로, 질긴 생선 또는 무침용으로 사용	갑오징어, 광어, 도미
뼈째썰기 (세고시, 背越)	• 작은 생선을 손질한 후 뼈째 썰어 회로 먹는 방법 • 살아 있는 생선만을 이용하며, 고소한 맛을 느낄 수 있음	도다리, 전어, 병어, 쥐치

정답
01 ④ 02 ③ 03 ③ 04 ① 05 ② 06 ② 07 ① 08 ② 09 ④ 10 ①

전혀 독을 지니고 있지 않은 종류도 있다. 따라서 복어를 조리해 먹을 때는 그 어종과 독성을 잘 알고 있어야 한다.

② 식용 유무에 따른 복어의 종류

식용 유무	종류
식용 가능한 복어	참복, 범복, 까치복(줄무늬복), 까마귀복, 밀복, 황복, 줄무늬고등어복, 흰 고등어복, 검은 고등어복, 잔무늬복어, 배복, 철복, 풀복어, 피안복, 상재복, 눈복, 붉은 눈복, 깨복, 껍질복, 삼색복 등
식용 불가능한 복어	가시복, 독고등어복, 돌복, 쥐복, 상자복, 부채복, 잔무늬속임수복, 별두개복, 얼룩 곰복, 별복, 선인복, 무늬복 등

③ 자주 사용하는 복어의 종류

종류	특징
밀복 (鯖河豚, さばふぐ)	밀복은 참복과 밀복속의 바다 경골어의 총칭으로 길이 40cm 정도이며, 흰 밀복·민 밀복·은 밀복·흑 밀복 등이 있음
까치복 (縞河豚, シマフグ)	까치복은 등 부위와 측면이 청흑색의 바탕색이며, 배면에서 몸 쪽 후방으로 현저한 흰 줄무늬가 뻗어 있어 까치 모양을 닮았음
참복, 검복 (真河豚, マフグ)	검복은 등 부위는 암녹갈색으로 명확하지 않은 반문이 있고, 몸 쪽 중앙에 황색선이 뻗어 있으며, 성장함에 따라 불분명하게 됨
황복	• 황복은 황점복의 성어와 비슷하지만, 황복은 가슴지느러미 후방과 등지느러미 기부에 불명료한 흰 테로 둘러진 검은 무늬가 있음 • 중국에서 오래 전부터 즐겨 먹은 것으로 알려져 있음 • 임진강에서 주로 잡히며, 강으로 거슬러 올라가는 소하성 습성이 있음

④ 복어의 독

- 복어는 테트로도톡신(Tetrodotoxin)이라는 맹독을 가지고 있는데, 무색의 결정으로 무미와 무취이다.
- 알코올, 알칼리성, 유기산, 열, 효소, 염류, 일광 등에도 잘 분해되지 않는다.
- 복어 한 마리에는 성인 33명의 생명을 빼앗을 수 있는 맹독이 있으며, 치사량은 테트로도톡신 2mg 정도이다.
- 복어 독은 신경독 성질로, 소량으로도 전신마비와 호흡곤란 증상으로 사망한다.
- 중독 증상까지는 약 20분 정도 걸리지만, 1시간 30분 내에 사망한다.
- 복어를 먹을 때는 독이 있는 난소, 간장 이외에도 아가미, 심장, 위장, 비장, 신장, 담낭, 안구, 혈액(피), 점액 등 비가식용 부위를 반드시 제거한다.

※ 내장 중에 정소(이리, 시라코)는 식용 가능하다.

⑤ 복어의 영양 및 효능

영양 및 효능	특징
영양	• 불포화지방산인 EPA, DHA를 다량 함유하고, 각종 무기질, 비타민을 함유함 • 복어는 조리 시 영양손실이 적어 한 마리를 기준으로 저칼로리(85kcal 정도), 저지방(0.1~1%), 고단백(18~20%)임
효능	• 저지방 고단백 다이어트 식품이며, 숙취해소 및 수술 전후의 환자 회복에 좋음 • 당뇨병 또는 신장 질환자의 식이요법에 좋고, 갱년기 장애, 혈전용해, 노화를 방지한다. 또한 암, 위궤양, 신경통, 해열, 파상풍 환자 등에도 효과가 큼

⑥ 복어살의 특성 및 숙성

구분	특징
복어살의 특성	• 복어는 육질이 단단하고, 콜라겐 함량이 높음 • V형 콜라겐이 복어 회의 단단함에 관여하며, 사후 하루가 지나도 육질의 단단함이 떨어지지 않음
사후경직	• 근육이 사후 점점 굳어지며 투명도를 잃고, 어육(魚肉) 자체가 경직해 가는 현상 • 어류의 생리적인 조건, 치사 조건, 복어의 크기, 저장 온도 등에 따라 사후경직의 이르는 시간이 다름
복어살의 숙성 (전처리 후)	4℃에서 24~36시간, 12℃는 20~24시간, 20℃는 12~20시간으로 숙성·보관함

⑦ 부패와 삼투압 작용

어류의 부패	어육류 속에 함유되어 있는 단백질이 세균에 의해 단백질 효소를 방출하여 분해되어 좋지 않은 냄새와 알레르기를 유발할 수 있는 상태
어류의 자가소화	미생물 번식이 병행되어 부패를 가져오게 됨
부패가 생기기 쉬운 조건	세균이 생육하기 좋은 조건, 즉 적당한 수분과 온도 (20~40℃)
식품의 부패를 방지하기 위한 방법	• 냉동, 냉장, 훈연 등 • 소금을 사용하여 염장시키는 방법
세균의 사멸	어류에 소금을 뿌리면 단백질 분해효소를 방출하는 세균 등의 미생물이 안쪽(농도가 낮음)에서 바깥쪽(농도가 높음)으로 빠져 나가 세균을 사멸시킴으로써 부패현상을 방지할 수 있음
삼투압작용	단백질 분해효소의 작용과 수분활성도가 억제됨으로써 복어회의 탄력에도 영향을 줌

⑧ 염수(숙성수)의 작용

어류의 수분	• 흡유량 60~90% 정도 • 조직성, 형태, 성분의 변화, 가공의 적성 등에 영향
테트로도톡신	약산성에는 안정하나 알칼리성에는 불안정함
염수에 담가 놓음	• 복어를 즉살한 후 방혈시켜 일정 염수에서 일정 시간 동안 숙성 과정을 거치는 작업 • 자료의 산화방지, 세균이 분비하는 단백질 분해효소의 작용을 방해[단백질 분해효소가 작용할 펩타이드 결합(Peptide Bond) 위치에 먼저 결합하여 효소가 결합하는 것을 막아 효소가 불활성화 하게 함]
어류의 염수	• 해수의 평균 염도인 3%로 세척 • 침수시간을 정하여 어육의 조직감, 기호성 등에 따라 사용

㉠ 복어의 관능적 품질(선도) 판정법 : 시각, 후각, 촉각 등에 의해 외관으로 선도를 판정

종류	특징
눈(안구)	• 복어의 눈이 외부로 돌출되고 깨끗하며, 투명한 상태가 신선하다. • 각막이 눈 속으로 내려앉거나 흐리고 탁할수록 신선도가 떨어진다.
아가미	• 아가미 색깔이 선명한 선홍색일수록 신선하다. • 끈적끈적한 점액질이 많고 냄새가 나며, 흐릿한 담홍색일수록 선도가 떨어진다.
표피(표면)	• 표피층에 광택이 나고 선명한 색깔을 띠며, 피부에 밀착되어 있으면 신선하다. • 선도가 떨어지면 점액질이 증가하고, 표피가 녹아내리거나 냄새가 난다.
지느러미	• 선도가 좋은 생선은 지느러미가 깨끗하고 상처가 없다. • 선도가 떨어지면 지느러미가 녹아내리고 상처가 많으며, 냄새가 난다.
냄새	• 바닷물 냄새가 나면 신선한 것이다. • 신선도가 떨어지면 비린내가 나고, 암모니아 냄새가 날 수 있다.
복부	탄력이 있고 팽팽하여야 신선하다.

ⓒ 요오드가 많아 신진대사를 활발하게 하여 비만에 도움을 주고, 성장기 어린이의 성장에도 도움을 준다. 또한 갑상선 호르몬 합성에 영향을 준다.

ⓔ 칼슘, 철이 많이 함유되어 소화흡수가 쉽다.

ⓕ 알긴산, 라미딘, 칼륨 성분은 동맥경화를 예방하고, 혈관과 심장기능을 튼튼하게 해준다.

ⓗ 암 발생을 억제하고, 고혈압예방, 변비예방에 도움을 준다.

③ 복어 맛국물 제조 순서

ⓐ 다시마의 양면에 묻어 있는 불순물을 면포로 깨끗이 닦아준다.

ⓑ 찬물에 다시마를 넣어 불을 올린다.

ⓒ 불 조절은 약하게 하며, 끓기 직전에 다시마를 건져낸다.

ⓓ 국물을 맑게 거른다.

④ 복어 뼈 맛국물 제조 순서

ⓐ 복어는 껍질을 제거하고, 세장뜨기를 한다.

ⓑ 살을 제외한 남은 뼈를 손질하여 흐르는 물에 담가 핏물과 이물질을 제거한다.

ⓒ 냄비에 물, 다시마를 넣고 중간 불에 올려 끓기 시작하면 다시마를 건져낸다.

ⓓ 다시마 육수에 복어의 중간뼈·머리뼈·아가미뼈를 넣고, 감칠맛이 충분히 우러나오도록 끓인다.

ⓔ 이물질을 제거하고 국물이 탁한 색에서 맑게 되면 받쳐 육수를 만든다.

(2) 복어 죽 재료 준비

① 쌀을 씻어 불려서 복어 죽 용도로 밥 짓기

ⓐ 쌀씻기(米洗い, こめあらい, 고메아라이) : 쌀에 물을 부어 첫 번째 물은 쌀에 흡수되지 않도록 빠르게 버리고, 2~3번째에 불순물을 제거한다. 여름에는 약 30분, 겨울에는 약 1시간 전에 씻어둔다.

ⓑ 물기 제거 : 씻은 쌀은 체에 밭쳐 여분의 수분을 제거하여 준비한다.

ⓒ 밥 짓기 : 밥 짓기는 생쌀 1kg에 물 1.0~1.2ℓ의 비율로 밥 짓기 또는 생쌀 1kg에 물 0.9~1.2ℓ와 청주 100cc를 넣고 밥 짓기를 한다.

> **밥 짓기의 물 조절**
> - 밥을 지을 때 쌀(불린)과 물의 비율은 1 : 1~1.2 정도가 일반적이다.
> - 고슬고슬한 밥을 지을 때는 쌀(불린) : 물 = 1 : 1의 비율로 한다.
> - 쌀의 수분함량에 따라 밥 짓기 물의 양을 조절하고, 청주를 넣으면 잡냄새가 제거되어 밥의 풍미를 더 느낄 수 있다.
> - 불린 쌀로 죽을 만들 때는 쌀 : 물 = 1 : 8 비율로 끓여 죽을 만든다.

② 죽(かゆ)의 종류 및 조리법

ⓐ 오카유(お粥, おかゆ, 오카유) : 밥 또는 불린 쌀로 만드는 죽이다.

- 밥을 이용해서 죽을 만드는 경우 : 냄비에 밥과 물을 넣고 국자로 밥알을 으깨면서 죽을 완성한다.
- 불린 쌀로 죽을 만드는 경우 : 냄비에 불린 쌀의 반 정도를 갈아 맛국물을 넉넉히 넣고 푹 끓여서 죽을 완성한다.

ⓑ 조우스이(雑炊, ぞうすい, 조우스이) : 밥은 찬물에 밥알의 형태가 잘 풀리게 씻은 후 체에 밭쳐 물기를 제거하고, 다시 국물에 해산물 또는 채소류를 넣어 끓인 맛국물에 밥을 넣고 만드는 죽이다.

- 여러 가지 부재료를 넣어 끓이고, 밥알의 형태가 남는 특징이 있다.
- 복어죽, 전복죽, 채소죽, 버섯죽, 굴죽, 알죽 등을 만들 수 있다.

> **복어죽용 부재료 준비 및 전처리하기**
> - 맛국물(煮出し汁, にだしじる, 니다시지루) 만들기 : 다시마를 이용해 곤부다시를 만든다.
> - 복어 맛국물(河豚煮出し汁, ふぐだしじる, 후구니다시지루) 만들기 : 곤부다시에 손질한 복어 뼈를 넣고 맛국물을 만든다.
> - 실파(浅葱, あさつき, 아사츠키), 미나리(水芹, せり, 세리) 손질하기 : 곱게 잘라 흐르는 물에 씻어 물기를 제거한다.
> - 김(海苔, のり, 노리) 손질하기 : 김은 구운 뒤 얇게 채를 썰어(하리노리) 준비한다.
> - 달걀(卵, たまご, 다마고) 풀기 : 달걀노른자 또는 달걀을 잘 푼 뒤 준비한다.
> - 참기름(ゴマ油, ごまあぶら, 고마아부라)과 깨(ゴマ, ごま, 고마) 준비하기
> - 복어 살 손질하기 : 복어 살은 석장뜨기를 하여 작은 토막으로 썰어 준비
> - 복어 정소(河豚白子, ふぐしらこ, 후구시라코) 손질하기 : 복어 정소는 소금을 이용해 씻은 뒤 흐르는 물에 담가 핏물을 제거하고 한입 크기로 자른다.

(3) 복어 죽 끓여서 완성

① 복어 조우스이(河豚の雑炊, ふぐのぞうすい, 후구노조우스이) 만들기

ⓐ 다시마 맛국물(昆布出し, こんぶだし, 곤부다시)과 복어 뼈(ふぐ骨, ふぐほね, 후구보네) 맛국물 만들기

- 다시마 맛국물(昆布出し, こんぶだし, 곤부다시) : 냄비에 물 500cc, 건다시마(4×5cm)를 넣고 불에 올려 끓으면 불을 끄고 다시마를 건져낸다.

ⓑ 복어 뼈 맛국물(河豚骨出し, ふぐほねだし, 후구보네다시)

- 냄비에 물, 다시마를 넣고 중불에 올려 끓기 시작하면 다시마를 건진다.
- 다시마 국물에 복어의 머리뼈, 중간뼈, 아가미뼈를 넣고 충분히 끓여서 맛국물을 우려낸다.
- 체로 뼈만 건져내고, 뼈의 살이 부족하면 복어 살을 추가로 썰어 넣는다.

ⓒ 다시에 밥 넣고 간하기(味付け, あじつけ, 아지쯔께)

- 복어 뼈 맛국물에 찬물에 씻은 밥을 넣고 중불에서 한소끔 끓인다.
- 불을 줄이고 소금과 국간장으로 가볍게 밑간을 한다.

ⓓ 달걀(卵, たまご, 다마고) 풀기 : 냄비에 죽이 끓기 시작하면 불을 끄고, 풀어 둔 달걀을 넣어 덩어리지지 않게 저은 후 곱게 송송 썬 실파를 넣어 3~4분 정도 더 뜸을 들인다.

복어 회 모양내서 담기
① 회를 뜬 복어 회는 단면이 넓은 쪽을 왼손의 엄지와 검지로 잡고, 중지 손가락을 이용하여 복어회의 끝부분을 뒤로 말아 삼각모양으로 접는다.
② 회 접시의 중앙에서 끝부분 바깥쪽 위치에 놓는다. 오른쪽에서 왼쪽으로 시계반대 방향으로 접시를 조금씩 돌려가며 회(다네)를 1mm 정도 겹치게 놓아 담는다.
③ 회 접시의 안쪽 라인은 바깥쪽 라인의 1/3 정도 겹치게 놓으면서 바깥쪽 라인과 같은 방법으로 담아 원모양을 유지한다.
④ 복어 회는 삼각형모양을 일정하게 유지하며, 최대한 얇게 회를 뜬다.

복어 국화모양 회 뜨기에서 같이 제공하는 곁들임 재료
① 폰즈(ポン酢) 소스를 만든다.
  • 냄비에 물과 이물질을 제거한 다시마를 넣어 끓기 직전에 다시마를 건져내고 가다랑어포를 넣어 불을 끈다. 10분 후 면포(소창)에 걸러 일번다시물을 만든다.
  • 일번다시물 : 진간장 : 식초=1:1:1: 의 비율로 섞어 폰즈소스를 완성한다.
② 야쿠미(薬味, 양념) 만들기
  • 무는 강판에 갈아 흐르는 물에 씻어 아쿠를 제거한다.
  • 갈은 무즙에 고춧가루를 섞어 선홍색의 빨간무즙(모미지오로시, 紅葉下ろし)을 만든다.
  • 실파는 곱게 썰고, 흐르는 물에 씻어 체에 밭쳐 마른 면포(소창)를 이용하여 수분을 제거하여 준비한다.
  • 레몬은 반달모양으로 잘라 준비한다.
  • 적당한 그릇에 곱게 썬 실파, 빨간무즙, 레몬을 담아 야쿠미를 만든다.
③ 완성
  • 미나리를 깨끗이 씻어 잎을 제거하고 줄기부분만 준비한다.
  • 미나리를 4cm 길이로 잘라 접시에 담아둔다.
  • 복어 회를 완성할 때 미나리, 빨간무즙, 실파, 레몬을 접시에 담고, 초간장(폰즈)과 함께 완성한다.

예상문제

01 복어 회 국화모양 접시에 담기에 대한 설명으로 틀린 것은?
① 시계반대 방향으로 담는다.
② 복어 회는 삼각형 모양으로 일정하게 잘라 담는다.
③ 오른쪽에서 왼쪽 방향으로 담는다.
④ 방향보다는 복어의 모양을 잘 살려 담는다.

해설 복어 회는 먹는 사람의 편리성을 고려하여 시계 반대 방향, 오른쪽에서 왼쪽 방향으로 담는 것이 기본이다.

02 복어 회를 제공할 때 곁들임 재료가 아닌 것은?
① 야쿠미   ② 폰즈
③ 참나물   ④ 미나리

정답
01 ④   02 ③

22 감염병과 감염경로의 연결이 틀린 것은?
① 성병 – 직접 접촉
② 폴리오 – 공기 감염
③ 결핵 – 개달물 감염
④ 파상풍 – 토양 감염

해설 폴리오는 소화기계를 통하여 감염된다.

23 생균백신을 예방접종하는 질병은?
① 콜레라
② 결핵
③ 일본뇌염
④ 장티푸스

해설 결핵은 BCG 생균백신을 예방접종한다.

24 다음 중 소화기계 감염병이 아닌 것은?
① 유행성 이하선염
② 장티푸스
③ 파라티푸스
④ 이질

해설 소화기계 감염병으로는 장티푸스, 파라티푸스, 콜레라, 세균성 이질, 아메바성 이질, 급성회백수염, 유행성 간염이 있다.

25 다음 중 과일이나 채소의 소독에 적합한 약제는?
① 크레졸비누액, 석탄산
② 표백분, 차아염소산나트륨
③ 석탄산, 알코올
④ 승홍수, 역성비누

해설 염소(차아염소산나트륨)는 수돗물, 과일, 채소, 식기소독에 사용되며, 표백분(클로르칼키, 클로르석회)은 우물, 수영장 소독 및 채소, 식기소독에 사용된다.

26 실내 자연환기의 근본 원인이 되는 것은?
① 기온의 차이
② 채광의 차이
③ 동력의 차이
④ 조명의 차이

해설 실내외의 자연환기는 기온의 차에 의한다.

27 집단급식시설의 작업장별 관리에 대한 설명으로 잘못된 것은?
① 개수대는 생선용과 채소용을 구분하는 것이 식중독균의 교차오염을 방지하는 데 효과적이다.
② 가열 조리하는 곳에는 환기장치가 필요하다.
③ 식품보관창고에 식품을 보관 시 바닥과 벽에 식품이 직접 닿지 않게 하여 오염을 방지한다.
④ 자외선 등은 모든 기구와 식품 내부의 완전살균에 매우 효과적이다.

해설 자외선 등은 완전살균에는 효과가 부족하다.

28 올리고당의 특징이 아닌 것은?
① 장내 균총의 개선효과
② 변비의 개선
③ 저칼로리당
④ 충치 촉진

해설 올리고당은 충치를 만들지 않는 것이 일반 당류와 구분되는 특징이다.

29 불건성유에 속하는 것은?
① 참기름
② 땅콩기름
③ 콩기름
④ 옥수수기름

해설 불건성유 : 땅콩기름, 동백유, 올리브유 등이다.

30 다음 중 어떤 비타민이 결핍되면 야맹증이 발생될 수 있는가?
① 비타민 D
② 비타민 A
③ 비타민 K
④ 비타민 F

해설 시금치, 당근에 많은 비타민 A는 결핍 시 야맹증, 각막 건조증, 결막염, 시력저하를 유발할 수 있다.

31 영양소와 급원식품의 연결이 옳은 것은?
① 동물성 단백질 – 두부, 쇠고기
② 비타민 A – 당근, 미역
③ 필수지방산 – 대두유, 버터
④ 칼슘 – 우유, 뱅어포

해설 동물성 단백질(쇠고기, 돼지고기, 달걀 등에 함유), 비타민 A(간, 난황, 시금치, 당근 등에 함유), 필수지방산(대두유, 옥수수유, 생선의 간유 등에 함유)

32 조개류에 들어 있으며 독특한 국물맛을 나타내는 유기산은?
① 젖산
② 초산
③ 호박산
④ 피트산

해설 조개류에 들어 있는 호박산은 독특한 국물맛을 내는 유기산이다.

33 클로로필에 대한 설명으로 틀린 것은?
① 산을 가해주면 Pheophytin이 생성된다.
② Chlorophyllase가 작용하면 Chlorophyllide가 된다.
③ 수용성 색소이다.
④ 엽록체 안에 들어 있다.

해설 클로로필은 지용성 색소이다.

34 짠맛에 소량의 유기산이 첨가되면 나타나는 현상은?
① 떫은맛이 강해진다.
② 신맛이 강해진다.
③ 단맛이 강해진다.
④ 짠맛이 강해진다.

해설 짠맛에 소량의 유기산이 첨가되면 짠맛이 강해진다.

정답
22 ② 23 ② 24 ① 25 ② 26 ① 27 ④ 28 ④ 29 ② 30 ② 31 ④ 32 ③ 33 ③ 34 ④

모의고사(공통)

01 경구감염병으로 주로 신경계에 증상을 일으키는 것은?

① 폴리오 ② 장티푸스
③ 콜레라 ④ 세균성 이질

해설 중추신경계의 손상으로 영구적인 마비를 일으키는 경구감염병은 폴리오(소아마비)이다.

02 다음 중 회복기 보균자에 대한 설명으로 옳은 것은?

① 병원체에 감염되어 있지만 임상증상이 아직 나타나지 않은 상태의 사람
② 병원체를 몸에 지니고 있으나 겉으로는 증상이 나타나지 않는 건강한 사람
③ 질병의 임상증상이 회복되는 시기에도 여전히 병원체를 지닌 사람
④ 몸에 세균 등 병원체를 오랫동안 보유하고 있으면서 자신은 병의 증상을 나타내지 아니하고 다른 사람에게 옮기는 사람

해설 질병의 임상증상이 회복되는 시기에도 계속 병원체를 지닌 사람을 회복기 보균자라 한다.

03 우유의 살균처리방법 중 다음과 같은 살균처리는?

> 71.1~75℃로 15~30초간 가열처리하는 방법

① 저온살균법 ② 초저온살균법
③ 고온단시간살균법 ④ 초고온살균법

해설 고온단시간살균법은 70~75℃에서 15~20초간 살균하는 방법이다

04 일반적으로 사용되는 소독약의 희석농도로 가장 부적합한 것은?

① 알코올 : 75%의 에탄올
② 승홍수 : 0.01%의 수용액
③ 크레졸 : 3~5%의 비누액
④ 석탄산 : 3~5%의 수용액

해설 승홍은 0.1%의 수용액 형태로 사용한다.

05 바이러스와 포자형성균을 소독하는 데 가장 좋은 소독법은?

① 일광소독법 ② 알코올소독법
③ 건열멸균법 ④ 고압증기멸균법

해설 고압증기멸균법은 멸균 효과가 우수하며, 미생물뿐 아니라 아포까지 죽일 수 있다.

06 화학물질에 의한 식중독으로 일반 중독증상과 시신경의 염증으로 실명의 원인이 되는 물질은?

① 납 ② 수은
③ 메틸알코올 ④ 청산

해설 메틸알코올에 중독되면 구통, 구토, 설사, 실명 등의 증상이 나타나며, 심할 경우 사망하기도 한다.

07 다음 중 화학조미료에 해당하는 것은?

① 구연산
② HAP(Hydrolyzed Animal Protein)
③ 글루탐산나트륨
④ 효모

해설 글루탐산나트륨은 가장 널리 사용되고 있는 화학조미료이다.

08 HACCP의 의무적용 대상 식품에 해당하지 않는 것은?

① 빙과류 ② 비가열 음료
③ 껌류 ④ 레토르트식품

해설 껌류는 HACCP의 의무적용 대상 식품이 아니다.

09 먹는 물 소독 시 염소소독으로 사멸되지 않는 병원체로 전파되는 감염병은?

① 세균성 이질 ② 콜레라
③ 장티푸스 ④ 감염성 간염

해설 장티푸스, 파라티푸스, 이질, 콜레라는 염소소독으로 사멸되는 병원체이다.

10 식품접객업소의 조리 판매 등에 대한 기준 및 규격에 의한 조리용 칼·도마, 식기류의 미생물 규격은?(단, 사용 중인 것은 제외한다)

① 살모넬라 음성, 대장균 양성
② 살모넬라 음성, 대장균 음성
③ 황색포도상구균 양성, 대장균 음성
④ 황색포도상구균 음성, 대장균 양성

해설 조리용 칼·도마, 식기류의 미생물 기준은 살모넬라와 대장균 모두 음성이어야 한다.

정답
01 ① 02 ③ 03 ③ 04 ② 05 ④ 06 ③ 07 ③ 08 ③ 09 ④ 10 ②

45 달걀프라이를 하기 위해 프라이팬에 달걀을 깨뜨려 놓았을 때 다음 중 가장 신선한 달걀은?

① 난황이 터져 나왔다.
② 난백이 넓게 퍼졌다.
③ 난황은 둥글고 주위에 농후난백이 많았다.
④ 작은 혈액덩어리가 있었다.

해설 신선한 달걀은 난황이 둥글고 흰자는 뭉쳐있어야 한다.

46 육류 사후강직의 원인 물질은?

① 액토미오신(Actomyosin)
② 젤라틴(Gelatin)
③ 엘라스틴(Elastin)
④ 콜라겐(Collagen)

해설 미오신이 액틴과 결합되어진 액토미오신이 사후강직의 원인물질이다.

47 생선의 자기소화 원인으로 옳은 것은?

① 세균의 작용
② 단백질 분해효소
③ 염류
④ 질소

해설 자기소화는 단백질 분해효소에 의하여 일어난다.

48 우유의 가공에 관한 설명으로 틀린 것은?

① 크림의 주성분은 우유의 지방성분이다.
② 분유는 전유, 탈지유, 반탈지유 등을 건조시켜 분말화한 것이다.
③ 저온 살균법은 61.1~65.6℃에서 30분간 가열하는 것이다.
④ 무당연유는 살균과정을 거치지 않고, 유당연유만 살균과정을 거친다.

해설 크림은 유지방 18% 이상을 함유한 우유를 이용한 가공품이다.

49 유지의 산패에 영향을 미치는 인자에 대한 설명으로 맞는 것은?

① 유지의 저장온도가 0℃ 이하가 되면 산패가 방지된다.
② 광선은 산패를 촉진하나 그 중 자외선은 산패에 영향을 미치지 않는다.
③ 구리, 철은 산패를 촉진하나 납, 알루미늄은 산패에 영향을 미치지 않는다.
④ 유지의 불포화도가 높을수록 산패가 활발하게 일어난다.

해설 저장온도가 낮아도 자동산화가 진행되어 산패가 발생하며, 빛이나 금속은 산패를 촉진시키거나 영향을 준다.

50 유지를 구성하고 있는 불포화지방산의 이중결합에 수소 등을 첨가하여 녹는점이 높은 포화지방산의 형태로 변화시킨 고체지방을 이용한 유지제품은?

① 마가린
② 돼지기름
③ 버터
④ 쇠기름

해설 마가린은 식물성 기름에 수소를 첨가하여 고체지방으로 만든 것으로, 버터의 대용품이다.

51 다음 중 간장의 지미성분은?

① 포도당(Glucose)
② 전분(Starch)
③ 글루탐산(Glutamic acid)
④ 아스코르빈산(Ascorbic acid)

해설 간장, 된장, 다시마의 맛은 글루탐산이다.

52 먹다 남은 찹쌀떡을 보관하려고 할 때 노화가 가장 빨리 일어나는 보관방법은?

① 상온 보관
② 온장고 보관
③ 냉동고 보관
④ 냉장고 보관

해설 노화가 빨리 일어나는 조건은 온도가 0~4℃일 때, 수분함량이 30~70%일 때, pH가 산성일 때이다.

53 어떤 음식의 직접원가는 500원, 제조원가는 800원, 총원가는 1,000원이다. 이 음식의 판매관리비는?

① 200원
② 300원
③ 400원
④ 500원

해설 총원가=제조원가+판매관리비이므로, 1,000-800=200원이 된다.

54 향신료와 그 성분이 바르게 된 것은?

① 생강 – 차비신(Chavicine)
② 겨자 – 알리신(Allicin)
③ 후추 – 시니그린(Sinigrin)
④ 고추 – 캡사이신(Capsaicin)

해설 생강(진저론), 겨자(시니그린), 후추(차비신, 피페린)

55 식품을 구입하였는데, 포장에 다음과 같은 표시가 있었다. 어떤 종류의 식품 표시인가?

① 방사선 조사식품
② 녹색신고식품
③ 자진회수식품
④ 유기가공식품

해설 제시된 표시는 방사선 조사식품을 뜻한다.

정답
45 ③ 46 ① 47 ② 48 ④ 49 ④ 50 ① 51 ③ 52 ④ 53 ① 54 ④ 55 ①

23 수혈을 통하여 감염되기 쉬우며 감염률이 높은 것은?

① 홍역　　　　　　　② 유행성 간염
③ 백일해　　　　　　④ 두창

> 해설　수혈을 통해 감염이 쉬운 것은 유행성 간염이다.

24 우리나라의 보건정책 방향과 거리가 먼 것은?

① 출산 및 자녀양육을 위한 사회적 기반 조성
② 국민건강증진을 위한 사후적 보건서비스 강화
③ 아동·장애인 등 취약계층 지원 강화
④ 미래사회 변화에 대응한 사회투자적 서비스 확대

> 해설　우리나라 보건정책 방향과 사후적 보건서비스 강화와는 거리가 멀다.

25 규폐증과 관련된 직업으로 바르게 짝지어진 것은?

① 채석공, 페인트공　　② 인쇄공, 페인트공
③ X선 기사, 용접공　　④ 양석연마공, 채석공

> 해설　규폐증
> 　진폐증 중 하나로, 광석 중 규소의 노출이 많이 되는 직업에서 많이 발생하는 병이다. 이러한 규폐증은 양석연마공, 채석공, 광부 등의 직업에서 많이 발생한다.

26 조리대를 배치할 때 동선을 줄일 수 있는 효율적인 방법 중 잘못된 것은?

① 조리대의 배치는 오른손잡이를 기준으로 생각할 때 일의 순서에 따라 우에서 좌로 배치한다.
② 조리대에는 조리에 필요한 용구나 기기 등의 설비를 가까이 배치한다.
③ 각 작업공간이 다른 작업의 통로로 이용되지 않도록 한다.
④ 식기와 조리용구의 세정 장소와 보관 장소를 가까이 두어 동선을 절약시킨다.

> 해설　조리대의 배치는 오른손잡이를 기준으로 일의 순서에 따라 좌에서 우로 배치한다.

27 게, 가재, 새우 등의 껍질에 다량 함유된 키틴(Chitin)의 구성 성분은?

① 다당류　　　　　　② 단백질
③ 지방질　　　　　　④ 무기질

> 해설　키틴은 갑각류의 껍질을 단단하게 하는 다당류이다.

28 어류의 지방함량에 대한 설명으로 옳은 것은?

① 흰살생선은 5% 이하의 지방을 함유한다.
② 흰살생선이 붉은살생선보다 함량이 많다.
③ 산란기 이후 함량이 많다.
④ 등쪽이 배쪽보다 함량이 많다.

> 해설　어류의 지방함량은 붉은살생선이 흰살생선보다, 산란기 직전이 산란기 이후보다 많고 배쪽의 살이 등쪽의 살보다 많다.

29 다음 중 황함유 아미노산에 해당되는 것은?

① 메티오닌　　　　　② 플로린
③ 글리신　　　　　　④ 트레오닌

> 해설　유황 아미노산은 메티오닌이다.

30 비타민 B_2가 부족하면 어떤 증상이 생기는가?

① 구각염　　　　　　② 괴혈병
③ 야맹증　　　　　　④ 각기병

> 해설　구각염, 설염은 비타민 B_2의 결핍증이다.

31 쓰거나 신 음식을 맛본 후 금방 물을 마시면 물이 달게 느껴지는데, 이는 어떤 원리에 의한 것인가?

① 맛의 변조현상　　　② 맛의 대비효과
③ 맛의 순응현상　　　④ 맛의 억제현상

> 해설　한 가지 맛을 본 후 다른 맛을 보았을 때 원래 식품의 맛이 다르게 느껴지는 현상을 맛의 변조현상이라 한다.

32 해리된 수소이온이 내는 맛과 가장 관계 깊은 것은?

① 신맛　　　　　　　② 단맛
③ 매운맛　　　　　　④ 짠맛

> 해설　해리된 수소이온이 내는 맛은 신맛이다.

33 다음 중 난황에 함유되어 있는 색소는?

① 클로로필　　　　　② 안토시아닌
③ 카로티노이드　　　④ 플라보노이드

> 해설　클로로필(녹색), 안토시아닌(적색), 플라보노이드(흰색)

34 생선의 조리방법에 관한 설명으로 옳은 것은?

① 선도가 낮은 생선은 양념을 담백하게 하고 뚜껑을 닫고 잠깐 끓인다.
② 지방함량이 높은 생선보다는 낮은 생선으로 구이를 하는 것이 풍미가 더 좋다.
③ 생선조림은 오래 가열해야 단백질이 단단하게 응고되어 맛이 좋아진다.
④ 양념간장이 끓을 때 생선을 넣어야 맛 성분의 유출을 막을 수 있다.

> 해설　양념간장이 끓을 때 생선을 넣어야 살이 흐트러지지 않고 맛 성분의 유출도 막을 수 있다.

35 다음 중 동물성 색소인 것은?

① 클로로필　　　　　② 안토시안
③ 미오글로빈　　　　④ 플라보노이드

> 해설　미오글로빈은 동물성 육류 색소이다.

정답

23 ②　24 ②　25 ④　26 ①　27 ①　28 ①　29 ①　30 ①　31 ①　32 ①　33 ③　34 ④　35 ③

04회 모의고사 (한식)

01 식품위생법령상 주류를 판매할 수 없는 업종은?

① 휴게음식점영업
② 일반음식점영업
③ 유흥주점영업
④ 단란주점영업

해설 음식물을 조리·판매하는 영업으로 음주가 허용되지 않는 영업은 휴게음식점영업이다.

02 다음 중 식품위생법에서 다루고 있는 내용은?

① 먹는 물 수질관리
② 감염병예방시설의 설치
③ 식육의 원산지 표시
④ 공중위생감시원의 자격

해설 식육의 원산지 및 종류의 표시는 보건복지부령에 의해서이다.

03 황색포도상구균 식중독의 일반적인 특성으로 옳은 것은?

① 설사변이 혈변의 형태이다.
② 급성위장염 증세가 나타난다.
③ 잠복기가 길다.
④ 치사율이 높은 편이다.

해설 화농성질환자의 조리 시 엔테로톡신에 의한 식중독으로 잠복기가 짧은 특징이 있으며, 급성위장염을 일으킨다.

04 세균성 식중독의 감염예방대책이 아닌 것은?

① 원인균의 식품오염을 방지한다.
② 위염환자의 식품조리를 금한다.
③ 냉장·냉동 보관하여 오염균의 발육·증식을 방지한다.
④ 세균성 식중독에 관한 보건교육을 철저히 실시한다.

해설 위염환자의 식품조리와 세균성 식중독은 관련이 없다.

05 식품의 부패 정도를 알아보는 시험 방법이 아닌 것은?

① 유산균수 검사
② 관능 검사
③ 생균수 검사
④ 산도 검사

해설 유산균은 장에 유익한 발효균으로, 식품의 부패와 관련 없다.

06 식품첨가물에 대한 설명으로 틀린 것은?

① 보존료는 식품의 미생물에 의한 부패를 방지할 목적으로 사용된다.
② 규소수지는 주로 산화방지제로 사용된다.
③ 산화형 표백제로서 식품에 사용이 허가된 것은 과산화벤조일이다.
④ 과황산암모늄은 소맥분 이외의 식품에 사용하여서는 안 된다.

해설 규소수지는 거품 방지를 위해 첨가하는 소포제이다.

07 다음 중 화학성 식중독의 원인이 아닌 것은?

① 설사성 패류 중독
② 환경오염에 기인하는 식품 유독성분 중독
③ 중금속에 의한 중독
④ 유해성 식품첨가물에 의한 중독

해설 패류 중독은 자연독 식중독이다.

08 새우나 게 등의 갑각류에 함유되어 있으며, 사후 가열되면 적색을 띠는 색소는?

① 안토시아닌(Anthocyanin)
② 아스타산틴(Astaxanthin)
③ 클로로필(Chlorophyll)
④ 멜라닌(Melanin)

해설 새우나 게를 가열할 때 색이 변하는 것은 아스타산틴 때문이다.

09 동물에서 추출되는 천연 껍질 물질로만 짝지어진 것은?

① 펙틴, 구아검
② 한천, 알긴산 염
③ 젤라틴, 키틴
④ 가티검, 전분

해설 젤라틴은 동물의 뼈, 육질 속에 들어 있으며, 키틴은 갑각류의 껍질을 단단하게 하는 다당류이다.

10 육류의 사후경직 후 숙성 과정에서 나타나는 현상이 아닌 것은?

① 근육의 경직상태 해제
② 효소에 의한 단백질 분해
③ 아미노태질소 증가
④ 액토미오신의 합성

해설 사후경직은 액틴과 미오신이 결합하여 일어나는 것으로 숙성에서 나타나는 현상은 아니다.

정답
01 ① 02 ③ 03 ② 04 ② 05 ① 06 ② 07 ① 08 ② 09 ③ 10 ④

47 찹쌀에 있어 아밀로오스와 아밀로펙틴에 대한 설명 중 맞는 것은?

① 아밀로오스 함량이 더 많다.
② 아밀로오스 함량과 아밀로펙틴 함량이 거의 같다.
③ 아밀로펙틴으로 이루어져 있다.
④ 아밀로펙틴은 존재하지 않는다.

> **해설** 찹쌀은 아밀로펙틴 100%로 이루어져 있다.

48 쌀의 조리에 관한 설명으로 옳은 것은?

① 쌀을 너무 문질러 씻으면 지용성 비타민의 손실이 크다.
② pH 3~4의 산성물을 사용해야 밥맛이 좋아진다.
③ 수세한 쌀은 3시간 이상 물에 담가 놓아야 흡수량이 적당하다.
④ 묵은쌀로 밥을 할 때는 햅쌀보다 밥물량을 더 많이 한다.

> **해설** 쌀을 너무 문질러 씻으면 수용성 비타민의 손실이 크고, pH 7인 물을 사용해야 밥맛이 좋아진다. 쌀을 불리는 시간은 30분 정도가 적당하다.

49 강화미란 주로 어떤 성분을 보충한 쌀인가?

① 비타민 A
② 비타민 B_1
③ 비타민 D
④ 비타민 C

> **해설** 강화미
> 정백미에 비타민 B_1, 아미노산 등의 무기질, 비타민, 칼슘 등을 첨가한 쌀로, 비타민 B_1·비타민 B_2 등을 녹인 아세트산 용액에 정백미를 담갔다가 건져낸 후 증기로 쪄낸 다음 건조해서 만든다.

50 콩밥은 쌀밥에 비하여 특히 어떤 영양소의 보완에 좋은가?

① 단백질
② 당질
③ 지방
④ 비타민

> **해설**
> • 검정콩에는 이소플라본, 안토시안 등 몸에 좋은 성분이많이 들어 있어 노화방지와 다이어트에도 도움이 된다.
> • 쌀밥에는 탄수화물이 주된 성분이지만, 콩밥에는 탄수화물뿐만 아니라 단백질, 칼슘까지 풍부하게 함유되어 있다.

51 다음 중 쌀 가공품이 아닌 것은?

① 현미
② 강화미
③ 팽화미
④ α-화미

> **해설** 현미는 쌀에서 왕겨만 벗겨낸 것으로, 쌀 가공식품이 아니다.

52 단팥죽을 만들 때 약간의 소금을 넣었더니 맛이 더 달게 느껴졌다. 이 현상을 무엇이라고 하는가?

① 맛의 상쇄
② 맛의 대비
③ 맛의 변조
④ 맛의 억제

> **해설** 맛의 대비
> 원래의 맛에 다른 맛을 첨가하여 원래의 맛이 상승하는 현상이다.

53 어패류의 조리법에 대한 설명 중 옳은 것은?

① 조개류는 높은 온도에서 조리하여 단백질을 급격히 응고시킨다.
② 바닷가재는 껍질이 두꺼우므로 찬물에 넣어 오래 끓여야 한다.
③ 작은 생새우는 강한 불에서 연한 갈색이 될 때까지 삶은 후 배쪽에 위치한 모래정맥을 제거한다.
④ 생선숙회는 신선한 생선을 끓는 물에 살짝 데치거나 끓는 물을 생선에 끼얹어 회로 이용한다.

> **해설** 생선숙회는 신선한 생선을 써야 하며, 끓는 물에 살짝 데치거나 끼얹어 회로 이용한다.

54 다음 가열 조리 중 건열 조리로 옳은 것은?

① 찜
② 조림
③ 구이
④ 삶기

> **해설** 찜, 조림, 삶기는 습열 조리이다.

55 다음 중 끓이는 조리법으로 옳은 것은?

① 식품의 중심부까지 열이 전도되기 어려워 단단한 식품의 가열이 어렵다.
② 영양분의 손실이 비교적 많으며, 식품의 모양이 변형되기 쉽다.
③ 식품의 수용성분이 국물 속으로 유출이 되지 않는다.
④ 가열 중 재료식품에 조미료의 침투가 어렵다.

> **해설** 식품을 끓이게 되면 수용성 영양소의 손실이 많으며, 모양이 변형되기가 쉽다.

56 전분 식품의 노화를 억제하는 방법으로 틀린 것은?

① 설탕을 첨가한다.
② 식품을 냉장 보관한다.
③ 식품의 수분함량을 15% 이하로 한다.
④ 유화제를 사용한다.

> **해설** 온도 2~5℃, 수분함량 30~60%, 수소이온 다량첨가, 전분입자가 아밀로펙틴보다 아밀로오스가 많으면 노화 촉진이 잘 일어난다.

57 전분에 대한 설명으로 틀린 것은?

① 아밀로오스와 아밀로펙틴의 비율이 2 : 8이다.
② 식혜, 엿은 전분의 효소작용을 이용한 식품이다.
③ 동물성 탄수화물로 열량 공급을 갖는다.
④ 가열하면 팽윤되어 점성을 갖는다.

> **해설** 식물계 저장 탄수화물로 쌀, 밀, 옥수수 등의 곡류 전분에 널리 분포되어 있다.
> ※ 글리코겐은 동물의 체내에 저장이 되는 다당류이다. 찬물에 쉽게 녹지 않고, 달지는 않으나 온화한 맛을 준다.

정답
47 ③ 48 ④ 49 ② 50 ① 51 ① 52 ② 53 ④ 54 ③ 55 ② 56 ② 57 ③

23 먹는 물과 관련된 용어의 정의로 틀린 것은?

① 수처리제 : 물을 정수 또는 소독하거나 먹는 물 공급시설의 산화방지 등을 위하여 첨가하는 제제
② 먹는 샘물 : 해양심층수를 먹는 데 적합하도록 화학적으로 처리하는 등의 방법으로 제조한 물
③ 먹는 물 : 먹는 데에 통상 사용하는 자연 상태의 물로, 자연 상태의 물을 먹기에 적합하도록 처리한 수돗물, 먹는 샘물, 먹는 해양심층수 등을 말한다.
④ 샘물 : 암반대수층 안의 지하수 또는 용천수 등 수질의 안전성을 계속 유지할 수 있는 자연 상태의 깨끗한 물을 먹는 용도로 사용할 원수

해설 음용용으로 지하수나 용천수 등의 샘물을 물리적 처리하여 제조한 물을 먹는 샘물이라고 한다.

24 다음의 균에 의해 식사 후 식중독이 발생했을 경우 평균적으로 가장 빨리 식중독을 유발시킬 수 있는 원인균은?

① 살모넬라균
② 리스테리아
③ 포도상구균
④ 장구균

해설 포도상구균 식중독의 잠복기는 식후 3시간이다.

25 식품을 조리 또는 가공할 때 생성되는 유해물질과 그 생성 원인을 잘못 짝지은 것은?

① 엔-니트로소아민(N-nitrosoamine) : 육가공품의 발색제 사용으로 인한 아질산과 아민과의 반응 생성물
② 다환방향족탄화수소(Polycyclic aromatic hydrocarbon) : 유기물질을 고온으로 가열할 때 생성되는 단백질이나 지방의 분해생성물
③ 아크릴아미드(Acrylamide) : 전분식품을 가열시 아미노산과 당의 열에 의한 결합반응 생성물
④ 헤테로고리아민(Heterocyclic amine) : 주류 제조 시 에탄올과 카바밀기의 반응에 의한 생성물

해설 헤테로고리아민은 단백질이나 지방을 고열에서 태울 시 발생되는 발암물질이다.

26 집단급식소란 영리를 목적으로 하지 아니하면서 특정다수인에게 계속하여 음식물을 공급하는 기숙사·학교·병원 그 밖의 후생기관 등의 급식시설로서 1회 몇 인 이상에게 식사를 제공하는 급식소를 말하는가?

① 30명
② 40명
③ 50명
④ 60명

해설 집단급식소는 영리를 목적으로 하지 않고 계속적으로 특정다수인(상시 1회 50인 이상)에게 음식물을 공급하는 것을 말한다.

27 다음 동물성 지방의 종류와 급원식품이 잘못 연결된 것은?

① 라드 : 돼지고기의 지방조직
② 우지 : 소고기의 지방조직
③ 마가린 : 우유의 지방
④ DHA : 생선기름

해설 경화유
불포화지방산에 수소를 첨가하고 니켈을 촉매로 사용하여 포화지방산의 형태로 변화시킨 것 예 마가린, 쇼트닝

28 전분의 변화에 대한 설명으로 옳은 것은?

① 호정화란 전분에 물을 넣고 가열시켜 전분입자가 붕괴되고 미셀 구조가 파괴되는 것이다.
② 호화란 전분을 묽은 산이나 효소로 가수분해 시키거나 수분이 없는 상태에서 160~170℃로 가열하는 것이다.
③ 전분의 노화를 방지하려면 호화전분을 0℃ 이하로 급속동결시키거나 수분을 15% 이하로 감소시킨다.
④ 아밀로오스의 함량이 많은 전분이 아밀로펙틴이 많은 전분보다 노화되기 어렵다.

해설 호정화는 전분에 건열을 가하여 전분입자를 분해하는 것으로, 미숫가루와 뻥튀기가 있다. 호화는 전분에 물과 열을 가하여 전분입자를 붕괴시키는 것을 말하며, 아밀로펙틴 함량이 많을수록 노화가 느리다.

29 결합수에 대한 설명으로 틀린 것은?

① 용매로 작용한다.
② 100℃로 가열해도 제거되지 않는다.
③ 0℃의 온도에서 얼지 않는다.
④ 미생물의 번식에 이용되지 못한다.

해설 결합수는 용매로 작용하지 않는다.

30 다음 중 천연항산화제와 거리가 먼 것은?

① 토코페롤
② 스테비아 추출물
③ 플라본 유도체
④ 고시폴

해설 천연항산화제로는 토코페롤, 플라본 유도체, 고시폴 등이 있다. 스테비아 추출물은 감미료이다.

31 α-amylase에 대한 설명으로 틀린 것은?

① 전분의 α-1, 4결합을 가수분해한다.
② 전분으로부터 덱스트린을 형성한다.
③ 발아 중인 곡류의 종자에 많이 있다.
④ 당화효소라 한다.

해설 당화효소는 β-아밀라아제이다.

06회 모의고사(중식)

01 섭조개에서 문제를 일으킬 수 있는 독소성분은?

① 테트로도톡신(Tetrodotoxin)
② 셉신(Sepsine)
③ 베네루핀(Venerupin)
④ 삭시톡신(Saxitoxin)

해설 식중독과 원인식품
- 테트로도톡신 : 복어의 독성분
- 셉신 : 부패한 감자의 독성분
- 베네루핀 : 모시조개, 굴, 바지락, 고동 등의 독성분
- 삭시톡신 : 섭조개(홍합), 대합 등의 독성분

02 식품에서 자연적으로 발생하는 유독물질을 통해 식중독을 일으킬 수 있는 식품과 가장 거리가 먼 것은?

① 피마자
② 표고버섯
③ 미숙한 매실
④ 모시조개

해설 식품과 독소명
- 피마자 : 리신(Ricin)
- 미숙한 매실 : 아미그달린(Amygdalin)
- 모시조개 : 베네루핀(Venerupin)

03 소시지 등 가공육 제품의 육색을 고정하기 위해 사용하는 식품첨가물은?

① 발색제
② 착색제
③ 강화제
④ 보존제

해설
- 발색제 : 식품 중의 색소와 작용해서 색을 안정시키거나 발색을 촉진시키는 식품첨가물로 소시지 등 가공육 제품의 발색제로 사용
- 착색제 : 식품의 가공공정에서 변질 및 변색되는 식품색을 복원하기 위해 사용
- 강화제 : 가공식품 중 부족한 영양소를 보충하거나 제조, 보존 중에 손실된 비타민, 무기질, 아미노산 등의 영양소를 제품에 보충하기 위해 사용
- 보존제 : 동식물성 유기물이 미생물의 작용에 의해 부패하는 것을 막기 위해 사용

04 파라치온(Parathion), 말라치온(Malathion)과 같이 독성이 강하지만 빨리 분해되어 만성중독을 일으키지 않는 농약은?

① 유기인제 농약
② 유기염소제 농약
③ 유기불소제 농약
④ 유기수은제 농약

해설 유기인제 농약
인을 함유한 유기화합물로 된 농약으로 파라티온, 말라치온, 다이아지논 등이 있는데, 이들은 신경독을 일으킨다. 유기염소제 농약(DDT, BHC), 유기불소제 농약(푸솔, 니솔, 프라톨), 유기수은제 농약(메틸염화수은, 메틸요오드화수은, EMP, PMA) 등이 있다.

05 식품위생법상 식중독 환자를 진단한 의사는 누구에게 이 사실을 제일 먼저 보고하여야 하는가?

① 보건복지부장관
② 경찰서장
③ 보건소장
④ 관할 시장 · 군수 · 구청장

해설 식중독 환자나 식중독이 의심되는 자를 진단하였거나 그 사체를 검안한 의사 또는 한의사는 관할 시장 · 군수 · 구청장에게 보고해야 한다.

06 β-전분이 가열에 의해 α-전분으로 변하는 현상은?

① 호화
② 호정화
③ 산화
④ 노화

해설 호화(알파화)
익지 않은 전분(β-전분)에 물을 넣고 가열하면 익은 전분(α-전분)이 되는 현상

07 결합수의 특징이 아닌 것은?

① 전해질을 잘 녹여 용매로 작용한다.
② 자유수보다 밀도가 크다.
③ 식품에서 미생물의 번식과 발아에 이용되지 못한다.
④ 동 · 식물의 조직에 존재할 때 그 조직에 큰 압력을 가하여 압착해도 제거되지 않는다.

해설 결합수
- 식품 중의 탄수화물이나 단백질 분자의 일부분을 형성하는 물
- 결합수는 당류와 같은 용질에 대해서 용매로서 작용하지 않으며, 0℃ 이하의 낮은 온도에서도 얼지 않는다.
- ※ 자유수(유리수)는 식품 중에 유리 상태로 존재하는 보통 물을 말한다.

08 요구르트 제조는 우유단백질의 어떤 성질을 이용하는가?

① 응고성
② 용해성
③ 팽윤
④ 수화

해설 요구르트는 탈지유에 유산균을 첨가 배양하여 제조한 음료로서 생성된 유기산에 의해 우유단백질인 카제인의 응고성에 의하여 만들어진다.

정답
01 ④ 02 ② 03 ① 04 ① 05 ④ 06 ① 07 ① 08 ①

38 식품 등의 표시기준에 의거하여 식품의 내용량을 표시할 경우, 내용물이 고체 또는 반고체일 때 표시하는 방법은?

① 중량 ② 용량
③ 개수 ④ 부피

해설 식품의 내용물이 고체 또는 반고체일 경우 중량으로 표시한다.

39 중국에서 수입한 배추(절인 배추 포함)를 사용하여 국내에서 배추김치로 조리하여 판매하는 경우, 메뉴판 및 게시판에 표시하여야 하는 원산지 표시방법은?

① 배추김치(중국산)
② 배추김치(배추 중국산)
③ 배추김치(국내산과 중국산을 섞음)
④ 배추김치(국내산)

해설 중국에서 수입한 배추로 배추김치를 조리한 경우 '배추김치(배추 중국산)'으로 원산지를 표시한다.

40 복사선의 파장이 가장 크며, 열선이라고 불리는 것은?

① 자외선 ② 가시광선
③ 적외선 ④ 도르노선(Dorno ray)

해설 적외선(열선)
일광 3분류 중 파장이 가장 길며, 지구상에 열을 주어 온도를 높여주는 것으로 피부에 닿으면 열이 생기므로 심하게 쬐면 일사병과 백내장, 홍반을 유발할 수 있다.

41 자외선의 작용과 거리가 먼 것은?

① 피부암 유발 ② 관절염 유발
③ 살균 작용   ④ 비타민 D의 형성

해설 자외선은 비타민 D의 형성을 촉진하여 구루병 예방, 적혈구 생성 촉진, 신진대사 촉진, 관절염의 치료작용과 혈압강하작용 및 살균작용을 한다.

42 공기의 자정작용에 속하지 않는 것은?

① 산소, 오존 및 과산화수소에 의한 산화작용
② 공기 자체의 희석작용
③ 세정작용
④ 여과작용

해설 ①, ②, ③은 자외선에 의한 살균작용이며, 공기의 자정작용은 식물의 탄소동화작용에 이산화탄소와 산소와 교환 작용이다.

43 대기오염 중 2차 오염물질로만 짝지어진 것은?

① 먼지, 탄화수소
② 오존, 알데히드
③ 연무, 일산화탄소
④ 일산화탄소, 이산화탄소

해설 대기오염 중 2차 오염물질은 오존, 유기 과산화물, 알데히드류 등이 있다.

44 레이노드 현상은 무엇인가?

① 손가락의 말초혈관 운동장애로 일어나는 국소진동증이다.
② 각종 소음으로 일어나는 신경장애 현상이다.
③ 혈액순환장애로 전신이 굳어지는 현상이다.
④ 소음에 적응을 할 수 없어 발생하는 현상을 총칭하는 것이다.

해설 레이노드 현상
손가락의 말초혈관 운동의 장애로, 혈액순환장애가 나타나 창백해지는 것이다.

45 병원체를 보유하였으나 임상증상은 없으면서 병원체를 배출하는 자는?

① 환자   ② 보균자
③ 무증상감염자 ④ 불현성 감염자

해설 보균자
회복기 보균자, 잠복기 보균자, 건강 보균자

46 강화식품에 대한 설명으로 틀린 것은?

① 식품에 원래 적게 들어있는 영양소를 보충한다.
② 식품의 가공 중 손실되기 쉬운 영양소를 보충한다.
③ 강화영양소로 비타민 A, 비타민 B, 칼슘(Ca) 등을 이용한다.
④ α-화 쌀은 대표적인 강화식품이다.

해설 강화식품
원래 식품이 가지고 있는 풍미와 색은 변화시키지 않고, 식품에 들어 있지 않던 영양소를 첨가함으로써 영양가를 강화시킨 식품(예 강화된장, 마가린, 조제분유 등)

47 다음 중 감미도가 가장 높은 것은?

① 설탕   ② 과당
③ 포도당 ④ 맥아당

해설 단맛의 순서
과당>전화당>설탕>포도당>맥아당>유당

48 필수지방산에 속하는 것은?

① 리놀렌산 ② 올레산
③ 스테아르산 ④ 팔미트산

해설 필수지방산
불포화지방산 중 리놀렌산, 리놀레산 및 아라키돈산은 동물의 생명현상에 꼭 필요하며, 체내에서 합성이 안 되므로 반드시 식사를 통해 섭취해야 한다.

49 두부를 만들 때 콩 단백질을 응고시키는 재료와 거리가 먼 것은?

① $MgCl_2$ ② $CaCl_2$
③ $CaSO_4$ ④ H_2SO_4

해설 두부응고제(간수)
황산칼슘($CaSO_4$), 염화마그네슘($MgCl_2$), 염화칼슘($CaCl_2$)

정답
38 ① 39 ② 40 ③ 41 ② 42 ④ 43 ② 44 ① 45 ② 46 ④ 47 ② 48 ① 49 ④

21 다음 중 대장균의 최적 증식온도 범위는?

① 0~5℃
② 5~10℃
③ 30~40℃
④ 55~75℃

> 해설 **병원성 대장균**
> 사람이나 동물의 장관 내에 살고 있는 균으로 물이나 흙 속에 존재하며, 식품과 함께 입을 통해 체내에 들어오면 장염을 일으키는 식중독이다. 보통배지에서 잘 발육하고 최적온도는 37℃이다.
> • 증상 : 급성대장염
> • 잠복기 : 13시간 정도

22 60℃에서 30분간 가열하면 식품 안전에 위해가 되지 않는 세균은?

① 살모넬라균
② 클로스트리디움 보툴리늄균
③ 황색 포도상구균
④ 장구균

> 해설 **살모넬라균**
> • 원인식품 : 육류 및 어패류 및 가공품, 우유 및 유제품, 채소샐러드
> • 예방대책 : 열에 약하여 60℃에서 30분이면 사멸된다.

23 육류의 발색제로 사용되는 아질산염이 산성 조건에서 식품 성분과 반응하여 생성되는 발암성 물질은?

① 지질 과산화물(Aldehyde)
② 벤조피렌(Benzopyrene)
③ 니트로사민(Nitrosamine)
④ 포름알데히드(Formaldehyde)

> 해설 • 발색제 : 자체 무색이어서 스스로 색을 나타내지 못하지만, 식품 중의 색소성분과 반응하여 그 색을 고정(보존)하거나 또는 발색하는 데 사용한다.
> • 육류 발색제 : 아질산나트륨(아질산염) → 니트로사민(발암물질) 생성
> • 과채류 발색제 : 황산제1철, 황산제2철, 염화제1철, 염화제2철

24 즉석판매 제조·가공업소 내에서 소비자에게 원하는 만큼 덜어서 직접 최종소비자에게 판매하는 대상식품이 아닌 것은?

① 된장
② 식빵
③ 우동
④ 어육제품

> 해설 식품제조·가공업 영업자가 제조·가공한 식품 또는 식품 등 수입판매업 영업자가 수입·판매한 식품으로 즉석판매 제조·가공업소 내에서 소비자가 원하는 만큼 덜어서 직접 최종 소비자에게 판매하는 식품[통·병조림 제품, 레토르트식품, 냉동식품, 어육제품, 특수용도식품(체중조절용 조제식품은 제외함), 식초, 전분은 제외]

25 식품위생법상 식품접객업 영업을 하려는 자는 몇 시간의 식품위생교육을 미리 받아야 하는가?

① 2시간
② 4시간
③ 6시간
④ 8시간

> 해설 • 식품제조·가공업, 즉석판매 제조·가공업, 식품첨가물제조업 : 8시간
> • 식품운반업, 식품소분·판매업, 식품보존업, 용기·포장류 제조업에 해당하는 영업을 하려는 자, 해당하는 영업을 하려는 자 : 4시간
> • 식품접객업 영업을 하려는 자 : 6시간
> • 집단급식소를 설치·운영하려는 자 : 6시간

26 주로 참깨 중에 함유되어 있는 항산화 물질은?

① 고시폴
② 세사몰
③ 토코페롤
④ 레시틴

> 해설 고시폴(목화씨), 토코페롤(비타민 E, 항산화제), 레시틴(달걀노른자)

27 냉장고 사용방법으로 틀린 것은?

① 뜨거운 음식은 식혀서 냉장고에 보관한다.
② 문을 여닫는 횟수를 가능한 줄인다.
③ 온도가 낮으므로 식품을 장기간 보관해도 안전하다.
④ 식품의 수분이 건조되므로 밀봉하여 보관한다.

> 해설 5℃ 정도 되는 냉장실에 식품을 보관하면 금방 상할 수 있기 때문에 장기간 보관 시 냉동실에 넣어두는 것이 좋다.

28 탈수가 일어나지 않으면서 간이 맞도록 생선을 구우려면 일반적으로 생선 중량 대비 소금의 양은 얼마가 가장 적당한가?

① 0.1%
② 2%
③ 16%
④ 20%

> 해설 생선구이의 경우 탈수가 일어나지 않고, 간도 적절한 양은 생선 중량의 2~3%의 소금이다.

29 중조를 넣어 콩을 삶을 때 가장 문제가 되는 것은?

① 비타민 B_1의 파괴가 촉진됨
② 콩이 잘 무르지 않음
③ 조리수가 많이 필요함
④ 조리시간이 길어짐

> 해설 콩을 삶을 때 중탄산소다(중조)를 첨가하면 빨리 무르지만, 비타민 B_1의 손실이 크다.

30 찹쌀떡이 멥쌀떡보다 더 늦게 굳는 이유는?

① pH가 낮기 때문에
② 수분함량이 적기 때문에
③ 아밀로오스의 함량이 많기 때문에
④ 아밀로펙틴의 함량이 많기 때문에

> 해설 전분의 노화는 아밀로펙틴이 많을수록 느리게 진행된다.

31 해조류에서 추출한 성분으로 식품에 점성을 주고 안정제, 유화제로서 널리 이용되는 것은?

① 알긴산(Alginic Acid)
② 펙틴(Pectin)
③ 젤라틴(Gelatin)
④ 이눌린(Inulin)

> 해설 **알긴산**
> 고분자 복합 다당체이며, 미역이나 다시마 등 갈조류의 세포막을 구성하는 주성분으로 안정제, 농후제, 유화제로 사용된다.

정답
21 ③ 22 ① 23 ③ 24 ④ 25 ③ 26 ② 27 ③ 28 ② 29 ① 30 ④ 31 ①

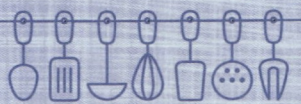

08회 모의고사(복어)

01 중금속에 의한 중독과 증상을 바르게 연결한 것은?

① 납중독 – 빈혈 등의 조혈장애
② 수은중독 – 골연화증
③ 카드뮴중독 – 흑피증, 각화증
④ 비소중독 – 사지마비, 보행장애

> 해설
> • 수은중독 : 중추신경장애를 일으키며, 미나마타병을 일으킨다.
> • 카드뮴중독 : 신장의 기능장애를 일으키며, 이타이이타이병을 일으킨다.
> • 비소중독 : 위장장애, 경련, 혼수상태 등 피부 이상 현상을 보이기도 한다.

02 미숙한 매실이나 살구씨에 존재하는 독성분은?

① 라이코린(Lycorin)
② 하이오사이어마인(Hyoscyamine)
③ 리신(Ricin)
④ 아미그달린(Amygdalin)

> 해설 청매나 살구씨에 존재하는 식물성 독성분은 아미그달린이다.

03 환원성이 없는 당은?

① 포도당(Glucose)   ② 과당(Fructose)
③ 설탕(Sucrose)   ④ 맥아당(Maltose)

> 해설 설탕은 이당류로써 환원성이 없는 당이다.

04 냉장했던 딸기의 색을 선명하게 보존할 수 있는 조리법은?

① 서서히 가열한다.
② 짧은 시간에 가열한다.
③ 높은 온도로 가열한다.
④ 전자렌지에서 가열한다.

> 해설 딸기에 서서히 열을 가열해 주면 냉장했던 딸기의 색을 선명하게 보존할 수 있다.

05 수인성 감염병의 특징과 거리가 먼 것은?

① 환자발생이 폭발적이다.
② 잠복기가 길고 치명률이 높다.
③ 성과 나이에 무관하게 발병한다.
④ 급수지역과 발생지역이 거의 일치한다.

> 해설 수인성 감염병은 환자 발생이 폭발적이며 음료수 사용지역과 유행지역이 일치한다. 계절과 관계없이 발생하며 성별·연령·직업·생활수준에 따른 발생 빈도의 차이가 없다.

06 실내공기의 오염 지표인 CO_2(이산화탄소)의 실내(8시간 기준) 서한량은?

① 0.001%   ② 0.01%
③ 0.1%   ④ 1%

> 해설 이산화탄소의 실내 서한량은 0.1%이다.

07 우리나라에서 발생하는 장티푸스의 가장 효과적인 관리방법은?

① 환경위생 철저
② 공기정화
③ 순화독소(Toxoid) 접종
④ 농약 사용 자제

> 해설 장티푸스는 보균자의 대변이나 소변에 의해서 오염된 물을 섭취하였을 경우에 감염되는 병으로 복통, 구토, 설사등과 같은 증상을 나타낸다. 이러한 장티푸스를 예방하기 위해서는 보균자를 격리시키고, 환경위생에 철저해야 한다.

08 유리규산의 분진 흡입으로 폐에 만성섬유 증식을 유발하는 질병은?

① 규폐증   ② 철폐증
③ 면폐증   ④ 농부폐증

> 해설 유리규산의 미세분말을 장기간, 장시간 동안 흡입하면 만성섬유증식을 유발한다. 이러한 폐질환을 규폐증이라고 한다.

09 기온역전현상의 발생 조건은?

① 상부기온이 하부기온보다 낮을 때
② 상부기온이 하부기온보다 높을 때
③ 상부기온과 하부기온이 같을 때
④ 안개와 매연이 소할 때

> 해설 기온의 역전현상
> 낮과 밤의 일교차가 큰 봄이나 가을이나 춥고 긴 겨울철 밤에 분지지역에서 발생하는 현상으로, 상부기온이 하부기온보다 높을 때 발생한다.

10 히스타민(Histamine) 함량이 많아 가장 알레르기성 식중독을 일으키기 쉬운 어육은?

① 가다랑어   ② 대구
③ 넙치   ④ 도미

> 해설 모르가니균(알레르기성 식중독)
> 히스티딘으로부터 히스타민 및 유독 아민을 생성하는 원인균으로 특히 붉은살생선, 가다랑어, 청어, 꽁치, 건어물 등의 섭취로 알레르기(Allergy)와 발진, 구토 등의 증상을 일으킨다.

정답
01 ① 02 ④ 03 ③ 04 ① 05 ② 06 ③ 07 ① 08 ① 09 ② 10 ①

11 육류의 부패 과정에서 pH가 약간 저하되었다가 다시 상승하는 데 관계하는 것은?

① 암모니아
② 비타민
③ 글리코겐
④ 지방

해설 육류 부패 과정에서 pH가 약간 저하될 때 염기성 물질은 증가하는데, 그 염기성 물질 중의 하나가 암모니아이다.

12 식품공전상 표준온도라 함은 몇 °C인가?

① 5°C
② 10°C
③ 15°C
④ 20°C

해설 식품공전상 표준온도는 20°C이다.
※ 미온(30~40°C), 상온(15~25°C), 실온(1~35°C), 냉온(-18°C 이하), 냉장(0~10°C)

13 식품 등을 판매하거나 판매할 목적으로 취급할 수 있는 것은?

① 병을 일으키는 미생물에 오염되었거나 그러할 염려가 있어 인체의 건강을 해칠 우려가 있는 것
② 포장에 표시된 내용량에 비하여 중량이 부족한 것
③ 영업자가 아닌 자가 제조·가공·소분한 것
④ 썩거나 상하거나 설익어서 인체의 건강을 해칠 우려가 있는 것

해설 식품위생법 제4조(위해식품등의 판매 등 금지)
- 썩거나 상하거나 설익어서 인체의 건강을 해칠 우려가 있는 것
- 유독·유해물질이 들어 있거나 묻어 있는 것 또는 그러할 염려가 있는 것(다만, 식품의약품안전처장이 인체의 건강을 해칠 우려가 없다고 인정하는 것은 제외)
- 병(病)을 일으키는 미생물에 오염되었거나 그러할 염려가 있어 인체의 건강을 해칠 우려가 있는 것
- 불결하거나 다른 물질이 섞이거나 첨가(添加)된 것 또는 그 밖의 사유로 인체의 건강을 해칠 우려가 있는 것
- 안전성 심사 대상인 농·축·수산물 등 가운데 안전성 심사를 받지 아니하였거나 안전성 심사에서 식용(食用)으로 부적합하다고 인정된 것
- 수입이 금지된 것 또는 「수입식품안전관리 특별법」에 따른 수입신고를 하지 아니하고 수입한 것
- 영업자가 아닌 자가 제조·가공·소분한 것

14 필수아미노산만으로 짝지어진 것은?

① 트립토판, 메티오닌
② 트립토판, 글리신
③ 라이신, 글루타민산
④ 루신, 알라닌

해설 필수아미노산
트립토판, 메티오닌, 발린, 루신, 이소루신, 트레오닌, 페닐알라닌, 리신 8가지
※ 성장기의 어린이는 아르기닌, 히스티딘을 추가해서 10가지이다.

15 다음 물질 중 동물성 색소는?

① 클로로필(Chlorophyll)
② 플라보노이드(Favonoid)
③ 헤모글로빈(Hemoglobin)
④ 안토잔틴(Anthoxanthin)

해설 헤모글로빈
어류부터 포유척추동물까지 적혈구 속에 들어있는 색소 단백질이다.
※ 동물성색소 : 미오글로빈, 헤모글로빈

16 식당에서 조리작업자 및 배식자의 손소독에 가장 적당한 것은?

① 생석회
② 역성비누
③ 경성세제
④ 승홍수

해설 조리자의 손소독에 사용되는 것은 역성비누이다.

17 다음에서 설명하는 영양소는?

- 원소기호는 I이다.
- 인체의 미량원소로 주로 갑상선호르몬인 싸이록신과 트리아이오도싸이록신의 구성원소로 갑상선에 들어 있다.

① 요오드
② 철
③ 마그네슘
④ 셀레늄

해설 요오드(I)
갑상선 호르몬 구성 및 유즙 분비 촉진을 하고, 부족할 경우 갑상선종, 발육정지가 나타난다. 과다할 경우 갑상선 기능 항진증이 발생하며, 급원식품으로는 해조류, 어육 등이 있다.

18 천연 산화방지제가 아닌 것은?

① 세사몰(Sesamol)
② 베타인(Betaine)
③ 토코페롤(Tocopherol)
④ 고시폴(Gossypol)

해설 천연산화방지제
비타민 E(토코페롤), 비타민 C(아스코르빈산), 참기름(세사몰), 목화씨(고시폴)

19 일반적으로 생선의 맛이 좋아지는 시기는?

① 산란기 몇 개월 전
② 산란기 때
③ 산란기 직후
④ 산란기 몇 개월 후

해설 생선의 맛이 좋은 시기는 산란과 관계가 있다고 보며, 산란기 1~2개월 전 더욱 감칠맛이 증가한다. 이 시기를 제철이라고 말한다.

20 전자레인지의 주된 조리 원리는?

① 복사
② 전도
③ 대류
④ 초단파

해설
- 전자레인지는 초단파(전자파, 고주파)로 가열하는 조리 기구이다.
- 분자가 심하게 진동하여 발열하는 것을 이용하여 빠른 시간에 고르게 가열한다.

21 인공능동면역에 의하여 면역력이 강하게 형성되는 감염병은?

① 이질
② 말라리아
③ 폴리오
④ 폐렴

해설 인공능동면역(예방접종)
- 생균 Vaccine : 폴리오(Sabin), 두창, 탄저, 광견병, 결핵, 황열, 홍역
- 사균 Vaccine : 폴리오(Salk), 장티푸스, 파라티푸스, 콜레라, 백일해, 일본뇌염
- 순화독소 : 디프테리아, 파상풍

정답
11 ① 12 ④ 13 ③ 14 ① 15 ③ 16 ② 17 ① 18 ② 19 ① 20 ④ 21 ③

22 다음 중 국내에서 허가된 인공감미료는?

① 둘신(Dulcin)
② 사카린나트륨(Sodium Saccharin)
③ 사이클라민산나트륨(SodiumCyclamate)
④ 에틸렌글리콜(Ethylene Glycol)

해설
- 허가된 인공감미료 : 사카린나트륨, D-솔비톨, 글리실리진산나트륨, 아스파탐
- 유해감미료 : 둘신, 에틸렌글리콜, 니트로아닐린, 페릴라틴, 파라니트로올소톨루
- 살인당&원폭당 : 사이클라민산나트륨

23 미생물의 생육에 필요한 조건과 거리가 먼 것은?

① 수분   ② 산소
③ 온도   ④ 자외선

해설 미생물 생육에 필요한 조건
영양소, 수분, 온도, pH, 산소

24 비타민 E에 대한 설명으로 틀린 것은?

① 물에 용해되지 않는다.
② 항산화작용이 있어 비타민 A나 유지 등의 산화를 억제해준다.
③ 버섯 등에 에르고스테롤(Ergosterol)로 존재한다.
④ 알파 토코페롤(α-Tocopherol)이 가장 효력이 강하다.

해설
- 비타민 E : 무취로 물에는 용해되지 않지만 에테르, 에탄올, 식물유에 녹으며, 200℃ 열에도 안정하다. 항산화작용이 있어 다른 지용성 비타민(A, D, K) 등의 산화를 억제해준다. 또한 알파-토코페롤(α-Tocopherol)의 생물학적 활성이 가장 크다.
- 에르고스테롤(Ergosterol) : 표고버섯, 효모, 맥각 등이 햇빛에 노출시키면 비타민 D로 전환된다.

25 청과물의 저장 시 변화에 대하여 옳게 설명한 것은?

① 청과물은 저장 중이거나 유통과정 중에도 탄산가스와 열이 발생한다.
② 신선한 과일의 보존기간을 연장시키는 데 저장이 큰 역할을 하지 못한다.
③ 과일이나 채소는 수확하면 더 이상 숙성하지 않는다.
④ 감의 떫은맛은 저장에 의해서 감소되지 않는다.

해설 청과물은 저장 중이나 유통과정 중에도 탄산가스와 열이 발생하므로 오래 보관하면 안 된다.

26 클로로필(Chlorophyll)에 관한 설명으로 틀린 것은?

① 포르피린환(Porphyrin Ring)에 구리(Cu)가 결합되어 있다.
② 김치의 녹색이 갈변하는 것은 발효 중 생성되는 젖산 때문이다.
③ 산성식품과 같이 끓이면 갈색이 된다.
④ 알칼리 용액에서는 청록색을 유지한다.

해설 클로로필
- 녹색 채소의 색이고, 마그네슘(Mg)을 함유하고 있다.
- 열과 산에 불안정하며, 알칼리에 안정하다.

27 결합수의 특성이 아닌 것은?

① 수증기압이 유리수보다 낮다.
② 압력을 가해도 제거하기 어렵다.
③ 0℃에서 매우 잘 언다.
④ 용질에 대해서 용매로서 작용하지 않는다.

해설 결합수의 특징
용매로 작용하지 않고, 압력을 가해도 쉽게 제거되지 않는다. 또한 0℃ 이하의 낮은 온도에서도 얼지 않고 미생물의 번식에 이용되지 못하며, 유리수보다 밀도가 크다.

28 재고회전율이 표준치보다 낮은 경우에 대한 설명으로 틀린 것은?

① 긴급 구매로 비용 발생이 우려된다.
② 종업원들이 심리적으로 부주의하게 식품을 사용하여 낭비가 심해진다.
③ 부정유출이 우려된다.
④ 저장기간이 길어지고, 식품손실이 커지는 등 많은 자본이 들어가 이익이 줄어든다.

해설 재고회전율이 표준치보다 낮은 경우
- 종업원들이 재고가 과잉 수준임을 알고 심리적으로 낭비가 심해진다.
- 저장기간이 길어지고, 식품손실이 커진다.
- 식품의 부정유출이 우려된다.
- 재고상품은 현금의 일종이며, 투자의 결과가 되어 이익이 줄어들게 된다.

29 잠함병의 발생과 가장 밀접한 관계를 갖고 있는 환경요소는?

① 고압과 질소   ② 저압과 산소
③ 고온과 이산화탄소 ④ 저온과 일산화탄소

해설 잠함병
깊은 바다 속의 수압이 매우 높아 호흡을 통해 몸 속으로 들어간 질소기체가 체외로 잘 빠져나가지 못하고 혈액 속에 녹게 되고, 수면 위로 빠르게 올라오면 체내에 녹아 있던 질소기체가 혈액 속을 돌아다니면서 몸에 통증을 일으키는 병이다.

30 국가의 보건수준이나 생활수준을 나타내는 데 가장 많이 이용되는 지표는?

① 병상이용률
② 의료보험 수혜자수
③ 영아사망률
④ 조출생률

해설 영아사망률은 공중보건의 수준지표이다.

31 동물과 관련된 감염병의 연결이 틀린 것은?

① 소 – 결핵
② 고양이 – 디프테리아
③ 개 – 광견병
④ 쥐 – 페스트

해설 고양이와 관련된 감염병은 톡소플라스마가 있고, 디프테리아는 사람과 접촉으로 감염된다.

32 진개(쓰레기)처리법과 가장 거리가 먼 것은?

① 위생적 매립법　　② 소각법
③ 비료화법　　　　④ 활성슬러지법

해설 활성슬러지법은 수질 처리법이다.

33 도마의 사용방법에 관한 설명 중 잘못된 것은?

① 합성세제를 사용하여 43~45℃의 물로 씻는다.
② 염소소독, 열탕살균, 자외선살균 등을 실시한다.
③ 식재료 종류별로 전용의 도마를 사용한다.
④ 세척, 소독 후에는 건조시킬 필요가 없다.

해설 도마를 위생적으로 처리하기 위하여 세척·소독하고, 이후에는 반드시 건조시킨 후 보관한다.

34 통조림관의 주성분으로 과일이나 채소류 통조림에 의한 식중독을 일으키는 것은?

① 주석　　② 아연
③ 구리　　④ 카드뮴

해설 통조림 식품의 유행성 금속물질은 납, 주석이다.
- 주석은 통조림관을 만드는 데 사용되는 금속물질이다.
- 주요 증상은 구역질, 복통, 설사, 구토, 권태감 등이다.

35 복어와 모시조개 섭취 시 식중독을 유발하는 독성물질을 순서대로 나열한 것은?

① 엔테로톡신(Enterotoxin), 사포닌(Saponin)
② 엔테로톡신(Enterotoxin), 아플라톡신(Aflatoxin)
③ 테트로도톡신(Tetrodotoxin), 듀린(Dhurrin)
④ 테트로도톡신(Tetrodotoxin), 베네루핀(Venerupin)

해설
- 복어의 독성물질 : 테트로도톡신으로 신경에 작용한다. 난소나 내장에 많으며, 끓여도 파괴되지 않는다.
- 모시조개의 독성물질 : 베네루핀으로 식중독을 일으킨다.

36 달걀 저장 중에 일어나는 변화로 옳은 것은?

① pH 저하　　② 중량 감소
③ 난황계수 증가　　④ 수양난백 감소

해설 달걀 저장이 오래될수록 난황·난백계수는 작아지고 pH는 높아지며, 기실은 커지면서 중량이 감소한다.

37 생식기능 유지와 노화방지의 효과가 있고, 화학명이 토코페롤(Tocopherol)인 비타민은?

① 비타민 A　　② 비타민 C
③ 비타민 D　　④ 비타민 E

해설 비타민 E
- 화학명은 토코페롤이고, 생식세포의 정상작용을 유지한다.
- 결핍증으로는 노화촉진, 불임증, 근육위축증이 있다.

38 어묵의 탄력과 가장 관계 깊은 것은?

① 수용성 단백질 – 미오겐
② 염용성 단백질 – 미오신
③ 결합 단백질 – 콜라겐
④ 색소 단백질 – 미오글로빈

해설 반해동된 연육을 배합기에 넣어 완전 분쇄하고, 온도에 맞춰 식염을 첨가하여 미오신 구조의 염용성 단백질을 용출시킨 후 점조성 증가로 어묵 반죽을 완성시킨다.

39 다음 중 과일, 채소의 호흡작용을 조절하여 저장하는 방법은?

① 건조법　　② 냉장법
③ 통조림법　　④ 가스저장법

해설 가스저장법
식품을 탄산가스나 질소가스 속에 보관하여 호흡작용을 억제하고, 호기성 부패 세균의 번식을 저지하는 저장법

40 유지를 가열할 때 유지 표면에서 엷은 푸른 연기가 나기 시작할 때의 온도는?

① 팽창점　　② 연화점
③ 용해점　　④ 발연점

해설
- 연화점 : 물질이 가열에 의해 변형, 연화를 일으키기 시작하는 온도
- 용해점 : 물질이 녹는 온도

41 원가계산의 목적으로 틀린 것은?

① 가격결정의 목적　　② 원가관리의 목적
③ 예산편성의 목적　　④ 기말재고량 측정의 목적

해설 원가계산의 목적
가격결정의 목적, 원가관리의 목적, 계산편성의 목적, 재두제표의 작성이다.

42 하수의 오염도 측정 시 생화학적 산소요구량(BOD)을 결정하는 가장 중요한 인자는?

① 물의 경도　　② 수중의 유기물량
③ 하수량　　④ 수중의 광물질량

해설 생화학적 산소요구량(BOD)
물속에 있는 유기물의 오염 정도를 나타내는 지표이다.

43 복어의 독에 관한 설명으로 잘못된 것은?

① 복어독은 햇볕에 약하다.
② 난소, 간, 내장 등에 독에 많다.
③ 복어독은 테트로도톡신(Tetrodotoxin)이다.
④ 복어독에 중독되었을 때에는 신속하게 위장 내의 독소를 제거하여야 한다.

해설 복어독
테트로도톡신으로 매우 강한 독소이며, 햇볕이나 가열에 의해 파괴되지 않는다.

정답
32 ④　33 ④　34 ①　35 ④　36 ②　37 ④　38 ②　39 ④　40 ④　41 ④　42 ②　43 ①

44 일반적으로 복어의 독성이 가장 강한 시기는?
① 2~3월
② 5~6월
③ 8~9월
④ 10~11월

> **해설** 복어의 산란기는 5~6월이며, 이 시기에 독성이 가장 강하다.

45 복어독 중독의 치료법으로 적합하지 않은 것은?
① 호흡촉진제 투여
② 진통제 투여
③ 위세척
④ 최토제 투여

> **해설** 복어독 중독의 치료
> - 위세척을 통해 위장 내의 독소를 제거한다.
> - 최토제와 위세척을 동시에 실시한다.
> - 호흡촉진제를 투여하고, 인공호흡기를 달아 호흡이 마비되지 않게 유지한다.
> ※ 최토제 : 먹은 것을 도로 게워 내게 하는 약

46 튀김옷에 대한 설명으로 잘못된 것은?
① 글루텐의 함량이 많은 강력분을 사용하면 튀김 내부에서 수분이 증발되지 못하므로, 바삭하게 튀겨지지 않는다.
② 달걀을 넣으면 달걀의 단백질이 열응고가 됨으로써 수분을 방출하므로, 튀김이 바삭하게 튀겨진다.
③ 식소다를 소량 넣으면 가열 중 이산화탄소를 발생함과 동시에 수분도 방출되어 튀김이 바삭해진다.
④ 튀김옷에 사용하는 물의 온도는 30℃ 전후로 해야 튀김옷의 점도를 높여 내용물을 잘 감싸고 바삭해진다.

> **해설** 튀김옷은 차가운 물을 사용하여야 튀김이 바삭하다.

47 생선튀김의 조리법으로 가장 알맞은 것은?
① 180℃에서 2~3분간 튀긴다.
② 150℃에서 4~5분간 튀긴다.
③ 130℃에서 5~6분간 튀긴다.
④ 200℃에서 7~8분간 튀긴다.

> **해설** 음식별 튀김온도

어패류, 채소	180~190℃에서 1~3분간 튀긴다.
크로켓	190~200℃에서 40초~1분간 튀긴다.
고구마, 감자	160~180℃에서 3분간 튀긴다.
커틀렛, 프라이	180℃에서 3~4분간 튀긴다.
크루통	180~190℃에서 30초 튀긴다.
포테이토칩	180℃에서 2~3분간 튀긴다.
도넛	160℃에서 3분간 튀긴다.

48 다음 중 복어 중독을 설명한 것으로만 묶여진 것은?

가. 복어의 독성분은 수르가톡신(Surugatoxin)이다.
나. 복어의 난소, 간에 독성분이 가장 많다.
다. 독성분은 열에 약하므로, 100℃에서 30분 이상 가열하면 파괴된다.
라. 식후 30분~5시간 후 호흡곤란, 언어장애가 나타난다.

① 가, 나
② 나, 다
③ 다, 라
④ 나, 라

> **해설**
> - 복어의 독성분은 테트로도톡신(Tetrodotoxin)이다.
> - 복어독은 끓여도 파괴되지 않는다.

49 다음 중 복어의 종류가 아닌 것은?
① 참복
② 황복
③ 가마복
④ 까치복

> **해설** 가마복은 존재하지 않는 어종이다.
> ※ 참복, 황복, 까치복은 우리나라 근해에서 잡히는 복어이다.

50 복어 회를 뜨는 칼의 명칭으로 알맞은 것은?
① 사시미
② 규토
③ 후구히키
④ 타꼬야끼

> **해설** 후구는 일본어로 복어, 히키는 칼을 의미한다. 따라서 후구히키는 한국어로 복칼을 의미한다.

51 복어의 손질 과정에서 조리용 칼을 이용해 분리하고, 소금으로 닦고 흐르는 물에 깨끗하게 닦아 물기를 제거하고, 쟁반에 고르게 펴서 말려 사용하는 것으로 옳은 것은?
① 입부분 손질
② 몸통 손질
③ 아가미 손질
④ 지느러미 손질

> **해설**
> - 입부분 손질 : 반으로 벌려 데친 후 찬물에 식혀 이물질과 점액질을 깨끗이 제거한다.
> - 몸통 손질 : 흐르는 물에 남아 있는 점막과 실핏줄 등을 제거한다.
> - 아가미 손질 : 아가미살에 붙어 있는 아가미뼈를 제거하고 남아있는 잔뼈, 피 찌꺼기, 점액질 등을 깨끗하게 제거한다.
> - 지느러미 손질 : 소금으로 닦은 후 물에 깨끗이 닦아 물기를 제거하고 말려서 사용한다.

52 다음 중 복어 불가식 부위로 옳지 않은 것은?
① 눈(안구)
② 위(위장)
③ 간(간장)
④ 정소(이리)

> **해설** 수컷의 생식기관인 정소(이리, 고니, 시라고)는 섭취가능하다.

53 다음에서 설명한 복어 중독증상에 대한 내용으로 옳은 것은?

올바르게 구토 후 급격하게 진척되고 손발의 운동장애와 발성장애가 오며, 호흡곤란 등의 증상이 나타나는 현상

① 제1도
② 제2도
③ 제3도
④ 제4도

> **해설**
> - 제1도 : 입술과 혀끝이 가볍게 떨리면서 혀끝의 지각이 마비되며, 무게에 대한 감각이 둔화된다.
> - 제2도 : 구토 후 급격하게 진척되소 손발의 운동장애와 발성장애가 오며, 호흡곤란 등의 증상이 나타난다.
> - 제3도 : 골격근의 완전 마비로 운동이 불가능하고 호흡곤란과 혈압강하가 더욱 심해지며, 언어장애 등으로 의사전달이 안 된다.
> - 제4도 : 완전히 의식불능 상태에 돌입하고, 호흡곤란과 심장운동이 정지되어 사망한다.

정답
44 ② 45 ② 46 ④ 47 ① 48 ④ 49 ③ 50 ③ 51 ④ 52 ④ 53 ②

54 복어껍질초회 재료로 적당하지 않은 식재료는?

① 무
② 당근
③ 미나리
④ 고추가루

> 해설: 복어껍질초회는 껍질, 미나리 등을 4cm 정도 길이로 썰어 초간장(폰즈), 실파, 빨간무 즙(모미지오로시)을 사용하여 무쳐낸다.

55 다음은 복어의 껍질 손질방법에 관한 설명이다. ( )에 공통으로 들어가는 알맞은 용어로 옳은 것은?

- 껍질을 데쳐 껍질에 묻어 있는 (　　)와(과) 핏줄이 익어 고형화 되면 꺼내어 찬물에 식힌다.
- 속껍질이 식으면 도마에 놓고 조리도를 사용해 (　　)와(과) 핏줄 등을 깨끗이 손질한다.

① 점액질(점액)
② 내장
③ 복어살
④ 젤라틴

> 해설: 점액질과 핏줄 제거이다.

56 다음중 복어의 가식 부위로 옳지 않은 것은?

① 복어의 입
② 복어의 머리
③ 복어의 내장
④ 복어의 정소

> 해설: 복어의 가식부위는 입, 머리, 살, 뼈, 겉껍질, 속껍질, 지느러미, 정소이다.

57 냄비의 열전도가 좋고 보온력이 뛰어나며, 잘 식지 않고 튼튼한 장점과 녹슬기 쉽고 특유의 냄새가 나는 것이 단점이다. 처음 사용할 때는 반차(番茶, 질이 낮은 엽차)와 뜨거운 물로 오래 끓여 불순물(灰汁, あく)을 제거하여 사용하는 냄비로 옳은 것은?

① 질냄비
② 철냄비
③ 흑냄비
④ 알루미늄냄비

> 해설: **철냄비(鐵鍋, 데쓰나베)**
> 주철로 만들어져 두꺼우며, 열전도가 좋고 보온력이 뛰어나다. 잘 식지 않으며 튼튼하지만, 녹슬기 쉽고 철 냄새가 나는 것이 단점이다. 처음 사용할 때는 반차(番茶, 질이 낮은 엽차)와 뜨거운 물로 오래 끓여 불순물(灰汁, あく)을 제거하여 사용한다.

58 다음 ( )에 알맞은 용어로 옳은 것은?

> 봄에서 여름에 이르는 시기, 산란기를 맞은 복어는 독이 많다. 청산가리의 10배가 넘는 (　　)(이)라는 맹독은 해독제조차 없다. 따라서 정소를 제외한 복어의 내장을 잘 제거하여야 한다.

① Tetrodotoxain
② Tetroodotoxin
③ Tetrodotsin
④ Tetrodotoxin

> 해설: Tetrodotoxin(테트로도톡신)으로 맹독이다.

59 정찬메뉴(会席料理)의 코스 종류에 대한 설명으로 거리가 먼 것은?

① 전채
② 국물요리
③ 생선회
④ 찬류

> 해설: 정찬요리에는 전채, 국물요리, 생선회, 구이요리, 조림요르, 튀김요리, 찜요리, 초회요리, 식사, 후식 등이 있다.

60 복어죽(조우스이)의 식재료와 옳지 않은 것은?

① 팽이버섯
② 복어뼈
③ 표고버섯
④ 밥

> 해설: **복어죽(조우스이)**
> 밥을 씻어 사용하고, 살은 가늘게 썰거나 뼈에 붙은 살을 발라내어 사용한다. 당근과 표고버섯을 다지고 뼈와 다시마로 다시를 만들며, 실파와 달걀은 완성 전에 넣어 섞어준 후 채 썬 김을 얹어 완성하는 요리이다.

정답
54 ② 55 ① 56 ③ 57 ② 58 ④ 59 ④ 60 ①

memo